AIU 연구총서 ❷

경기도민 통일인식 실태 분석과 통일교육의 과제

2021년과 2024년, 3년간의 변화

본 연구총서의 주요내용은 2024년 경기도 지역통일교육센터 평화통일교육 지원사업의 재원을 지원받아 수행되었으며, 해당 자료를 보도하거나 인용할 경우 집필자명을 반드시 명기하여 주시기 바랍니다.

경기도민 통일인식 실태 분석과 통일교육의 과제

2021년과 2024년, 3년간의 변화

한기호·이성희

아주대학교 아주통일연구소(AIU)

한국학술정보

서 문

아주대학교 아주통일연구소가 지난해 『다음세대를 위한 남북주민통합 : 접촉 · 일상 · 공존』에 이어 두 번째 연구총서 시리즈를 발간하게 되었습니다. 특별히 올해 연구소는 개소 10주년(2025.12)를 맞이하였습니다. 교내 전문화 기관으로서 최우선 사업인 통일교육분야의 성과물을 발간할 수 있도록 연구작업에 동참해주신 모든 분들께 감사드립니다. 이번에 발간하는 AIU연구총서 ❷ 『경기도민 통일인식 실태 분석과 통일교육의 과제』는 경인통일교육센터와 함께 경기도 지역통일교육센터 평화통일교육 지원사업의 일환으로 경기도민 통일인식 실태조사를 수행한 결과물입니다.

21세기 한반도를 둘러싼 환경이 끊임없이 변화함에 따라 국민들의 통일인식도 시시각각 변화하고 있습니다. 2019년 말 등장한 COVID-19 팬데믹을 전후로 한 최근 수 년간의 상황은 정치 · 경제 · 사회 · 문화 · 교육 등의 모든 분야에서 미증유의 복합성과 마주한 시간이었습니다. 2022년 초 러-우 전쟁 발발 이후 2023년 말 태동한 북한의 '두 국가론' 선언과, 대러 밀착외교, 남북 군사합의의 일부 효력 정지는 한반도의 안보 불안감을 한층 높였습니다. 최근 새 정부 등장과 함께 다소 진정세에 들어서긴 했으나, 2024년 당시 대북 전단 및 대남 오물풍선 살포와 남북한 상호 군부대 확성기 가동으로 대표되는 접경지역 긴장 고조 등은 이땅의 통일과 평화 담론의 지형을 근본적으로 재편했던 시기였습니다. 이러한 급변하는 환경 속에서 오늘날 1,400만 경기도민이 체감하는 통일의 의미와 가치, 그리고 통일교육에 대한 수요가 어떻게 변화했는지를 면밀히 분석하는 일은 그 어느 때보다 중요한 과제가 되었습니다.

아주통일연구소는 2021년에 이어 2024년에도 경기도민을 대상으로 한 통일인식 실태조사를 수행하였습니다. 이번 실태조사를 통해 지난 3년 사이 달라진 변화상을 비교 · 분석하여 지역적 맥락 속에서 지역민 통일인식을 종합적으로 진단하고자 하였습니다. 분석 결과, 경기도민의 통일인식은 전반적으로 '통일 필요성'의 공감대가 다소 약화되는 한편, 통일을 통한 군사적 긴장 완화와 안보 안정에 대한 기대가 크게 부각되었습니다. 2021년 대비 2024년 조사에서 "통일이 필요하다"는 응답은 감소하였으나, 필요하다고 응답한 이들 가운데 상당수가 '전쟁 위험 해소'를 최우선 이유로 꼽았습니다. 이는 최근 안보환경 악화가 도민 인식에 직접 반영된 결과라 할 수 있습니다. 반면, 경제적 이익이나 민족적 동질성은 상대적으로 비중이 줄어, 통일 필요성에 대한 전통적 근거가 점차 힘을 잃어가는 모습도 관찰되었습니다.

세부적으로 보면, 성별 · 연령 · 지역 · 이념에 따른 편차가 뚜렷하게 드러났습니다. 남성이 여성보다, 경기북부의 접경지역 주민이 경기남부 거주민보다, 그리고 진보 성향 집단이 중도 · 보수 성향 집단보다 통일 필요성에 더 긍정적인 태도를 보였습니다. 특히 30대 이하 젊은 층에서는 "통일이 필요하지 않다"는 응답이 높게 나타나, 세대별 간극이 확대되는 경향을 확인할 수 있었습니다. 이러한 결과는 향후 통일교육의 설계와 접근 방식에서 세대 맞춤형 전략이 필요함을 시사합니다. 또한 경기도민들은 북한과 북한이탈주민에 대해 복합적인 인식을 드러냈습니다. 북한에 대한 관심은 여전히 존재하지만, 정보 습득 경로가 유튜브 · 인터넷 등 비공식 채널에 크게 의존하는 것으로 나타나, 왜곡 · 편향된 정보가 인식 형성에 영향을 줄 위험성이 확인되었습니다. 북한이탈주민과의 관계에서도 '이웃이나 동료로 수용 가능'이라는 응답은 높았으나, '친밀한 관계(결혼 · 가족)'로 심화되는 경우에는 여전히 거리감이 존재했습니다. 이는 향후 사회통합 차원에서 보다 정교한 교류 · 이해 증진 프로그램이 필요함을 보여줍니다.

한편, 통일교육에 대해서는 참여율과 만족도가 일정 수준 유지되었으나, 교육 방식과 내용에 따라 차이가 있었습니다. 일방향의 강의식보다 체험 · 토론 · 프로젝트형 교육에서 만족도가 높았으며, 향후 교육에 대한 요구 또한 '참여적이고 체험적인 방식'을 선호하는 경향이 뚜렷했습니다. 이는 팬데믹 시기를 거치며 정착된 온라인 · 비대면 방식을 넘어, 하이브리드형 · 현장 체험형 프로그램으로 나아가야 할 필요성을 강하게 제기합니다.

본 연구총서는 이러한 분석을 토대로 인구 표본상 전국 최대 광역지역의 상징성을 지닌 경기도 통일교육의 과제를 제시하고 있습니다. 첫째, 접경지역의 특성을 고려하여 안보 불안과 긴장 고조 속에서 도민의 불안 심리를 완화하고, 통일의 긍정적 효과를 설득력 있게 제시할 수 있는 교육 콘텐츠가 긴요합니다. 둘째, 세대 · 성별 · 지역별 차이를 고려한 맞춤형 교육 전략이 요구됩니다. 셋째, 유튜브 등 대중매체 의존도가 높은 현실을 반영하여 미디어 리터러시 교육을 통일교육과 접목할 필요가 있습니다. 넷째, 전국 최대 북한이탈주민 거주지역인 경기도내 남북출신 주민간의 실질적 만남과 교류를 확대하여, 통일 이후 사회통합을 준비하는 토대를 마련해야 합니다.

이번 분석 결과가 던지는 메시지는 분명합니다. 통일은 단순히 먼 미래의 국가적 과제가 아니라, 오늘의 불안과 갈등을 해소하고 지역 공동체의 지속 가능한 발전을 모색하는 과정이라는 것입니다. 따라서 통일교육은 '추상적 내일'이 아니라 '생활 속 오늘'로 자리매김해야 합니다. 이번 결과물이 경기도는 물론, 전국 각 지역에서 평화와 통일을 준비하는 분들에게 작은 나침반이 될 수 있기를 기대합니다.

2025년 8월

한기호

아주대학교 아주통일연구소 연구실장

목 차

Ⅲ 북한 및 북한이탈주민에 대한 인식

Ⅳ 경기도 통일교육의 과제

I

조사 개요

1 조사 목적

- 경기도 지역은 남북한 접경지역을 포함하고 있으며, 통일과 평화에 대한 관심이 타 지역에 비해 높아, 통일 평화 기반 조성을 위한 다양한 노력을 진행해 왔음.
- 아울러 통일교육 관련 기관과 인력, 재원도 비교적 잘 갖추어져 있으며, 경기도 평화기반조성과를 중심으로 유관기관 네트워크가 형성되어 있음.
- 북한이 2023년 12월 '두 국가론'을 발표한 상황에서, 우리 정부는 〈8.15 통일 독트린〉을 발표하였고, 남북 관계를 포함한 통일 환경은 지속적으로 변화하고 있음.
- 따라서, 통일교육에 대한 재검토가 이루어져야 할 시점이라고 판단, 2021년에 이어 2024년에도 경기도 통일교육 환경에 대한 의식 및 실태조사를 수행하고자 함.

2 조사 조건

- 조사 일정: 2024년 08월 21일-27일(7일간)
- 조사 대상: 경인지역 거주, 만 20세 이상 성인 남녀
  - 조사 대상의 인구 사회학적 구성은 아래 〈표 1-1〉과 같음
- 표본 크기: 1,000명(유효 표본)
- 표본추출 방법 : 성별, 연령대별 균등 할당
- 조사 방식 : 인터넷 설문조사
  - 설문조사 배제 원칙
    - 설문 동의서의 내용에 동의하지 않는 경우
    - 동의 후 설문 중간에 거부 의사를 표현하는 경우
- 표본 오차 : 95% 신뢰수준에서 ± 2.6%P
- 응답률 : 23.8%(총 4,210건 메일 발송)
- 조사 기관 : 마크로밀엠브레인 & 유스튜디오

3 조사방법

- 전문가 자문회의
- 검증된 척도를 중심으로 설문지 개발
- 구조화된 설문지를 활용한 자기 기입식 설문조사 실시

4 조사내용

- 인구 사회학적 항목: 거주지역(경기남부 지역, 경기북부 접경지역, 경기북부 비접경지역), 이념, 성별, 연령, 학력, 직업, 결혼 여부, 총 소득 등
  - 거주지역: 현재에 경기도는 경기북부와 경기남부로 구분하여 진행.
  - 또한, 거기에 맞추어 본 설문에서는 경기북부에 해당할 수 있는 지역을 접경지역 유무에 따라 '경기북부 접경지역'과 '경기북부 비접경지역'으로 구분하고, 경기남부에 해당할 수 있는 지역은 '경기남부지역'으로 정함.
  - 이념: 2021년 설문에서는 응답 항목이 '진보', '중도', '보수' 3가지로 항목을 설정. 하지만, 2024년 설문에서는 3개 항목에 '모른다'를 추가함. '진보', '중도', '보수'라는 이념적 틀이나 성향과 상관없이 의사결정을 하는 범주에 속한 사람들을 '모른다'로 구분하여 추가
  - 성별: '남성'과 '여성' 항목으로 구분
  - 연령별: '20대', '30대', '40대', '50대', '60대 이상' 항목으로 구분
- 통일교육 관련 항목:
  - 통일 의지, 통일의 필요성 및 효과에 대한 인식, 통일과 지자체의 관계, 남북한 및 주변국에 대한 인식, 통일교육에 대한 인지, 통일교육의 필요성에 대한 인식 등
- 조사 내용 분석
  - 2021년 대비 2024년 '전체 평균' 산출.

- 2024년 전체 평균값 대비 편차(偏差)를 파악하기 위한 항목으로 '거주 지역', '이념', '성별', '연령'으로 4가지 선정. '학력', '직업', '결혼 여부', '총 소득'은 향후 분석 가능 여부를 파악하기 위한 참고 항목으로 선정
- 지역별: '경기북부 접경지역', '경기북부 비접경지역', '경기남부지역' 각각에 거주하는 경기도민들의 질문 항목별 평균 및 편차 분석
- 이념별: '진보', '중도', '보수', '모른다'에 속하는 경기도민들의 질문 항목별 평균 및 편차 분석
- 성별: '남성'과 '여성'에 속하는 경기도민들의 질문 항목별 평균 및 편차 분석
- 연령별: '20대', '30대', '40대', '50대', '60대 이상'에 속하는 경기도민들의 평균 및 편차 분석

※ 현저한 차이: 지역, 이념, 성별, 연령별 '항목 평균'들을 2024년 '전체 평균'과 비교. 그리고 각각의 '항목 평균'들 간의 최대값과 최소값의 차이를 계산. 10% 이상~20% 미만은 '상당'한 차이로, 20% 이상은 '현저'한 차이로 구분

5 추진 체계

- 본 사업은 아래와 같이 연구진을 구성, 경기도 지역 통일교육 현황과 경기도민의 평화 · 통일의식을 조사하여 실제 경기지역 통일교육을 위한 환경 파악에 기여하고자 함.
- 주요 연구 방법은 설문조사, 문헌 연구, 자문회의 등이며, 설문조사의 경우, 전문 사회조사기관과의 협업으로 추진

<표 1-1> 응답자의 인구 사회학적 구성

전체		빈도	%
		1000	100.0
지역	경기남부지역	657	65.7
	경기북부 접경지역	194	19.4
	경기북부 비접경지역	149	14.9
이념 성향	진보	232	23.2
	중도	493	49.3
	보수	152	15.2
	모른다	123	12.3
성별	남성	487	47.8
	여성	513	51.3
연령	20대	200	20.0
	30대	200	20.0
	40대	200	20.0
	50대	200	20.0
	60대 이상	200	20.0
학력	중졸 이하	9	0.9
	고졸	188	18.8
	대재, 대졸	703	70.3
	대학원재, 대학원졸	100	10.0
직업	농축산업	5	0.5
	자영업	91	9.1
	블루칼라	72	7.2
	화이트칼라	389	38.9
	전업주부	135	13.5
	학생	55	5.5
	다른 직종 또는 무직	253	25.3
결혼 여부	미혼	367	36.7
	기혼/자녀 없음	70	7.0
	기혼 자녀 동거	423	42.3
	기혼/자녀 비동거	133	13.3
	기타(이혼 및 사망)	7	0.7
총수입	3000만원 미만	157	15.7
	5000만원 미만	234	23.4
	7000만원 미만	269	26.9
	1억원 미만	232	23.2
	1억원 이상	108	10.8

<그림 1-1> 인적 구성

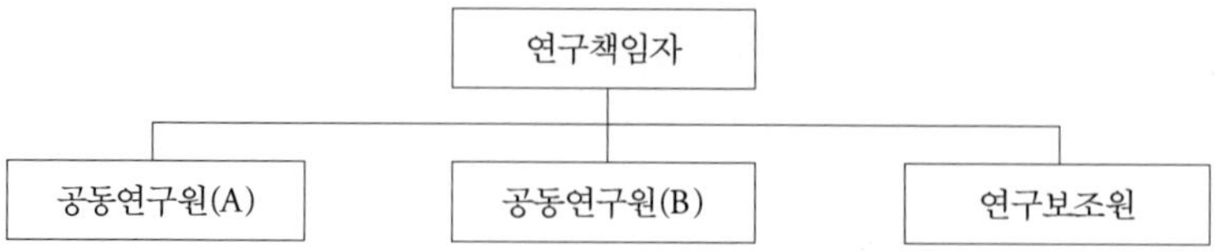

<표 1-2> 조사 일정

기간 / 내용	5월	6월	7월	8월	9월	10월	11월	12월
자료수집	■							
측정 도구 및 설문지 개발		■						
자문회의			■			■		
설문조사 업체 계약	■							
설문지 파일럿 테스트		■						
설문 조사원 교육		■						
설문조사			■	■				
중간보고				■				
코딩 및 데이터 클리닝					■			
데이터 분석						■		
보고서 작성						■	■	
보고서 수정							■	
최종 보고								■

경기도민 통일인식 실태 분석과 통일교육의 과제

2021년과 2024년, 3년간의 변화

Ⅱ

통일에 대한 인식

1 남북한 통일에 대한 인식

조사 결과

● 2024년 평균(平均): '하나의 주권국가로 합쳐지는 것' 41.8%, '경제적 협력관계 또는 경제공동체를 이루는 것' 32.1%, '사람과 물자가 자유롭게 왕래하는 것' 18.9%, '남북한 사람들이 비슷한 가치관을 갖게 되는 것' 7.2%

▶ 2021년 대비: '하나의 주권국가로 합쳐지기를 원한다'가 40.1%에서 41.8%로 1.7% 증가, '경제적 협력관계 또는 경제공동체를 이루는 것'이 29.5%에서 32.1%로 2.6% 증가. '사람과 물자가 자유롭게 왕래하는 것'이 22.3%에서 18.9%로 3.4% 하락, '남북한 사람들이 비슷한 가치관을 갖게 되는 것'이 8.1%에서 7.2%로 0.9% 하락.

※ 인구 사회학적 항목별 편차(偏差): 상당한 차이(10%-20%), 현저한 차이(20% 이상)

- 연령별 조사: '하나의 주권국가로 합쳐지는 것'를 놓고 30대(53.0%)와 20대(37.5%), 50대(37.5%) 간에 15.5%로 상당한 차이가 드러남.

<그림 II-1> 남북한 통일에 대한 인식 조사 결과 [전체]

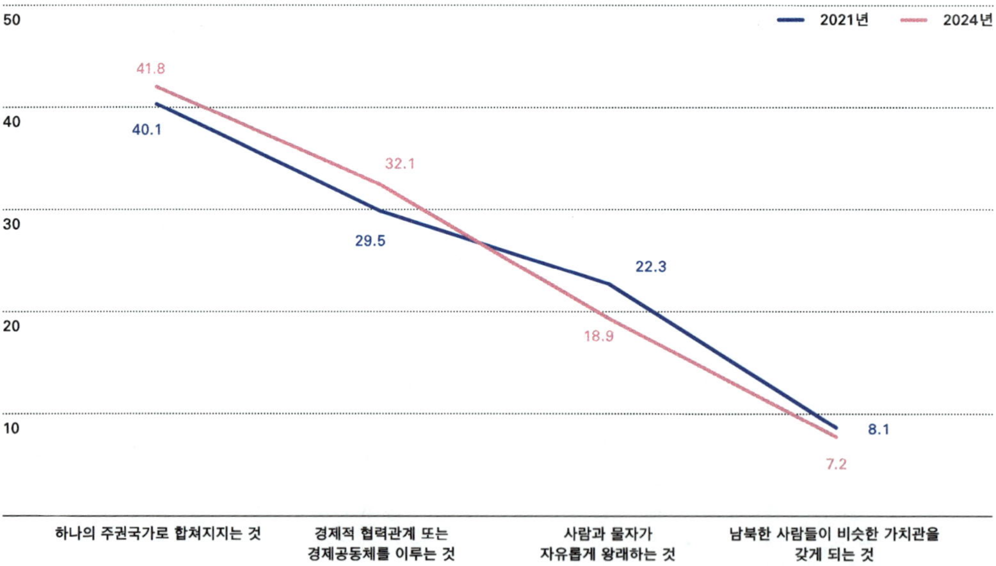

- ‘남북한 통일에 대한 인식’에 대한 응답 결과, ‘하나의 주권국가로 합쳐지는 것’ 41.8%, ‘경제적 협력관계 또는 경제공동체를 이루는 것’ 32.1%, ‘사람과 물자가 자유롭게 왕래하는 것’ 18.9%, ‘남북한 사람들이 비슷한 가치관을 갖게 되는 것’ 7.2% 순으로 나타남.
- 2021년과 비교하면, ‘하나의 주권국가로 합쳐지기를 원한다’가 40.1%에서 41.8%로 1.7% 증가, ‘경제적 협력관계 또는 경제공동체를 이루는 것’이 29.5%에서 32.1%로 2.6% 증가로, 증가 합계 4.3%가 ‘사람과 물자가 자유롭게 왕래하는 것’이 22.3%에서 18.9%로 3.4% 하락, ‘남북한 사람들이 비슷한 가치관을 갖게 되는 것’이 8.1%에서 7.2%로 0.9% 하락으로, 하락 합계 4.3%로 이동.
- 지역별 조사에 대한 응답 결과, ‘하나의 주권국가로 합쳐지는 것’에 대한 응답이 경기북부 접경지역(44.8%), 경기남부지역(42.5%), 경기북부 비접경지역(34.9%) 순으로, 경기북부 접경지역(44.8%), 경기남부지역(42.5%)이 평균값 41.8%보다 높게 나타남. ‘경제적 협력관계 또는 경제공동체를 이루는 것’에서는 경기북부 비접경지역(35.6%)이 평균값 32.1%보다 높게 나타나고, 경기남부지역(31.5%), 경기북부 접경지역(31.4%) 순으로 나타남. ‘사람과 물자가 자유롭게 왕래하는 것’에서도 경기북부 비접경지역(21.5%)이 평균값 18.9%보다 높게 나타나고, 경기남부지역(18.6%), 경기북부 접경지역(18.0%) 순으로 나타남. ‘남북한 사람들이 비슷한 가치관을 갖게 되는 것’에 대한 응답은 경기북부 비접경지역(8.0%), 경기남부지역(7.4%), 경기북부 접경지역(5.8%) 순으로 나타남.
- 이념 성향별 조사에서는, ‘하나의 주권국가로 합쳐지는 것’은 중도(44.6%)만 평균값 41.8%보다 높게 나타나고, 모른다(41.5%), 보수(41.4%), 진보(36.2%) 순으로 나타남. ‘경제적 협력관계 또는 경제공동체를 이루는 것’에 대한 응답에서는 진보(35.8%), 보수(33.6%)가 평균값 32.1%보다 높게 나타나고, 중도(30.8%), 모른다(28.5%) 순으로 나타남. ‘사람과 물자가 자유롭게 왕래하는 것’에서는 진보(21.6%), 모른다(19.5%)가 평균값 18.9%보다 높게 나타나고, 중도(17.8%), 보수(17.8%) 순으로 나타남. ‘남북한 사람들이 비슷한 가치관을 갖게 되는 것’에 대한 응답은 모른다(10.6%), 보수(7.2%), 중도(6.7%), 진보(6.5%) 순으로 나타남.

- 성별 조사에서는, '하나의 주권국가로 합쳐지는 것'이 남성(47.2%), 여성(36.6%) 순으로 나타나 남성이 평균값 41.6%보다 높게 나타났고, 남녀 간에 10.6% 차이가 남. '경제적 협력관계 또는 경제공동체를 이루는 것'은 여성(36.1%), 남성(27.9%)로 여성이 평균값 32.1%보다 높게 나타나고 8.2% 차이가 남. '사람과 물자가 자유롭게 왕래하는 것'에서도 여성(20.7%)이 평균값 18.9%보다 높게 나타남. '남북한 사람들이 비슷한 가치관을 갖게 되는 것'에 대한 응답은 남성(7.9%), 여성(6.6%) 순으로 나타남.
- 연령별 조사에서는, '하나의 주권국가로 합쳐지는 것'에 대한 응답에서 30대(53.0%)만 평균값 41.8%보다 높게 나타나고, 30대(53.0%) 대비 20대(37.5%), 50대(37.5%) 간에 15.5% 차이로 상당한 차이가 드러남.
- '경제적 협력관계 또는 경제공동체를 이루는 것'에서는 60대 이상(34.5%), 50대(33.5%)와 20대(33.5%) 순으로 평균값 32.1%보다 높게 나타나고, 60대 이상(34.5%)과 30대(27.0%) 간에는 7.5% 차이가 남. '사람과 물자가 자유롭게 왕래하는 것'은 50대(22.0%), 40대(21.5%), 60대 이상(20.5%), 20대(19.5%) 순으로 평균값 18.9%보다 높게 나타나고, 30대(11.0%) 순으로 나타남. '남북한 사람들이 비슷한 가치관을 갖게 되는 것'에 대한 응답은 20대(9.5%), 30대(9.0%)가 평균값 7.2% 보다 높게 나타나고, 50대(7.0%), 40대(5.5%), 60대 이상(5.0%) 순으로 나타남.

<그림 II-2> 남북한 통일에 대한 인식

[단위 : 명, %]

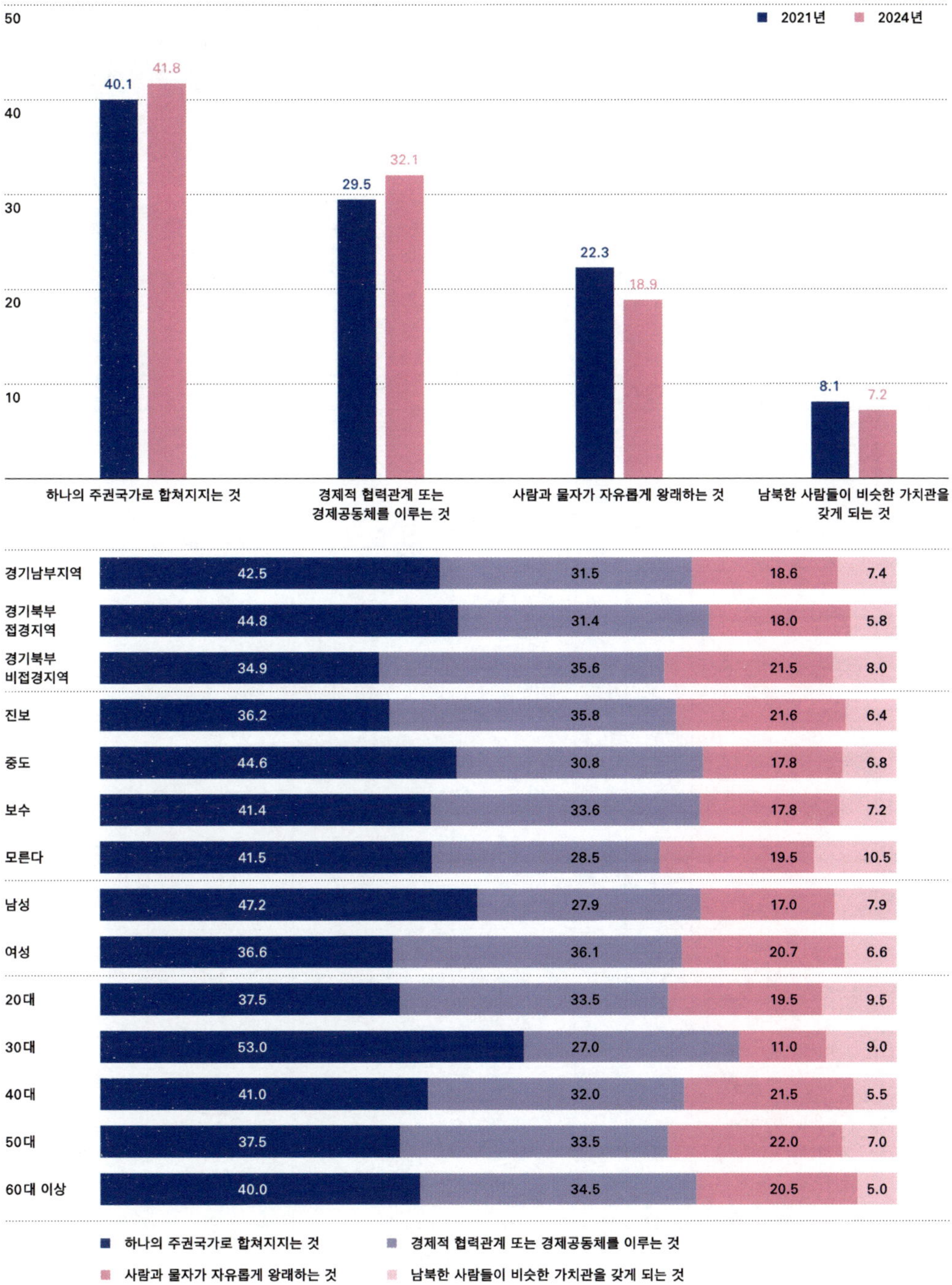

<표 II-1> 남북한 통일에 대한 인식

[단위 : 명, %]

구분		명	%	하나의 주권국가로 합쳐지는 것	경제적 협력관계 또는 경제공동체를 이루는 것	사람과 물자가 자유롭게 왕래하는 것	남북한 사람들이 비슷한 가치관을 갖게 되는 것
전체(2024년)		1,000	100	41.8	32.1	18.9	7.2
전체(2021년)		1,000	100	40.1	29.5	22.3	8.1
지역	경기남부지역	657	65.7	42.5	31.5	18.6	7.4
	경기북부 접경지역	194	19.4	44.8	31.4	18.0	5.8
	경기북부 비접경지역	149	14.9	34.9	35.6	21.5	8.0
이념 성향	진보	232	23.2	36.2	35.8	21.6	6.4
	중도	493	49.3	44.6	30.8	17.8	6.8
	보수	152	15.2	41.4	33.6	17.8	7.2
	모른다	123	12.3	41.5	28.5	19.5	10.5
성별	남성	487	48.7	47.2	27.9	17.0	7.9
	여성	513	15.3	36.6	36.1	20.7	6.6
연령	20대	200	20	37.5	33.5	19.5	9.5
	30대	200	20	53.0	27.0	11.0	9.0
	40대	200	20	41.0	32.0	21.5	5.5
	50대	200	20	37.5	33.5	22.0	7.0
	60대 이상	200	20	40.0	34.5	20.5	5.0
학력	중졸 이하	9	0.9	55.6	22.2	22.2	0.0
	고졸	188	18.8	40.4	32.4	19.7	7.5
	대재, 대졸	703	70.3	41.5	32.4	18.9	7.2
	대학원재, 대학원졸	100	10	45.0	30.0	17.0	8.0
직업	농축산업	5	0.5	80.0	0.0	20.0	0.0
	자영업	91	9.1	39.6	29.7	23.1	7.6
	블루칼라	72	7.2	55.6	26.4	11.1	6.9
	화이트칼라	389	38.9	42.9	31.1	19.3	6.7
	전업주부	135	13.5	35.6	37.0	20.7	6.7
	학생	55	5.5	38.2	29.1	25.5	7.2
	다른 직종 또는 무직	253	25.3	40.3	34.8	16.6	8.3
결혼 여부	미혼	367	36.7	32.2	28.1	30.2	9.5
	기혼/자녀 없음	70	7	50.0	28.6	17.1	4.3
	기혼/자녀 동거	423	42.3	48.0	34.8	10.9	6.3
	기혼/자녀 비동거	133	13.3	44.4	36.8	13.5	5.3
	기타(이혼 및 사망)	7	0.7	42.9	28.6	28.5	0.0
총소득	3000만원 미만	157	15.7	44.6	31.8	17.8	5.8
	5000만원 미만	234	23.4	40.6	30.3	20.1	9.0
	7000만원 미만	269	26.9	43.1	32.3	18.2	6.4
	1억원 미만	232	23.2	39.7	34.5	19.4	6.4

2 통일이 필요하다고 생각되는 정도

조사 결과

● 2024년 평균(平均): 긍정적인 응답(62.4%, '매우 필요하다' 25.7%, '약간 필요하다' 36.7%), 부정적인 응답(37.6%; '별로 필요하지 않다' 29.4%, '전혀 필요하지 않다' 8.2%)

▶ 2021년 대비: 긍정적인 응답이 66.4%에서 62.4%로 4.0% 하락.('매우 필요하다' 4.0% 하락)

※ 인구 사회학적 항목별 편차(偏差): 상당한 차이(10%-20%), 현저한 차이(20% 이상)

- 지역별: 경기북부 접경지역(71.6%), 경기남부지역(60.3%), 경기북부 비접경지역(59.7%) 간에 각각 11.3%, 11.9% 차이로, 상당한 차이를 드러냄.
- 성별 조사에서는, 긍정적 응답이 남성(70.9%), 여성(54.4%) 간에 16.5% 차이로, 상당한 차이를 드러냄.

◎ 현저한 차이: 이념 성향별: 진보(73.7%)와 모른다(44.7%) 간에 29.0% 차이로 현저한 차이를 드러냄, 연령별: 50대(74.0%)와 30대(51.0%) 간에 23.0%로 현저한 차이를 드러냄

<그림 II-3> 통일이 필요하다고 생각되는 정도 조사 결과 [전체]

- ‘통일이 필요하다고 생각하는 정도’에 대한 응답 결과, ‘매우 필요하다’ 25.7%, ‘약간 필요하다’ 36.7%로 긍정적인 응답이 62.4%, ‘별로 필요하지 않다’ 29.4%, ‘전혀 필요하지 않다’ 8.2%로 부정적인 응답 37.6%에 비해 24.8%가 높게 나타남.
- 2021년과 비교하면, 긍정적인 응답이 66.4%에서 62.4%로 4.0% 하락과 함께, ‘매우 필요하다’라는 항목에서 응답이 4.0% 하락, ‘전혀 필요하지 않다’ 2.1% 하락, 하락 합계 6.1%가 ‘별로 필요하지 않다’ 6.1% 증가로 이동.
- 지역별 조사에서는, 긍정적인 응답이 경기북부 접경지역(71.7%), 경기남부지역(60.3%), 경기북부 비접경지역(59.7%), 순으로 나타나고, 경기북부 접경지역(71.7%), 경기남부지역(60.3%), 경기북부 비접경지역(59.7%) 간에 각각 11.4%, 12.0% 차이로, 상당한 차이를 드러냄.
- 이념 성향별 조사에서는, 긍정적 응답이 진보(73.7%), 중도(62.6%), 보수(58.6%), 모른다(44.7%) 순으로, 진보(73.7%)가 평균값 62.4%보다 높게 나타났고, 진보(73.7%) 대비 중도(62.6%), 보수(58.6%), 모른다(44.7%) 간에 각각 11.1%, 15.1%, 29.0% 차이로, 현저한 차이를 드러냄.
- 성별 조사에서는, 긍정적 응답이 남성(70.9%), 여성(54.4%) 간에 16.5% 차이로, 상당한 차이를 드러냄.
- 연령별 조사에서는, 긍정적 응답이 50대(74.0%), 60대 이상(72.5%), 40대(58.0%), 20대(56.5%), 30대(51.0%) 순으로, 50대(74.0%), 60대 이상(72.5%)이 평균값 62.4%보다 높게 나타나고, 50대(74.0%) 대비 60대 이상(72.5%), 40대(58.0%), 20대(56.5%), 30대(51.0%) 간에 1.5%, 16.0%, 17.5%, 23.0%로, 현저한 차이가 드러남.

<그림 II-4> 통일이 필요하다고 생각되는 정도 조사 결과 [전체]

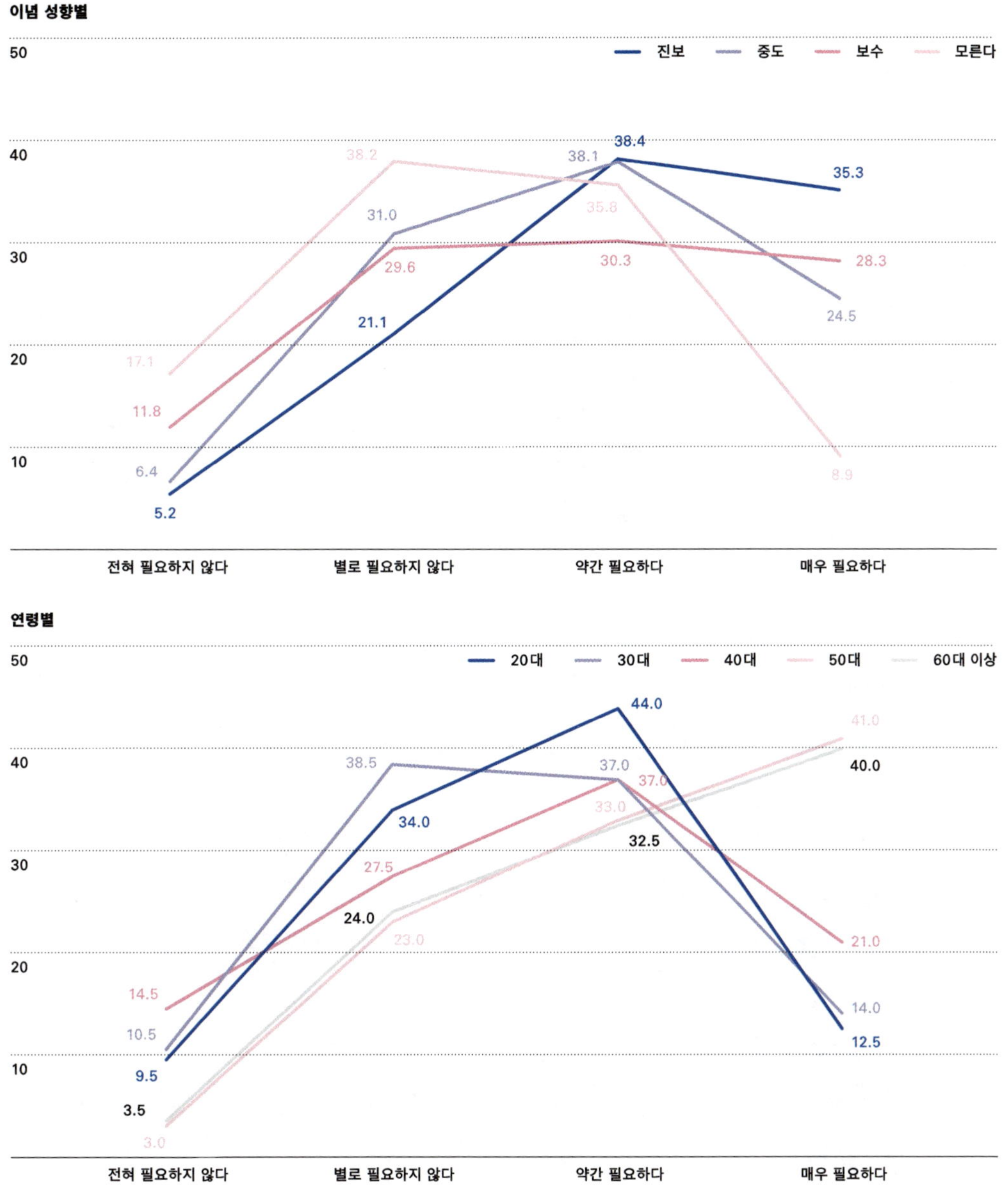

<그림 II-5> 통일이 필요하다고 생각되는 정도

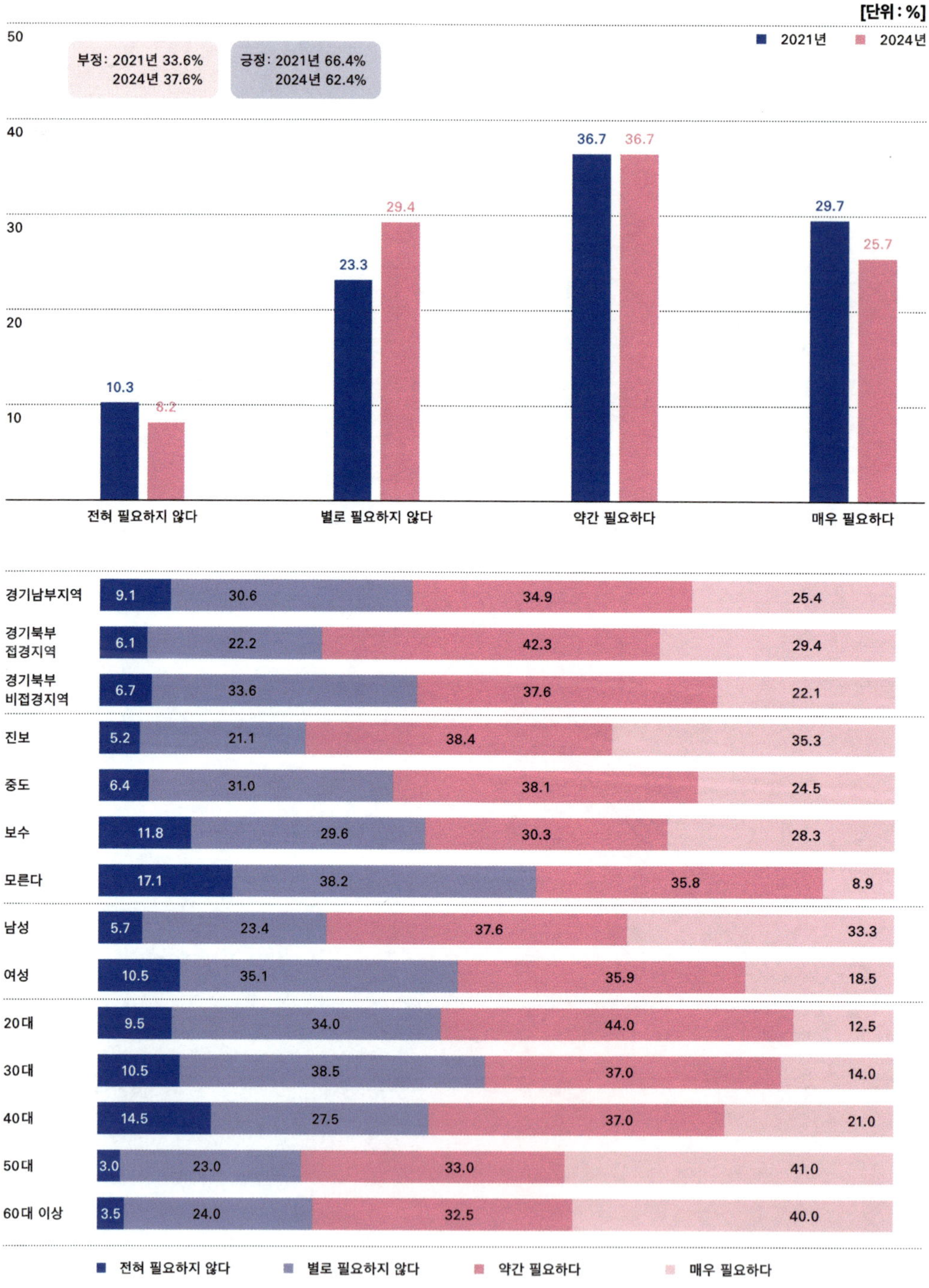

<표 II-2> 통일이 필요하다고 생각되는 정도

[단위 : 명, %]

구분		명	%	전혀 필요하지 않다	별로 필요하지 않다	약간 필요하다	매우 필요하다
전체(2024년)		1,000	100	8.2	29.4	36.7	25.7
전체(2021년)		1,000	100	10.3	23.3	36.7	29.7
지역	경기남부지역	657	65.7	9.1	30.6	34.9	25.4
	경기북부 접경지역	194	19.4	6.1	22.2	42.3	29.4
	경기북부 비접경지역	149	14.9	6.7	33.6	37.6	22.1
이념 성향	진보	232	23.3	5.2	21.1	38.4	35.3
	중도	493	49.3	6.4	31.0	38.1	24.5
	보수	152	15.2	11.8	29.6	30.3	28.3
	모른다	123	12.3	17.1	38.2	35.8	8.9
성별	남성	487	48.7	5.7	23.4	37.6	33.3
	여성	513	51.3	10.5	35.1	35.9	18.5
연령	20대	200	20	9.5	34.0	44.0	12.5
	30대	200	20	10.5	38.5	37.0	14.0
	40대	200	20	14.5	27.5	37.0	21.0
	50대	200	20	3.0	23.0	33.0	41.0
	60대 이상	200	20	3.5	24.0	32.5	40.0
학력	중졸 이하	9	0.9	22.2	33.3	11.1	33.4
	고졸	188	18.8	10.1	27.7	34.0	28.2
	대재, 대졸	703	70.3	8.1	29.6	38.1	24.2
	대학원재, 대학원졸	100	10	4.0	31.0	34.0	31.0
직업	농축산업	5	0.5	40.0	20.0	40.0	0.0
	자영업	91	9.1	12.1	26.4	35.2	26.3
	블루칼라	72	7.2	4.2	23.6	36.1	36.1
	화이트칼라	389	38.9	3.3	28.8	41.6	26.3
	전업주부	135	13.5	9.6	37.8	29.6	23.0
	학생	55	5.5	0.0	32.7	21.8	45.5
	다른 직종 또는 무직	253	25.3	6.6	28.1	36.8	28.5
결혼 여부	미혼	367	36.7	9.2	31.9	40.9	18.0
	기혼/자녀 없음	70	7	11.5	31.4	37.1	20.0
	기혼/자녀 동거	423	42.3	7.5	29.6	31.9	31.0
	기혼/자녀 비동거	133	13.3	6.0	21.1	39.1	33.8
	기타(이혼 및 사망)	7	0.7	0.0	28.6	57.1	14.3
총소득	3000만원 미만	157	15.7	10.8	29.3	33.1	26.8
	5000만원 미만	234	23.4	8.1	29.9	35.9	26.1
	7000만원 미만	269	26.9	9.2	26.8	38.7	25.3
	1억원 미만	232	23.2	6.4	27.6	38.8	27.2
	1억원 이상	108	10.8	5.5	38.9	34.3	21.3

3 통일이 필요한 이유

조사 결과

● 2024년 평균(平均): 응답자 1,000명 중에서 '통일이 필요하다'고 응답한 624명에게 그 이유에 대해 질문한 결과, '전쟁의 위험 등 군사적 긴장 해소' 43.6%, '남북한 경제 성장을 위해' 32.4%, '원래 한민족이기 때문' 13.6%, '분단 비용 해소' 7.4%, '이산 가족의 고통을 위해' 2.2%, 기타 0.8% 순으로 나타남.

▶ 2021년 대비: '남북한 경제 성장을 위해', '이산가족의 고통을 위해', '분단 비용 해소'의 하락 합계 20.0%가 '전쟁의 위험 등 군사적 긴장 해소', '원래 한민족이기 때문'과 '기타' 증가 합계 20.0%로 이동함.

※ 인구 사회학적 항목별 편차(偏差): 상당한 차이(10%-20%), 현저한 차이(20% 이상)

- 이념 성향별: '전쟁의 위험 등 군사적 긴장해소'를 놓고, 모른다(49.1%)와 진보(38.1%) 간에 11.0% 차이로, 상당한 차이가 드러남.
- 연령별: '전쟁의 위험 등 군사적 긴장해소'를 놓고, 60대 이상(51.7%)와 30대(34.3%) 간에 17.4% 차이로, 상당한 차이가 드러남.

<그림 II-6> 통일이 필요한 이유 조사 결과 [624명]

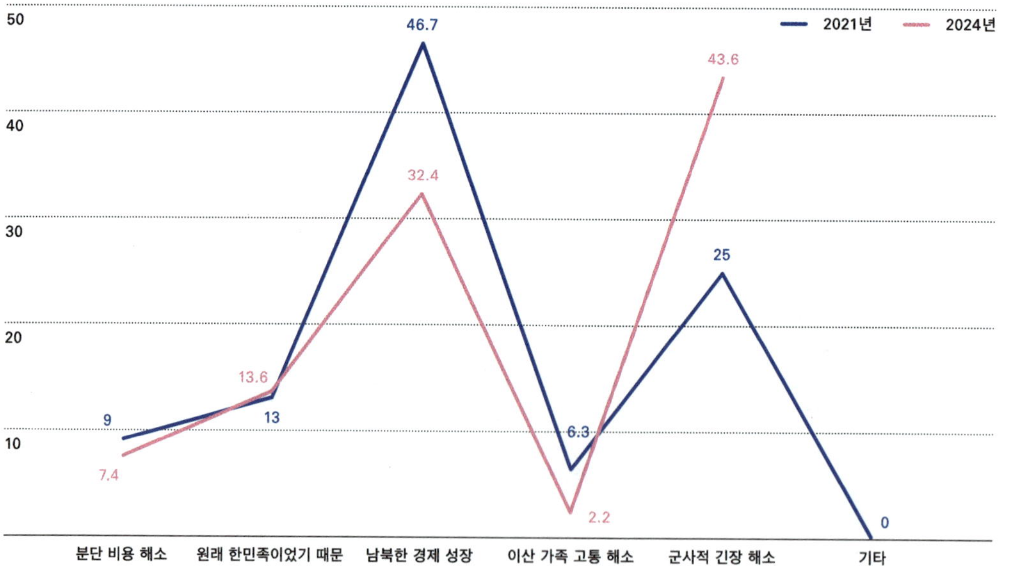

• 1,000명 중에서 '통일이 필요하다'고 응답한 624명에게 그 이유에 대해 질문한 결과, '전쟁의 위험 등 군사적 긴장 해소' 43.6%, '남북한 경제 성장을 위해' 32.4%, '원래 한민족이기 때문' 13.6%, '분단 비용 해소' 7.4%, '이산가족의 고통을 위해' 2.2%, 기타 0.8% 순으로 나타남.

• 2021년과 비교하면, '전쟁의 위험 등 군사적 긴장 해소'가 25.0%에서 43.6%로 18.6% 증가, '원래 한민족이기 때문'이 13.0%에서 13.6%로 0.6% 증가, 기타 0.0%에서 0.8% 증가, '남북한 경제 성장을 위해'는 46.7%에서 32.4%로 14.3% 하락, '이산 가족의 고통을 위해'는 6.3%에서 2.2%로 4.1% 하락, '분단 비용 해소'가 9.0%에서 7.4%로 1.6%로 하락, 2021년 증가 합계 20.0%가 하락 합계 20.0%로 이동함.

• 지역별 조사에서는, '전쟁의 위험 등 군사적 긴장 해소'가 경기북부 비접경지역(44.8%), 경기남부지역(44.2%), 경기북부 접경지역(40.9%) 순으로 나타남. '남북한 경제성장을 위해'는 경기북부 접경지역(37.9%), 경기북부 비접경지역(33.3%), 경기남부지역(30.3%) 순으로 나타남. '원래 한민족이기 때문'은 경기남부지역(13.9%), 경기북부 비접경지역(13.5%), 경기북부 접경지역(12.9%) 순으로 나타남.

• 이념 성향별 조사에서는, '전쟁의 위험 등 군사적 긴장해소'가 모른다(49.1%), 중도(46.7%), 보수(40.4%), 진보(38.1%) 순으로 나타남. 모른다(49.1%) 대비 중도(46.7%), 보수(40.4%), 진보(38.1%) 간에 각각 2.4%, 8.7%, 11.0% 차이로, 상당한 차이가 드러남. '남북한 경제 성장을 위해'는 보수(33.7%), 중도(32.9%), 진보(31.8%), 모른다(29.1%) 순으로 나타남. '원래 한민족이기 때문'은 진보(18.2%), 모른다(16.4%), 보수(13.5%), 중도(10.5%) 순으로 나타남.

• 성별 조사에서는, '전쟁의 위험 등 군사적 긴장해소'가 여성(45.2%), 남성(42.3%) 순으로 나타남. '남북한 경제 성장을 위해'는 남성(32.5%), 여성(32.3%), 순으로 나타남. '원래 한민족이기 때문'은 남성(13.6%), 여성(13.6%)로 동일하게 나타남.

• 연령별 조사에서는, '전쟁의 위험 등 군사적 긴장해소'에서 60대 이상(51.7%), 50대(46.6%), 40대(44.8%), 20대(36.3%), 30대(34.3%) 순으로 60대 이상(51.7%), 50대(46.6%), 40대(44.8%)가 평균값 43.6%보다 높게 나타남. 60대 이상(51.7%) 대비 50대(46.6%), 40대(44.8%), 20대(36.3%), 30대(34.3%) 간에 각각 5.1%, 6.9%, 15.4%, 17.4% 차이로, 상당한 차이가 드러남. '남북한 경제 성장을 위해'는 40대(35.3%), 30대(35.3%), 20대(32.7%), 50대(31.8%), 60대 이상(28.3%) 순으로 나타남. '원래 한민족이기 때문'은 30대(15.7%), 20대(15.0%), 60대 이상(13.8%), 50대(13.5%), 40대(10.3%) 순으로 나타남.

<그림 II-7> 통일이 필요한 이유 [624명]

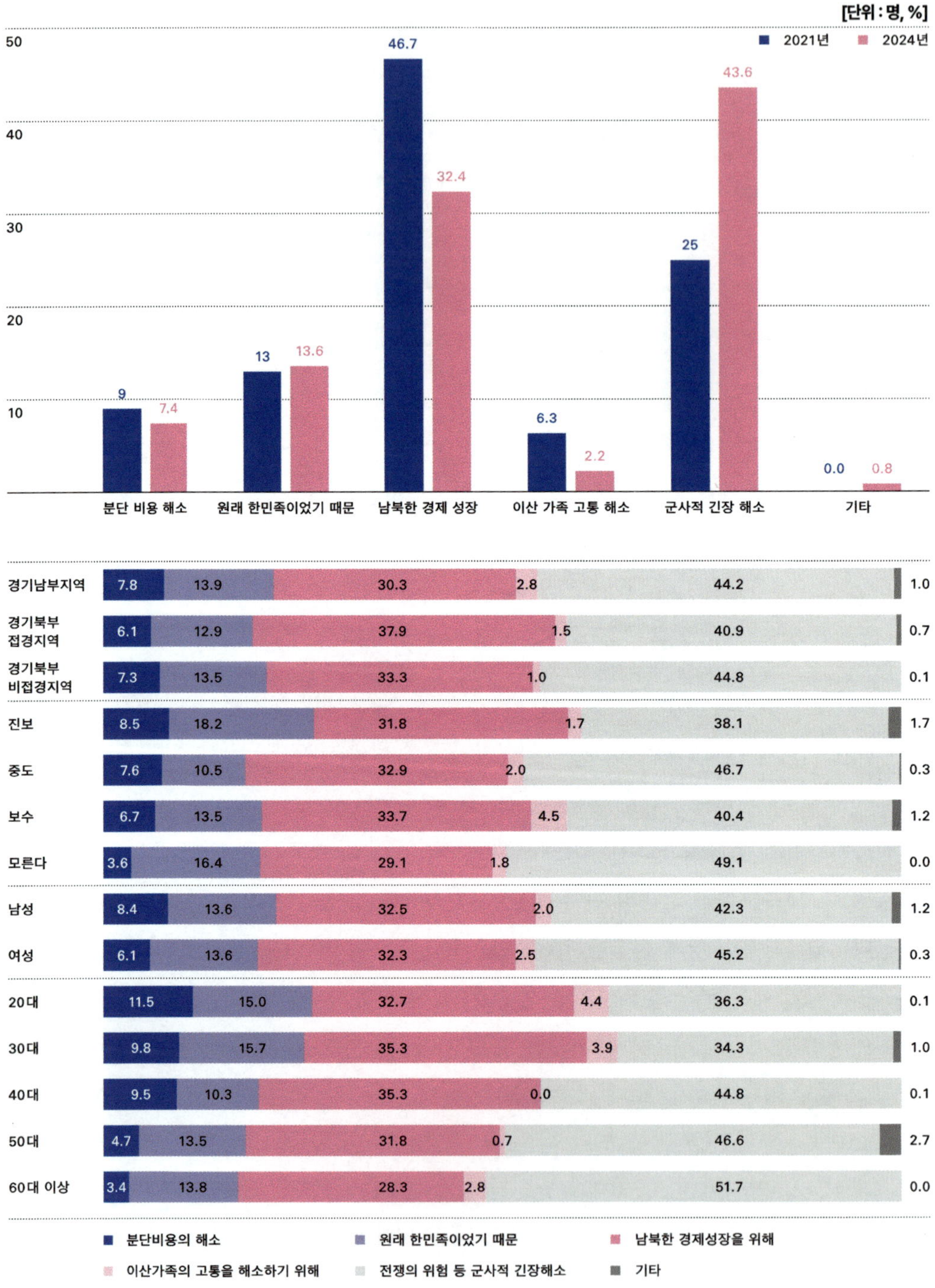

<표 II-3> 통일이 필요한 이유 [624명]

[단위 : 명, %]

구분		명	%	분단 비용의 해소	원래 한민족이었기 때문	남북한 경제성장을 위해	이산가족의 고통을 해소하기 위해	전쟁의 위험 등 군사적 긴장해소	기타
전체(2024년)		624	62.4	7.4	13.6	32.4	2.2	43.6	0.8
전체(2021년)		664	66.4	9.0	13.0	46.7	6.3	25.0	0.0
지역	경기남부지역	396	39.6	7.8	13.9	30.3	2.8	44.2	1.0
	경기북부 접경지역	132	13.2	6.1	12.9	37.9	1.5	40.9	0.7
	경기북부 비접경지역	96	9.6	7.3	13.5	33.3	1.0	44.8	0.1
이념 성향	진보	176	17.6	8.5	18.2	31.8	1.7	38.1	1.7
	중도	304	30.4	7.6	10.5	32.9	2.0	46.7	0.3
	보수	89	8.9	6.7	13.5	33.7	4.5	40.4	1.2
	모른다	55	5.5	3.6	16.4	29.1	1.8	49.1	0.0
성별	남성	345	34.5	8.4	13.6	32.5	2.0	42.3	1.2
	여성	279	27.9	6.1	13.6	32.3	2.5	45.2	0.3
연령	20대	113	11.3	11.5	15.0	32.7	4.4	36.3	0.1
	30대	102	10.2	9.8	15.7	35.3	3.9	34.3	1.0
	40대	116	11.6	9.5	10.3	35.3	0.0	44.8	0.1
	50대	148	14.8	4.7	13.5	31.8	0.7	46.6	2.7
	60대 이상	145	14.5	3.4	13.8	28.3	2.8	51.7	0.0
학력	중졸 이하	4	0.4	0.0	25.0	25.0	0.0	50.0	0.0
	고졸	117	11.7	0.9	12.8	34.2	2.6	47.9	1.6
	대재, 대졸	438	43.8	8.7	13.5	34.2	2.1	41.1	0.4
	대학원재, 대학원졸	65	6.5	10.8	15.4	16.9	3.1	52.3	1.5
직업	농축산업	2	0.2	0.0	0.0	0.0	0.0	100.0	0.0
	자영업	52	5.2	1.9	9.6	32.7	0.0	53.8	2.0
	블루칼라	52	5.2	7.7	15.4	30.8	3.8	38.5	3.8
	화이트칼라	267	26.7	9.4	12.4	33.3	1.5	42.7	0.7
	전업주부	75	7.5	1.4	13.3	33.3	2.7	49.3	0.1
	학생	33	3.3	12.1	18.2	27.3	3.0	39.4	0.0
	다른 직종 또는 무직	143	14.3	7.7	16.1	32.2	3.5	40.5	0.0
결혼 여부	미혼	216	21.6	10.2	15.3	31.9	2.8	38.9	0.9
	기혼/자녀 없음	40	4.0	12.5	17.5	42.5	2.5	25.0	0.0
	기혼/자녀 동거	266	26.6	6.0	13.9	32.0	1.5	45.5	1.1
	기혼/자녀 비동거	97	9.7	3.1	7.2	32.0	3.1	54.6	0.0
	기타(이혼 및 사망)	5	0.5	0.0	20.0	0.0	0.0	80.0	0.0
총소득	3000만원 미만	94	9.4	7.4	19.1	25.5	4.3	41.5	2.2
	5000만원 미만	145	14.5	4.1	13.8	29.7	1.4	50.3	0.7
	7000만원 미만	172	17.2	5.8	18.6	37.2	1.2	37.2	0.0
	1억원 미만	153	15.3	9.8	6.5	34.0	3.3	45.8	0.6
	1억원 이상	60	6.0	13.3	8.3	31.7	1.7	43.3	1.7

4 통일이 필요하지 않은 이유

조사 결과

● 2024년 평균(平均): 응답자 1,000명 중에서 '통일이 필요하지 않은 이유'에 응답한 376명의 그 이유에 대한 응답 결과, '통일비용 등 경제적 부담' 34.6%, '통일 이후 사회 혼란' 30.1%, '북한 체제에 대한 거부감' 26.1%, '한민족이라는 생각이 들지 않아서' 8.8% 순으로 나타남.

▶ 2021년 대비: '통일비용 등 경제적 부담'과 '북한 체제에 대한 거부감', '한민족이라는 생각이 들지 않아서', 기타 항목들의 총 하락 값 9.7%가 '통일 이후 사회 혼란', '기타' 총 증가값 9.7%로 이동

※ 인구 사회학적 항목별 편차(偏差): 상당한 차이(10~20%), 현저한 차이(20% 이상)

- 지역별 조사: '통일 이후 사회 혼란'은 경기북부 비접경지역(37.7%) 대비 경기남부지역(30.7%), 북부 접경지역(21.0%) 간에 각각 7.0%, 16.7% 차이로, 상당한 차이가 드러남.
- 이념 성향별 조사: '통일비용 등 경제적 부담'에서 모른다(42.6%) 대비 중도(34.9%), 보수(31.7%), 진보(26.8%) 간에 각각 7.7%, 10.9%, 15.8% 차이로, 상당한 차이가 드러남. '통일 이후 사회 혼란'이 진보(37.5%) 대비 중도(33.9%), 보수(22.2%), 모른다(20.6%) 간에 각각 3.6%, 15.3%, 17.1% 차이로, 상당한 차이가 드러남. '북한 체제에 대한 거부감'은 보수(33.3%) 대비 모른다(29.4%), 진보(26.8%), 중도(22.2%) 간에 3.9%, 6.5%, 11.1% 차이로, 상당한 차이가 드러남.
- 연령별 조사: '통일비용 등 경제적 부담'은 40대(42.9%) 대비 50대(38.5%), 20대(34.5%), 30대(29.6%), 60대 이상(27.3%) 간에 각각 4.4%, 8.4%, 13.3%, 14.6% 차이로, 상당한 차이를 드러냄. '통일 이후 사회혼란'은 60대 이상(43.6%) 대비 50대(42.3%), 30대(25.5%), 40대(25.0%), 20대(24.1%) 간에 각각 1.3%, 8.1%, 18.6%, 19.5% 차이로, 상당한 차이를 드러냄. '북한 체제에 대한 거부감'에서는 30대(30.6%) 대비 20대(28.7%), 40대(27.4%), 60대 이상(21.8%), 50대(15.4%) 간에 각각 1.9%, 3.2%, 8.8%, 15.2% 차이로, 상당한 차이를 드러냄.

◎ 현저한 차이: 지역별 조사 '통일비용 등 경제적 부담'에서 경기북부 접경지역(46.8%)와 경기북부 비접경지역(22.6%) 간에 24.2% 차이가 드러남.

<그림 II-8> 통일이 필요하지 않은 이유 조사 결과 [376명]

<그림 II-9> 통일이 필요하지 않은 이유 조사 결과[지역별]

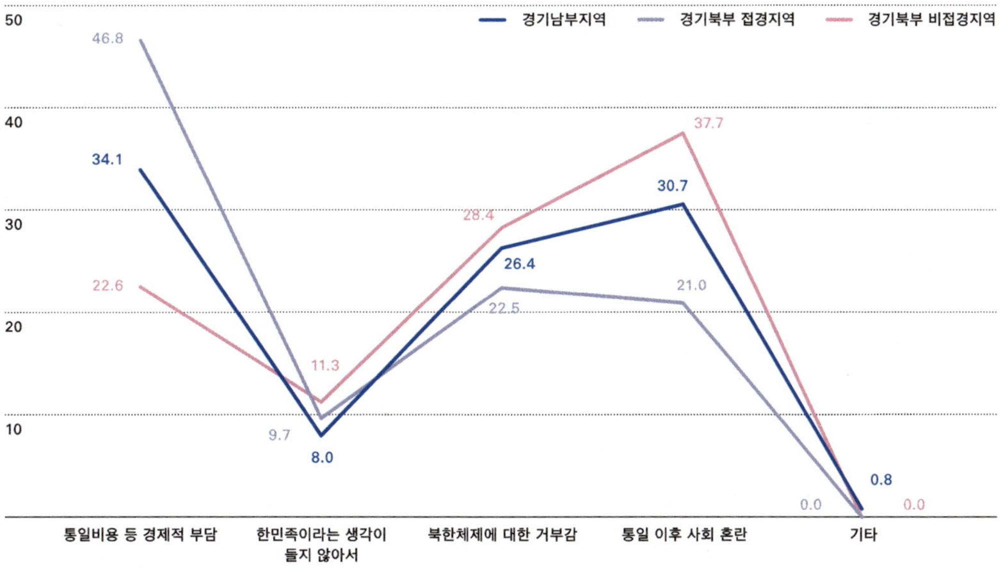

- ‘통일이 필요하지 않은 이유’에 응답한 376명의 그 이유에 대한 응답 결과, ‘통일비용 등 경제적 부담’ 34.6%, ‘통일 이후 사회 혼란’ 30.1%, ‘북한 체제에 대한 거부감’ 26.1%, ‘한민족이라는 생각이 들지 않아서’ 8.8%, ‘기타’ 0.4% 순으로 나타남.
- 2021년과 비교하면, ‘통일비용 등 경제적 부담’은 39.9%에서 34.6%로 5.3% 하락, ‘통일 이후 사회 혼란’이 20.8%에서 30.1%로 9.3% 증가, ‘북한체제에 대한 거부감’이 30.4%에서 26.1%로 4.3% 하락, ‘한민족이라는 생각이 들지 않아서’가 8.9%에서 8.8%로 0.1% 하락, ‘기타’가 0.0%에서 0.4%로 0.4% 증가.
- 지역별 조사에서는, ‘통일비용 등 경제적 부담’에서 경기북부 접경지역(46.8%), 경기남부지역(34.1%), 경기북부 비접경지역(22.6%) 순으로, 경기북부 접경지역(46.8%)이 평균값 34.6%보다 높게 나타나고, 경기북부 접경지역(46.8%) 대비 경기남부지역(34.1%), 경기북부 비접경지역(22.6%) 간에 각각 12.7%, 24.2% 차이가 나타나, 현저한 차이를 드러냄. ‘통일 이후 사회 혼란’은 경기북부 비접경지역(37.7%), 경기남부지역(30.7%), 북부 접경지역(21.0%) 순으로, 경기북부 비접경지역(37.7%), 경기남부지역(30.7%)이 평균값 30.1%보다 높게 나타남. 경기북부 비접경지역(37.7%) 대비 경기남부지역(30.7%), 북부 접경지역(21.0%) 간에 각각 7.0%, 16.7% 차이로, 상당한 차이가 드러남. ‘북한체제에 대한 거부감’에서는 경기북부 비접경지역(28.4%), 경기남부지역(26.4%), 경기북부 접경지역(22.5%) 순으로 경기북부 비접경지역(28.3%), 경기남부지역(26.4%)이 평균값 26.1% 보다 높게 나타남.
- 이념 성향별 조사에서는, ‘통일비용 등 경제적 부담’에서 모른다(42.6%), 중도(34.9%), 보수(31.7%), 진보(26.8%) 순으로, 모른다(42.6%), 중도(34.9%)가 평균값 34.6%보다 높게 나타나고, 모른다(42.6%) 대비 중도(34.9%), 보수(31.7%), 진보(26.8%) 간에 각각 7.7%, 10.9%, 15.8% 차이로, 상당한 차이가 드러남. ‘통일 이후 사회 혼란’이 진보(37.5%), 중도(33.9%), 보수(22.2%), 모른다(20.6%) 순으로, 진보(37.5%), 중도(33.9%)가 평균값 30.1% 보다 높게 나타나고, 진보(37.5%) 대비 중도(33.9%), 보수(22.2%), 모른다(20.6%) 간에 각각 3.6%, 15.3%, 17.1% 차이로, 상당한 차이가 드러남. ‘북한 체제에 대한 거부감’은 보수(33.3%), 모른다(29.4%), 진보(26.8%), 중도(22.2%) 순으로, 보수(33.3%), 모른

다(29.4%), 진보(26.8%)가 평균값 26.1%보다 높게 나타나고, 보수(33.3%) 대비 모른다(29.4%), 진보(26.8%), 중도(22.2%) 간에 각각 3.9%, 6.5%, 11.1% 차이로, 상당한 차이가 드러남.

- 성별 조사에서는, '통일비용 등 경제적 부담'은 남성(37.3%), 여성(32.9%), '통일 이후 사회 혼란'은 여성(31.2%), 남성(28.2%), '북한 체제에 대한 거부감'에서 여성(27.4%), 남성(23.9%)으로 나타남.
- 연령별 조사에서는, '통일비용 등 경제적 부담'은 40대(42.9%), 50대(38.5%), 20대(34.5%), 30대(29.6%), 60대 이상(27.3%) 순으로, 40대(42.9%), 50대(38.5%)가 평균값 34.6%보다 높게 나타나고, 40대(42.9%) 대비 50대(38.5%), 20대(34.5%), 30대(29.6%), 60대 이상(27.3%) 간에 각각 4.4%, 8.4%, 13.3%, 14.6% 차이로, 상당한 차이를 드러냄. '통일 이후 사회혼란'은 60대 이상(43.6%), 50대(42.3%), 30대(25.5%), 40대(25.0%), 20대(24.1%) 순으로 60대 이상(43.6%), 50대(42.3%)가 평균값 30.1%보다 높게 나타나고, 60대 이상(43.6%) 대비 50대(42.3%), 30대(25.5%), 40대(25.0%), 20대(24.1%) 간에 각각 1.3%, 8.1%, 18.6%, 19.5% 차이로, 상당한 차이를 드러냄. '북한 체제에 대한 거부감'에서는 30대(30.6%), 20대(28.7%), 40대(27.4%), 60대 이상(21.8%), 50대(15.4%) 순으로 30대(30.6%), 20대(28.7%), 40대(27.4%)가 평균값 26.1%보다 높게 나타나고, 30대(30.6%) 대비 20대(28.7%), 40대(27.4%), 60대 이상(21.8%), 50대(15.4%) 간에 각각 1.9%, 3.2%, 8.8%, 15.2% 차이로, 상당한 차이를 드러냄.

<그림 II-10> 통일이 필요하지 않은 이유 [376명]

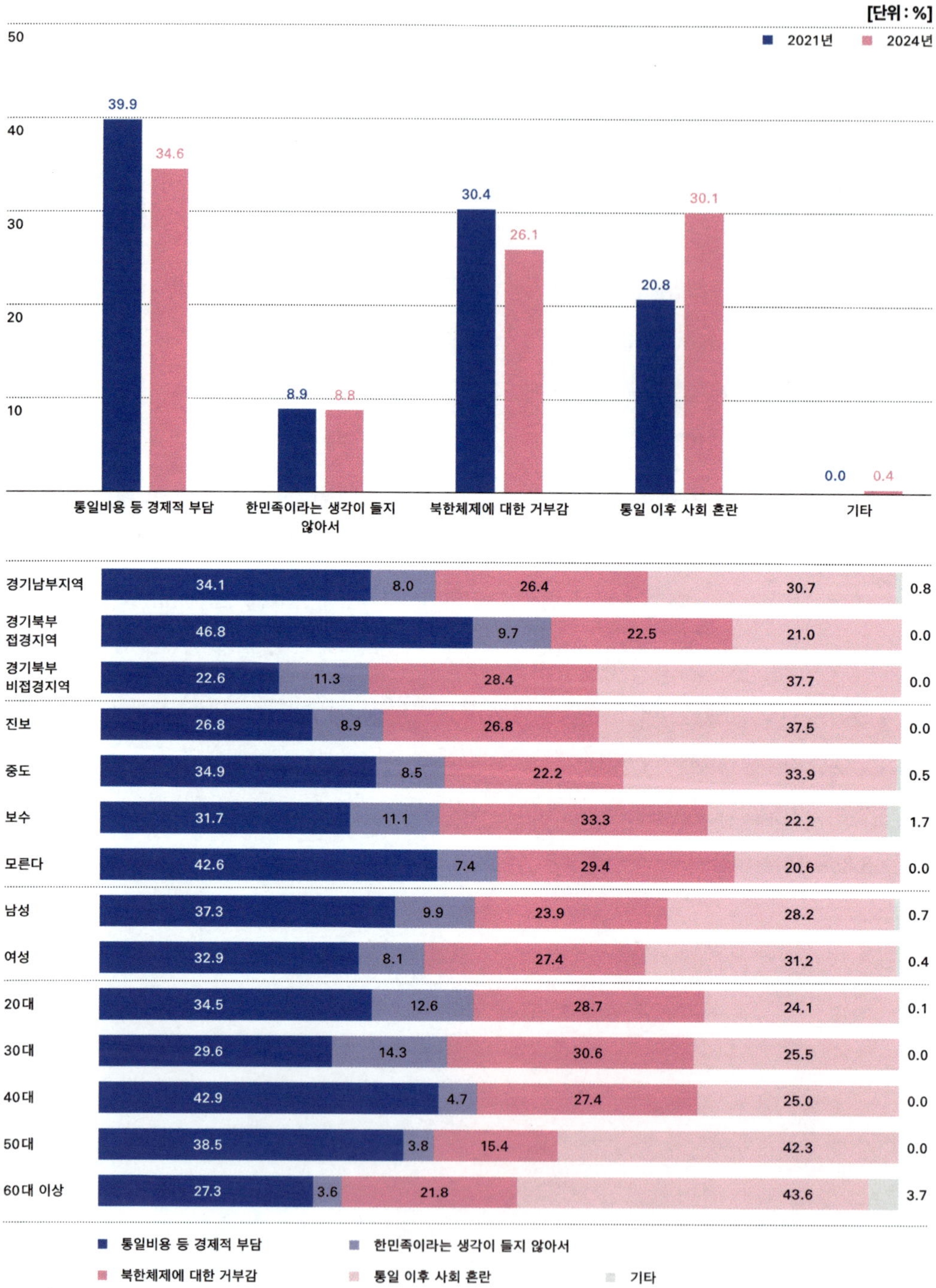

<표 II-4> 통일이 필요하지 않은 이유 [376명]

[단위 : 명, %]

구분		명	%	통일비용 등 경제적 부담	한민족 이라는 생각이 들이 않아서	북한체제에 대한 거부감	통일 이후 사회 혼란	기타
전체(2024년)		376	37.6	34.6	8.8	26.1	30.1	0.4
전체(2021년)		336	33.6	39.9	8.9	30.4	20.8	0.0
지역	경기남부지역	261	39.7	34.1	8.0	26.4	30.7	0.8
	경기북부 접경지역	62	32.0	46.8	9.7	22.5	21.0	0.0
	경기북부 비접경지역	53	35.6	22.6	11.3	28.4	37.7	0.0
이념 성향	진보	56	24.1	26.8	8.9	26.8	37.5	0.0
	중도	189	38.3	34.9	8.5	22.2	33.9	0.5
	보수	63	41.4	31.7	11.1	33.3	22.2	1.7
	모른다	68	55.3	42.6	7.4	29.4	20.6	0.0
성별	남자	142	29.2	37.3	9.9	23.9	28.2	0.7
	여자	234	45.6	32.9	8.1	27.4	31.2	0.4
연령	20대	87	43.5	34.5	12.6	28.7	24.1	0.1
	30대	98	49.0	29.6	14.3	30.6	25.5	0.0
	40대	84	42.0	42.9	4.7	27.4	25.0	0.0
	50대	52	26.0	38.5	3.8	15.4	42.3	0.0
	60대 이상	55	27.5	27.3	3.6	21.8	43.6	3.7
학력	중졸 이하	5	55.6	40.0	20.0	20.0	20.0	0.0
	고졸	71	37.8	35.2	7.0	25.4	32.4	0.0
	대재,대졸	265	37.7	34.3	9.1	26.0	29.8	0.8
	대학원재, 대학원졸	35	35.0	34.3	8.6	28.6	28.5	0.0
직업	농축산업	3	60.0	0.0	33.3	0.0	66.7	0.0
	자영업	39	42.9	30.8	5.1	25.6	35.9	2.6
	블루칼라	20	27.8	60.0	10.0	10.0	20.0	0.0
	화이트칼라	122	31.4	33.6	8.2	23.8	34.4	0.0
	전업주부	60	44.4	26.7	6.6	30.0	36.7	0.0
	학생	22	40.0	31.8	4.6	40.9	22.7	0.0
	다른 직종 또는 무직	110	43.5	38.2	11.8	27.3	21.8	0.9
결혼 여부	미혼	151	41.1	37.1	11.9	25.8	25.2	0.0
	기혼/자녀없음	30	42.9	36.7	20.0	26.7	16.6	0.0
	기혼/자녀 동거	157	37.1	35.0	5.7	26.1	32.5	0.7
	기혼/자녀 비동거	36	27.1	16.7	0.0	27.8	52.8	2.7
	기타(이혼,사망)	2	28.6	100.0	0.0	0.0	0.0	0.0
총소득	3000만원 미만	63	40.1	30.2	11.1	33.3	25.4	0.0
	5000만원 미만	89	38.0	34.8	7.9	29.2	28.1	0.0
	7000만원 미만	97	36.1	35.1	9.3	22.7	30.9	2.0
	1억원 미만	79	34.1	36.7	6.3	26.6	30.4	0.0
	1억원 이상	48	44.4	35.4	10.4	16.7	37.5	0.0

5 통일 가능 예상 시기

조사 결과

● 2024년 평균(平均): '불가능' 29.0%, '30년 이상' 23.9% 합계 52.9%와 '20년-30년 이내' 30.7%, '5년-10년' 16.4% 합계 47.1% 간에 5.8% 차이가 남.

▶ 2021년 대비: 통일 가능 예상 시기가 30년 이상으로 더 오래 걸릴 것이라는 응답이 15.3% 증가.

※ 인구 사회학적 항목별 편차(偏差): 상당한 차이(10~20%), 현저한 차이(20% 이상)

- 지역별 조사: '불가능'에서 경기북부 비접경지역(32.2%)과 경기북부 접경지역(22.2%) 간에 10.0% 차이로 상당한 차이가 드러남. '30년 이상'과 '불가능' 합계는 경기북부 비접경지역(55.0)과 경기남부지역(44.9%) 간에 10.1% 차이로, 상당한 차이가 드러남.

◎ 현저한 차이: 이념 성향별에서 '불가능'에서 모른다(43.9%)와 진보(22.5%) 간에 21.4% 차이. '30년 이상'과 '불가능' 합계가 모른다(73.2%)와 진보(47.9%) 간에 25.3%로, 현저한 차이. 연령별에서 '30년 이상'과 '불가능' 합계를 놓고 20대(68.0%)와 50대(40.0%), 60대 이상(40.0%) 간에 28.0% 차이로, 현저한 차이를 나타냄.

<그림 II-11> 통일 가능 예상 시기 조사 결과 [전체]

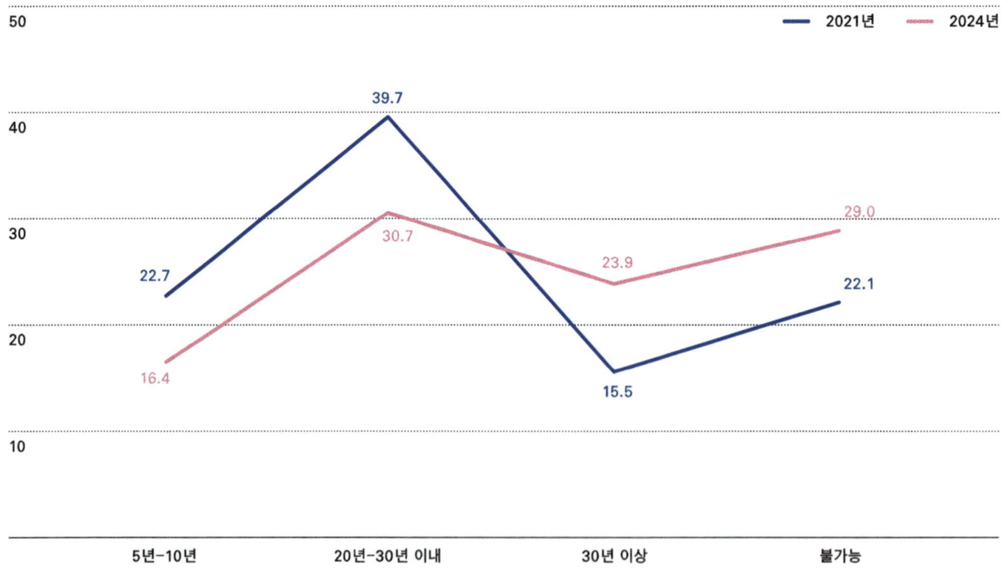

- '통일 가능 예상 시기'에 대한 응답 결과, '불가능' 29.0%, '30년 이상' 23.9% 합계 52.9%와 '20년-30년 이내' 30.7%, '5년-10년' 16.4% 합계 47.1% 간에 5.8% 차이가 남.
- 2021년과 비교하면, '5-10년 이내'는 22.7%에서 16.4%로 6.3% 하락, '20년-30년 이내'가 39.7%에서 30.7%로 9.0% 하락으로 하락 합계 15.3%가, '30년 이상'은 15.5%에서 23.9%로 8.4% 증가, '불가능'도 22.1%에서 29.0%로 6.9% 증가로 증가 합계 15.3% 이동.
- 지역별 조사에서는, '20년-30년 이내'는 경기북부 접경지역(37.6%), 경기남부지역(29.1%), 경기북부 비접경지역(28.9%) 순으로 나타남. '불가능'은 경기북부 비접경지역(32.2%), 경기남부지역(30.3%), 경기북부 접경지역(22.2%) 순으로 나타나, 경기북부 비접경지역(32.2%) 대비 경기남부지역(30.3%), 경기북부 접경지역(22.2%) 간에 각각 1.9%, 10.0% 차이로. 상당한 차이가 드러남. '30년 이상'과 '불가능' 합계는 경기북부 비접경지역(55.0%), 경기남부지역(54.8%), 경기북부접경지역(44.9%) 순으로 경기북부 비접경지역(55.0%)이 평균값 52.9%보다 높게 나타나고, 비접경지역(55.0%) 대비 경기남부지역(54.8%), 경기북부접경지역(44.9%) 간에 각각 0.2%, 10.1% 차이로 상당한 차이가 드러남.
- 이념 성향별 조사에서는, '20년-30년 이내'는 중도(34.1%), 보수(30.9%), 진보(29.3%), 모른다(19.5%) 순으로 나타나고, 중도(34.1%) 대비 보수(30.9%), 진보(29.3%), 모른다(19.5%) 간에는 각각 3.2%, 4.8%, 14.6% 차이로, 상당한 차이가 드러남. '불가능'에서는 모른다(43.9%), 중도(28.6%), 보수(28.3%), 진보(22.5%) 순으로, 모른다(43.9%)가 평균값 29.0%보다 높게 나타나고, 모른다(43.9%) 대비 중도(28.6%), 보수(28.3%), 진보(22.5%) 간에는 각각 15.3%, 15.6%, 21.4% 차이로, 다소 현저한 차이가 드러남. '30년 이상'과 '불가능' 합계가 모른다(73.2%), 중도(51.3%), 보수(49.4%), 진보(47.9%) 순으로, 모른다(73.2%), 중도(51.3%)가 평균값 52.9%보다 높게 나타나고, 모른다(73.2%) 대비 중도(51.3%), 보수(49.4%), 진보(47.9%) 간에 각각 21.9%, 23.8%, 25.3% 차이로, 현저한 차이를 드러냄.
- 성별 조사에서는, '불가능'에서 여성(35.5%), 남성(22.2%) 간에 13.3% 차이가 나타남. '30년 이상'에서도 여성(25.3%), 남성(22.4%) 순으로 나타남. '30년 이상'과 '불가능' 합계가 여성(60.8%), 남성(44.6%) 간에 16.2% 차이로, 상당한 차이를 보여줌.
- 연령별 조사에서는, '30년 이상'과 '불가능' 합계가 20대(68.0%), 30대(64.5%), 40대

(52.0%), 50대(40.0%), 60대 이상(40.0%) 순으로 20대(68.0%), 30대(64.5%)가 평균값 52.9%보다 높게 나타나고, 20대(68.0%) 대비 30대(64.5%), 40대(52.0%), 50대(40.0%), 60대 이상(40.0%) 간에는 3.5%, 26.0%, 18.0%, 28.0% 차이로, 현저한 차이를 나타냄.

<그림 II-12> 통일 가능 예상 시기 조사 결과 [항목별]

이념 성향별

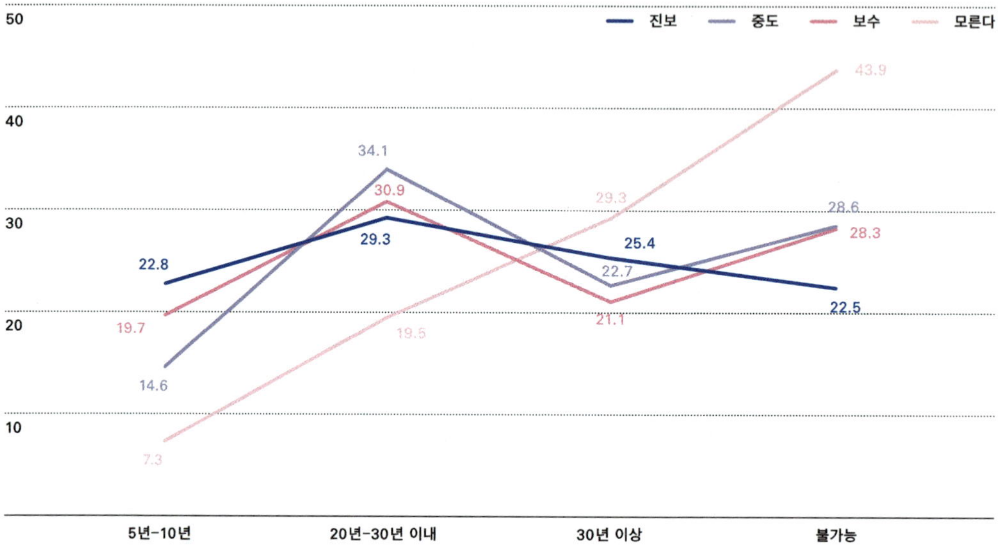

연령별

<그림 II-13> 통일 가능 예상 시기

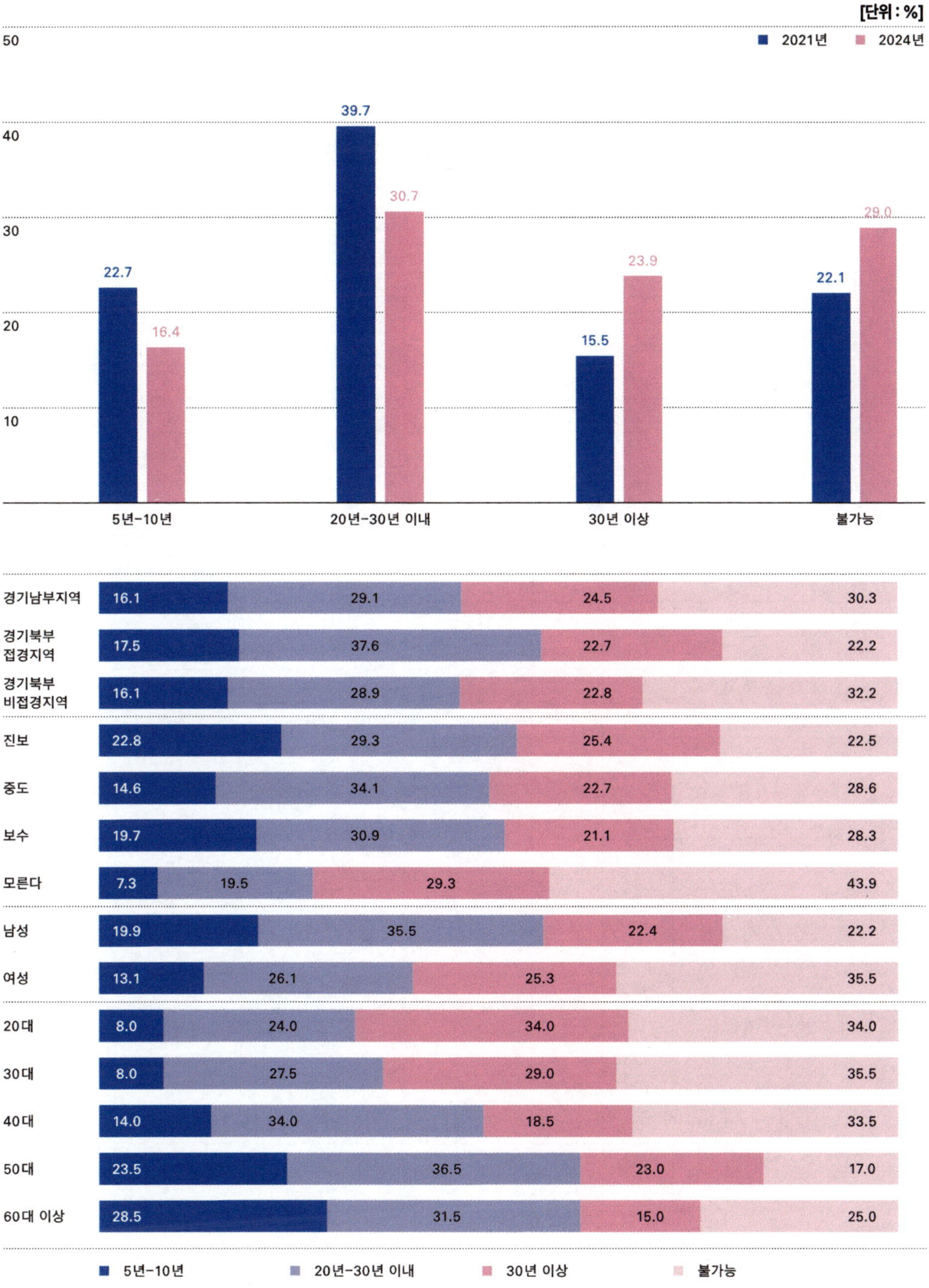

<표 II-5> 통일 가능 예상 시기

[단위 : 명, %]

구분		명	%	5년-10년	20년-30년 이내	30년 이상	불가능
전체(2024년)		1,000	100	16.4	30.7	23.9	29.0
전체(2021년)		1,000	100	22.7	39.7	15.5	22.1
지역	경기남부지역	657	65.7	16.1	29.1	24.5	30.3
	경기북부 접경지역	194	19.4	17.5	37.6	22.7	22.2
	경기북부 비접경지역	149	14.9	16.1	28.9	22.8	32.2
이념 성향	진보	232	23.3	22.8	29.3	25.4	22.5
	중도	493	49.3	14.6	34.1	22.7	28.6
	보수	152	15.2	19.7	30.9	21.1	28.3
	모른다	123	12.3	7.3	19.5	29.3	43.9
성별	남성	487	48.7	19.9	35.5	22.4	22.2
	여성	513	51.3	13.1	26.1	25.3	35.5
연령	20대	200	20	8.0	24.0	34.0	34.0
	30대	200	20	8.0	27.5	29.0	35.5
	40대	200	20	14.0	34.0	18.5	33.5
	50대	200	20	23.5	36.5	23.0	17.0
	60대 이상	200	20	28.5	31.5	15.0	25.0
학력	중졸 이하	9	0.9	11.1	22.2	22.2	44.5
	고졸	188	18.8	22.9	25.5	19.1	32.5
	대재, 대졸	703	70.3	14.5	32.0	25.2	28.3
	대학원재, 대학원졸	100	10	18.0	32.0	24.0	26.0
직업	농축산업	5	0.5	0.0	20.0	40.0	40.0
	자영업	91	9.1	19.8	30.8	16.5	32.9
	블루칼라	72	7.2	18.1	37.5	26.4	18.0
	화이트칼라	389	38.9	16.5	37.0	24.7	21.8
	전업주부	135	13.5	14.8	23.7	22.2	39.3
	학생	55	5.5	9.1	18.2	30.9	41.8
	다른 직종 또는 무직	253	25.3	17.4	25.7	23.7	33.2
결혼 여부	미혼	367	36.7	11.7	28.9	27.8	31.6
	기혼/자녀 없음	70	7	14.3	27.1	28.6	30.0
	기혼/자녀 동거	423	42.3	16.1	33.1	23.2	27.6
	기혼/자녀 비동거	133	13.3	32.3	30.8	11.3	25.6
	기타(이혼 및 사망)	7	0.7	0.0	14.3	57.1	28.6
총소득	3000만원 미만	157	15.7	19.7	30.6	19.1	30.6
	5000만원 미만	234	23.4	19.2	29.1	22.2	29.5
	7000만원 미만	269	26.9	16.0	30.1	22.3	31.6
	1억원 미만	232	23.2	15.5	33.6	26.3	24.6
	1억원 이상	108	10.8	8.3	29.6	33.3	28.8

6 통일에 있어 가장 큰 장애요인

조사 결과

● 2024년 평균(平均): '정치체제 차이' 47.7%, '주변 강대국의 입장 차이' 19.8%, '경제 차이' 14.6%, '사회문화(언어) 차이' 11.5%, '통일정책 차이' 5.7%, '기타' 0.7% 순으로 나타남.

▶ 2021년 대비: '경제 차이', '사회문화(언어) 차이', '기타'의 하락 합계 7.7%가 '정치체제 차이', '주변 강대국의 입장 차이', '통일 정책 차이'로 이동.

※ 인구 사회학적 항목별 편차(偏差): 상당한 차이(10%-20%), 현저한 차이(20% 이상)

- 이념 성향 조사: '정치체제 차이'에서 모른다(52.8%)와 진보(42.2%) 간에 10.6% 차이로, 상당한 차이를 드러냄. '주변 강대국의 입장 차이'에서는 진보(25.4%)와 모른다(6.5%) 간에 18.9% 차이로 상당한 차이를 드러냄.
- 연령별 조사: '정치체제 차이'에서 20대(55.0%)와 50대(43.0%) 간에 12.0%로 상당한 차이를 드러냄. '주변 강대국의 입장 차이'에서는 60대 이상(29.5%)와 30대(11.5%) 간에 18.0% 차이로 상당한 차이를 드러냄. '경제 차이'에서 30대(19.0%)와 60대 이상(7.5%) 간에 11.5% 차이로 상당한 차이를 드러냄.

<그림 II-14> 통일에 있어 가장 큰 장애요인 조사 결과 [전체]

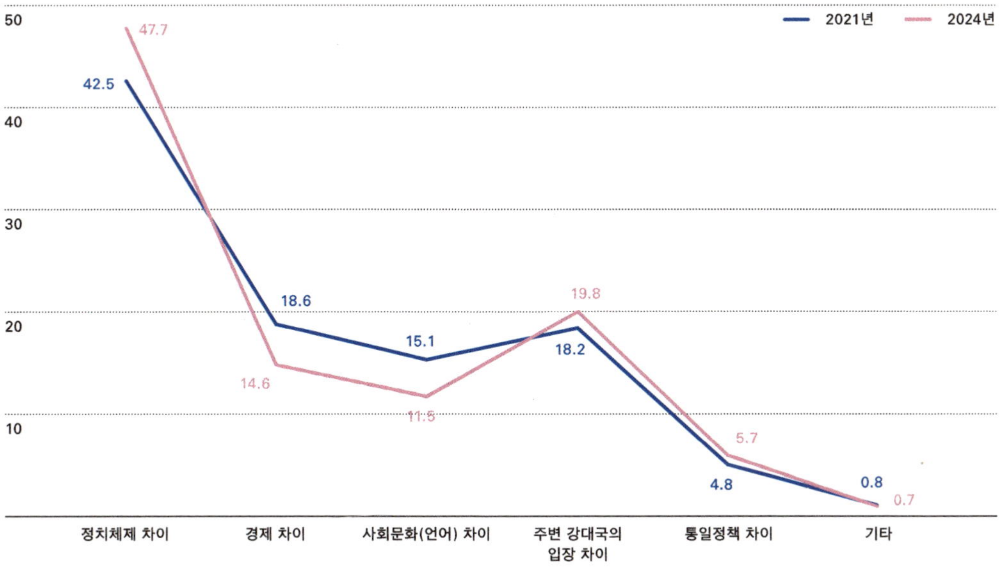

- ‘통일에 있어서 가장 큰 장애요인’에 대한 응답 결과, ‘정치체제 차이’ 47.7%, ‘주변 강대국의 입장 차이’ 19.8%, ‘경제 차이’ 14.6%, ‘사회문화(언어) 차이’ 11.5%, ‘통일정책 차이‘ 5.7%, ‘기타’ 0.7% 순으로 나타남.
- 2021년과 비교하면, ‘정치체제 차이’는 42.5%에서 47.7%로 5.2% 증가, ‘주변 강대국의 입장 차이’가 18.2%에서 19.8%로 1.6% 증가, ‘통일 정책 차이’는 4.8%에서 5.7%로 0.9% 증가로 총 증가 합계 7.7%가 , ‘경제 차이’에서는 18.6%에서 14.6%로 4.0% 하락, ‘사회문화(언어) 차이’는 15.1%에서 11.5%로 3.6% 하락, ‘기타’ 0.8%에서 0.7%로 0.1% 하락 등 총 하락 합계 7.7%가 ‘정치체제 차이’, ‘주변 강대국의 입장 차이’, ‘통일 정책 차이’로 이동
- 지역별 조사에서 ‘정치체제 차이’는 경기북부 접경지역이 51.0%로 평균값 47.7%보다 높게 나타났고, 경제차이는 경기북부 비접경지역이 17.4%, 경기남부지역이 15.2%로 평균값 14.6%보다 높게 나타남. ‘주변 강대국의 입장 차이’에서는 경기남부지역이 20.5%로 평균값 19.8%보다 높게 나타남.
- 이념 성향 조사에서는, ‘정치체제 차이’가 모른다(52.8%), 보수(50.0%), 중도(48.3%), 진보(42.2%) 순으로, 모른다(52.8%), 보수(50.0%), 중도(48.3%)가 평균값 47.7%보다 높게 나타났고, 모른다(52.8%) 대비 보수(50.0%), 중도(48.3%), 진보(42.2%) 간에는 각각 2.8%, 4.5%, 10.6% 차이로, 상당한 차이를 드러냄. ‘주변 강대국의 입장 차이’에서는 진보(25.4%), 중도(21.7%), 보수(5.8%), 모른다(6.5%) 순으로, 진보(25.4%), 중도(21.7%)가 평균값 19.8%보다 높게 나타났고, 진보(25.4%) 대비 중도(21.7%), 보수(15.8%), 모른다(6.5%) 간에 각각 3.7%, 9.6%, 18.9% 차이로 상당한 차이를 드러냄.
- 성별 조사에서는, ‘정치체제 차이’가 여성(49.5%)이 평균값 47.7%보다 높게 나타났고, ‘주변 강대국의 입장 차이’에서는 남성(24.0%)이 평균값 19.8%보다 높게 나타났고, 남성(24.0%)과 여성(15.8%) 간에 8.2% 차이가 남.
- 연령별 조사에서는, ‘정치체제 차이’에 대해 20대(55.0%), 30대(48.5%), 40대(46.5%), 60대 이상(45.5%), 50대(43.0%) 순으로 20대(55.0%), 30대(48.5%)가 평균값 47.7%보다 높게 나타나고, 20대(55.0%) 대비 30대(48.5%), 40대(46.5%), 60대 이상(45.5%), 50대(43.0%)

간에는 6.5%, 8.5%, 9.5%, 12.0% 차이로, 상당한 차이가 드러남. '주변 강대국의 입장 차이'에서는 60대 이상(29.5%), 50대(25.5%), 40대(17.5%), 20대(15.0%), 30대(11.5%) 순으로, 60대 이상(29.5%), 50대(25.5%)가 평균값 19.8%보다 높게 나타났고, 60대 이상(29.5%) 대비 50대(25.5%), 40대(17.5%), 20대(15.0%), 30대(11.5%) 간에는 각각 4.0%, 12.5%, 14.5%, 18.0% 차이로 상당한 차이가 드러남. '경제 차이'에서 30대(19.0%), 40대(18.5%), 20대(15.5%)가 평균값 14.6%보다 높게 나타나고, 50대(12.5%), 60대 이상(7.5%) 순으로 나타나, 30대(19.0%)와 60대 이상(7.5%) 간에 11.5% 차이로, 상당한 차이가 드러남.

<그림 II-15> 통일에 있어 가장 큰 장애요인

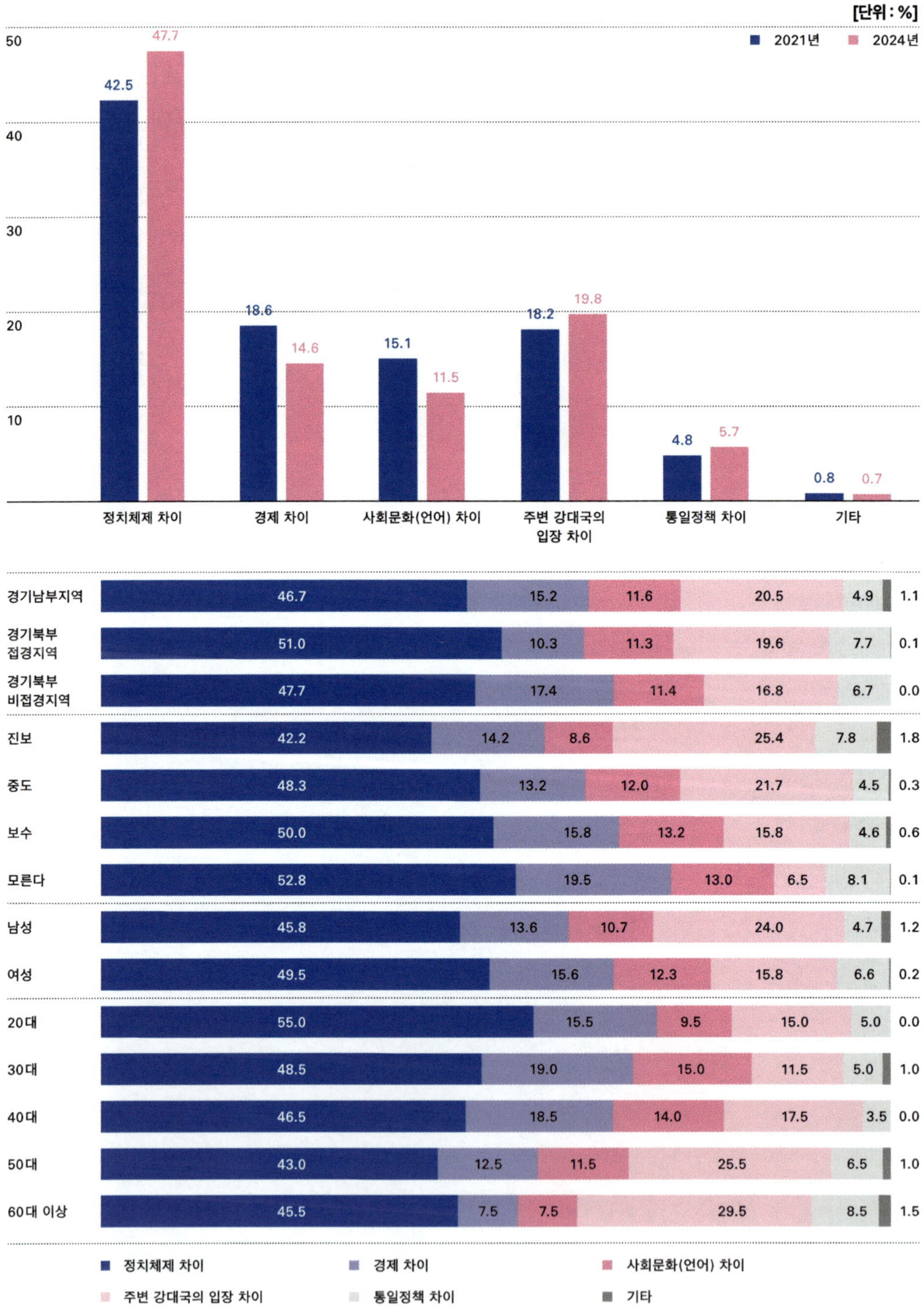

<표 II-6> 통일에 있어 가장 큰 장애요인

[단위 : 명, %]

구분		명	%	정치체제 차이	경제 차이	사회문화 (언어) 차이	주변 강대국의 입장 차이	통일정책 차이	기타
전체(2024년)		1,000	100	47.7	14.6	11.5	19.8	5.7	0.7
전체(2021년)		1,000	100	42.5	18.6	15.1	18.2	4.8	0.8
지역	경기남부지역	657	65.7	46.7	15.2	11.6	20.5	4.9	1.1
	경기북부 접경지역	194	19.4	51.0	10.3	11.3	19.6	7.7	0.1
	경기북부 비접경지역	149	14.9	47.7	17.4	11.4	16.8	6.7	0.0
이념 성향	진보	232	23.3	42.2	14.2	8.6	25.4	7.8	1.8
	중도	493	49.3	48.3	13.2	12.0	21.7	4.5	0.3
	보수	152	15.2	50.0	15.8	13.2	15.8	4.6	0.6
	모른다	123	12.3	52.8	19.5	13.0	6.5	8.1	0.1
성별	남성	487	48.7	45.8	13.6	10.7	24.0	4.7	1.2
	여성	513	51.3	49.5	15.6	12.3	15.8	6.6	0.2
연령	20대	200	20	55.0	15.5	9.5	15.0	5.0	0.0
	30대	200	20	48.5	19.0	15.0	11.5	5.0	1.0
	40대	200	20	46.5	18.5	14.0	17.5	3.5	0.0
	50대	200	20	43.0	12.5	11.5	25.5	6.5	1.0
	60대 이상	200	20	45.5	7.5	7.5	29.5	8.5	1.5
학력	중졸 이하	9	0.9	11.1	11.2	11.1	33.3	33.3	0.0
	고졸	188	18.8	43.1	14.9	12.8	20.7	8.5	0.0
	대재, 대졸	703	70.3	49.5	14.9	11.0	18.9	4.7	1.0
	대학원재, 대학원졸	100	10	47.0	12.0	13.0	23.0	5.0	0.0
직업	농축산업	5	0.5	20.0	0.0	40.0	40.0	0.0	0.0
	자영업	91	9.1	41.8	11.0	17.6	25.3	3.3	1.0
	블루칼라	72	7.2	43.1	12.5	9.7	23.6	8.3	2.8
	화이트칼라	389	38.9	50.1	16.5	10.8	18.5	3.3	0.8
	전업주부	135	13.5	48.9	14.1	5.9	21.5	8.9	0.7
	학생	55	5.5	54.5	14.5	9.1	12.7	9.2	0.0
	다른 직종 또는 무직	253	25.3	45.8	14.2	9.5	22.9	7.5	0.1
결혼 여부	미혼	367	36.7	48.5	18.8	11.4	4.9	15.5	0.9
	기혼/자녀 없음	70	7	50.0	15.7	10.0	4.3	20.0	0.0
	기혼/자녀 동거	423	42.3	47.8	12.8	13.2	5.0	20.3	0.9
	기혼/자녀 비동거	133	13.3	46.6	8.3	6.8	10.5	27.8	0.0
	기타(이혼 및 사망)	7	0.7	0.0	14.3	14.3	14.3	57.1	0.0
총소득	3000만원 미만	157	15.7	41.4	12.7	10.2	22.3	12.1	1.3
	5000만원 미만	234	23.4	47.0	15.0	10.3	20.1	6.8	0.8
	7000만원 미만	269	26.9	48.0	13.4	13.8	17.8	6.3	0.7
	1억원 미만	232	23.2	51.3	15.5	8.2	22.8	1.7	0.5
	1억원 이상	108	10.8	50.0	17.6	17.6	13.9	0.9	0.0

7 통일 이후 국가적으로 가장 기대되는 점

조사 결과

● 2024년 평균(平均): '경제발전' 46.2%, 기대되는 점이 없거나 '기타' 16.5%, '군사력 증강' 12.9%, '정치외교적 지위 상승' 9.8%, '국가 신뢰도 상승' 8.9%, '문화유산 증가' 5.7% 순으로 나타남.

▶ 2021년 대비: '정치외교적 지위 상승', '경제발전', '문화유산 증가', '국가 신뢰도 상승' 하락 합계 8.4%가 '기대되는 점이 없다/기타', '군사력 증강' 증가 합계 8.4%로 이동

※ 인구 사회학적 항목별 편차(偏差): 상당한 차이(10%-20%), 현저한 차이(20% 이상)

- 성별: '경제발전'에서 남성(53.4%)과 여성(39.4%) 간에 14.0% 차이로 상당한 차이를 드러냄.
- 연령별: '경제발전'에서 50대(57.5%)와 20대(38.0%) 간에 19.5% 차이로 상당한 차이를 드러냄.

◎ 현저한 차이: 이념 성향별에서 '경제발전'을 놓고 진보(54.3%)와 모른다(26.8%) 간에 27.5%, '기대되는 점이 없다/기타'에서는 모른다(35.7%)와 진보(10.0%) 간에 25.7% 차이.

<그림 II-16> 통일 이후 국가적으로 가장 기대되는 점에 대한 조사 결과 [전체]

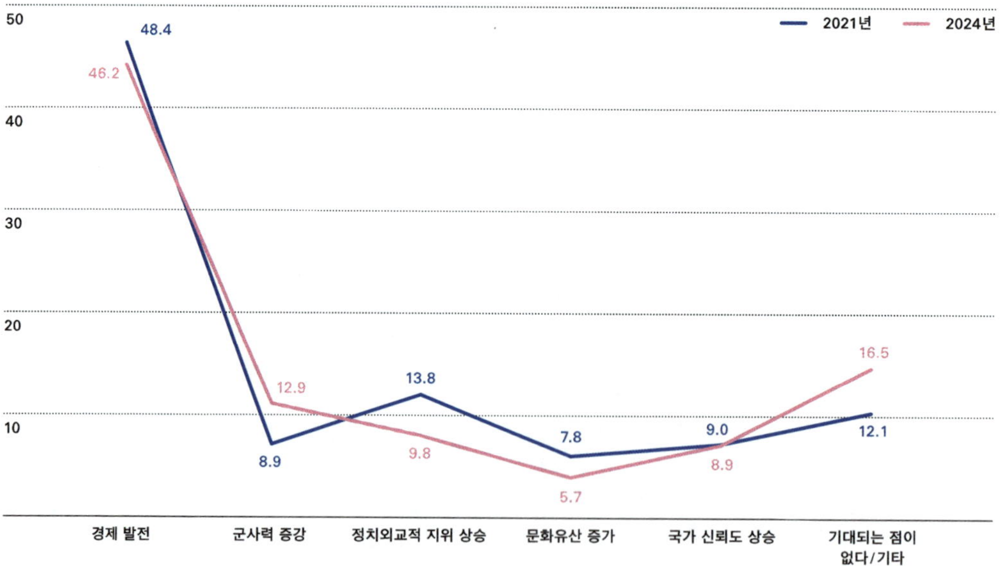

<그림 II-17> 통일 이후 국가적으로 가장 기대되는 점에 대한 조사 결과[이념 성향별]

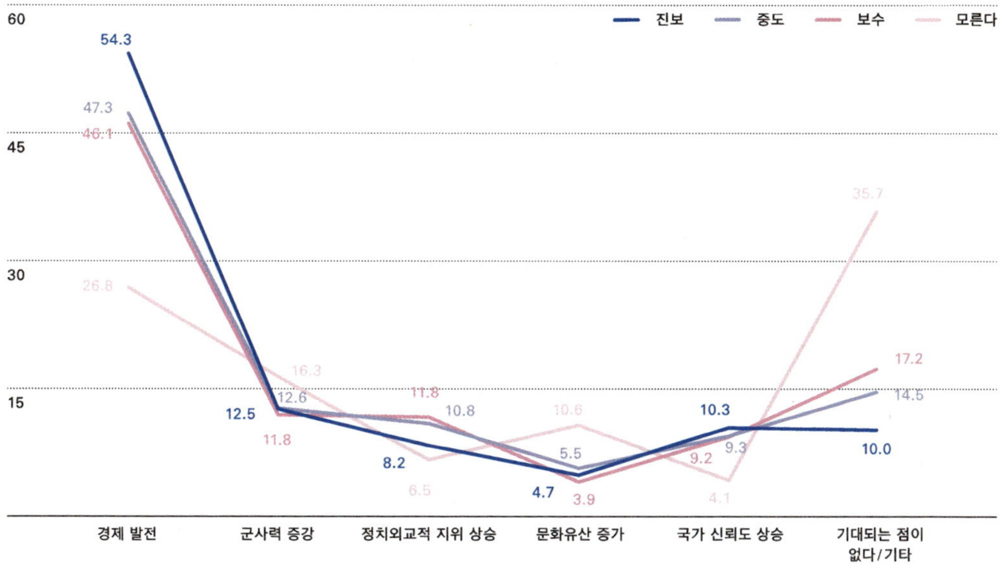

- '통일 이후 국가적으로 가장 기대되는 점'에 대한 응답 결과, '경제발전' 46.2%, 기대되는 점이 없거나 기타' 16.5%, '군사력 증강' 12.9%, '정치외교적 지위 상승' 9.8%, '문화유산 증가' 5.7%, '국가 신뢰도 상승' 8.9% 순으로 나타남.
- 2021년과 비교하면, '기대되는 점이 없다/기타'가 12.1%에서 16.5%로 4.4% 증가, '군사력 증강'이 8.9%에서 12.9%로 4.0% 증가로, 증가 합계 8.4%가 '정치외교적 지위 상승'이 13.8에서 9.8%로 4.0% 하락, '경제발전'은 48.4%에서 46.2%로 2.2% 하락, '문화유산 증가'는 7.8%에서 5.7%로 2.1% 하락, '국가 신뢰도 상승'이 9.0%에서 8.9%로 0.1% 하락으로, 하락 합계 8.4%로 이동.
- 지역별 조사에서는, '경제발전'은 경기남부지역(46.9%)이 평균값 46.2%보다 높게 나타남. '기대되는 점이 없거나 기타'에서는 경기남부지역(17.4%)이 평균값 16.5%보다 높게 나타남. '군사력증강'은 경기북부 비접경지역(15.4%)이 평균값 12.9%보다 높게 나타남. '정치 외교적 지위 상승'에서는 경기북부 접경지역(11.9%), 경기북부 비접경지역(11.4%)이 평균값 9.8%보다 높게 나타남.
- 이념 성향별 조사에서는, '경제발전'은 진보(54.3%), 중도(47.3%), 보수(46.1%), 모른다

(26.8%) 순으로, 진보(54.3%), 중도(47.3%)가 평균값 46.2%보다 높게 나타났고, 진보(54.3%) 대비 중도(47.3%), 보수(46.1%), 모른다(26.8%) 간에 7.0%, 8.2%, 27.5% 차이로 현저한 차이를 드러냄. '기대되는 점이 없다/기타'에서는 모른다(35.7%), 보수(17.2%), 중도(14.5%), 진보(10.0%) 순으로, 모른다(35.7%), 보수(17.2%)가 평균값 16.5%보다 높게 나타났고, 모른다(35.7%) 대비 보수(17.2%), 중도(14.5%), 진보(10.0%) 간에 각각 18.5%, 21.2%, 25.7% 차이로, 현저한 차이를 드러냄.

- 성별 조사에서는, '경제발전'에서 남성 53.4%로 평균값 46.2%보다 높게 나타났고, 남성(53.4%)과 여성(39.4%) 간에 14.0% 차이로 상당한 차이를 드러냄. '군사력 증강'에서는 여성(16.0%)이 평균값 12.9%보다 높게 나타나고, 남성(9.7%) 대비 6.3% 차이가 나타남.
- 연령별 조사에서는, '경제발전'은 50대(57.5%), 60대 이상(54.0%), 40대(43.5%), 30대(38.5%), 20대(38.0%) 순으로, 50대(57.5%), 60대 이상(54.0%)이 평균값 46.2% 보다 높게 나타났고, 50대(57.5%) 대비 60대 이상(54.0%), 40대(43.5%), 30대(38.5%), 20대(38.0%) 간에 각각 3.5%, 14.0%, 19.0%, 19.5% 차이로 상당한 차이를 드러냄.
- 기대되는 점이 없다/기타'는 30대(24.0%), 20대(22.0%), 40대(19.0%) 순으로 평균값 16.5%보다 높게 나타나고, 30대(24.0%) 대비 20대(22.0%), 40대(19.0%) 60대 이상(9.0%), 50대(8.5%) 간에 2.0%, 5.0%, 15.0%, 15.5%로 상당한 차이가 드러남. '군사력 증강'에서는 20대(16.5%), 30대(15.0%), 40대(14.0%) 순으로 평균값 12.9%보다 높게 나타나고, 50대(10.5%), 60대 이상(8.0%) 순으로 나타남. '정치외교적 지위상승'에서는 60대 이상(13.5%), 50대(11.0%), 40대(10.5%)가 평균값 9.8% 보다 높게 나타났고, 30대(8.0%), 20대(6.0%) 순으로 나타남. '국가 신뢰도 상승'에서는 60대 이상(13.5%), 50대(11.0%), 40대(9.0%), 30대(5.5%), 20대(5.5%) 순으로 나타남.

<그림 II-18> 통일 이후 국가적으로 가장 기대되는 점

<표 II-7> 통일 이후 국가적으로 가장 기대되는 점

[단위 : 명, %]

구분		명	%	경제 발전	군사력 증강	정치외교적 지위상승	문화유산 증가	국가 신뢰도 상승	기대되는 점이없다 /기타
전체(2024년)		1,000	100	46.2	12.9	9.8	5.7	8.9	16.5
전체(2021년)		1,000	100	48.4	8.9	13.8	7.8	9.0	12.1
지역	경기남부지역	657	65.7	46.9	12.5	8.8	6.1	8.5	17.2
	경기북부 접경지역	194	19.4	44.3	12.4	11.9	5.2	10.3	15.9
	경기북부 비접경지역	149	14.9	45.6	15.4	11.4	4.7	8.7	14.2
이념 성향	진보	232	23.3	54.3	12.5	8.2	4.7	10.3	10.0
	중도	493	49.3	47.3	12.6	10.8	5.5	9.3	14.5
	보수	152	15.2	46.1	11.8	11.8	3.9	9.2	17.2
	모른다	123	12.3	26.8	16.3	6.5	10.6	4.1	35.7
성별	남성	487	48.7	53.4	9.7	9.0	3.1	10.5	14.3
	여성	513	51.3	39.4	16.0	10.5	8.2	7.4	18.5
연령	20대	200	20	38.0	16.5	6.0	12.0	5.5	22.0
	30대	200	20	38.5	15.0	8.0	9.0	5.5	24.0
	40대	200	20	43.5	14.0	10.5	4.0	9.0	19.0
	50대	200	20	57.5	10.5	11.0	1.5	11.0	8.5
	60대 이상	200	20	54.0	8.0	13.5	2.0	13.5	9.0
학력	중졸 이하	9	0.9	44.4	22.2	0.0	0.0	22.2	11.2
	고졸	188	18.8	46.3	14.4	10.6	5.9	11.2	11.6
	대재, 대졸	703	70.3	45.8	12.2	9.5	5.8	7.7	19.0
	대학원재, 대학원졸	100	10	49.0	14.0	11.0	5.0	12.0	9.0
직업	농축산업	5	0.5	20.0	40.0	20.0	0.0	0.0	20.0
	자영업	91	9.1	53.8	11.0	7.7	2.2	9.9	15.4
	블루칼라	72	7.2	56.9	11.1	8.3	1.4	11.1	11.2
	화이트칼라	389	38.9	48.3	11.1	12.1	6.9	10.3	11.3
	전업주부	135	13.5	43.0	14.8	12.6	5.9	8.9	14.8
	학생	55	5.5	29.1	18.2	5.5	10.9	7.3	29.0
	다른 직종 또는 무직	253	25.3	43.1	14.2	6.7	5.1	6.3	24.6
결혼 여부	미혼	367	36.7	42.8	15.5	6.5	7.1	5.7	22.4
	기혼/자녀 없음	70	7	40.0	14.3	10.0	10.0	14.3	11.4
	기혼/자녀 동거	423	42.3	49.6	11.1	11.6	5.0	9.0	13.7
	기혼/자녀 비동거	133	13.3	49.6	9.8	12.8	2.3	15.0	10.5
	기타(이혼 및 사망)	7	0.7	14.3	28.6	14.3	0.0	0.0	42.8
총소득	3000만원 미만	157	15.7	42.0	15.3	8.3	4.5	9.6	20.3
	5000만원 미만	234	23.4	42.3	11.5	10.3	6.8	10.3	18.8
	7000만원 미만	269	26.9	49.4	11.2	9.3	5.9	9.3	14.9
	1억원 미만	232	23.2	47.8	16.4	10.8	5.6	6.9	12.5
	1억원 이상	108	10.8	49.1	8.3	10.2	5.6	8.3	18.5

8 통일 이후 개인적으로 가장 기대되는 점

조사 결과

● 2024년 평균(平均): '북한(금강산 등)을 통해 해외 여행 가능' 26.4%, '취업/창업기회' 18.9%, '기대되는 점이 없음/기타' 16.5%, '전쟁위험 감소로 군대에 가지 않아도 된다는 점' 14.5%, '이산가족 문제 해결' 13.0%, '다양한 문화를 즐길 수 있음' 10.7% 순으로 나타났음.

▶ 2021년 대비: '취업/창업기회', '이산가족 문제 해결', '북한(금강산 등)을 통해 해외 여행 가능', '다양한 문화를 즐길 수 있음' 하락 합계 5.8%가, '기대되는 점이 없음/기타', '전쟁위험 감소로 군대에 가지 않아도 된다는 점'으로 5.8% 이동.

※ 인구 사회학적 항목별 편차(偏差): 상당한 차이(10%-20%), 현저한 차이(20% 이상)

- 이념 성향별: '취업/ 창업기회'에서 진보(23.3%)와 모른다(12.2%) 간에 11.1% 차이로 상당한 차이를 드러냄. '기대되는 점이 없음/기타'에서는 모른다(26.1%)와 진보(13.0%) 간에 13.1% 차이로 상당한 차이를 드러냄.
- 성별 조사: '취업/ 창업기회'에서 남성(25.5%)과 여성(12.7%) 간에 12.8%로 차이로 상당한 차이를 드러냄.
- 연령별: '취업/창업기회'에서 40대(25.0%)와 30대(15.0%) 간에 각각 10.0% 차이로 상당한 차이를 드러냄. '전쟁위험 감소로 군대에 가지 않아도 된다는 점'에서는 50대(18.0%)와 30대(8.0%) 간에 10.0% 차이로 상당한 차이를 드러냄.

<그림 II-19> 통일 이후 개인적으로 가장 기대되는 점에 대한 조사 결과 [전체]

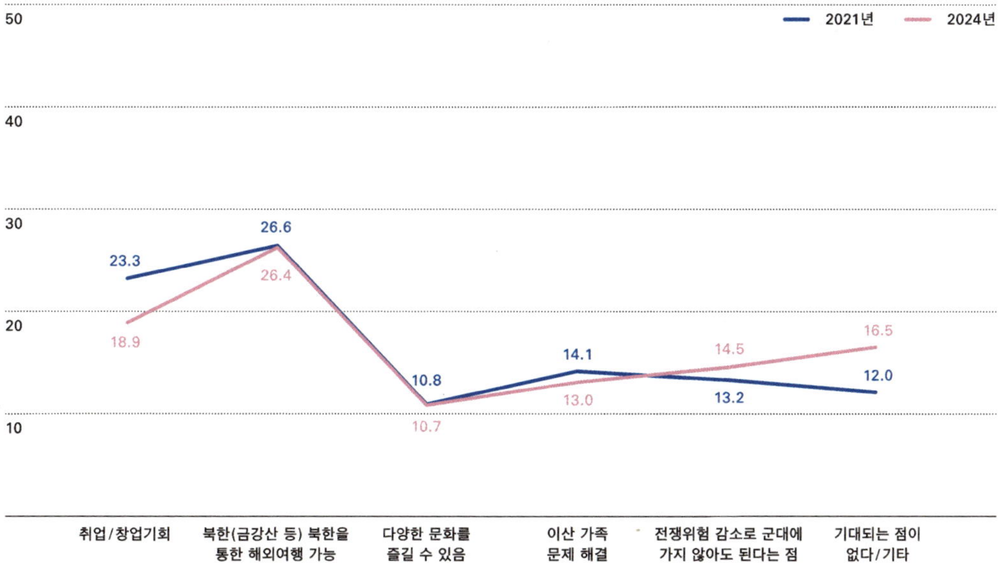

• ‘통일 이후 개인적으로 가장 기대되는 점’에 대한 응답 결과, ‘북한(금강산 등)을 통해 해외 여행 가능’ 26.4%, ‘취업/창업기회’ 18.9%, ‘기대되는 점이 없음/기타’ 16.5%, ‘전쟁위험 감소로 군대에 가지 않아도 된다는 점’ 14.5%, ‘이산가족 문제 해결’ 13.0%, ‘다양한 문화를 즐길 수 있음’ 10.7% 순으로 나타났음.

• 2021년과 비교하면, ‘기대되는 점이 없음/기타’가 12.0%에서 16.5%로 4.5% 증가, ‘전쟁위험 감소로 군대에 가지 않아도 된다는 점’이 13.2%에서 14.5%로 1.3% 증가로, 증가 합계 5.8%. ‘창업기회’는 23.3%에서 18.9%로 4.4% 하락, ‘이산가족 문제 해결’이 14.1%에서 13.0%로 1.1% 하락, ‘북한(금강산 등)을 통해 해외 여행 가능’은 26.6%에서 26.4%로 0.2% 하락, ‘다양한 문화를 즐길 수 있음’이 10.8%에서 10.7%로 0.1% 하락.

• 지역별 조사에서는, ‘북한(금강산 등)을 통해 해외 여행 가능’이 경기북부 비접경지역(31.5%), 경기북부 접경지역(29.4%) 순으로 평균값 26.4%보다 높게 나타났고, ‘취업/창업기회’에서도 경기북부 접경지역(20.1%), 경기북부 비접경지역(19.5%) 순으로 평균값 18.9%보다 높게 나타남. ‘전쟁 위험 감소로 군대에 가지 않아도 된다는 점’은 경기북부 접경지역(14.9%), 경기남부지역(14.8%)이 평균값 14.5% 보다 높게 나타남.

• 이념 성향별 조사에서는, ‘북한(금강산 등)을 통해 해외 여행 가능’에서 모른다(32.5%)가 평균값 26.4%보다 높게 나타나고, 모른다(32.5%)와 보수(24.3%) 간에 8.2% 차이가 나타남. ‘취업/ 창업기회’는 진보(23.3%), 보수(21.7%), 중도(17.6%), 모른다(12.2%) 순으로, 진보(23.3%), 보수(21.7%)가 평균값 18.9%보다 높게 나타났고, 진보(23.3%) 대비 보수(21.7%), 중도(17.6%), 모른다(12.2%) 간에 각각 1.6%, 5.7%, 11.1% 차이로 상당한 차이를 드러냄. ‘기대되는 점이 없음/기타’에서는 모른다(26.1%), 보수(17.2%), 중도(15.6%), 진보(13.0%) 순으로, 모른다(26.1%), 보수(17.2%)가 평균값 16.5%보다 높게 나타났고, 모른다(26.1%) 대비 보수(17.2%), 중도(15.6%), 진보(13.0%) 간에 각각 8.9%, 10.5%, 13.1% 차이로 상당한 차이를 드러냄.

• 성별 조사에서는, ‘취업/ 창업기회’가 남성(25.5%)이 평균값 18.9%보다 높게 나타났고, 여성(12.7%)과는 12.8%로 차이로 상당한 차이를 드러냄. ‘북한(금강산 등)을 통해 해

외 여행 가능'에서는 여성(28.3%)이 평균값 26.4% 보다 높게 나타났고, 남성(24.4%) 순으로 나타남. '전쟁위험 감소로 군대에 가지 않아도 된다는 점'에 여성(17.2%)로 평균값 14.5%보다 높게 나타났고, 남성(11.7%) 순으로 나타남.

- 연령별 조사에서는, '취업/창업기회'에 대한 응답이 40대(25.0%), 50대(22.5%), 60대 이상(16.5%), 20대(15.5%), 30대(15.0%) 순으로, 40대(25.0%), 50대(22.5%)가 평균값 18.9%보다 높게 나타남. '북한(금강산 등)을 통해 해외 여행 가능'은 20대(30.0%), 30대(29.5%) 순으로, 평균값 26.4%보다 높게 나타남. '전쟁위험 감소로 군대에 가지 않아도 된다는 점'에서는 50대(18.0%), 40대(17.5%), 60대 이상(16.5%), 20대(12.5%), 30대(8.0%) 순으로, 50대(18.0%), 40대(17.5%), 60대 이상(16.5%)이 평균값 14.5%보다 높게 나타남.

<그림 II-20> 통일 이후 개인적으로 가장 기대되는 점

[단위 : %]

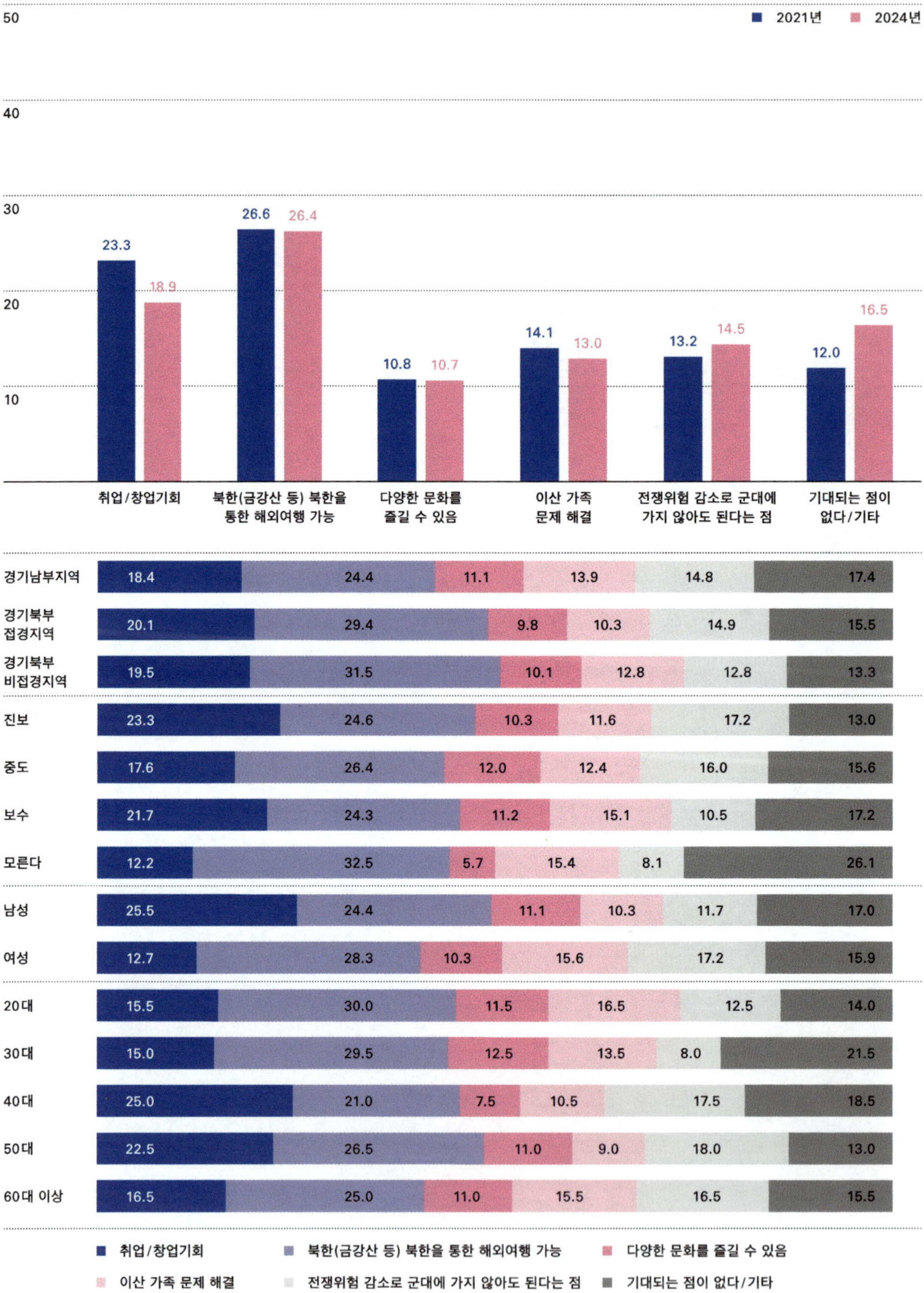

<표 II-8> 통일 이후 개인적으로 가장 기대되는 점

[단위 : 명, %]

구분		명	%	취업/창업 기회	북한(금강산 등) 북한을 통한 해외 여행 가능	다양한 문화를 즐길 수 있음	이산 가족 문제 해결	전쟁위험 감소로 군대에 가지않아도 된다는 점	기대되는 점이 없다/기타
전체(2024년)		1,000	100	18.9	26.4	10.7	13.0	14.5	16.5
전체(2021년)		1,000	100	23.3	26.6	10.8	14.1	13.2	12.0
지역	경기남부지역	657	65.7	18.4	24.4	11.1	13.9	14.8	17.4
	경기북부 접경지역	194	19.4	20.1	29.4	9.8	10.3	14.9	15.5
	경기북부 비접경지역	149	14.9	19.5	31.5	10.1	12.8	12.8	13.3
이념 성향	진보	232	23.3	23.3	24.6	10.3	11.6	17.2	13.0
	중도	493	49.3	17.6	26.4	12.0	12.4	16.0	15.6
	보수	152	15.2	21.7	24.3	11.2	15.1	10.5	17.2
	모른다	123	12.3	12.2	32.5	5.7	15.4	8.1	26.1
성별	남성	487	48.7	25.5	24.4	11.1	10.3	11.7	17.0
	여성	513	51.3	12.7	28.3	10.3	15.6	17.2	15.9
연령	20대	200	20	15.5	30.0	11.5	16.5	12.5	14.0
	30대	200	20	15.0	29.5	12.5	13.5	8.0	21.5
	40대	200	20	25.0	21.0	7.5	10.5	17.5	18.5
	50대	200	20	22.5	26.5	11.0	9.0	18.0	13.0
	60대 이상	200	20	16.5	25.0	11.0	15.5	16.5	15.5
학력	중졸 이하	9	0.9	11.1	11.1	0.0	33.3	22.2	22.3
	고졸	188	18.8	17.0	26.6	12.2	13.8	18.6	11.8
	대재, 대졸	703	70.3	18.8	26.5	11.0	12.7	13.5	17.5
	대학원재, 대학원졸	100	10	24.0	27.0	7.0	12.0	13.0	17.0
직업	농축산업	5	0.5	20.0	20.0	0.0	0.0	60.0	0.0
	자영업	91	9.1	19.8	20.9	11.0	15.4	14.3	18.6
	블루칼라	72	7.2	23.6	19.4	18.1	9.7	11.1	18.1
	화이트칼라	389	38.9	23.1	28.3	10.5	10.5	12.3	15.3
	전업주부	135	13.5	12.6	28.1	9.6	12.6	21.5	15.6
	학생	55	5.5	20.0	23.6	9.1	20.0	16.4	10.9
	다른 직종 또는 무직	253	25.3	13.8	27.3	9.9	15.8	13.8	19.4
결혼 여부	미혼	367	36.7	16.3	30.8	10.6	13.9	12.8	15.6
	기혼/자녀 없음	70	7	21.4	12.9	21.4	14.3	7.1	22.9
	기혼/자녀 동거	423	42.3	20.6	25.3	8.7	11.3	17.7	16.4
	기혼/자녀 비동거	133	13.3	20.3	24.8	12.0	15.0	12.8	15.1
	기타(이혼 및 사망)	7	0.7	0.0	28.6	0.0	14.3	14.3	42.8
총소득	3000만원 미만	157	15.7	14.0	25.5	12.1	17.8	14.0	16.6
	5000만원 미만	234	23.4	16.7	23.5	13.7	13.7	14.1	18.3
	7000만원 미만	269	26.9	19.0	27.9	10.0	14.9	13.4	14.8
	1억원 미만	232	23.2	24.1	28.4	8.6	8.2	15.5	15.2
	1억원 이상	108	10.8	19.4	25.9	8.3	10.2	16.7	19.5

9 통일을 하기 위한 통일비용과 분단비용 중 더 큰 비용

조사 결과

● 2024년 평균(平均): '분단비용이 더 크다' 45.4%, '통일비용이 더 크다' 35.5%, 비슷하다 10.5%, '잘 모르겠다' 8.6% 순으로 나타났음.

▶ 2021년 대비: 지난 3년 사이에 '통일비용이 더 크다' 22.7% 하락하고, '분단비용이 더 크다'가 22.0% 증가함.

※ 인구 사회학적 항목별 편차(偏差): 상당한 차이(10%-20%), 현저한 차이(20% 이상)

- 이념 성향별: '분단비용이 더 크다'에서 진보(55.6%)와 모른다(30.9%) 간에 24.7% 차이로 현저한 차이를 드러냄. '통일비용이 더 크다'에서는 보수(43.4%)와 진보(28.9%) 간에 14.5% 차이로 상당한 차이를 드러냄.
- 연령대별: '분단비용이 더 크다'에서 60대 이상(52.0%)과 20대(31.0%) 간에 21.0% 차이로, 편차가 큰 현저한 차이를 드러냄. '통일비용이 더 크다'에서는 20대(47.5%)와 40대(27.5%) 간에 20.0% 차이로 현저한 차이를 드러냄.

◎ 현저한 차이: 이념 성향별에서 '분단비용이 더 크다'에서 진보와 모른다 간에 24.7% 차이. 연령대별에서 '분단비용이 더 크다'에서 60대 이상과 20대 간에 21.0% 차이. '통일비용이 더 크다'에서는 20대와 40대 간에 20.0% 차이.

<그림 II-21> 통일을 하기 위한 통일비용과 분단비용 중 더 큰 비용에 대한 조사 결과 [전체]

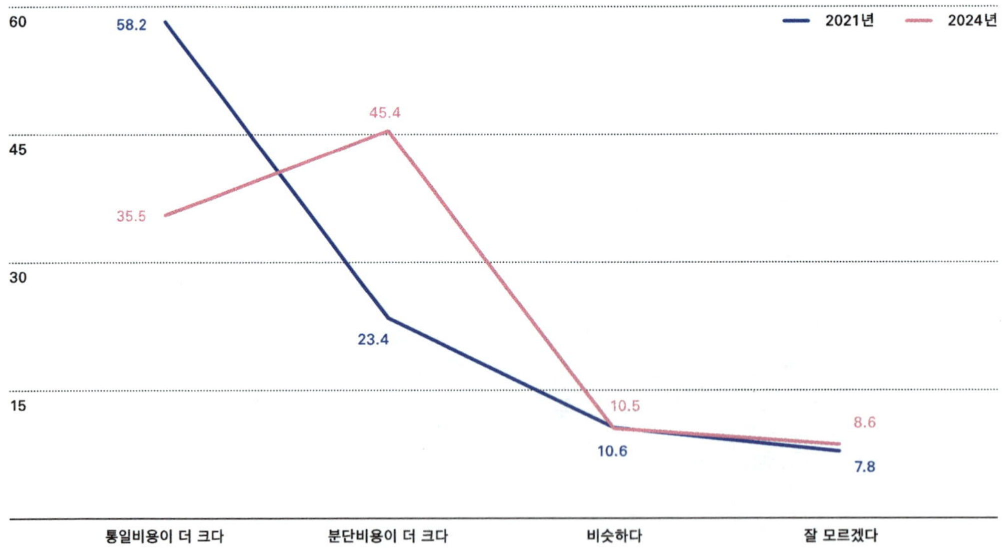

<그림 II-22> 통일을 하기 위한 통일비용과 분단비용 중 더 큰 비용에 대한 조사 결과 [항목별]

이념 성향별

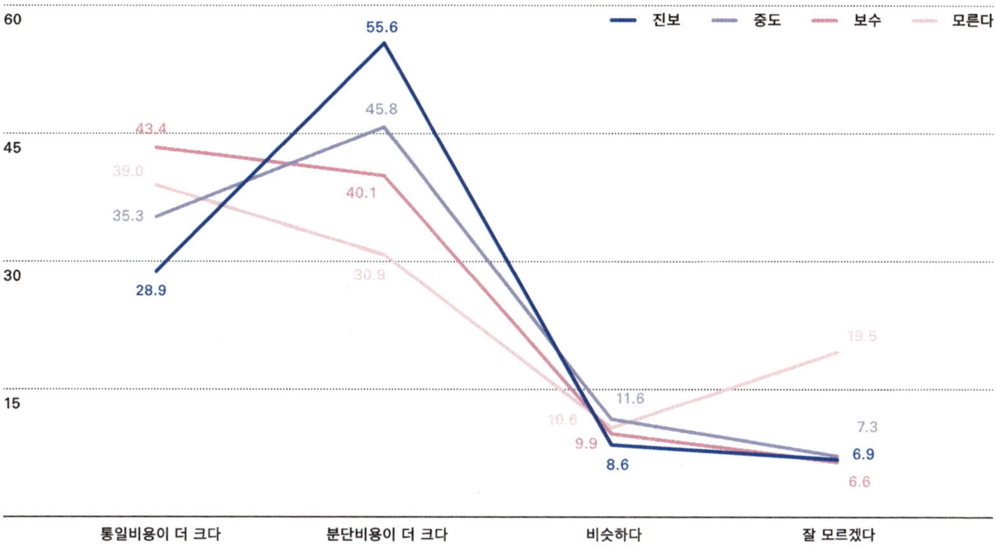

연령별

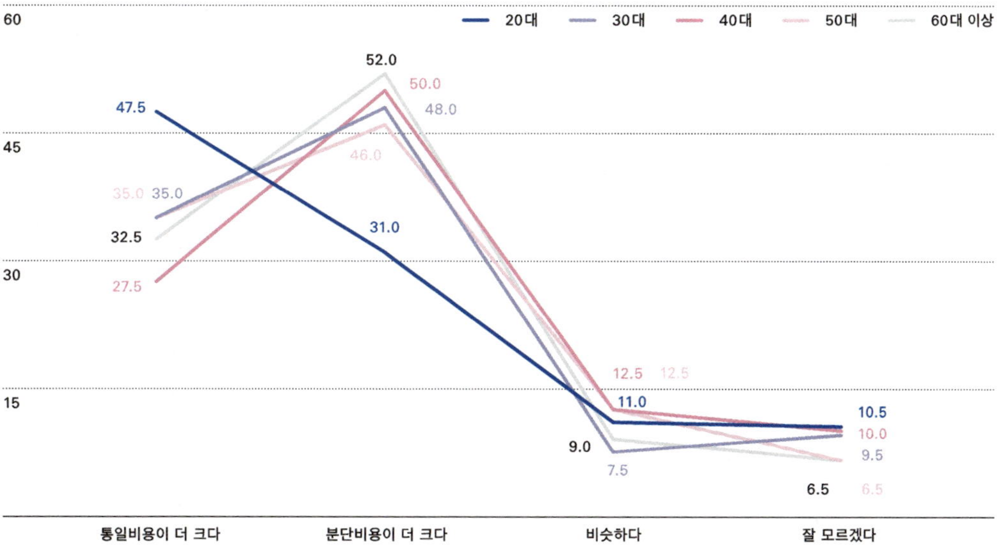

- '통일을 하기 위해 통일비용과 분단의 비용 중 더 큰 비용'에 대한 응답 결과, '분단비용이 더 크다' 45.4%, '통일비용이 더 크다' 35.5%, 비슷하다 10.5%, '잘 모르겠다' 8.6% 순으로 나타났음.

- 2021년과 비교하면, '통일비용이 더 크다'가 58.2%에서 35.5%로 22.7% 하락. '비슷하다'는 10.6%에서 10.5%로 0.1% 하락. 하락 합계 22.8%가, '분단비용이 더 크다'는 23.4%에서 45.4%로 22.0% 증가, '잘 모르겠다'가 7.8%에서 8.6%로 0.8%로 증가한 증가 합계 22.8%로 이동.
- 지역별 조사에서는, '분단비용이 더 크다'가 경기북부 접경지역(51.0%), 경기북부 비접경지역(47.0%)이 평균값 45.4%보다 높게 나타나고, 경기납부지역(43.4%) 순으로 나타남. '통일비용이 더 크다'는 경기남부 지역(37.9%)이 평균값 35.5%보다 높게 나타나고, 경기북부 접경지역(33.0%), 경기북부 비접경지역(28.2%) 순으로 나타남.
- 이념 성향별 조사에서는, '분단비용이 더 크다'가 진보(55.6%), 중도(45.8%), 보수(40.1%), 모른다(30.9%) 순으로, 진보(55.6%), 중도(45.8%)가 평균값 45.4%보다 높게 나타났고, 진보(55.6%) 대비 중도(45.8%), 보수(40.1%), 모른다(30.9%) 간에 각각 9.8%, 15.5%, 24.7% 차이로 현저한 차이를 드러냄. '통일비용이 더 크다'에서는 보수(43.4%), 모른다(39.0%), 중도(35.3%), 진보(28.9%) 순으로, 보수(43.4%), 모른다(39.0%)가 평균값 35.5%보다 높게 나타났고, 보수(43.4%) 대비 모른다(39.0%), 중도(35.3%), 진보(28.9%) 간에 각각 4.4%, 8.1%, 14.5% 차이로 상당한 차이를 드러냄.
- 성별 조사에서는, '분단비용이 더 크다'가 남성(50.3%)에서 평균값 44.5%보다 높게 나타나고, 여성(40.7%)과 비교하면 9.6% 차이가 나타남. '통일비용이 더 크다'는 여성(37.0%)이 평균값 35.5%보다 높게 나타나고, 남성(33.9%) 순으로 나타남.
- 연령대별 조사에서는, '분단비용이 더 크다'에 60대 이상(52.0%), 40대(50.0%), 30대(48.0%), 50대(46.0%), 20대(31.0%) 순으로 60대 이상(52.0%), 40대(50.0%), 30대(48.0%), 50대(46.0%)가 평균값 45.4%보다 높게 나타났고, 60대 이상(52.0%) 대비 40대(50.0%), 30대(48.0%), 50대(46.0%), 20대(31.0%) 간에 각각 2.0%, 4.0%, 6.0%, 21.0% 차이로, 편차가 큰 현저한 차이를 드러냄.
- '통일비용이 더 크다'에서는 20대(47.5%), 30대(35.0%), 50대(35.0%), 60대 이상(32.5%), 40대(27.5%) 순으로, 20대(47.5%)가 평균값 35.5%보다 높게 나타났고, 20대(47.5%) 대비 30대(35.0%), 50대(35.0%), 60대 이상(32.5%), 40대(27.5%) 간에 각각 12.5%, 12.5%, 15.0%, 20.0% 차이로 현저한 차이를 드러냄.

<그림 II-23> 통일을 하기 위한 통일비용과 분단비용 중 더 큰 비용

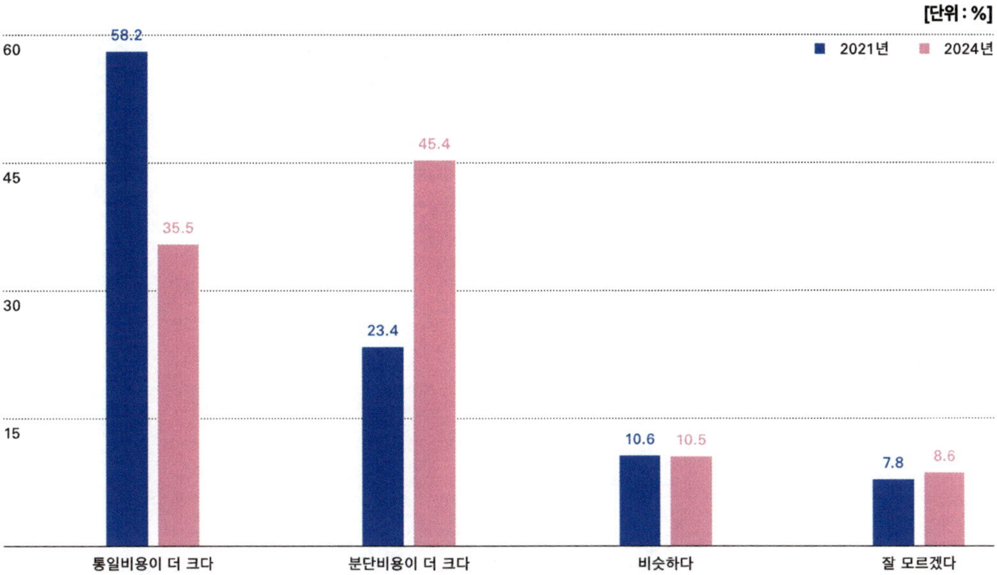

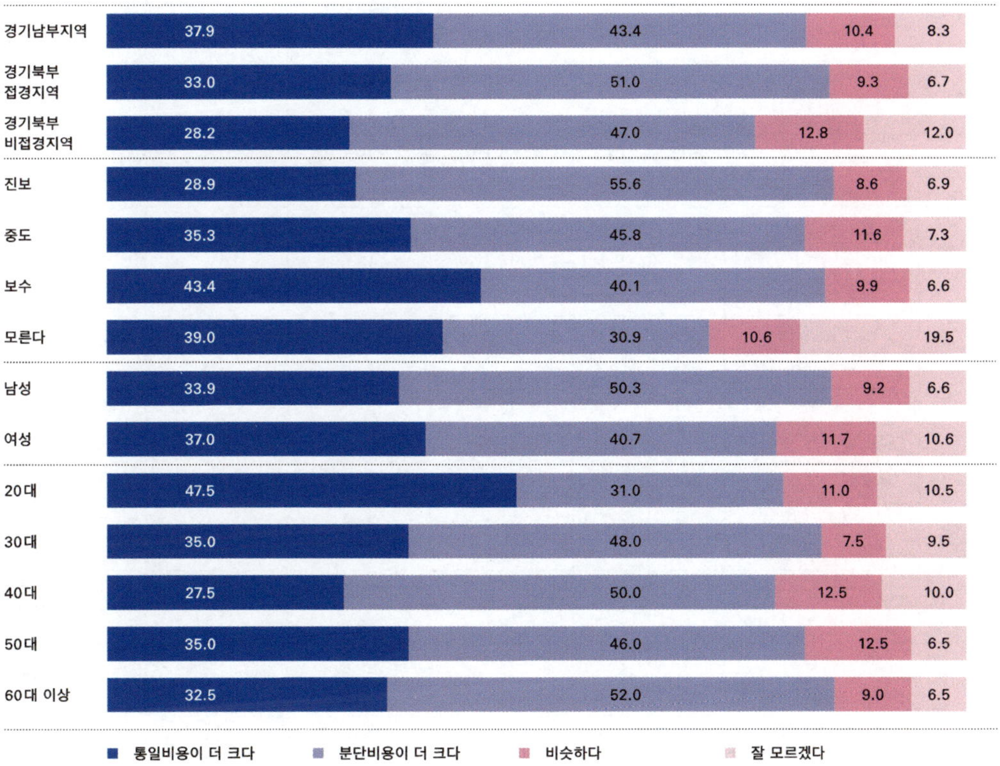

<표 II-9> 통일을 하기 위한 통일비용과 분단비용 중 더 큰 비용

[단위 : 명, %]

구분		명	%	통일비용이 더 크다	분단비용이 더 크다	비슷하다	잘 모르겠다
전체(2024년)		1,000	100	35.5	45.4	10.5	8.6
전체(2021년)		1,000	100	58.2	23.4	10.6	7.8
지역	경기남부지역	657	65.7	37.9	43.4	10.4	8.3
	경기북부 접경지역	194	19.4	33.0	51.0	9.3	6.7
	경기북부 비접경지역	149	14.9	28.2	47.0	12.8	12.0
이념 성향	진보	232	23.3	28.9	55.6	8.6	6.9
	중도	493	49.3	35.3	45.8	11.6	7.3
	보수	152	15.2	43.4	40.1	9.9	6.6
	모른다	123	12.3	39.0	30.9	10.6	19.5
성별	남성	487	48.7	33.9	50.3	9.2	6.6
	여성	513	51.3	37.0	40.7	11.7	10.6
연령	20대	200	20	47.5	31.0	11.0	10.5
	30대	200	20	35.0	48.0	7.5	9.5
	40대	200	20	27.5	50.0	12.5	10.0
	50대	200	20	35.0	46.0	12.5	6.5
	60대 이상	200	20	32.5	52.0	9.0	6.5
학력	중졸 이하	9	0.9	55.6	0.0	11.1	33.3
	고졸	188	18.8	38.3	41.0	11.2	9.5
	대재, 대졸	703	70.3	36.1	46.1	9.5	8.3
	대학원재, 대학원졸	100	10	24.0	53.0	16.0	7.0
직업	농축산업	5	0.5	60.0	20.0	0.0	20.0
	자영업	91	9.1	35.2	44.0	6.6	14.2
	블루칼라	72	7.2	31.9	52.8	11.1	4.2
	화이트칼라	389	38.9	30.1	55.3	8.7	5.9
	전업주부	135	13.5	46.7	28.9	14.8	9.6
	학생	55	5.5	50.9	27.3	12.7	9.1
	다른 직종 또는 무직	253	25.3	35.2	41.9	11.9	11.1
결혼 여부	미혼	367	36.7	37.6	40.9	10.4	11.1
	기혼/자녀 없음	70	7	37.1	47.1	7.1	8.7
	기혼/자녀 동거	423	42.3	33.1	49.9	10.6	6.4
	기혼/자녀 비동거	133	13.3	35.3	43.6	12.8	8.3
	기타(이혼 및 사망)	7	0.7	57.1	42.9	0.0	0.0
총소득	3000만원 미만	157	15.7	32.5	40.8	15.9	10.8
	5000만원 미만	234	23.4	38.9	45.3	6.4	9.4
	7000만원 미만	269	26.9	33.5	46.1	12.6	7.8
	1억원 미만	232	23.2	35.3	44.4	11.2	9.1
	1억원 이상	108	10.8	38.0	52.8	4.6	4.6

10 통일이 이익이 되는 정도

1) 통일은 우리나라에 이익이 되는가?

조사 결과

● 2024년 평균(平均): '매우 이익이 될 것' 28.6%, '다소 이익이 될 것' 43.0%로, 긍정적인 응답 비율 합계 71.6%, '별로 이익이 되지 않는다' 20.9%, '전혀 이익이 되지 않는다' 7.5%로 나타난 부정적 응답 합계 28.4%로 나타남.

▶ 2021년 대비: 부정적인 응답이 26.1%에서 28.4%로 2.3% 증가했으며, 긍정적인 응답은 73.9%에서 71.6%로 2.3% 하락.

※ 인구 사회학적 항목별 편차(偏差): 상당한 차이(10%-20%), 현저한 차이(20% 이상)

◎ 현저한 차이: 이념 성향별에서 긍정적인 반응에서 진보(82.3%)와 모른다(56.9%) 간에 25.4% 차이로 현저한 차이를 드러냄. 연령별에서 긍정적인 반응에서 60대 이상(83.5%)과 40대(54.5%) 간에 29.5% 차이로 현저한 차이를 드러냄.

<그림 II-24> 통일은 우리나라에 이익이 되는가? 조사 결과 [전체]

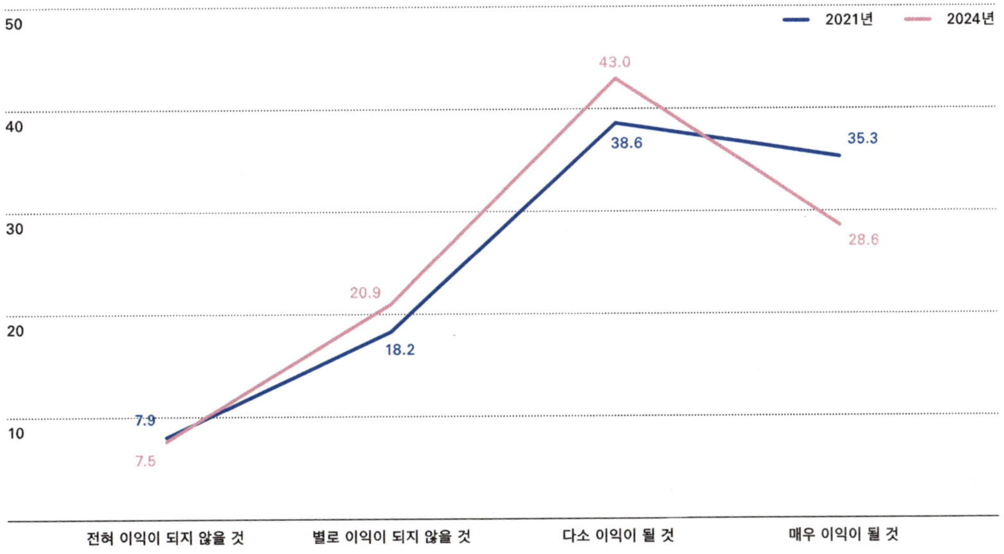

- ‘통일이 우리나라에 이익이 되는가?’에 대한 응답 결과, ‘매우 이익이 될 것’ 28.6%, ‘다소 이익이 될 것’ 43.0%로, 긍정적인 응답 비율 합계 71.6%, ‘별로 이익이 되지 않는다’ 20.9%, ‘전혀 이익이 되지 않는다’ 7.5%로 나타난 부정적 응답 합계 28.4%로 나타남.
- 2021년과 비교하면, 부정적인 응답이 26.1%에서 28.4%로 2.3% 증가했으며, 긍정적인 응답은 73.9%에서 71.6%로 2.3% 하락. ‘매우 이익이 될 것’에서 35.3%에서 28.6%로 6.3% 하락, ‘다소 이익이 될 것’은 38.6%에서 43.0%로 4.6% 증가로 긍정적인 응답의 강도가 약해짐.
- 지역별 조사에서는, 긍정적인 반응이 경기북부 접경지역(78.9%), 경기북부 비접경지역(73.8%), 경기남부지역(68.9%) 순으로, 경기북부 접경지역(78.9%), 경기북부 비접경지역(73.8%)이 평균값 71.6%보다 높게 나타났고, 경기북부 접경지역(78.9%) 대비 경기북부 비접경지역(73.8%), 경기남부지역(68.9%) 간에 각각 5.1%, 10.0% 차이로 상당한 차이를 드러냄.
- 이념 성향별 조사에서는, 긍정적인 반응에서 진보(82.3%), 보수(71.4%), 중도(67.8%), 모른다(56.9%) 순으로, 진보(82.3%)가 평균값 71.6%보다 높게 나타났고, 진보(82.3%) 대비 보수(71.4%), 중도(67.8%), 모른다(56.9%) 간에 각각 10.9%, 14.5%, 25.4% 차이로 현저한 차이를 드러냄.
- 성별 조사에서는, 긍정적인 반응이 남성(74.3%)과 여성(69.0%) 간에 5.3% 차이가 남. ‘매우 이익이 될 것’에서는 남자(34.5%)과 여자(23.0%) 간에 11.5% 차이로 상당한 차이를 드러냄. 남성의 긍정적인 반응의 강도가 높게 나타남.
- 연령별 조사에서는, 긍정적인 반응이 60대 이상(83.5%), 50대(73.5%), 30대(70.5%), 20대(65.0%), 40대(54.5%) 순으로, 60대 이상(83.5%), 50대(73.5%)가 평균값 71.6%보다 높게 나타났고, 60대 이상(83.5%) 대비 50대(73.5%), 30대(70.5%), 20대(65.0%), 40대(54.5%) 간에 각각 10.0%, 13.0%, 18.5%, 29.5% 차이로 현저한 차이를 드러냄.

<그림 II-25> 통일은 우리나라에 이익이 되는가? 조사 결과 [항목별]

이념 성향별

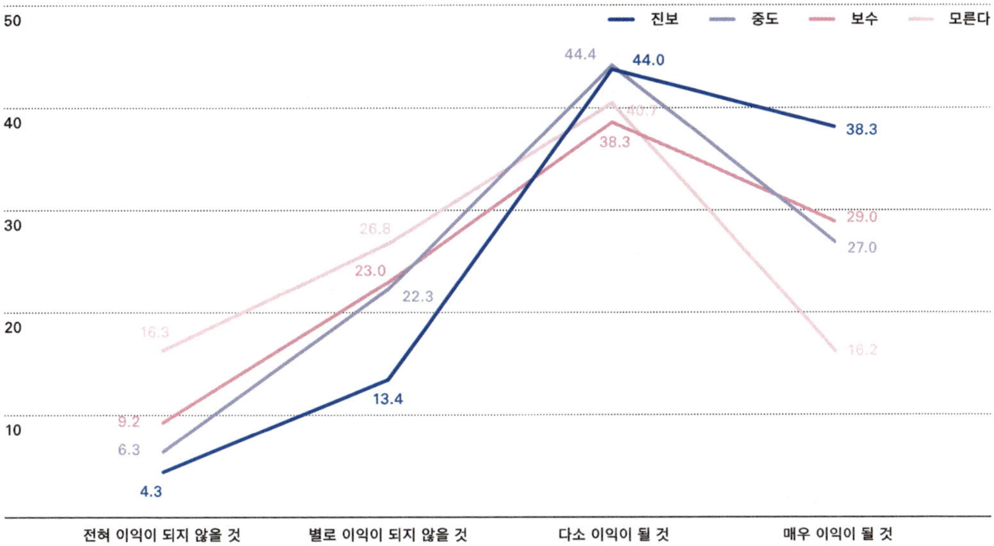

연령별

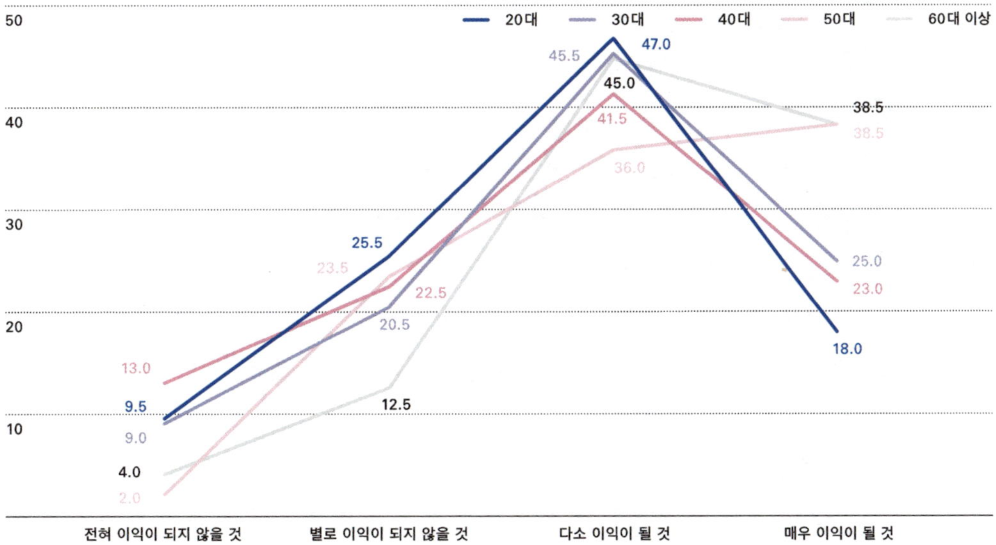

<그림 II-26> 통일은 우리나라에 이익되는가?

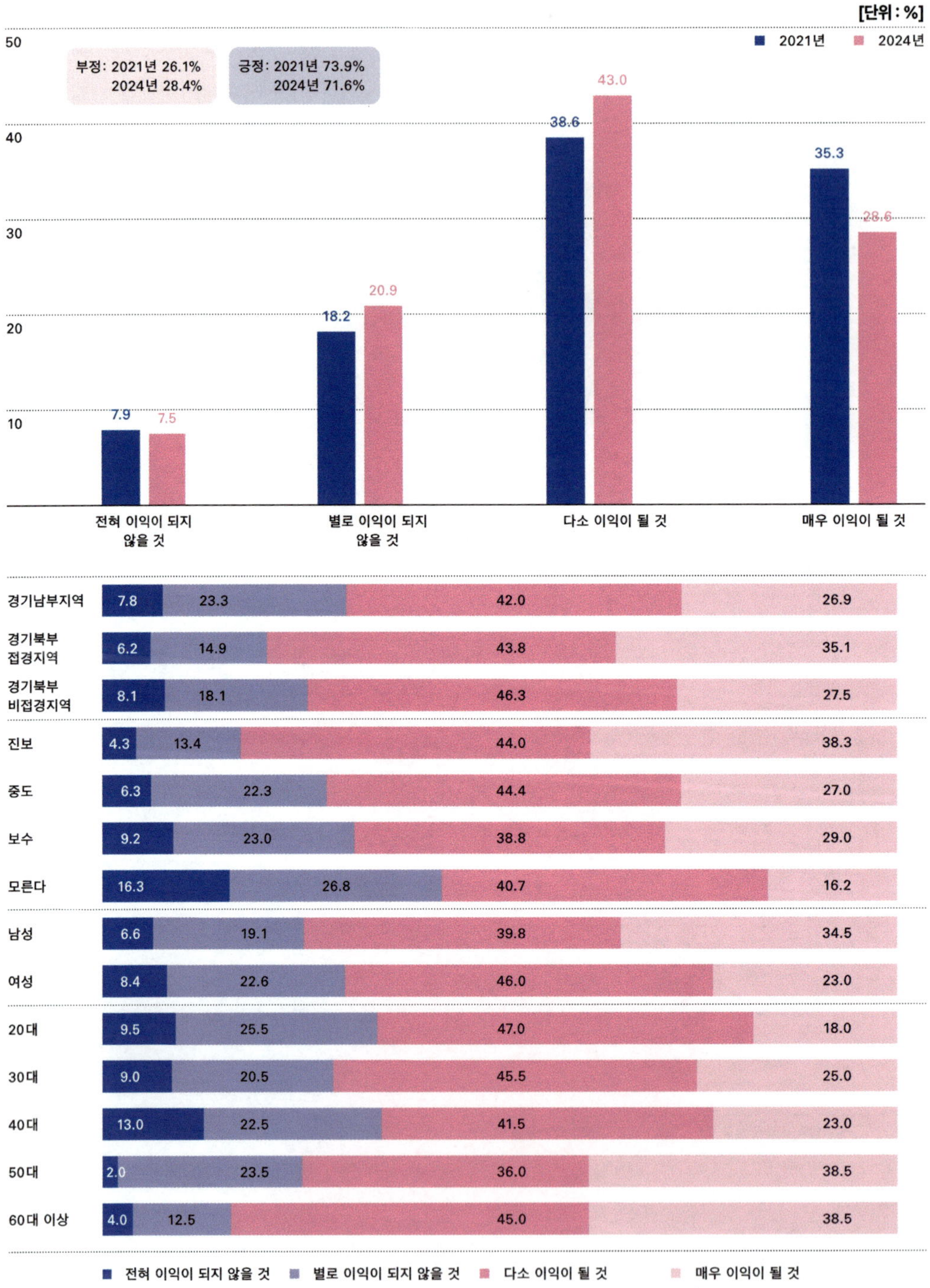

<표 II-10> 통일은 우리나라에 이익되는가?

[단위 : 명, %]

구분		명	%	전혀 이익이 되지 않을 것	별로 이익이 되지 않을 것	다소 이익이 될 것	매우 이익이 될 것
전체(2024년)		1,000	100	7.5	20.9	43.0	28.6
전체(2021년)		1,000	100	7.9	18.2	38.6	35.3
지역	경기남부지역	657	65.7	7.8	23.3	42.0	26.9
	경기북부 접경지역	194	19.4	6.2	14.9	43.8	35.1
	경기북부 비접경지역	149	14.9	8.1	18.1	46.3	27.5
이념 성향	진보	232	23.3	4.3	13.4	44.0	38.3
	중도	493	49.3	6.3	22.3	44.4	27.0
	보수	152	15.2	9.2	23.0	38.8	29.0
	모른다	123	12.3	16.3	26.8	40.7	16.2
성별	남성	487	48.7	6.6	19.1	39.8	34.5
	여성	513	51.3	8.4	22.6	46.0	23.0
연령	20대	200	20	9.5	25.5	47.0	18.0
	30대	200	20	9.0	20.5	45.5	25.0
	40대	200	20	13.0	22.5	41.5	23.0
	50대	200	20	2.0	23.5	36.0	38.5
	60대 이상	200	20	4.0	12.5	45.0	38.5
학력	중졸 이하	9	0.9	22.2	33.3	22.2	22.3
	고졸	188	18.8	6.9	22.3	44.1	26.7
	대재, 대졸	703	70.3	8.0	20.6	43.2	28.2
	대학원재, 대학원졸	100	10	4.0	19.0	41.0	36.0
직업	농축산업	5	0.5	20.0	0.0	80.0	0.0
	자영업	91	9.1	7.7	25.3	38.5	28.5
	블루칼라	72	7.2	8.3	18.1	37.5	36.1
	화이트칼라	389	38.9	5.7	19.3	44.0	31.0
	전업주부	135	13.5	7.4	25.9	46.7	20.0
	학생	55	5.5	7.3	27.3	45.5	19.9
	다른 직종 또는 무직	253	25.3	9.9	19.0	41.5	29.6
결혼 여부	미혼	367	36.7	9.5	22.6	43.3	24.6
	기혼/자녀 없음	70	7	1.4	31.4	40.0	27.2
	기혼/자녀 동거	423	42.3	8.3	18.7	41.8	31.2
	기혼/자녀 비동거	133	13.3	3.0	17.3	46.6	33.1
	기타(이혼 및 사망)	7	0.7	0.0	28.6	57.1	14.3
총소득	3000만원 미만	157	15.7	7.0	19.7	45.2	28.1
	5000만원 미만	234	23.4	7.3	20.5	45.7	26.5
	7000만원 미만	269	26.9	7.8	20.8	41.3	30.1
	1억원 미만	232	23.2	6.9	22.4	37.9	32.8
	1억원 이상	108	10.8	9.3	20.4	49.1	21.2

2) 통일은 경기도에 이익이 되는가?

조사 결과

● 2024년 평균(平均): '매우 이익될 것' 22.7%, '다소 이익될 것' 40.6%로 긍정적인 반응이 63.3%, '별로 이익 되지 않을 것' 26.9%, '전혀 이익되지 않을 것' 9.8%로 부정적인 반응이 36.7%로 나타남.

▶ 2021년 대비: '긍정적인 반응이' 68.6%에서 63.3%로 5.3% 하락. '매우 이익이 될 것'이 30%에서 22.7%로 7.3% 하락, '다소 이익이 될 것'은 38.6%에서 40.6%로 2.0% 증가로, 긍정적인 반응의 강도가 약해짐.

※ 인구사회학적 항목별 편차(偏差): 상당한 차이(10%-20%), 현저한 차이(20% 이상)

- 지역별: 긍정적인 반응에서 경기북부 접경지역(72.6%)과 경기남부지역(59.8%) 간에 12.8% 차이가 나타나 상당한 차이가 드러남.
- 성별: 긍정적인 반응이 남성(69.6%)과 여성(57.3%) 간에 12.3% 차이로, 상당한 차이를 드러냄.

◎ 현저한 차이: 이념 성향별에서 긍정적인 반응에서 진보(77.2%)와 모른다(41.4%) 간에 35.8% 차이로 편차가 큰 현저한 차이를 드러냄. 연령별 조사에서 긍정적인 반응에서 60대 이상(76.5%)과 30대(53.5%) 간에 23.0% 차이로, 현저한 차이를 드러냄.

<그림 II-27> 통일은 경기도에 이익이 되는가에 대한 조사 결과 [전체]

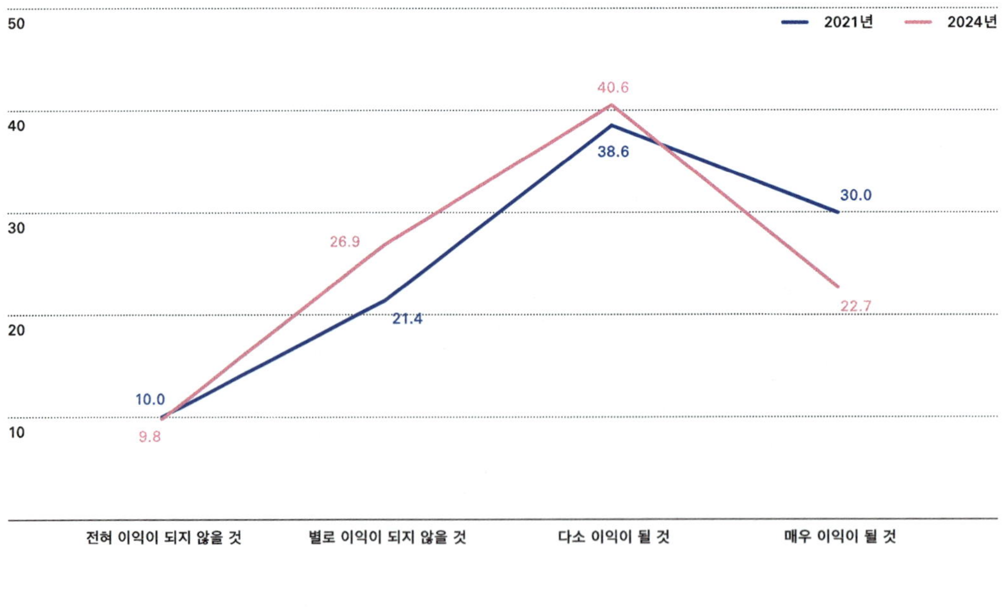

- ‘통일은 경기도에 이익이 되는가?’에 대한 응답 결과, ‘매우 이익될 것’ 22.7%, ‘다소 이익될 것’ 40.6%로 긍정적인 반응이 63.3%, ‘별로 이익 되지 않을 것’ 26.9%, ‘전혀 이익되지 않을 것’ 9.8%로 부정적인 반응이 36.7%로 나타남.
- 2021년과 비교하면, 긍정적인 반응이 68.6%에서 63.3%로 5.3% 하락. ‘매우 이익이 될 것’이 30%에서 22.7%로 7.3% 하락, ‘다소 이익이 될 것’은 38.6%에서 40.6%로 2.0% 증가.
- 지역별 조사에서는, 긍정적인 반응이 경기북부 접경지역(72.6%), 경기북부 비접경지역(66.4%), 경기남부지역(59.8%) 순으로, 경기북부 접경지역(72.6%), 경기북부 비접경지역(68.4%)이 평균값 63.3%보다 높게 나타나고, 경기북부 접경지역(72.6%) 대비 경기북부 비접경지역(66.4%)과 경기남부지역(59.8%) 간에 각각 6.2%, 12.8% 차이가 나타나 상당한 차이가 드러남.
- 이념 성향별 조사에서는, 긍정적인 반응에서 진보(77.2%), 보수(63.1%), 중도(62.3%), 모른다(41.4%) 순으로, 진보(77.2%)가 평균값 63.3%보다 높게 나타났고, 난 반면, 진보(77.2%) 대비 보수(63.1%), 중도(62.3%), 모른다(41.4%) 간에 각각 14.1%, 14.9%, 35.8% 차이로 편차가 큰 현저한 차이를 드러냄.
- 성별 조사에서는, 긍정적인 반응이 남성(69.6%)과 여성(57.3%) 간에 12.3% 차이로, 상당한 차이를 드러냄.
- 연령별 조사에서는, 긍정적인 반응에서 60대 이상(76.5%), 50대(73.0%), 40대(59.0%), 20대(54.5%), 30대(53.5%) 순으로 60대 이상(76.5%), 50대(73.0%)가 평균값 63.3%보다 높게 나타났고, 60대 이상(76.5%) 대비 50대(73.0%), 40대(59.0%), 20대(54.5%), 30대(53.5%) 간에 각각 3.5%, 7.5%, 22.0%, 23.0% 차이로 현저한 차이를 드러냄.

<그림 II-28> 통일은 경기도에 이익이 되는가? 조사 결과 [항목별]

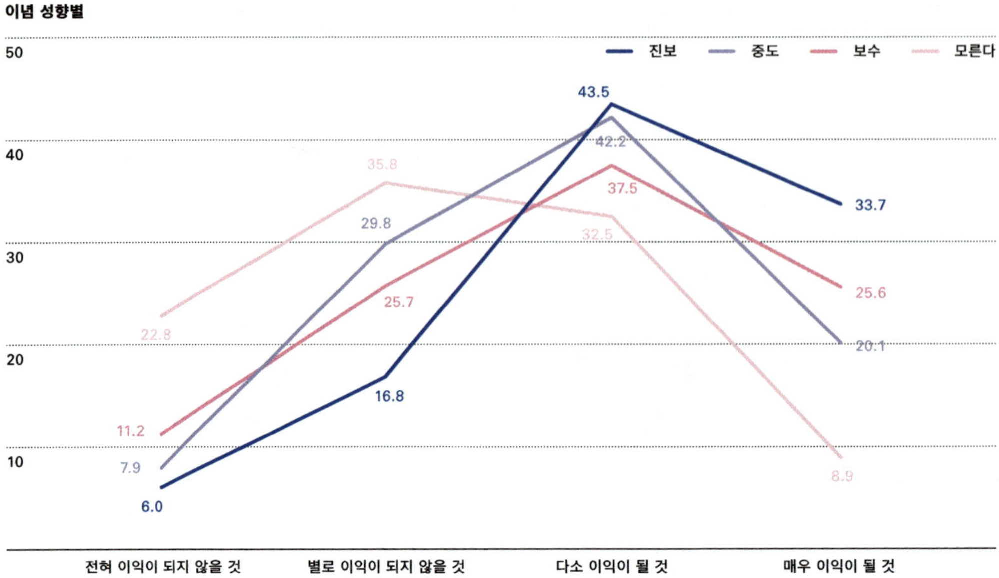

<그림 II-29> 통일이 경기도에 이익되는가?

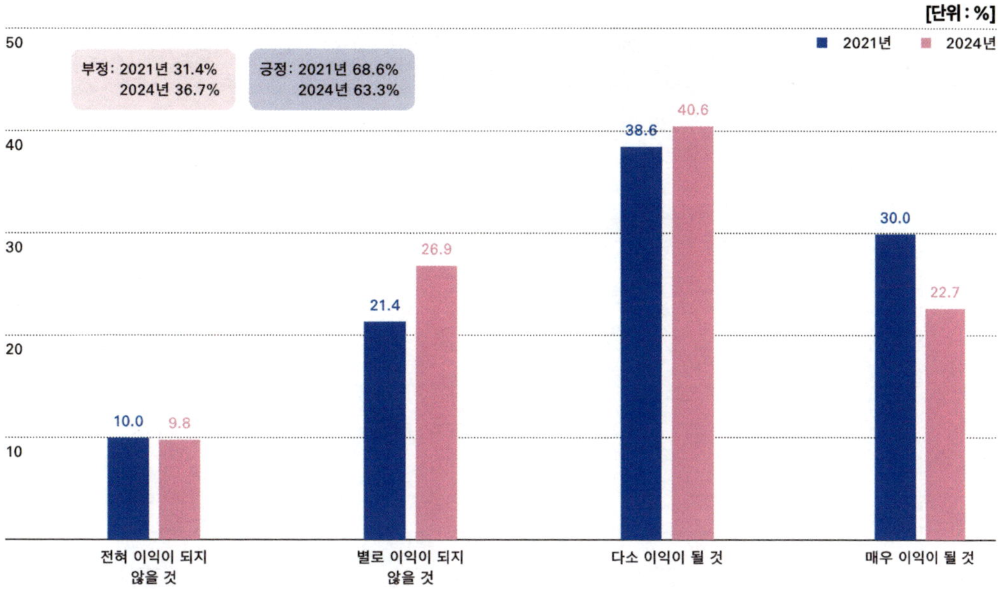

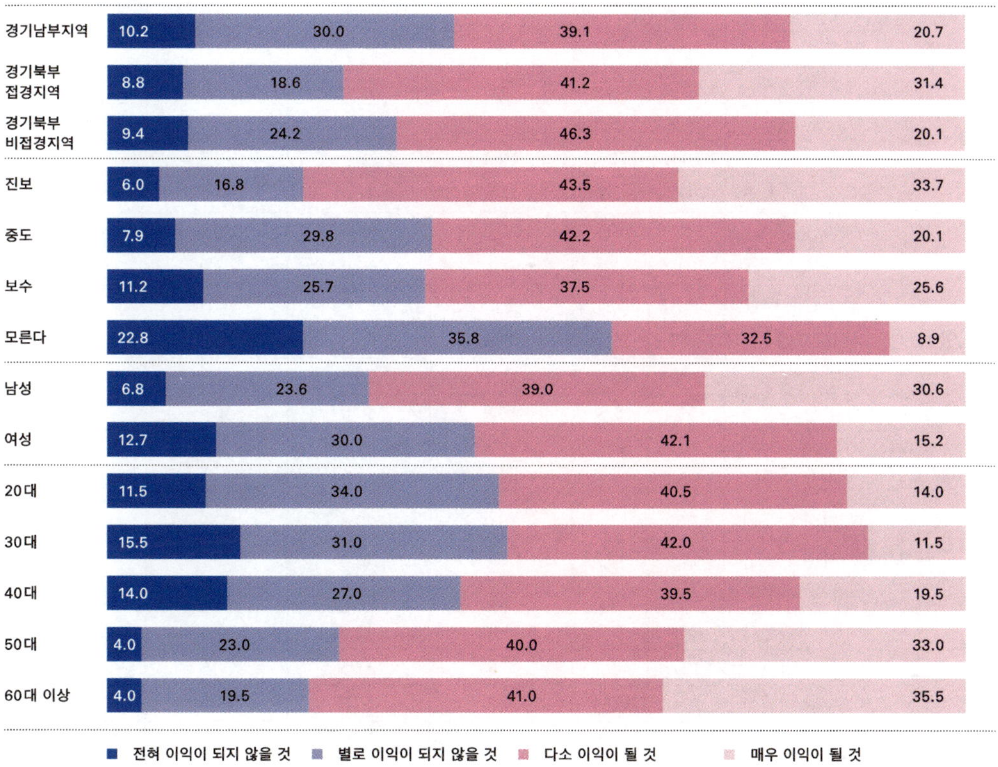

<표 II-11> 통일이 경기도에 이익되는가?

[단위 : 명, %]

구분		명	%	전혀 이익 되지 않을 것	별로 이익이 되지 않을 것	다소 이익이 될 것	매우 이익될 것
전체(2024년)		1,000	100	9.8	26.9	40.6	22.7
전체(2021년)		1,000	100	10.0	21.4	38.6	30.0
지역	경기남부지역	657	65.7	10.2	30.0	39.1	20.7
	경기북부 접경지역	194	19.4	8.8	18.6	41.2	31.4
	경기북부 비접경지역	149	14.9	9.4	24.2	46.3	20.1
이념 성향	진보	232	23.3	6.0	16.8	43.5	33.7
	중도	493	49.3	7.9	29.8	42.2	20.1
	보수	152	15.2	11.2	25.7	37.5	25.6
	모른다	123	12.3	22.8	35.8	32.5	8.9
성별	남성	487	48.7	6.8	23.6	39.0	30.6
	여성	513	51.3	12.7	30.0	42.1	15.2
연령	20대	200	20	11.5	34.0	40.5	14.0
	30대	200	20	15.5	31.0	42.0	11.5
	40대	200	20	14.0	27.0	39.5	19.5
	50대	200	20	4.0	23.0	40.0	33.0
	60대 이상	200	20	4.0	19.5	41.0	35.5
학력	중졸 이하	9	0.9	22.2	33.3	22.2	22.3
	고졸	188	18.8	10.1	27.7	39.9	22.3
	대재, 대졸	703	70.3	10.2	26.9	40.5	22.4
	대학원재, 대학원졸	100	10	5.0	25.0	44.0	26.0
직업	농축산업	5	0.5	20.0	60.0	20.0	0.0
	자영업	91	9.1	9.9	24.2	42.9	23.0
	블루칼라	72	7.2	5.6	25.0	37.5	31.9
	화이트칼라	389	38.9	8.0	23.9	42.2	25.9
	전업주부	135	13.5	11.1	28.9	45.9	14.1
	학생	55	5.5	10.9	40.0	36.4	12.7
	다른 직종 또는 무직	253	25.3	12.6	28.5	36.8	22.1
결혼 여부	미혼	367	36.7	12.3	30.5	40.6	16.6
	기혼/자녀 없음	70	7	10.0	28.6	42.9	18.5
	기혼/자녀 동거	423	42.3	9.5	24.3	39.7	26.5
	기혼/자녀 비동거	133	13.3	4.5	23.3	41.4	30.8
	기타(이혼 및 사망)	7	0.7	0.0	42.9	57.1	0.0
총소득	3000만원 미만	157	15.7	9.6	32.5	38.9	19.0
	5000만원 미만	234	23.4	9.0	25.6	43.2	22.2
	7000만원 미만	269	26.9	11.2	23.0	42.0	23.8
	1억원 미만	232	23.2	9.1	28.4	39.2	23.3
	1억원 이상	108	10.8	10.2	27.8	37.0	25.0

3) 통일이 나에게 이익이 되는가?

조사 결과

● 2024년 평균(平均): '매우 이익이 될 것' 7.4%, '다소 이익이 될 것' 31.5%로 긍정적인 응답 합계 38.9%. '별로 이익이 되지 않을 것' 40.2%, 전혀 이익이 되지 않을 것 20.9%로 부정적 응답 합계 61.9%. 부정적인 응답 비율이 23.0% 높게 나타남.

▶ 2021년 대비: '매우 이익이 될 것'은 14.0%에서 7.4%로 6.6% 하락, '다소 이익이 될 것'은 36.3%에서 31.5%로 4.8% 하락으로, 긍정적인 반응 합계 하락 11.4%

※ 인구 사회학적 항목별 편차(偏差): 상당한 차이(10%-20%), 현저한 차이(20% 이상)

- 지역별 조사: 긍정적인 응답에서 경기북부 접경지역(50.0%)과 경기남부지역(34.7%) 간에 15.3% 차이로, 상당한 차이를 드러냄.

◎ 현저한 차이: 이념 성향별 조사에서 긍정적인 응답에서 진보(47.8%)와 모른다(26.1%) 간에 21.7% 차이로, 현저한 차이가 드러남.

<그림 II-30> 통일은 나에게 이익이 되는가? 조사 결과 [전체]

<그림 II-31> 통일은 나에게 이익이 되는가? 조사 결과[이념 성향별]

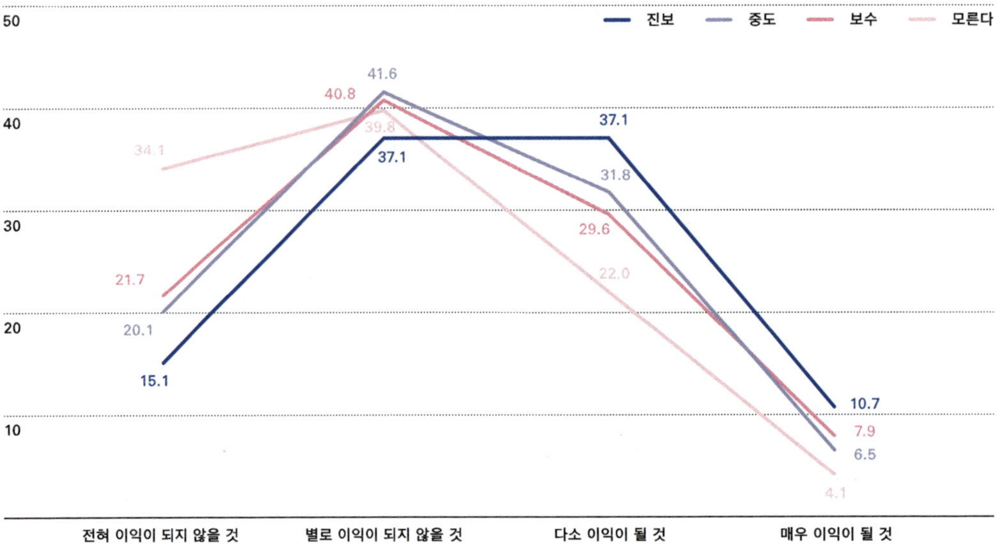

- '통일이 나에게 이익이 되는가?'에 대한 응답 결과, '매우 이익이 될 것' 7.4%, '다소 이익이 될 것' 31.5%로 긍정적인 응답 합계 38.9% '별로 이익이 되지 않을 것' 40.2%, 전혀 이익이 되지 않을 것 20.9%로 부정적 응답 합계 61.9% 부정적인 응답 비율이 23.0% 높게 나타남.
- 2021년과 비교하면, '매우 이익이 될 것'은 14.0%에서 7.4%로 6.6% 하락, '다소 이익이 될 것'은 36.3%에서 31.5%로 4.8% 하락으로, 긍정적인 반응 합계 하락 11.4%. 반면에 '별로 이익이 되지 않을 것'에서 32.1%에서 40.2%로 8.1% 증가, '전혀 이익이 되지 않을 것'은 17.6%에서 20.9%로 3.3% 증가로, 부정적인 반응 합계 증가 11.4%.
- 지역별 조사에서는, 긍정적인 응답 비율이 경기북부 접경지역(50.0%), 경기북부 비접경지역(43.0%), 경기남부지역(34.7%) 순으로, 경기북부 접경지역(50.0%), 경기북부 비접경지역(43.0%)이 평균값 38.9%보다 높게 나타났고, 경기북부 접경지역(50.0%) 대비 경기북부 비접경지역(43.0%), 경기남부지역(34.7%) 간에 각각 7.0%, 15.3% 차이로, 상당한 차이를 드러냄.
- 이념 성향별 조사에서는, 긍정적인 응답이 진보(47.8%), 중도(38.3%), 보수(37.5%), 모른

다(26.1%) 순으로, 진보(47.8%)가 평균값 38.9%보다 높게 나타났고, 진보(47.8%) 대비 중도(38.3%), 보수(37.5%), 모른다(26.1%) 간에 각각 9.5%, 10.3%, 21.7% 차이로, 현저한 차이가 드러남.

- 성별 조사에서는, 긍정적인 응답에서 남성(43.3%)과 여성(34.7%) 간에 8.6% 차이가 나타남.
- 연령별 조사에서는, 긍정적인 응답에서 50대(43.5%), 60대 이상(40.5%), 20대(38.0%), 40대(37.0%), 30대(35.5%) 순으로, 50대(43.5%), 60대 이상(40.5%)이 평균값 38.9%보다 높게 나타났고, 50대(43.5%), 60대 이상(40.5%), 20대(38.0%), 40대(37.0%), 30대(35.5%) 간에 각각 3.0%, 5.5%, 6.5%, 8.0% 차이가 나타남.

<그림 II-32> 통일이 나에게 이익되는가?

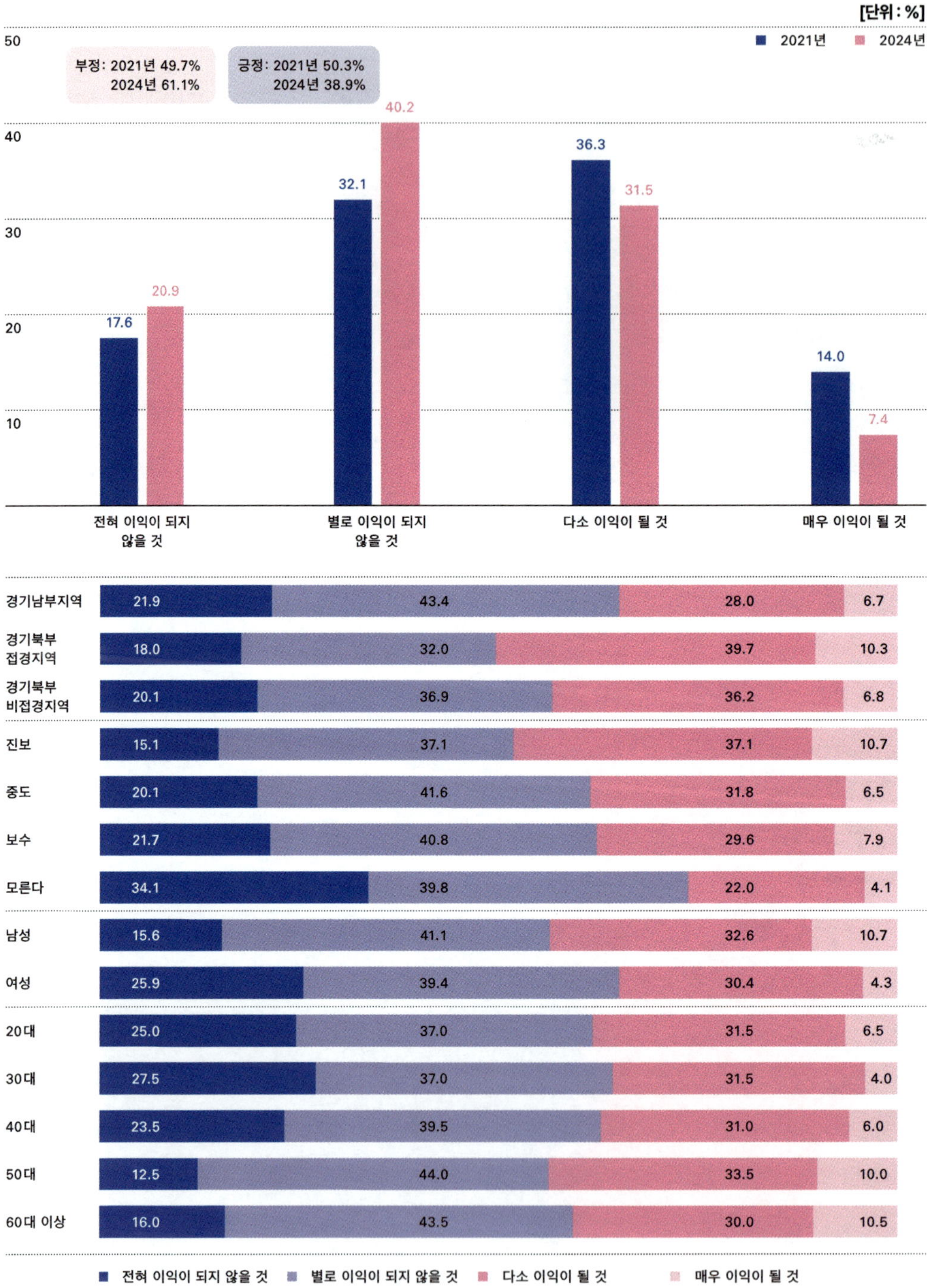

<표 II-12> 통일이 나에게 이익되는가?

[단위 : 명, %]

구분		명	%	전혀 이익 되지 않을 것	별로 이익 되지 않을 것	다소 이익 될 것	매우 이익될 것
전체(2024년)		1,000	100	20.9	40.2	31.5	7.4
전체(2021년)		1,000	100	17.6	32.1	36.3	14.0
지역	경기남부지역	657	65.7	21.9	43.4	28.0	6.7
	경기북부 접경지역	194	19.4	18.0	32.0	39.7	10.3
	경기북부 비접경지역	149	14.9	20.1	36.9	36.2	6.8
이념 성향	진보	232	23.3	15.1	37.1	37.1	10.7
	중도	493	49.3	20.1	41.6	31.8	6.5
	보수	152	15.2	21.7	40.8	29.6	7.9
	모른다	123	12.3	34.1	39.8	22.0	4.1
성별	남성	487	48.7	15.6	41.1	32.6	10.7
	여성	513	51.3	25.9	39.4	30.4	4.3
연령	20대	200	20	25.0	37.0	31.5	6.5
	30대	200	20	27.5	37.0	31.5	4.0
	40대	200	20	23.5	39.5	31.0	6.0
	50대	200	20	12.5	44.0	33.5	10.0
	60대 이상	200	20	16.0	43.5	30.0	10.5
학력	중졸 이하	9	0.9	33.3	44.4	11.1	11.2
	고졸	188	18.8	21.3	38.3	31.4	9.0
	대재, 대졸	703	70.3	21.1	41.3	31.3	6.3
	대학원재, 대학원졸	100	10	18.0	36.0	35.0	11.0
직업	농축산업	5	0.5	60.0	20.0	20.0	0.0
	자영업	91	9.1	23.1	41.8	27.5	7.6
	블루칼라	72	7.2	12.5	43.1	34.7	9.7
	화이트칼라	389	38.9	14.7	41.1	36.8	7.4
	전업주부	135	13.5	25.9	43.7	28.1	2.3
	학생	55	5.5	21.8	36.4	32.7	9.1
	다른 직종 또는 무직	253	25.3	28.5	36.8	25.7	9.0
결혼 여부	미혼	367	36.7	24.5	36.2	32.2	7.1
	기혼/자녀 없음	70	7	22.9	38.6	34.3	4.2
	기혼/자녀 동거	423	42.3	18.9	41.6	31.9	7.6
	기혼/자녀 비동거	133	13.3	15.8	46.6	27.8	9.8
	기타(이혼 및 사망)	7	0.7	28.6	57.1	14.3	0.0
총소득	3000만원 미만	157	15.7	22.9	37.6	29.3	10.2
	5000만원 미만	234	23.4	22.6	38.5	32.1	6.8
	7000만원 미만	269	26.9	22.3	37.5	32.7	7.5
	1억원 미만	232	23.2	17.2	44.0	31.0	7.8
	1억원 이상	108	10.8	18.5	46.3	31.5	3.7

11 가장 적절하다고 생각되는 남북한 통일 유형

조사 결과

● 2024년 평균(平均): '남한 체제에 기반한 단일국가 수립' 47.3%, '남북한 정부를 각각 유지하되 상위 연방기구 설치' 26.3%, '남북한 두 국가를 유지한 상태의 국가 연합' 26.1% 순으로 나타남.

▶ 2021년 대비: '남북한 정부를 각각 유지하되 상위 연방기구 설치'가 23.6%에서 26.3%로 2.7% 상승한 반면, '북한 체제에 기반한 단일 국가 수립', '남한 체제에 기반한 단일국가 수립', '남북한 국가를 유지한 상태의 국가연합', '기타' 합계 2.7% 하락.

※ 인구 사회학적 항목별 편차(偏差): 상당한 차이(10%-20%), 현저한 차이(20% 이상)

- 이념 성향별 조사: '남한체제에 기반한 단일국가 수립'에서는 보수(55.3%), 진보(44.0%) 간에 11.3% 차이로 상당한 차이가 드러남.
- 성별 조사: '남한 체제에 기반한 단일국가 수립'에서 남성(53.2%)에서 여성(41.7%)과 11.5%로 상당한 차이를 드러냄.

◎ 현저한 차이: 연령별 조사에서 '남한 체제에 기반한 단일국가 수립'이 20대(66.0%)와 40대(34.5%), 50대(34.5%) 간에 31.5%로 현저한 차이를 드러냄. '남북한 정부를 각각 유지하되 상위 연방기구 설치'에서는 50대(43.5%)와 30대(19.5%), 20대(10.0%) 간에 각각 24.0%, 33.5%로 현저한 차이를 드러냄.

<그림 II-33> 가장 적절하다고 생각되는 남북한 통일 유형 조사 결과 [전체]

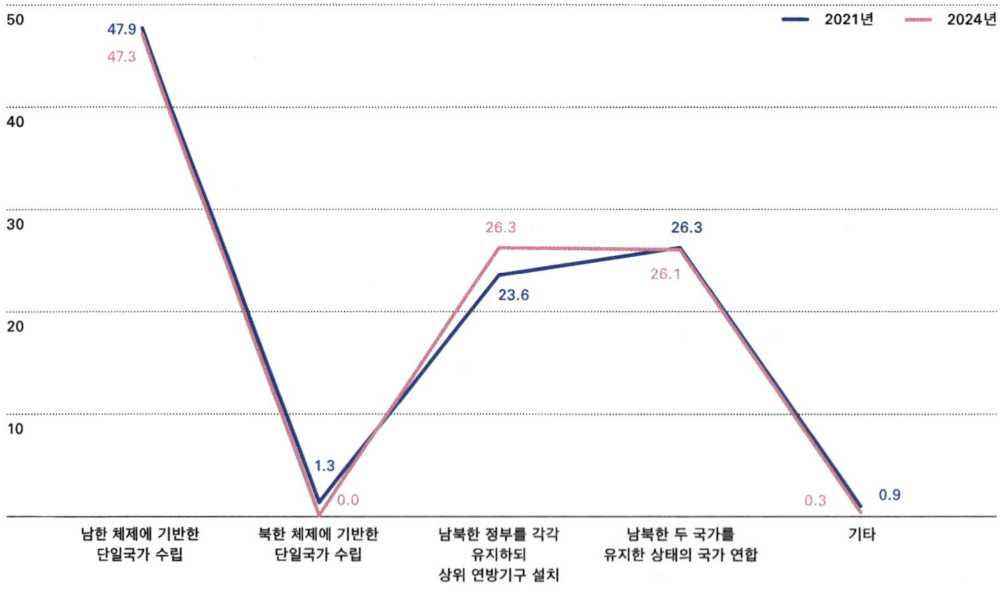

- ‘가장 적절하다고 생각되는 남북한 통일 유형’에 대한 응답 결과, ‘남한 체제에 기반한 단일국가 수립’ 47.3%, ‘남북한 정부를 각각 유지하되 상위 연방기구 설치’ 26.3%, ‘남북한 두 국가를 유지한 상태의 국가 연합’ 26.1% 순으로 나타남.
- 2021년과 비교하면, ‘남북한 정부를 각각 유지하되 상위 연방기구 설치’가 23.6%에서 26.3%로 2.7% 높아졌고, ‘북한 체제에 기반한 단일 국가 수립’이 1.3%에서 0%로 1.3%, ‘남한 체제에 기반한 단일국가 수립’은 47.9%에서 47.3%로 0.6%, ‘남북한 국가를 유지한 상태의 국가연합’은 26.3%에서 26.1%로 0.2%, 기타 0.9%에서 0.3%로 0.6% 합계 2.7% 하락했음.
- 지역별 조사에서는, ‘남한 체제에 기반한 단일국가 수립’은 경기북부 비접경지역(48.3%), 경기남부지역(47.3%), 경기북부 접경지역(46.4%) 순으로 나타남. ‘남북한 정부를 각각 유지하되 상위 연방기구 설치’는 경기북부 비접경지역(26.8%), 경기북부 접경지역(26.3%) 경기남부지역(26.2%) 순으로 비슷하게 나타남. ‘남북한 두 국가를 유지한 상태의 국가 연합’에서는 경기북부 접경지역(27.3%), 경기남부지역(26.0%), 경기북부 비접경지역(24.9%) 순으로 비슷하게 나타남.
- 이념 성향별 조사에서는, ‘남한체제에 기반한 단일국가 수립’이 보수(55.3%)에서 평균값 47.3% 보다 높게 나타나고, 진보(44.0%)와는 11.3% 차이가 나타남. ‘남북한 정부를 각각 유지하되 상위 연방기구 설치’에서는 진보(28.0%), 보수(22.4%) 간에5.6% 차이가 나타남. ‘남북한 국가를 유지한 상태의 국가연합’은 모른다(30.9%)와 보수(21.6%) 간에 9.3% 차이가 나타남.
- 성별 조사에서는, ‘남한 체제에 기반한 단일국가 수립’이 남성(53.2%)에서 평균값 47.3% 보다 높게 나타나고, 여성(41.7%)과는 11.5% 차이가 나타남. ‘남북한 정부를 각각 유지하되 상위 연방기구 설치’에서는 여성 29.2%, 남성 23.2%로 6.0% 차이가 나타남. ‘남북한 국가를 유지한 상태의 국가연합’은 여성(28.7%), 남성(23.4%)로 5.3% 차이가 나타남.
- 연령별 조사에서는, ‘남한 체제에 기반한 단일국가 수립’이 20대(66.0%), 30대(57.5%)가 평균값 47.3% 보다 높게 나타나고, 60대 이상(44%), 40대(34.5%), 50대(34.5%) 순으

로 나타남. 20대(66.0%)와 40대(34.5%), 50대(34.5%) 차이는 31.5%로 현저한 차이를 드러냄. '남북한 정부를 각각 유지하되 상위 연방기구 설치'에서는 50대(43.5%)가 평균값 26.3% 보다 높게 나타나고, 50대(43.5%)와 30대(19.5%), 20대(10.0%) 간에는 24.0%, 33.5% 차이로 현저한 차이를 드러냄. '남북한 국가를 유지한 상태의 국가연합'은 40대(35.0%)가 평균값 26.1% 보다 높게 나타나고, 60대 이상(27.0%), 20대(24.0%), 30대(23.0%), 50대(21.5%) 순으로 나타남. 40대(35.0%)와 50대(21.5%) 간에는 13.5% 차이가 나타남.

<그림 II-34> 가장 적절하다고 생각되는 남북한 통일 유형

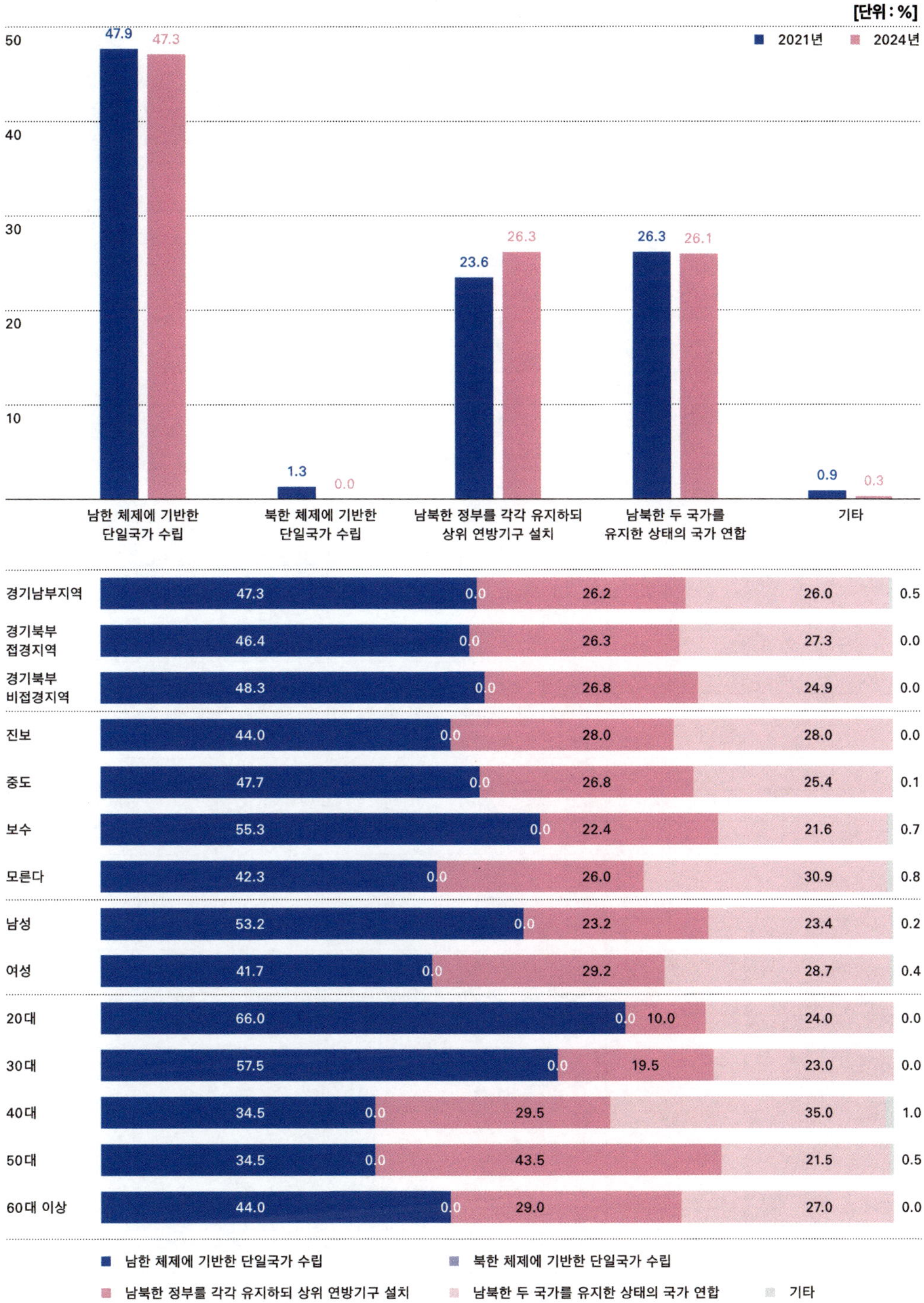

<표 II-13> 가장 적절하다고 생각되는 남북한 통일 유형

[단위 : 명, %]

구분		명	%	남한 체제에 기반한 단일 국가 수립	북한 체제에 기반한 단일 국가 수립	남북한 정부를 각각 유지하되 상위 연방기구 설치	남북한 두 국가를 유지한 상태의 국가 연합	기타
전체(2024년)		1,000	100	47.3	0.0	26.3	26.1	0.3
전체(2021년)		1,000	100	47.9	1.3	23.6	26.3	0.9
지역	경기남부지역	657	65.7	47.3	0.0	26.2	26.0	0.5
	경기북부 접경지역	194	19.4	46.4	0.0	26.3	27.3	0.0
	경기북부 비접경지역	149	14.9	48.3	0.0	26.8	24.9	0.0
이념 성향	진보	232	23.3	44.0	0.0	28.0	28.0	0.0
	중도	493	49.3	47.7	0.0	26.8	25.4	0.1
	보수	152	15.2	55.3	0.0	22.4	21.6	0.7
	모른다	123	12.3	42.3	0.0	26.0	30.9	0.8
성별	남성	487	48.7	53.2	0.0	23.2	23.4	0.2
	여성	513	51.3	41.7	0.0	29.2	28.7	0.4
연령	20대	200	20	66.0	0.0	10.0	24.0	0.0
	30대	200	20	57.5	0.0	19.5	23.0	0.0
	40대	200	20	34.5	0.0	29.5	35.0	1.0
	50대	200	20	34.5	0.0	43.5	21.5	0.5
	60대 이상	200	20	44.0	0.0	29.0	27.0	0.0
학력	중졸 이하	9	0.9	55.6	0.0	11.1	33.3	0.0
	고졸	188	18.8	44.1	0.0	28.2	27.7	0.0
	대재, 대졸	703	70.3	48.5	0.0	25.6	25.6	0.3
	대학원재, 대학원졸	100	10	44.0	0.0	29.0	26.0	1.0
직업	농축산업	5	0.5	80.0	0.0	20.0	0.0	0.0
	자영업	91	9.1	38.5	0.0	33.0	27.5	1.0
	블루칼라	72	7.2	44.4	0.0	31.9	23.6	0.1
	화이트칼라	389	38.9	48.1	0.0	26.5	25.2	0.2
	전업주부	135	13.5	37.0	0.0	35.6	26.7	0.7
	학생	55	5.5	60.0	0.0	12.7	27.3	0.0
	다른 직종 또는 무직	253	25.3	52.2	0.0	20.2	27.6	0.0
결혼 여부	미혼	367	36.7	58.6	0.0	15.5	25.6	0.3
	기혼/자녀 없음	70	7	45.7	0.0	24.3	30.0	0.0
	기혼/자녀 동거	423	42.3	38.3	0.0	35.7	25.8	0.2
	기혼/자녀 비동거	133	13.3	46.6	0.0	27.1	25.6	0.7
	기타(이혼 및 사망)	7	0.7	28.6	0.0	28.6	42.8	0.0
총소득	3000만원 미만	157	15.7	51.6	0.0	19.7	27.4	1.3
	5000만원 미만	234	23.4	47.9	0.0	23.9	28.2	0.0
	7000만원 미만	269	26.9	45.7	0.0	31.6	22.3	0.4
	1억원 미만	232	23.2	43.5	0.0	28.4	28.0	0.1
	1억원 이상	108	10.8	51.9	0.0	23.1	25.0	0.0

12 통일에 대한 견해

조사 결과

● 2024년 평균(平均): '급할 것은 없다' 42.6%, '현재로 만족한다' 32.7%, '관심이 없다' 14.3%, '통일은 시급하다' 6.2%, '대가를 치르더라도 해야 한다' 4.2% 순으로 나타남.

※ 인구 사회학적 항목별 편차(偏差): 상당한 차이(10%-20%), 현저한 차이(20% 이상)

- 지역별 조사: '현재로 만족하다'에서 경기남부지역(35.3%)과 경기북부 접경지역(22.2%) 간에 13.1%로 상당한 차이가 드러남. '통일은 시급하다'에서는 경기북부 접경지역(19.6%)과 경기남부지역(2.0%) 간에 17.6%로 상당한 차이가 드러남.
- 연령별 조사: '관심이 없다'에서 30대(23.5%)와 40대(10.5%), 50대(9.5%), 60대 이상(8%) 간에 각각 13.0%, 14.0%, 15.5%로 상당한 차이를 드러냄. '통일은 시급하다'에서는 60대 이상(13.0%)와 50대(9.5%), 40대(5.5%), 30대(2.0%), 20대(1.0%) 간에 각각 3.5%, 7.5%, 11.0%, 12.0%로 상당한 차이를 드러냄.

◎ 현저한 차이: 이념 성향별 조사에서 '급할 것은 없다'에서 중도(55.6%)와 보수(17.8%) 간에 37.0%로 현저한 차이를 드러냄. '현재로 만족한다'에서는 진보(42.2%)와 모른다(21.1%) 간에 21.1%로 현저한 차이가 드러남. '관심이 없다'에서 보수(30.9%)와 중도(8.6%) 간에 22.3% 차이로 현저한 차이가 드러남. 연령별 조사에서도 30대(52.0%)와 40대(21.0%), 60대 이상(18.0%) 간에 각각 31.0%, 34.0%로 현저한 차이를 드러냄.

<그림 II-35> 통일에 대한 견해 조사 결과 [전체]

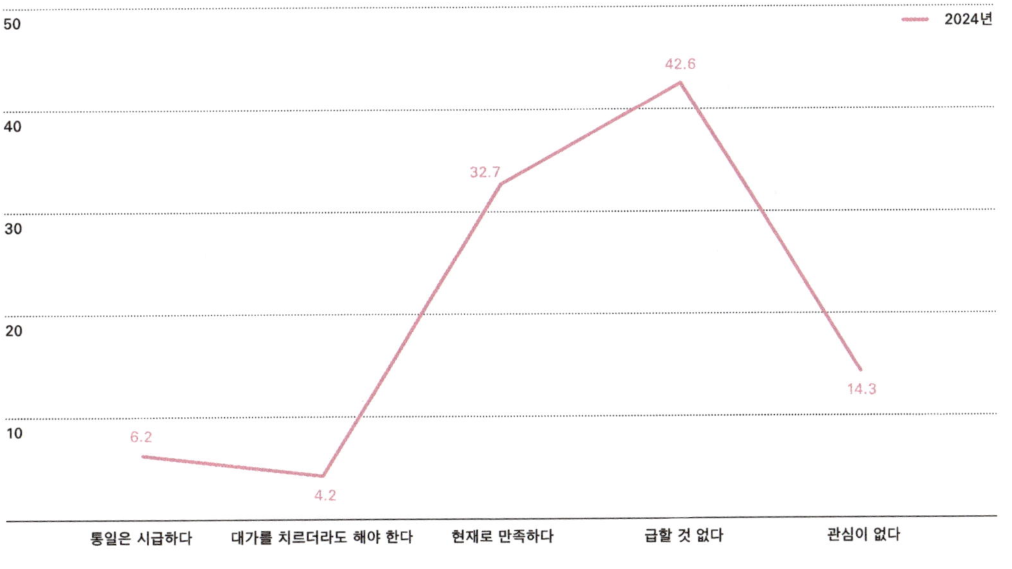

- 2024년 추가 '통일에 대한 견해'에 대한 응답 결과, '급할 것은 없다' 42.6%, '현재로 만족한다' 32.7%, '관심이 없다' 14.3%, '통일은 시급하다' 6.2%, '대가를 치르더라도 해야 한다' 4.2% 순으로 나타남.
- 지역별 조사에서는, '급할 것 없다'가 경기북부 비접경지역(47.0%), 경기남부지역(43.5%) 순으로 평균값 42.6%를 상회함. 경기북부 비접경지역(47.0%)과 경기북부 접경지역(36.1%) 간에 10.9% 차이가 드러남. '현재로 만족하다'는 경기남부지역(35.3%), 경기북부 비접경지역(34.9%) 순으로 평균값 32.7%를 상회함. 경기남부지역(35.3%)과 경기북부 접경지역(22.2%) 간에 13.1%로 상당한 차이가 드러남. '통일은 시급하다'에서는 경기북부 접경지역(19.6%)이 평균값 6.2% 보다 높게 나타나고, 경기북부 비접경지역(7.4%), 경기남부지역(2.0%) 간에 각각 12.2%, 17.6%로 상당한 차이가 드러남. '대가를 치르더라도 해야 한다'는 경기북부 접경지역(10.8%)이 평균값 4.2%보다 높게 나타나며, 경기북부 비접경지역(6.0%), 경기남부지역(1.8%) 간에 각각 4.8%, 9.0% 차이가 드러남.
- 이념 성향별 조사에서는, '급할 것은 없다'에서 중도(55.6%)가 평균값 42.6%보다 높게 나타남. 보수(17.8%)와 37.0% 차이로 현저한 차이가 드러남. '현재로 만족한다'에서는 진보(42.2%)와 모른다(21.1%) 간에 21.1% 차이가 나타남. '관심이 없다'에서 보수(30.9%)가 평균값 14.3% 보다 높게 나타나고, 보수(30.9%)와 중도(8.6%) 간에 22.3% 차이로 현저한 차이가 드러남.
- 성별 조사에서는, '현재로 만족한다'가 여성(36.3%), 남성(29.0%)로 7.3% 차이가 나타남.
- 연령별 조사에서는, '급할 것은 없다'에서 40대(58.5%), 60대 이상(57.0%), 50대(45.0%)가 평균값 42.6%를 상회함. 40대(58.5%)와 30대(18.0%) 간에 40.5% 차이로 현저한 차이가 드러남. '현재로 만족한다'는 30대(52.0%), 20대(41.5%)가 평균값 32.7% 보다 높게 나타남. 30대(52.0%)와 40대(21.0%), 60대 이상(18.0%) 간에 각각 31.0%, 34.0%로 현저한 차이를 드러냄.
- '관심이 없다'에서는 30대(23.5%), 20대(20.0%), 40대(10.5%), 50대(9.5%), 60대 이상(8.0%) 간에 각각 3.5%, 13.0%, 14.0%, 15.5%로 상당한 차이를 드러냄. '통일은 시급하다'에서는 60대 이상(13.0%)와 50대(9.5%), 40대(5.5%), 30대(2.0%), 20대(1.0%) 간에 각각 3.5%, 7.5%, 11.0%, 12.0%로 상당한 차이를 드러냄.

<그림 II-36> 통일에 대한 견해 조사 결과 [항목별]

이념 성향별

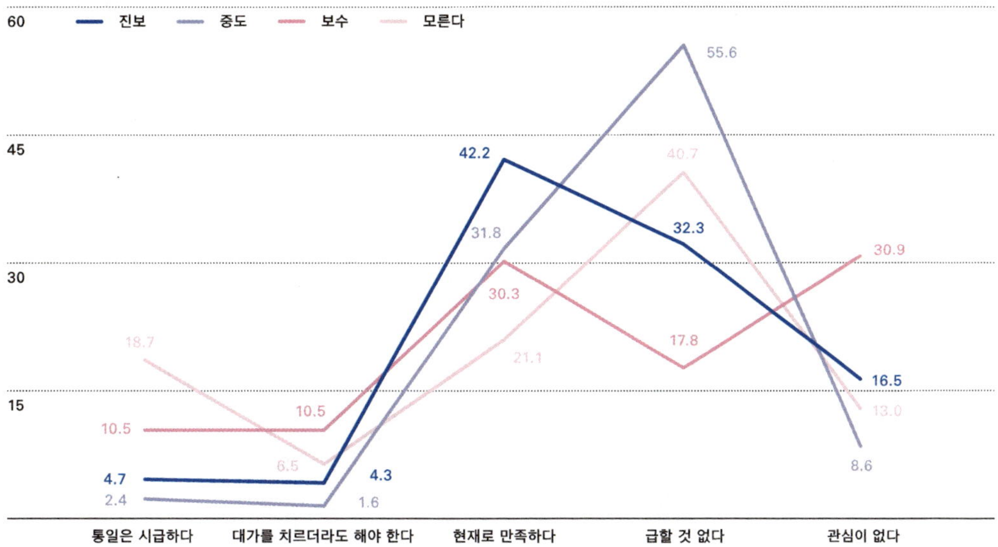

연령별

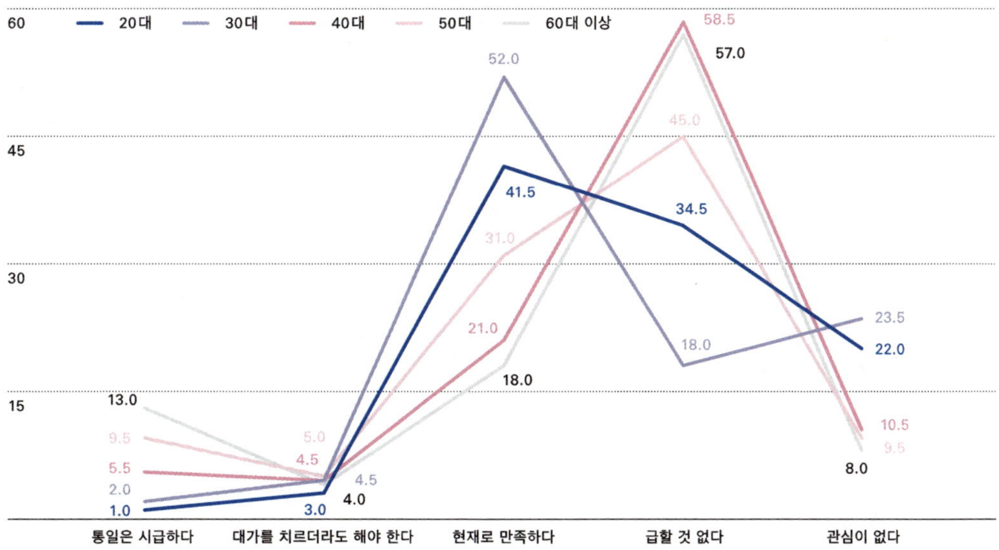

<그림 II-37> 통일에 대한 견해

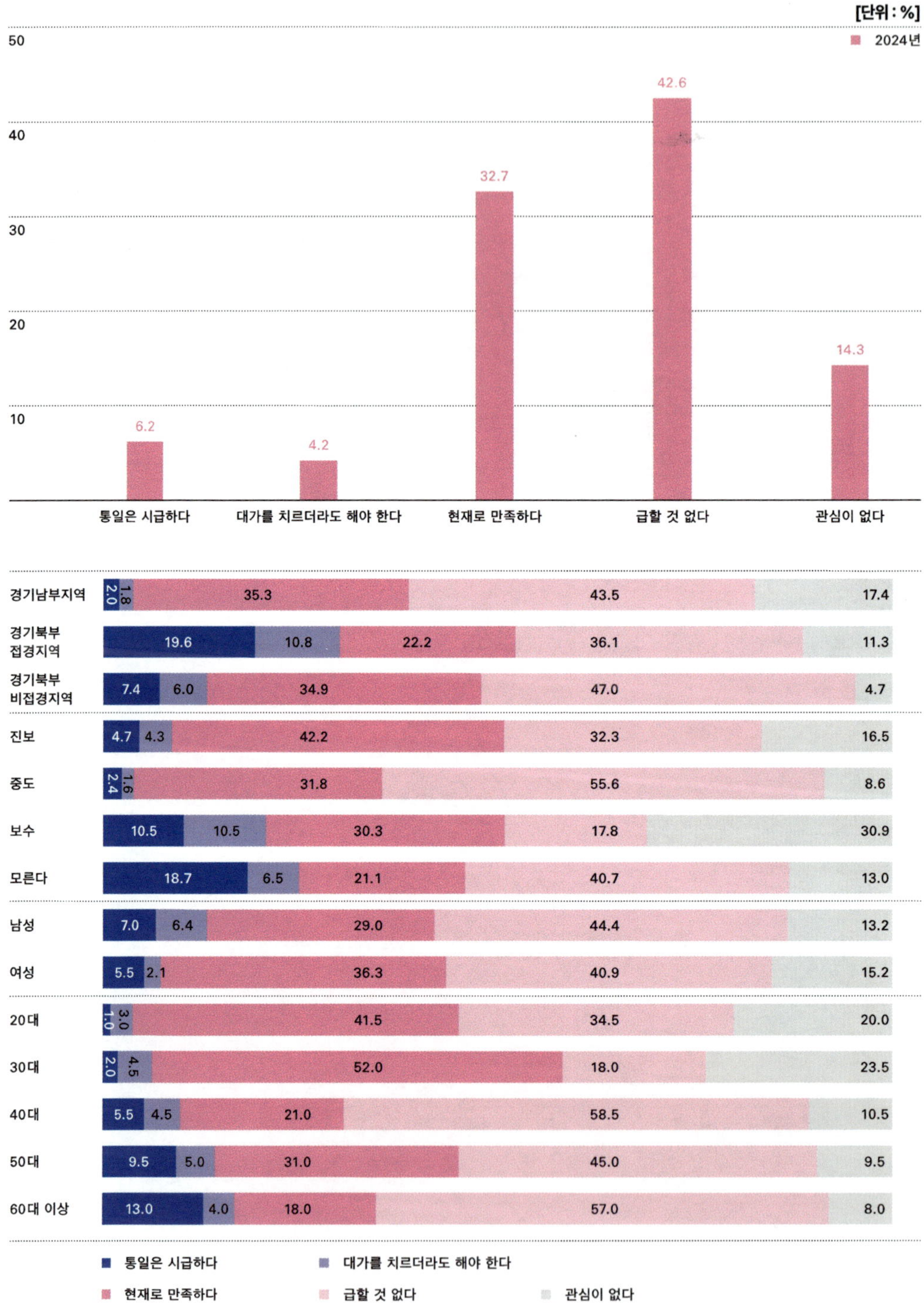

<표 II-14> 통일에 대한 견해

[단위 : 명, %]

구분		명	%	통일은 시급하다	대가를 치르더라도 해야 한다	현재로 만족하다	급할 것 없다	관심이 없다
전체(2024년)		1,000	100	6.2	4.2	32.7	42.6	14.3
지역	경기남부지역	657	65.7	2.0	1.8	35.3	43.5	17.4
	경기북부 접경지역	194	19.4	19.6	10.8	22.2	36.1	11.3
	경기북부 비접경지역	149	14.9	7.4	6.0	34.9	47.0	4.7
이념 성향	진보	232	23.3	4.7	4.3	42.2	32.3	16.5
	중도	493	49.3	2.4	1.6	31.8	55.6	8.6
	보수	152	15.2	10.5	10.5	30.3	17.8	30.9
	모른다	123	12.3	18.7	6.5	21.1	40.7	13.0
성별	남성	487	48.7	7.0	6.4	29.0	44.4	13.2
	여성	513	51.3	5.5	2.1	36.3	40.9	15.2
연령	20대	200	20	1.0	3.0	41.5	34.5	20.0
	30대	200	20	2.0	4.5	52.0	18.0	23.5
	40대	200	20	5.5	4.5	21.0	58.5	10.5
	50대	200	20	9.5	5.0	31.0	45.0	9.5
	60대 이상	200	20	13.0	4.0	18.0	57.0	8.0
학력	중졸 이하	9	0.9	0.0	11.1	33.3	44.4	11.2
	고졸	188	18.8	3.2	1.1	44.1	45.7	5.9
	대재, 대졸	703	70.3	4.8	3.6	30.2	46.8	14.6
	대학원재, 대학원졸	100	10	22.0	14.0	29.0	7.0	28.0
직업	농축산업	5	0.5	0.0	20.0	60.0	20.0	0.0
	자영업	91	9.1	4.4	3.3	62.6	26.4	3.3
	블루칼라	72	7.2	2.8	9.7	45.8	33.3	8.4
	화이트칼라	389	38.9	2.1	3.6	32.4	45.5	16.4
	전업주부	135	13.5	9.6	2.2	31.1	33.3	23.8
	학생	55	5.5	7.3	18.2	38.2	14.5	21.8
	다른 직종 또는 무직	253	25.3	12.3	1.6	17.8	58.1	10.2
결혼 여부	미혼	367	36.7	5.7	3.3	29.7	48.8	12.5
	기혼/자녀 없음	70	7	11.4	8.6	20.0	30.0	30.0
	기혼/자녀 동거	423	42.3	3.3	1.9	40.2	42.6	12.0
	기혼/자녀 비동거	133	13.3	14.3	11.3	23.3	31.6	19.5
	기타(이혼 및 사망)	7	0.7	0.0	14.3	42.9	14.3	28.5
총소득	3000만원 미만	157	15.7	3.8	5.7	8.3	54.1	28.1
	5000만원 미만	234	23.4	1.3	1.3	43.2	45.7	8.5
	7000만원 미만	269	26.9	5.9	4.8	31.2	47.2	10.9
	1억원 미만	232	23.2	7.8	6.0	47.8	28.0	10.4
	1억원 이상	108	10.8	17.6	2.8	16.7	36.1	26.8

13 통일을 위해 정부 및 지자체가 추진해야 할 일

1) 남북한 간 인적 물적 교류 활성화

조사 결과

● 2024년 평균(平均): '남북한 간 인적 물적 교류 활성화'에 대한 응답 결과, '매우 필요하다' 39.5%, '조금 필요하다' 42.0%로, 긍정적인 응답이 81.5%, '별로 필요하지 않다' 12.6%, '전혀 필요하지 않다' 5.9%로, 부정적인 응답이 18.5%로 73.0% 차이가 나타남.

▶ 2021년 대비: 긍정적 반응은 83.4%에서 81.5%로 1.9% 하락했음. '매우 필요하다'가 42.7%에서 39.5%로 3.5% 하락했고, '조금 필요하다'는 40.7%에서 42.0%로 1.3% 증가하여 2.2% 하락함.

※ 인구 사회학적 항목별 편차(偏差): 상당한 차이(10%-20%), 현저한 차이(20% 이상)

◎ 현저한 차이: 이념 성향별에서 긍정적인 반응이 진보(92.3%)와 모른다(65.1%) 간에 27.2%로 현저한 차이를 드러냄. 연령별에서는 50대(94.5%)와 30대(71.0%) 간에 23.5%로 현저한 차이를 드러냄.

<그림 II-38> 남북한 간 인적 물적 교류 활성화 조사 결과 [전체]

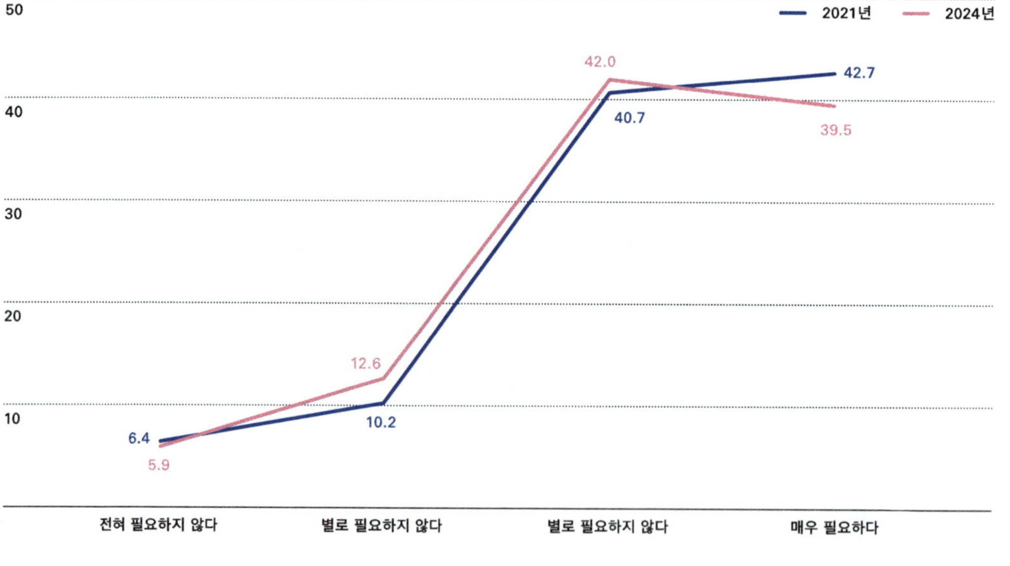

- 통일을 위해 정부 및 지자체가 추진해야 할 일들 중 '남북한 간 인적 물적 교류 활성화'에 대한 응답 결과, '매우 필요하다' 39.5%, '조금 필요하다' 42.0%로, 긍정적인 응답이 81.5%, '별로 필요하지 않다' 12.6%, '전혀 필요하지 않다' 5.9%로, 부정적인 응답이 18.5%로 73.0% 차이가 나타남.
- 2021년과 비교하면, 긍정적 반응은 83.4%에서 81.5%로 1.9% 하락했음. '매우 필요하다'가 42.7%에서 39.5%로 3.5% 하락했고, '조금 필요하다'는 40.7%에서 42.0%로 1.3% 증가하여 2.2% 하락함. 부정적인 반응은 16.6%에서 18.5%로 1.9% 증가함. '별로 필요하지 않다'가 10.2%에서 12.6%로 2.4% 증가했고, '전혀 필요하지 않다'는 6.4%에서 5.9%로 0.5% 하락해 1.9% 증가함.
- 지역별 조사에서는, 긍정적인 반응에서 경기북부 접경지역(86.1%)이 평균값 81.5%보다 9.8% 높게 나타나고, 경기북부 접경지역(86.1%)과 경기북부 비접경지역(81.9%), 경기남부지역(80.1%) 순으로 나타남.
- 이념 성향에서는, 긍정적인 반응에서 진보가 92.3%로 평균값 81.5%를 9.8% 상회함. 중도(82.1%), 보수(76.3%), 모른다(65.1%) 순으로 나타나고, 진보(92.3%)와 각각 10.2%, 16.0%, 27.2%로 현저한 차이를 드러냄.
- 성별에서는, 남성(83.7%)이 평균값 81.5%보다 높게 나타났고, 여성(79.4%) 순으로 나타남.
- 연령별에서는, 긍정적인 반응이 50대(94.5%), 60대 이상(89.0%)이 평균값 81.5%를 상회함. 40대(79.5%), 20대(73.5%), 30대(71.0%) 순으로 나타나, 50대(94.5%)와 비교하여 각각 5.5%, 15.0%, 21.0%, 23.5%로 현저한 차이를 드러냄.

<그림 II-39> 남북한 간 인적 물적 교류 활성화 조사 결과 [항목별]

이념 성향별

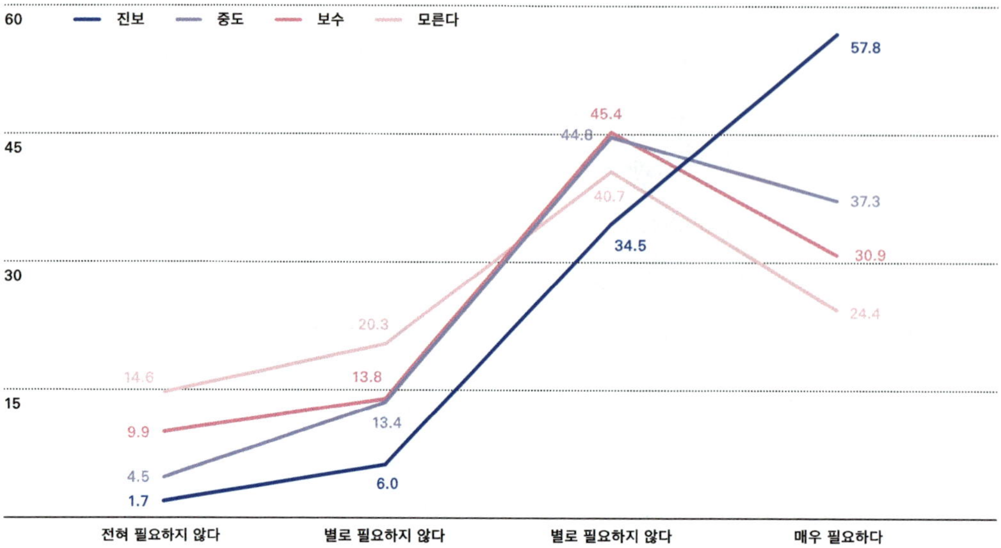

연령별

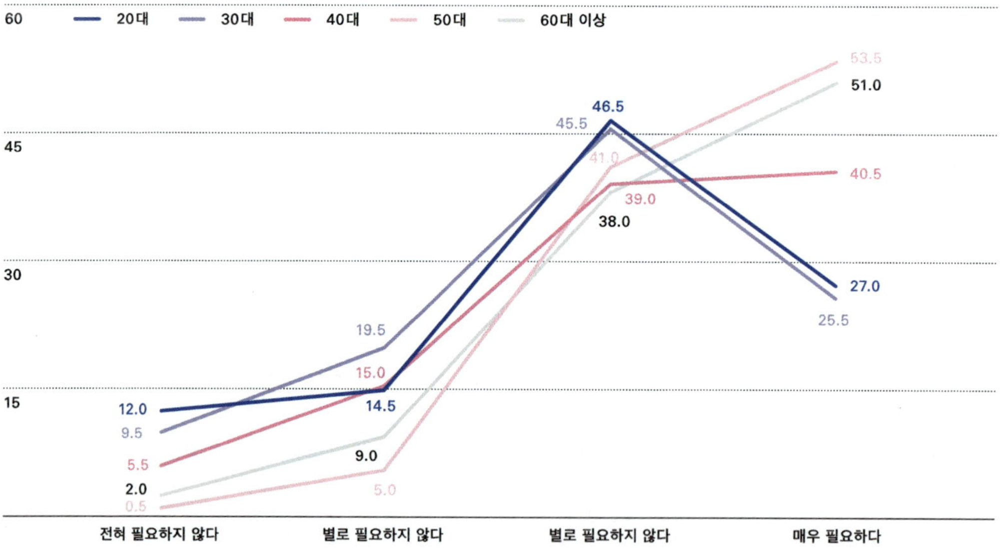

<그림 II-40> 남북한 간 인적 물적 교류 활성화

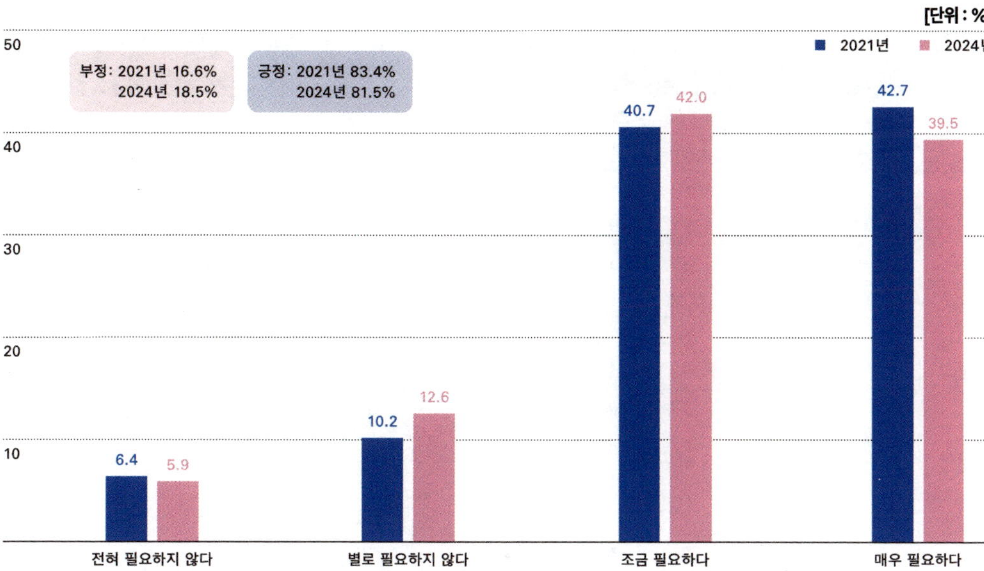

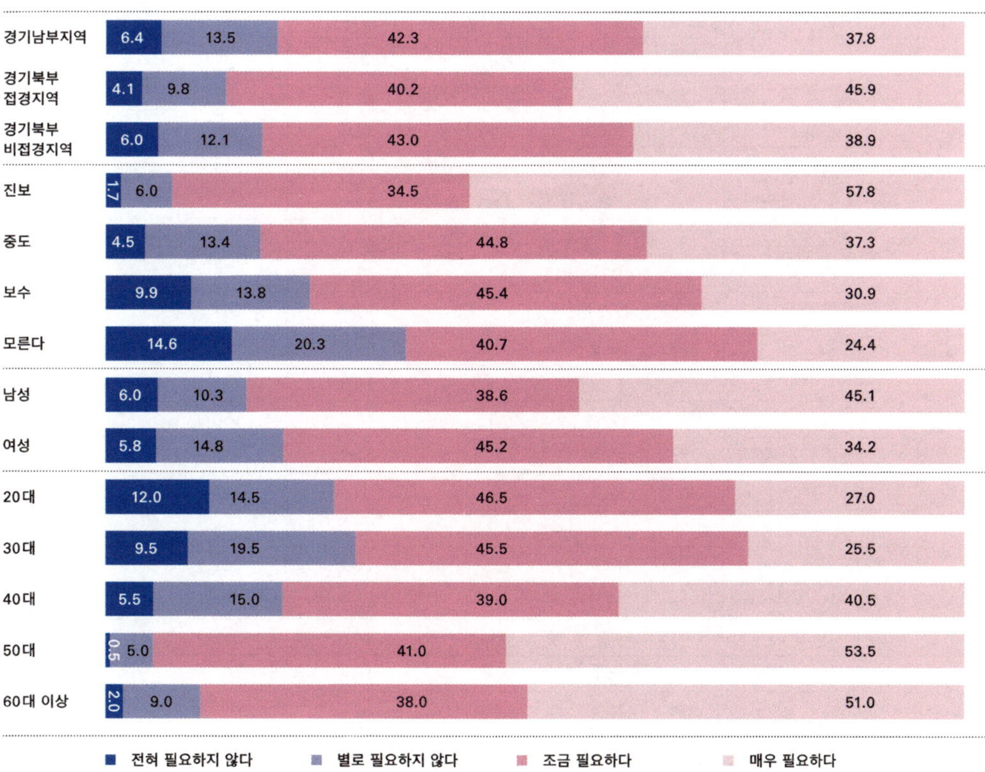

<표 II-15> 남북한 간 인적 물적 교류 활성화

[단위 : 명, %]

구분		명	%	전혀 필요하지 않다	별로 필요하지 않다	조금 필요하다	매우 필요하다
전체(2024년)		1,000	100	5.9	12.6	42.0	39.5
전체(2021년)		1,000	100	6.4	10.2	40.7	42.7
지역	경기남부지역	657	65.7	6.4	13.5	42.3	37.8
	경기북부 접경지역	194	19.4	4.1	9.8	40.2	45.9
	경기북부 비접경지역	149	14.9	6.0	12.1	43.0	38.9
이념 성향	진보	232	23.3	1.7	6.0	34.5	57.8
	중도	493	49.3	4.5	13.4	44.8	37.3
	보수	152	15.2	9.9	13.8	45.4	30.9
	모른다	123	12.3	14.6	20.3	40.7	24.4
성별	남성	487	48.7	6.0	10.3	38.6	45.1
	여성	513	51.3	5.8	14.8	45.2	34.2
연령	20대	200	20	12.0	14.5	46.5	27.0
	30대	200	20	9.5	19.5	45.5	25.5
	40대	200	20	5.5	15.0	39.0	40.5
	50대	200	20	0.5	5.0	41.0	53.5
	60대 이상	200	20	2.0	9.0	38.0	51.0
학력	중졸 이하	9	0.9	11.1	22.2	44.4	22.3
	고졸	188	18.8	6.4	13.8	36.2	43.6
	대재, 대졸	703	70.3	6.3	12.4	43.1	38.2
	대학원재, 대학원졸	100	10	2.0	11.0	45.0	42.0
직업	농축산업	5	0.5	20.0	20.0	40.0	20.0
	자영업	91	9.1	2.2	12.1	40.7	45.0
	블루칼라	72	7.2	6.9	13.9	41.7	37.5
	화이트칼라	389	38.9	3.3	11.8	42.2	42.7
	전업주부	135	13.5	4.4	16.3	45.2	34.1
	학생	55	5.5	9.1	10.9	50.9	29.1
	다른 직종 또는 무직	253	25.3	10.7	11.9	38.7	38.7
결혼 여부	미혼	367	36.7	9.8	13.9	42.2	34.1
	기혼/자녀 없음	70	7	5.7	22.9	45.7	25.7
	기혼/자녀 동거	423	42.3	4.0	10.2	41.1	44.7
	기혼/자녀 비동거	133	13.3	1.5	11.3	42.1	45.1
	기타(이혼 및 사망)	7	0.7	0.0	14.3	42.9	42.8
총소득	3000만원 미만	157	15.7	6.4	16.6	39.5	37.5
	5000만원 미만	234	23.4	7.7	12.4	40.6	39.3
	7000만원 미만	269	26.9	5.6	13.0	43.9	37.5
	1억원 미만	232	23.2	5.6	9.1	40.9	44.4
	1억원 이상	108	10.8	2.8	13.9	46.3	37.0

2) 남북한 간 경제협력 확대

조사 결과

● 2024년 평균(平均): '매우 필요하다' 43.7%, '조금 필요하다' 36.4%로 합계 80.1%가 긍정적인 응답으로 나타남. '별로 필요하지 않다' 13.5%, '전혀 필요하지 않다' 6.4%로 합계 19.9%가 부정적인 반응으로 나타남.

▶ 2021년 대비: 긍정적인 응답이 81.3%에서 80.1%로 1.2% 하락함. '매우 필요하다'가 47.5%에서 43.7%로 3.8% 하락하고, '조금 필요하다'는 33.8%에서 36.4%로 2.6% 증가하여 1.2% 하락함.

※ 인구 사회학적 항목별 편차(偏差): 상당한 차이(10%-20%), 현저한 차이(20% 이상)

◎ 현저한 차이: 이념 성향별 조사에서는, 긍정적인 응답이 진보(92.3%)와 모른다(64.2%) 간에 28.1%로 현저하게 차이를 드러냄. 연령별 조사에서는, 50대(93.5%)와 30대(68.5%) 간에 25.0%로 현저한 차이를 드러냄.

<그림 II-41> 남북한 간 경제협력 확대 조사 결과 [전체]

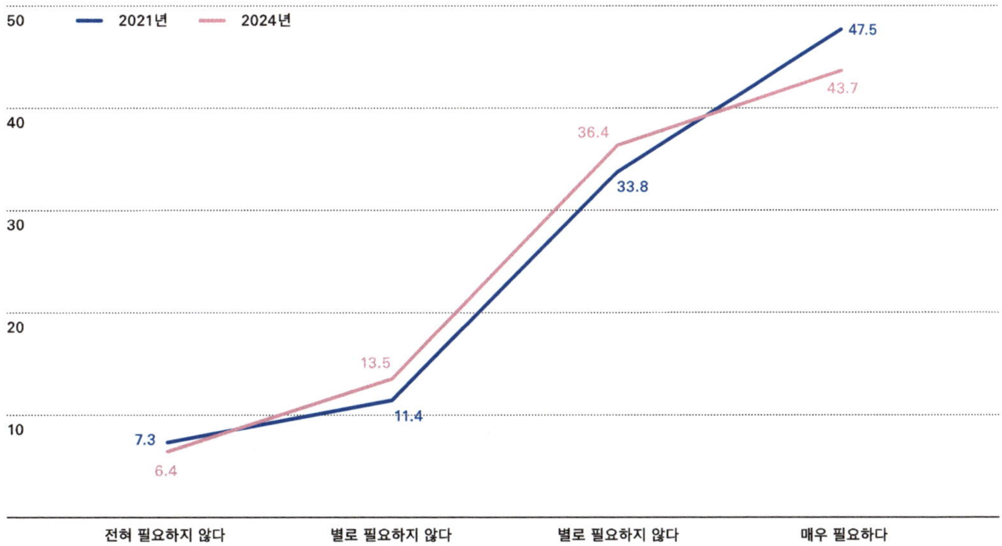

- 통일을 위해 정부 및 지자체가 추진해야 할 일들 중, '남북한 간 경제협력 확대'에 대한 응답 결과, '매우 필요하다' 43.7%, '조금 필요하다' 36.4%로 합계 80.1%가 긍정적인 응답으로 나타남. '별로 필요하지 않다' 13.5%, '전혀 필요하지 않다' 6.4%로 합계 19.9%가 부정적인 반응으로 나타남.
- 2021년과 비교하면, 긍정적인 응답이 81.3%에서 80.1%로 1.2% 하락함. '매우 필요하다'가 47.5%에서 43.7%로 3.8% 하락하고, '조금 필요하다'는 33.8%에서 36.4%로 2.6% 증가하여 1.2% 하락함. 부정적인 응답은 18.7%에서 19.9%로 1.2% 증가함. '별로 필요하지 않다'가 11.4%에서 13.5%로 2.1% 증가하고, '전혀 필요하지 않다'는 7.3%에서 6.4%로 0.9% 하락하여 1.2% 증가함.
- 지역별 조사에서는, 긍정적인 응답이 경기북부 접경지역(84.0%)이 평균값 80.1% 보다 높게 나타나고, 경기북부 비접경지역(81.2%), 경기남부지역(78.6%), 순으로 나타남.
- 이념 성향별 조사에서는, 긍정적인 응답이 진보(92.3%)에서 평균값 80.1%보다 높게 나타나고, 중도(80.9%), 보수(71.7%), 모른다(64.2%) 순으로 나타나, 진보(92.3%) 대비 각각 11.4%, 20.6%, 28.1%로 현저하게 차이를 드러냄.
- 성별 조사에서는, 긍정적인 응답이 남성(81.6%), 여성(78.8%) 순으로 나타남.
- 연령별 조사에서는, 긍정적인 응답이 50대(93.5%)와 60대 이상(89.5%)에서 평균값 80.1% 보다 높게 나타나고, 40대(79.0%), 20대(70.0%), 30대(68.5%) 순으로 나타나, 50대(93.5%) 대비 4.0%, 14.5%, 23.5%, 25.0%로 현저한 차이를 드러냄.

<그림 II-42> 남북한 간 경제협력 확대 조사 결과 [항목별]

이념 성향별

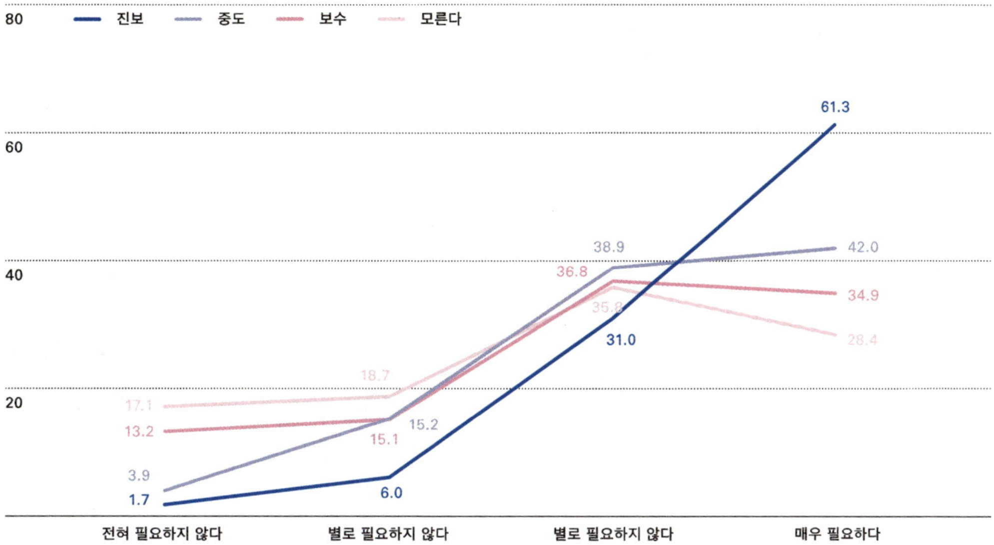

연령별

<그림 II-43> 남북한 간 경제협력 확대

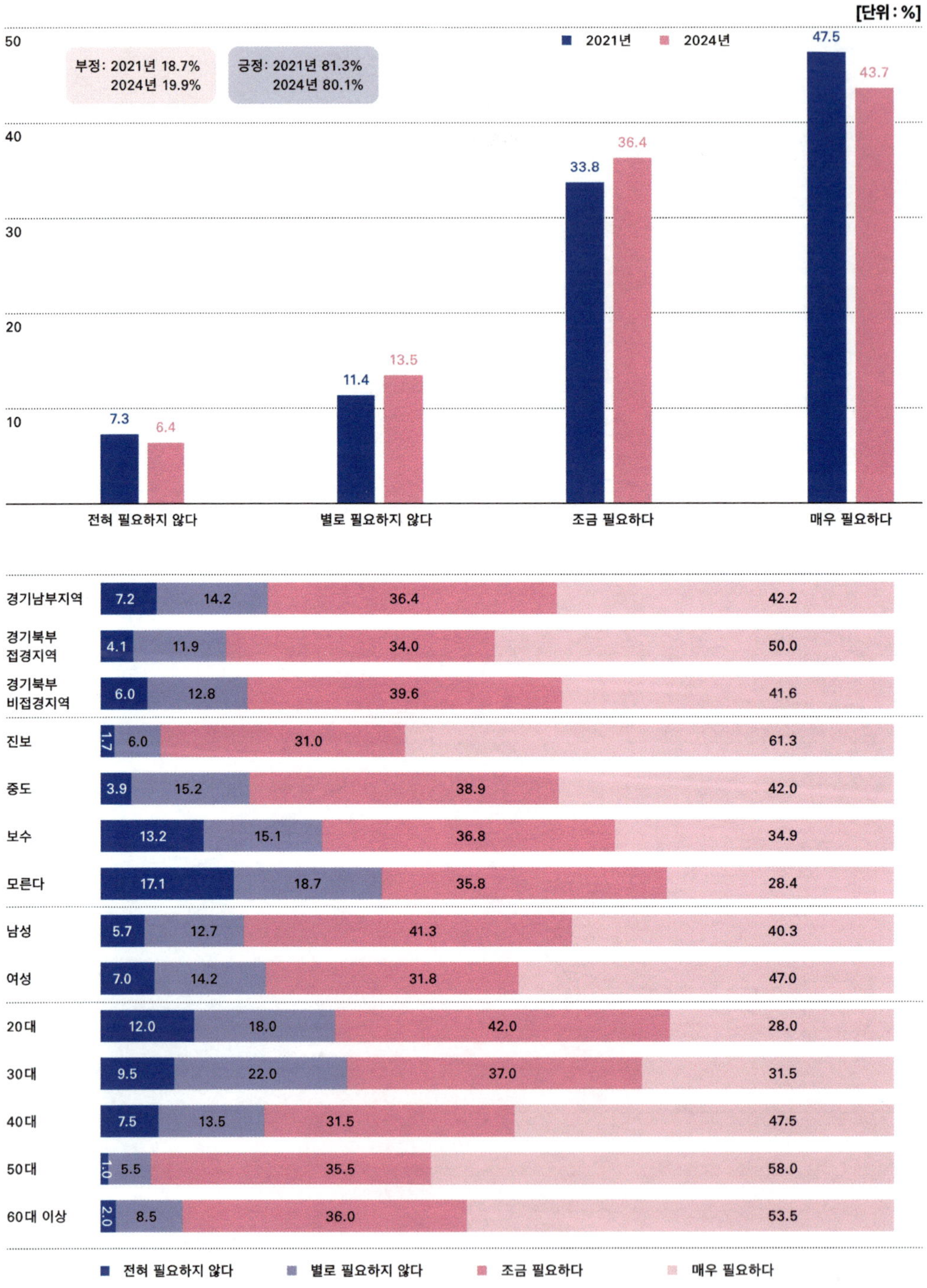

<표 II-16> 남북한 간 경제협력 확대

[단위 : 명, %]

구분		명	%	전혀필요하지 않다	별로 필요하지 않다	조금 필요하다	매우필요하다
전체(2024년)		1,000	100	6.4	13.5	36.4	43.7
전체(2021년)		1,000	100	7.3	11.4	33.8	47.5
지역	경기남부지역	657	65.7	7.2	14.2	36.4	42.2
	경기북부 접경지역	194	19.4	4.1	11.9	34.0	50.0
	경기북부 비접경지역	149	14.9	6.0	12.8	39.6	41.6
이념성향	진보	232	23.3	1.7	6.0	31.0	61.3
	중도	493	49.3	3.9	15.2	38.9	42.0
	보수	152	15.2	13.2	15.1	36.8	34.9
	모른다	123	12.3	17.1	18.7	35.8	28.4
성별	남성	487	48.7	5.7	12.7	41.3	40.3
	여성	513	51.3	7.0	14.2	31.8	47.0
연령	20대	200	20	12.0	18.0	42.0	28.0
	30대	200	20	9.5	22.0	37.0	31.5
	40대	200	20	7.5	13.5	31.5	47.5
	50대	200	20	1.0	5.5	35.5	58.0
	60대 이상	200	20	2.0	8.5	36.0	53.5
학력	중졸 이하	9	0.9	11.1	0.0	55.6	33.3
	고졸	188	18.8	6.4	12.2	35.6	45.8
	대재, 대졸	703	70.3	6.8	14.4	36.3	42.5
	대학원재, 대학원졸	100	10	3.0	11.0	37.0	49.0
직업	농축산업	5	0.5	20.0	0.0	60.0	20.0
	자영업	91	9.1	2.2	13.2	37.4	47.2
	블루칼라	72	7.2	5.6	12.5	36.1	45.8
	화이트칼라	389	38.9	4.6	12.3	35.5	47.6
	전업주부	135	13.5	5.2	17.0	38.5	39.3
	학생	55	5.5	7.3	21.8	41.8	29.1
	다른 직종 또는 무직	253	25.3	11.1	12.3	34.8	41.8
결혼여부	미혼	367	36.7	10.4	17.2	37.1	35.3
	기혼/자녀 없음	70	7	7.1	21.4	37.1	34.4
	기혼/자녀 동거	423	42.3	4.3	10.9	33.8	51.0
	기혼/자녀 비동거	133	13.3	2.3	8.3	41.4	48.0
	기타(이혼 및 사망)	7	0.7	0.0	0.0	57.1	42.9
총소득	3000만원 미만	157	15.7	6.4	17.8	40.8	35.0
	5000만원 미만	234	23.4	8.5	12.0	35.9	43.6
	7000만원 미만	269	26.9	5.2	14.1	35.7	45.0
	1억원 미만	232	23.2	6.0	10.8	34.1	49.1
	1억원 이상	108	10.8	5.6	14.8	38.0	41.8

3) 남북 갈등 해소를 위한 노력

조사 결과

● 2024년 평균(平均): '매우 필요하다' 48.5%, '조금 필요하다' 36.2%로 긍정적인 응답이 84.7%로 나타남. '별로 필요하지 않다' 9.4%, 전혀 필요하지 않다' 5.9%로 부정적인 응답이 15.3%로 나타남.

▶ 2021년 대비: 긍정적인 응답이 83.6%에서 84.7%로 1.1% 증가함.

※ 인구 사회학적 항목별 편차(偏差): 상당한 차이(10%-20%), 현저한 차이(20% 이상)

- 연령별 조사: 긍정적인 응답에서 50대(92.5%)와 30대(79.0%) 간에 13.5%로 상당한 차이가 드러남.

◎ 현저한 차이: 이념 성향별 조사에서, 진보(92.2%)와 모른다(72.2%) 간에 20.0%로 현저한 차이가 드러남.

<그림 II-44> 남북 갈등 해소를 위한 노력 조사 결과 [전체]

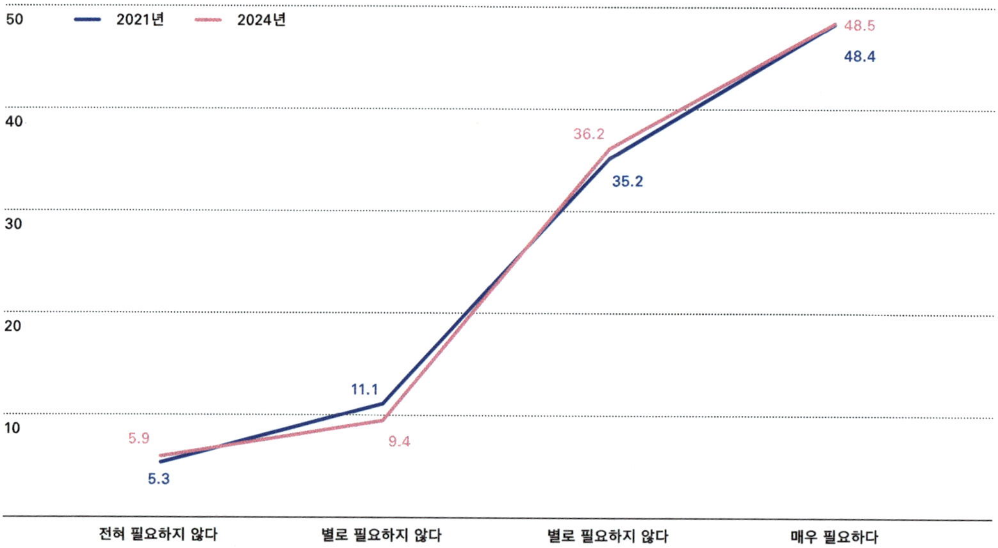

• 통일을 위해 정부 및 지자체가 추진해야 할 일 중, '남북 갈등 해소를 위한 노력'에 대한 응답은 '매우 필요하다' 48.5%, '조금 필요하다' 36.2%로 긍정적인 응답이 84.7%로 나타남. '별로 필요하지 않다' 9.4%, 전혀 필요하지 않다' 5.9%로 부정적인 응답이 15.3%로 나타남.

- 2021년과 비교하면, 긍정적인 응답이 83.6%에서 84.7%로 1.1% 증가함. '매우 필요하다' 48.4%에서 48.5%로 0.1% 증가하고, '조금 필요하다'가 35.2%에서 36.2%로 1.0% 증가하여 합계 1.1% 높아짐. '별로 필요하지 않다'는 11.1%에서 9.4%로 1.7% 하락하고, 전혀 필요하지 않다'는 5.3%에서 5.9%로 0.6% 증가하여 합계 1.1% 하락하여, 부정적인 응답이 15.3%로 나타남.
- 지역별 조사에서는, 경기북부 접경지역(88.7%)이 평균값 84.7%를 상회함. 경기남부지역(84.2%), 경기북부 비접경지역(81.9%) 순으로 나타남.
- 이념 성향별 조사에서는, 진보(92.2%)가 평균값 84.7%를 상회함. 중도(85.1%), 보수(81.5%), 모른다(72.2%) 순으로 나타나, 진보(92.2%) 대비 각각 7.0%, 10.7%, 20.0%로 현저한 차이가 드러남.
- 성별 조사에서는, 긍정적인 응답이 남성(85.0%)이 평균값 84.7% 보다 높게 나타나고, 여성(84.4%) 순으로 나타남.
- 연령별 조사에서는, 긍정적인 응답이 50대(92.5%), 60대 이상(91.5%)이 평균값 보 84.7%를 상회함. 40대(80.5%), 20대(80.0%), 30대(79.0%), 순으로 나타나, 50대(92.5%) 대비 12.0%, 12.5%, 13.5%로 상당한 차이가 드러남.

<그림 II-45> 남북 갈등 해소를 위한 노력 조사 결과[이념 성향별]

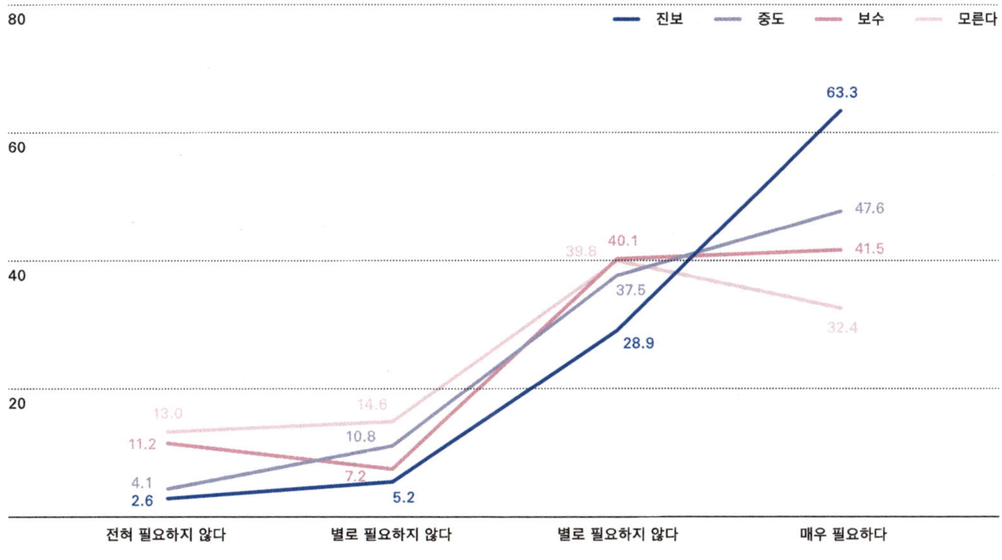

<그림 II-46> 남북 갈등 해소를 위한 노력

[단위 : %]

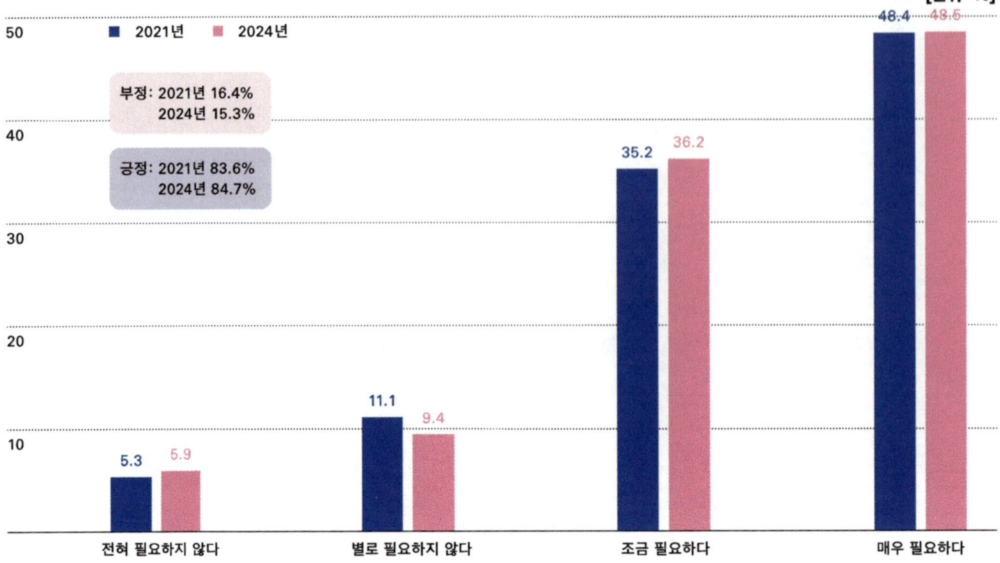

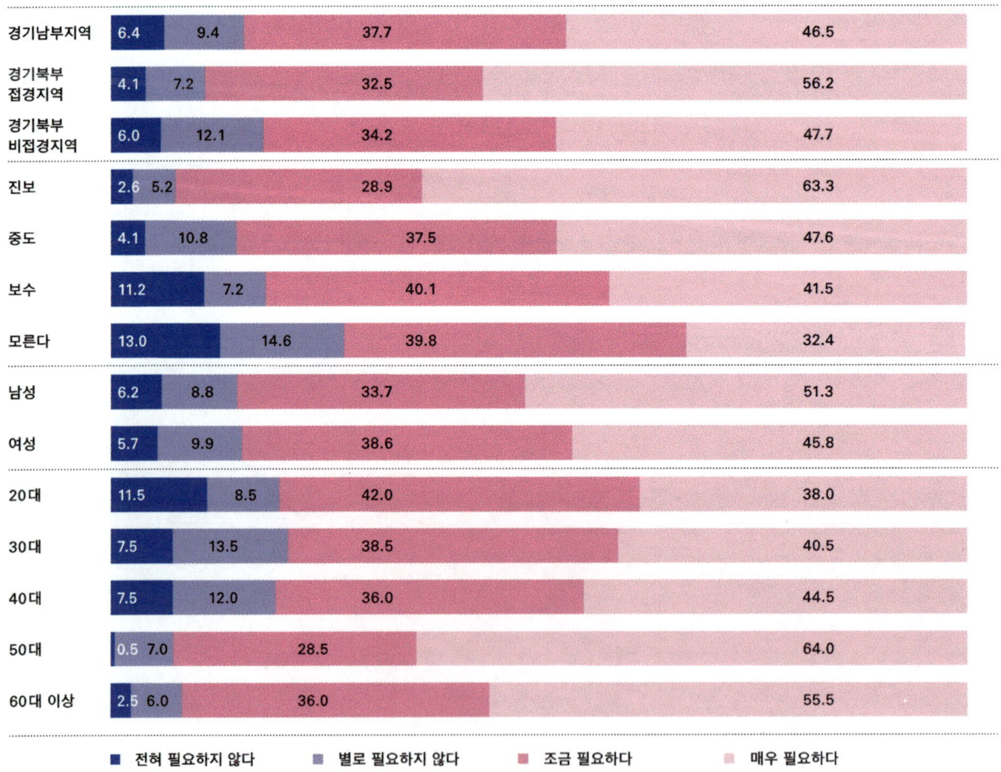

<표 II-17> 남북갈등 해소를 위한 노력

[단위 : 명, %]

구분		명	%	전혀필요 하지 않다	별로 필요하지 않다	조금 필요하다	매우필요하다
전체(2024년)		1,000	100	5.9	9.4	36.2	48.5
전체(2021년)		1,000	100	5.3	11.1	35.2	48.4
지역	경기남부지역	657	65.7	6.4	9.4	37.7	46.5
	경기북부 접경지역	194	19.4	4.1	7.2	32.5	56.2
	경기북부 비접경지역	149	14.9	6.0	12.1	34.2	47.7
이념 성향	진보	232	23.3	2.6	5.2	28.9	63.3
	중도	493	49.3	4.1	10.8	37.5	47.6
	보수	152	15.2	11.2	7.2	40.1	41.5
	모른다	123	12.3	13.0	14.6	39.8	32.4
성별	남성	487	48.7	6.2	8.8	33.7	51.3
	여성	513	51.3	5.7	9.9	38.6	45.8
연령	20대	200	20	11.5	8.5	42.0	38.0
	30대	200	20	7.5	13.5	38.5	40.5
	40대	200	20	7.5	12.0	36.0	44.5
	50대	200	20	0.5	7.0	28.5	64.0
	60대 이상	200	20	2.5	6.0	36.0	55.5
학력	중졸 이하	9	0.9	11.1	0.0	55.6	33.3
	고졸	188	18.8	5.3	12.8	35.6	46.3
	대재, 대졸	703	70.3	6.4	9.2	35.4	49.0
	대학원재, 대학원졸	100	10	3.0	5.0	41.0	51.0
직업	농축산업	5	0.5	20.0	0.0	20.0	60.0
	자영업	91	9.1	2.2	8.8	35.2	53.8
	블루칼라	72	7.2	5.6	11.1	34.7	48.6
	화이트칼라	389	38.9	4.1	9.0	36.8	50.1
	전업주부	135	13.5	5.9	11.1	40.0	43.0
	학생	55	5.5	12.7	9.1	36.4	41.8
	다른 직종 또는 무직	253	25.3	8.3	9.1	34.4	48.2
결혼 여부	미혼	367	36.7	9.0	9.3	37.6	44.1
	기혼/자녀 없음	70	7	4.3	12.9	38.6	44.2
	기혼/자녀 동거	423	42.3	4.7	9.2	34.8	51.3
	기혼/자녀 비동거	133	13.3	2.3	9.0	33.8	54.9
	기타(이혼 및 사망)	7	0.7	0.0	0.0	71.4	28.6
총소득	3000만원 미만	157	15.7	6.4	10.2	40.1	43.3
	5000만원 미만	234	23.4	8.1	9.8	32.1	50.0
	7000만원 미만	269	26.9	5.6	10.0	36.4	48.0
	1억원 미만	232	23.2	4.3	7.3	37.1	51.3
	1억원 이상	108	10.8	4.6	10.2	37.0	48.2

4) 일관성 있는 통일정책 추진

조사 결과

● 2024년 평균(平均): '매우 필요하다' 52.1%, '조금 필요하다' 35.3%로 긍정적인 응답이 87.4%로 나타나고, '별로 필요하지 않다' 8.2%, '전혀 필요하지 않다' 4.4%로 부정적인 응답이 12.6%로 나타남.

▶ 2021년 대비: 긍정적인 응답이 88.1%에서 87.4%로 0.7% 하락함. '매우 필요하다'가 53.1%에서 52.1%로 1.0% 하락하고, '조금 필요하다'가 35.0%에서 35.3%로 0.3% 증가하여 0.7% 하락함.

※ 인구 사회학적 항목별 편차(偏差): 상당한 차이(10%-20%), 현저한 차이(20% 이상)

- 이념 성향별 조사: 긍정적인 응답이 진보(93.1%)와 모른다(74.0%) 간에 순으로 19.1%로 상당한 차이를 드러냄
- 연령별 조사: 긍정적인 응답이 50대(95.5%)와 20대(80.0%) 간에 15.5%로 상당한 차이를 드러냄.

<그림 II-47> 일관성 있는 통일정책 추진 조사 결과 [전체]

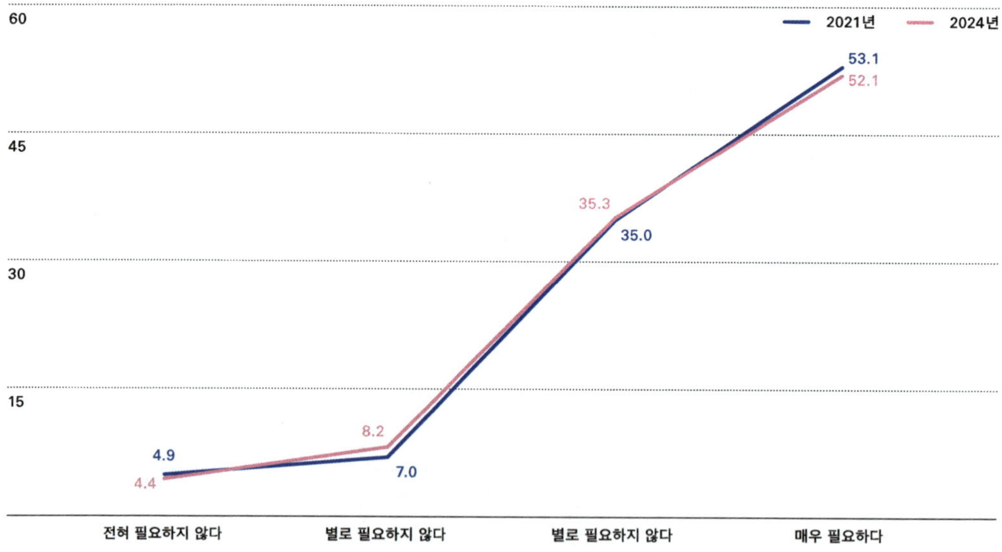

- 통일을 위해 정부 및 지자체가 추진해야 할 일 중, '일관성 있는 통일 정책 추진의 필요성'에 대한 응답 결과, '매우 필요하다' 52.1%, '조금 필요하다' 35.3%로 긍정적인 응답이 87.4%로 나타나고, '별로 필요하지 않다' 8.2%, '전혀 필요하지 않다' 4.4%로 부정적인 응답이 12.6%로 나타남.
- 2021년 조사와 비교하면, 긍정적인 응답이 88.1%에서 87.4%로 0.7% 하락함. '매우 필요하다'가 53.1%에서 52.1%로 1.0% 하락하고, '조금 필요하다'가 35.0%에서 35.3%로 0.3% 증가하여 0.7% 하락함. 부정적인 응답은 11.9%에서 12.6%로 0.7% 증가함. '별로 필요하지 않다'가 7.0%에서 8.2%로 1.2% 증가하고, '전혀 필요하지 않다'는 4.9%에서 4.4%로 0.5% 하락하여 0.7% 증가함.
- 지역별 조사에서는, 긍정적 응답은 경기북부 접경지역 92.8%가 평균값 87.4%보다 높게 나타남. 경기남부지역(86.7%), 경기북부 비접경지역(83.3%) 순으로 긍정적인 응답이 나타나, 경기북부 접경지역(92.8%) 대비 각각 6.1%, 9.5% 차이가 나타남.
- 이념 성향별 조사에서는, 긍정적인 응답이 진보(93.1%)에서 평균값 87.4%보다 5.7% 높게 나타남. 중도(88.7%), 보수(85.5%), 모른다(74.0%) 순으로 나타나, 각각 4.4%, 7.6%, 19.1%로 상당한 차이가 드러남.
- 성별 조사에서는, 긍정적인 응답이 여성(87.7%), 남성(87.1%) 순으로 나타남.
- 연령별 조사에서는, 긍정적인 응답이 50대(95.5%), 60대 이상(93.5)%로 평균값 87.4%보다 각각 8.1%, 6.1% 높게 나타남. 40대(86.0%), 30대(82.0%), 20대(80.0%), 순으로 낮게 나타나, 50대(95.5%) 대비 각각 9.5%, 13.5%, 15.5%로 상당한 차이가 드러남.

<그림 II-48> 일관성 있는 통일 정책 추진

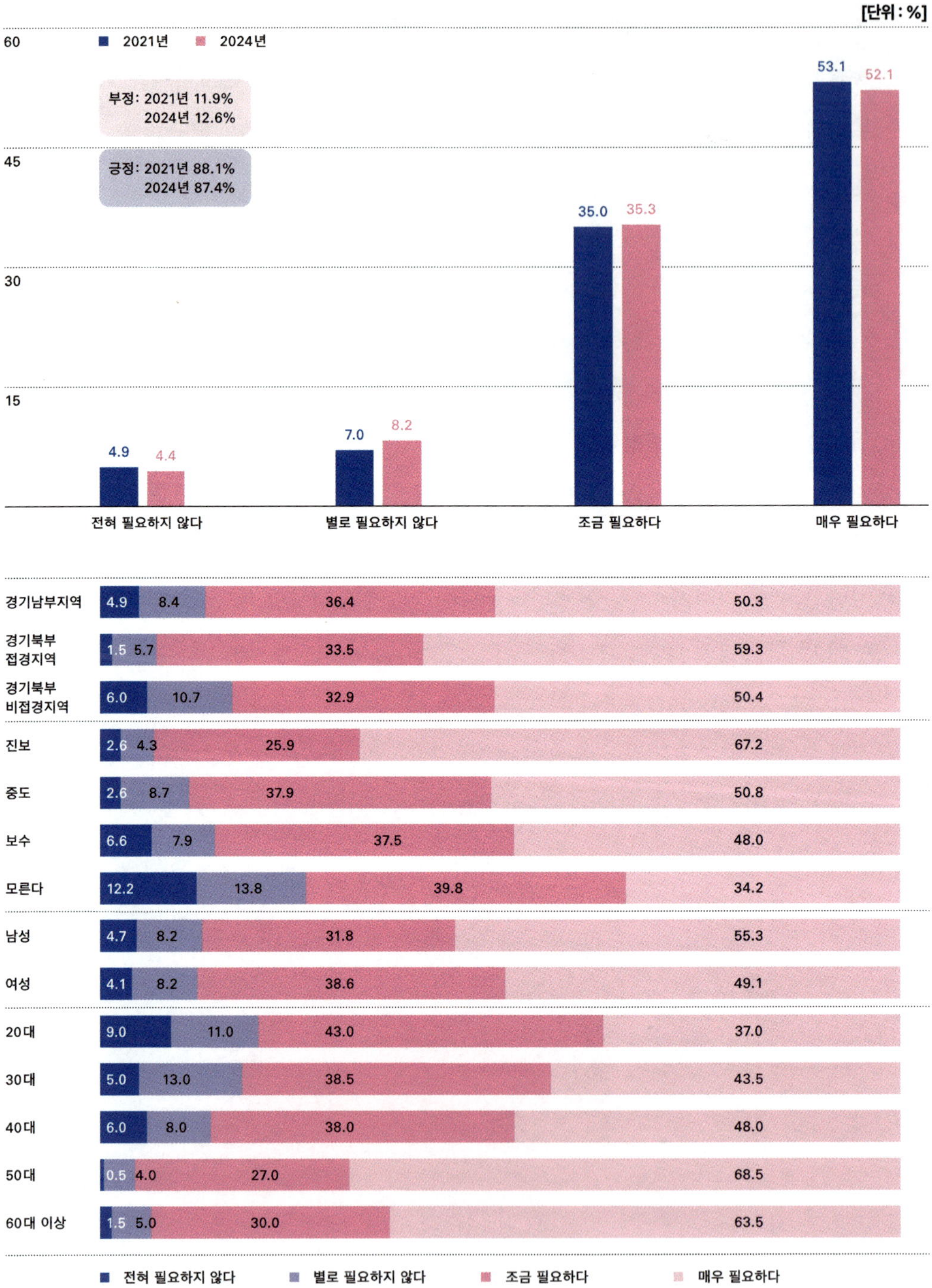

<표 II-18> 일관성 있는 통일 정책 추진

[단위 : 명, %]

구분		명	%	전혀 필요하지 않다	별로 필요하지 않다	조금 필요하다	매우 필요하다
전체(2024년)		1,000	100	4.4	8.2	35.3	52.1
전체(2021년)		1,000	100	4.9	7.0	35.0	53.1
지역	경기남부지역	657	65.7	4.9	8.4	36.4	50.3
	경기북부 접경지역	194	19.4	1.5	5.7	33.5	59.3
	경기북부 비접경지역	149	14.9	6.0	10.7	32.9	50.4
이념 성향	진보	232	23.3	2.6	4.3	25.9	67.2
	중도	493	49.3	2.6	8.7	37.9	50.8
	보수	152	15.2	6.6	7.9	37.5	48.0
	모른다	123	12.3	12.2	13.8	39.8	34.2
성별	남성	487	48.7	4.7	8.2	31.8	55.3
	여성	513	51.3	4.1	8.2	38.6	49.1
연령	20대	200	20	9.0	11.0	43.0	37.0
	30대	200	20	5.0	13.0	38.5	43.5
	40대	200	20	6.0	8.0	38.0	48.0
	50대	200	20	0.5	4.0	27.0	68.5
	60대 이상	200	20	1.5	5.0	30.0	63.5
학력	중졸 이하	9	0.9	11.2	0.0	44.4	44.4
	고졸	188	18.8	5.8	9.6	31.9	52.7
	대재, 대졸	703	70.3	4.4	8.4	35.4	51.8
	대학원재, 대학원졸	100	10	1.0	5.0	40.0	54.0
직업	농축산업	5	0.5	20.0	0.0	20.0	60.0
	자영업	91	9.1	2.2	8.8	38.5	50.5
	블루칼라	72	7.2	5.6	8.3	37.5	48.6
	화이트칼라	389	38.9	2.0	7.2	35.5	55.3
	전업주부	135	13.5	5.2	9.6	31.1	54.1
	학생	55	5.5	7.3	12.7	43.6	36.4
	다른 직종 또는 무직	253	25.3	7.1	7.9	34.0	51.0
결혼 여부	미혼	367	36.7	7.4	9.8	37.6	45.2
	기혼/자녀 없음	70	7	2.8	12.9	38.6	45.7
	기혼/자녀 동거	423	42.3	3.1	6.4	33.3	57.2
	기혼/자녀 비동거	133	13.3	1.5	6.8	33.1	58.6
	기타(이혼 및 사망)	7	0.7	0.0	14.2	42.9	42.9
총소득	3000만원 미만	157	15.7	5.1	10.2	36.3	48.4
	5000만원 미만	234	23.4	5.6	9.4	35.0	50.0
	7000만원 미만	269	26.9	3.4	10.4	32.7	53.5
	1억원 미만	232	23.2	4.4	4.3	35.3	56.0
	1억원 이상	108	10.8	3.7	5.6	40.7	50.0

5) 남북 간 종전, 평화적 국가 관계 확립

조사 결과

● 2024년 평균(平均): '매우 필요하다' 56.2%, '조금 필요하다' 32.2%를 합한 긍정적인 응답이 88.4%, '전혀 필요하지 않다' 4.3%, '별로 필요하지 않다' 7.3%를 합한 부정적인 응답은 11.6%로 나타남.

▶ 2021년 대비: 긍정적인 응답이 85.2%에서 88.4%로 3.2% 증가함. '매우 필요하다'가 54.3%에서 56.2%로 1.9% 증가하고, '조금 필요하다'는 30.9%에서 32.2%로 1.3% 증가하여 3.2% 증가함.

※ 인구 사회학적 항목별 편차(偏差): 상당한 차이(10%-20%), 현저한 차이(20% 이상)

- 이념 성향별 조사: 긍정적 응답이 진보(95.2%)와 모른다(78.0%) 간에 17.2%로 상당한 차이를 드러냄.
- 연령별: 긍정적 응답이 50대(94.5%)와 20대(82.0%) 간에 12.5%로 상당한 차이를 드러냄.

<그림 II-49> 남북간 종전, 평화적 국가 관계 확립 조사 결과 [전체]

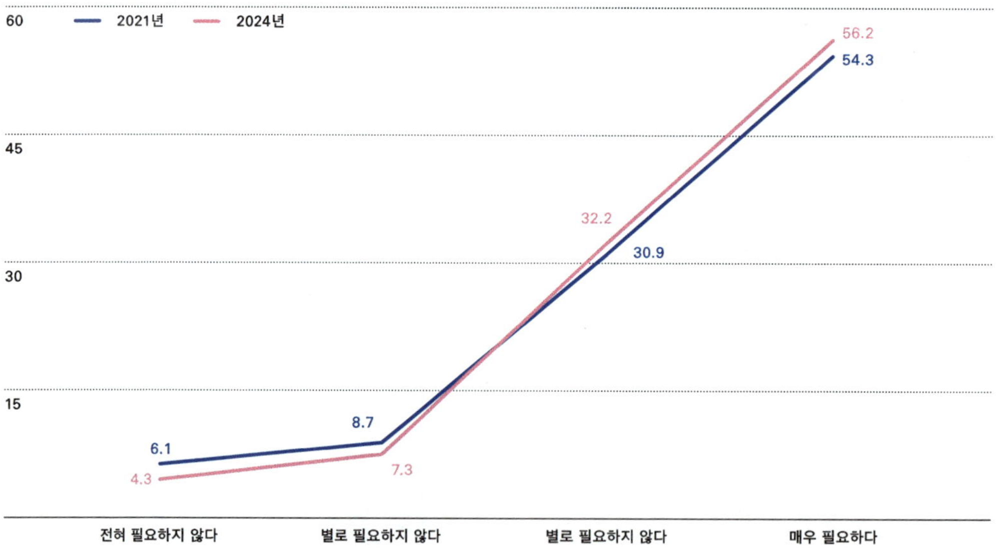

- 통일을 위해 정부 및 지자체가 추진해야 할 일 중, '남북 간 종전, 평화적 국가 관계 확립'에 대한 응답 결과, '매우 필요하다' 56.2%, '조금 필요하다' 32.2%를 합한 긍정적인 응답이 88.4%, '전혀 필요하지 않다' 4.3%, '별로 필요하지 않다' 7.3%를 합한 부정적인 응답은 11.6%로 나타남.
- 2021년 조사와 비교하면, 긍정적인 응답이 85.2%에서 88.4%로 3.2% 증가함. '매우 필요하다'가 54.3%에서 56.2%로 1.9% 증가하고, '조금 필요하다'는 30.9%에서 32.2%로 1.3% 증가하여 3.2% 증가함. 부정적인 응답은 '전혀 필요하지 않다'가 6.1%에서 4.3%로 1.8% 하락하고, '별로 필요하지 않다'는 8.7%에서 7.3%로 1.4% 하락하여 3.2% 하락함.
- 지역별 조사에서는, 경기북부 접경지역의 긍정적 응답이 90.7%로 평균값 88.4%보다 1.7% 높게 나타남. 경기북부 비접경지역(88.0%), 경기남부지역(87.8%) 순으로, 경기북부 접경지역(90.7%) 대비 각각 2.7%, 2.9% 차이로 나타남.
- 이념 성향별 조사에서는, 긍정적 응답이 진보(95.2%)에서 평균값 88.4%보다 6.8% 높게 나타나고, 중도(88.6%), 보수(85.5%), 모른다(78.0%) 순으로, 진보(95.2%) 대비 각각 6.6%, 9.7%, 17.2% 차이가 나타나, 상당한 차이가 드러남.
- 성별 조사에서는, 긍정적 응답이 여성(88.9%), 남성(87.9%)로 나타나, 유사한 반응을 보여줌.
- 연령별 조사에서는, 긍정적 응답이 50대(94.5%), 60대 이상(93.5%)이 평균값 88.4%보다 각각 6.1%, 5.1% 높게 나타남. 40대(89.0%), 30대(83.0%), 20대(82.0%) 순으로, 50대(94.5%) 대비 각각 5.5%, 11.5%, 12.5% 차이가 나타남.

<그림 II-50> 남북 간 종전, 평화적 국가 관계 확립

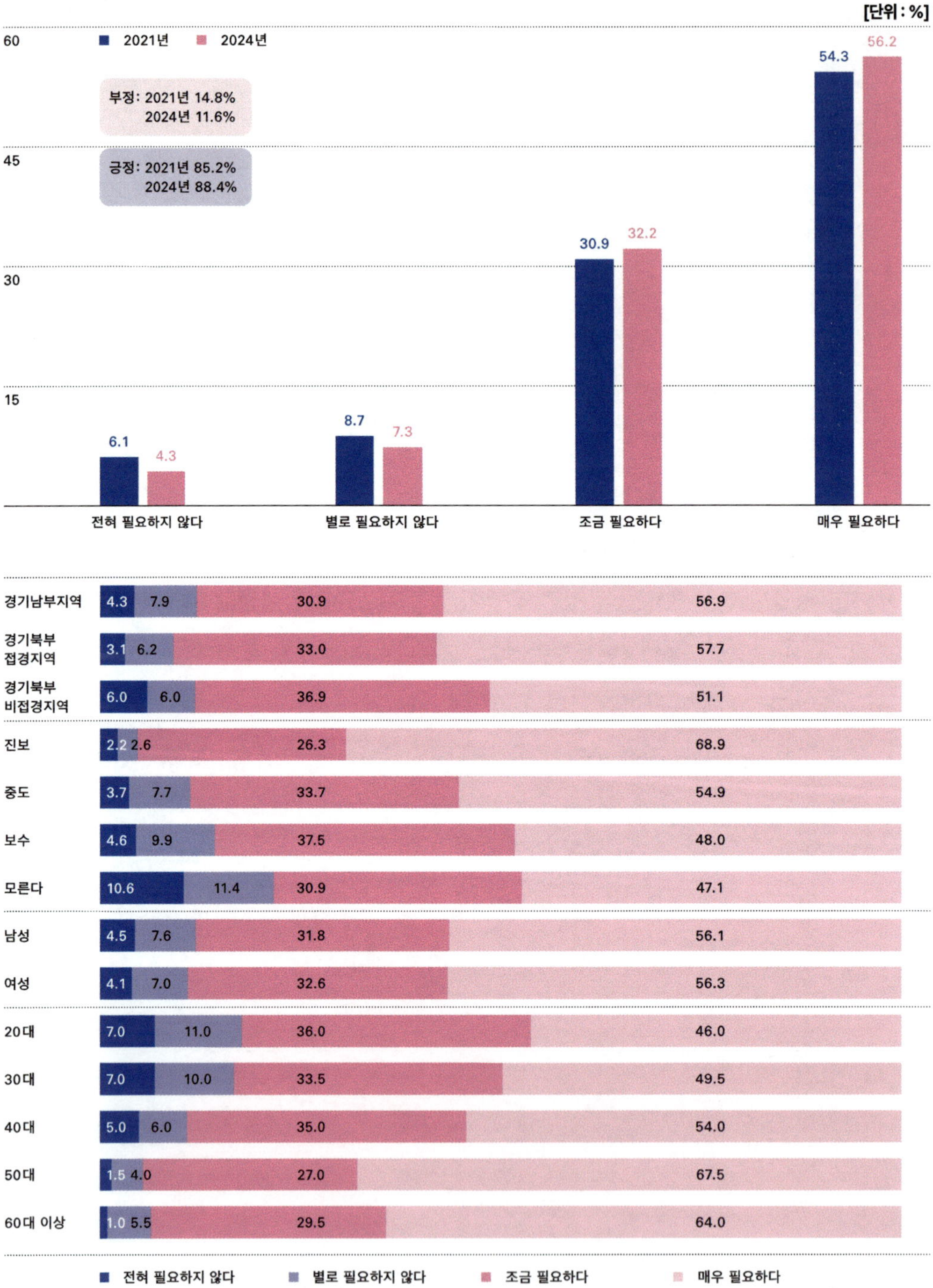

<표 II-19> 남북 간 종전, 평화적 국가 관계 확립

[단위 : 명, %]

구분		명	%	전혀 필요하지 않다	별로 필요하지 않다	조금 필요하다	매우 필요하다
전체(2024년)		1,000	100	4.3	7.3	32.2	56.2
전체(2021년)		1,000	100	6.1	8.7	30.9	54.3
지역	경기남부지역	657	65.7	4.3	7.9	30.9	56.9
	경기북부 접경지역	194	19.4	3.1	6.2	33.0	57.7
	경기북부 비접경지역	149	14.9	6.0	6.0	36.9	51.1
이념 성향	진보	232	23.3	2.2	2.6	26.3	68.9
	중도	493	49.3	3.7	7.7	33.7	54.9
	보수	152	15.2	4.6	9.9	37.5	48.0
	모른다	123	12.3	10.6	11.4	30.9	47.1
성별	남성	487	48.7	4.5	7.6	31.8	56.1
	여성	513	51.3	4.1	7.0	32.6	56.3
연령	20대	200	20	7.0	11.0	36.0	46.0
	30대	200	20	7.0	10.0	33.5	49.5
	40대	200	20	5.0	6.0	35.0	54.0
	50대	200	20	1.5	4.0	27.0	67.5
	60대 이상	200	20	1.0	5.5	29.5	64.0
학력	중졸 이하	9	0.9	11.1	11.1	33.3	44.5
	고졸	188	18.8	4.8	10.6	27.7	56.9
	대재, 대졸	703	70.3	4.6	6.7	34.0	54.7
	대학원재, 대학원졸	100	10	1.0	5.0	28.0	66.0
직업	농축산업	5	0.5	20.0	0.0	0.0	80.0
	자영업	91	9.1	2.2	8.8	31.9	57.1
	블루칼라	72	7.2	8.3	4.2	40.3	47.2
	화이트칼라	389	38.9	2.3	5.7	32.4	59.6
	전업주부	135	13.5	5.9	6.7	30.4	57.0
	학생	55	5.5	3.6	14.5	36.4	45.5
	다른 직종 또는 무직	253	25.3	5.9	9.1	30.4	54.6
결혼 여부	미혼	367	36.7	7.1	9.8	32.2	50.9
	기혼/자녀 없음	70	7	4.3	5.7	35.7	54.3
	기혼/자녀 동거	423	42.3	2.8	5.4	32.6	59.2
	기혼/자녀 비동거	133	13.3	1.5	7.5	28.6	62.4
	기타(이혼 및 사망)	7	0.7	0.0	0.0	42.9	57.1
총소득	3000만원 미만	157	15.7	5.7	14.6	33.1	46.6
	5000만원 미만	234	23.4	4.3	6.0	32.9	56.8
	7000만원 미만	269	26.9	3.7	8.6	33.5	54.2
	1억원 미만	232	23.2	5.2	2.6	28.4	63.8
	1억원 이상	108	10.8	1.9	6.5	34.3	57.3

6) 중국 · 미국 등의 국제적 합의

조사 결과

● 2024년 평균(平均): '매우 필요하다' 43.8%, '조금 필요하다' 39.7%로 나타나 긍정적인 응답이 83.5%였고, '전혀 필요하지 않다' 4.5%, '별로 필요하지 않다' 12.0%로 부정적인 응답이 16.5%로 나타남.

▶ 2021년 대비: 긍정적인 응답이 82.5%에서 83.5%로 1.0% 증가함. '매우 필요하다'가 44.5%에서 43.8%로 0.7% 하락하고, '조금 필요하다'는 38.0%에서 39.7%로 1.7% 증가하여 1.0% 증가함.

※ 인구 사회학적 항목별 편차(偏差): 상당한 차이(10%-20%), 현저한 차이(20% 이상)

- 이념 성향별: 진보(87.1%)와 모른다(74.0%) 간에 13.1%로 상당한 차이를 드러냄.

<그림 II-51> 중국·미국 등의 국제적 합의 조사 결과 [전체]

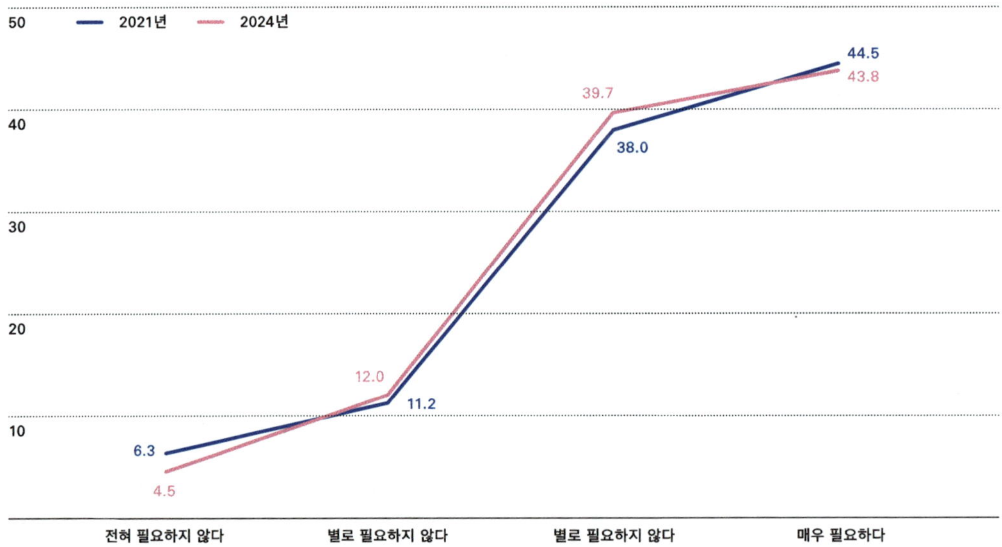

- 통일을 위해 정부 및 지자체가 추진해야 할 일 중, '중국 미국 등 국제적 합의의 필요성'에 대한 응답은 '매우 필요하다' 43.8%, '조금 필요하다' 39.7%로 나타나 긍정적인 응답이 83.5%였고, '전혀 필요하지 않다' 4.5%, '별로 필요하지 않다' 12.0%로 부정적인 응답이 16.5%로 나타남.
- 2021년 조사와 비교하면, 긍정적인 응답이 82.5%에서 83.5%로 1.0% 증가함. '매우 필요하다'가 44.5%에서 43.8%로 0.7% 하락하고, '조금 필요하다'는 38.0%에서 39.7%로 1.7% 증가하여 1.0% 증가함. 부정적인 응답은 '전혀 필요하지 않다'가 6.3%에서 4.5%로 1.8% 하락하고, '별로 필요하지 않다'는 11.2%에서 12.0%로 0.8% 증가하여 1.0% 하락한 16.5%로 나타남
- 지역별 조사에서는, 긍정적인 응답이 경기 북부 비접경지역(86.6%)과 경기북부 접경지역(85.6%)이 평균값 83.5%보다 각각 3.1%, 2.1% 높음. 경기북부 비접경지역(86.6%) 대비 경기북부 접경지역(85.6%), 경기남부지역(82.2%)은 각각 1.0%, 4.4% 차이가 나타나, 지역별로 유사한 반응을 보여줌.
- 이념 성향별 조사에서는, 진보(87.1%)과 중도(85.6%)의 긍정적 응답이 평균값 83.5%보다 각각 3.6%, 2.1% 높음. 진보(87.1%) 대비 중도(85.6%), 보수(79.0%), 모른다(74.0%)가 각각 1.5%, 8.1%, 13.1%로 차이가 나타나, 상당한 차이를 드러냄.
- 성별 조사에서는, 긍정적인 응답이 여성(83.8%), 남성(83.2%) 순으로, 성별로는 유사한 반응을 보여줌.
- 연령별 조사에서는, 60대 이상(88.5%), 50대(87.0%)가 평균값 83.5%보다 각각 5.0%, 3.5% 높게 나타나고, 60대 이상(88.5%) 대비 50대(87.0%), 20대(83.0%), 40대(81.0%), 30대(78.0%)가 각각 1.5%, 5.5%, 7.5%, 10.5% 차이가 나타남.

<그림 II-52> 중국·미국 등의 국제적 합의

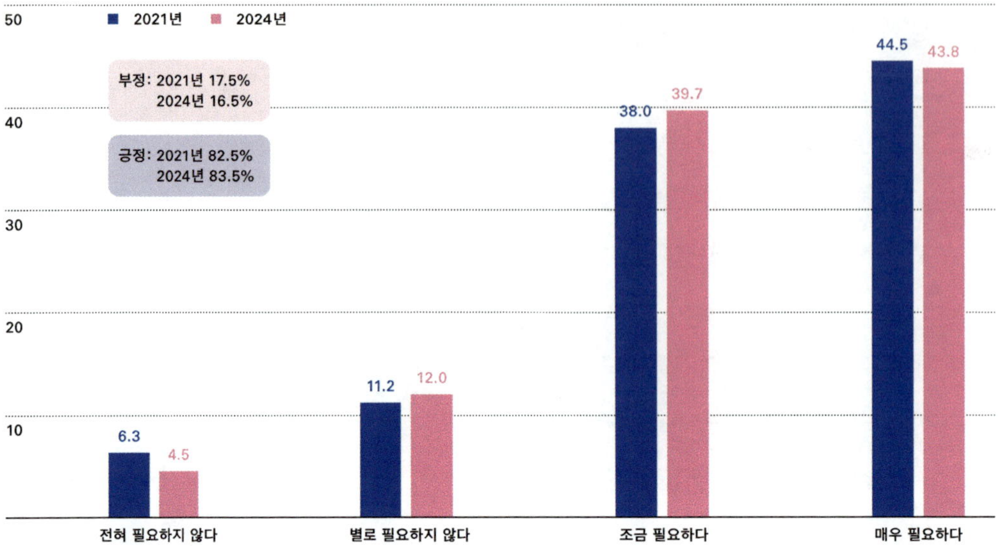

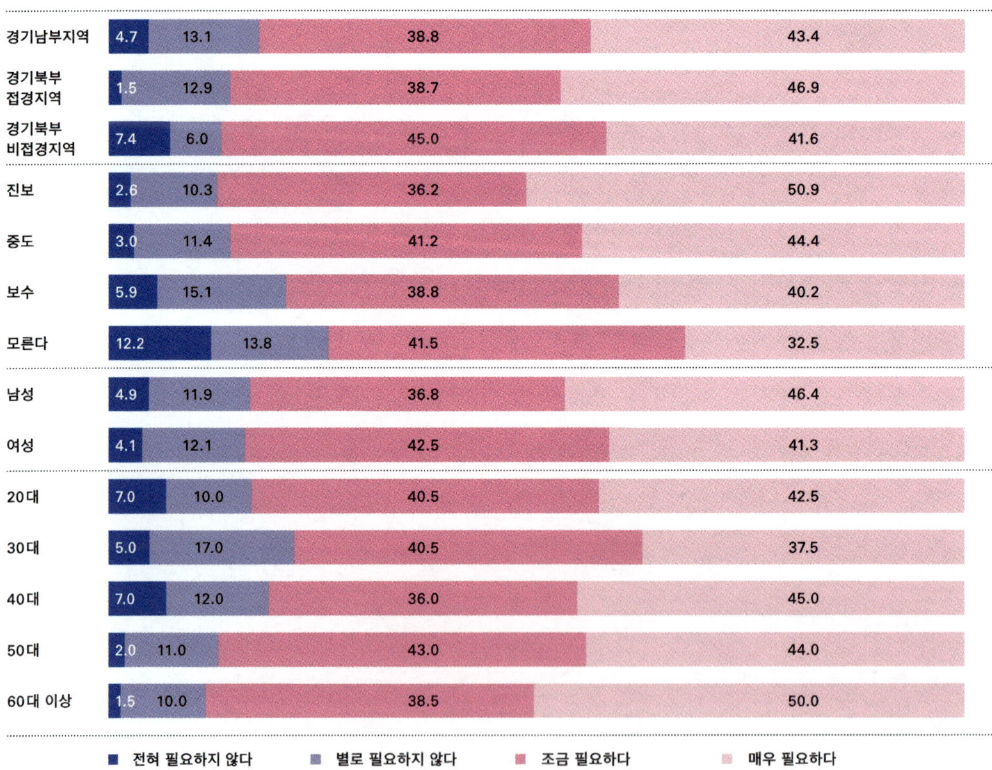

<표 II-20> 중국·미국 등의 국제적 합의

[단위 : 명, %]

구분		명	%	전혀 필요하지 않다	별로 필요하지 않다	조금 필요하다	매우 필요하다
전체(2024년)		1,000	100	4.5	12.0	39.7	43.8
전체(2021년)		1,000	100	6.3	11.2	38	44.5
지역	경기남부지역	657	65.7	4.7	13.1	38.8	43.4
	경기북부 접경지역	194	19.4	1.5	12.9	38.7	46.9
	경기북부 비접경지역	149	14.9	7.4	6.0	45.0	41.6
이념 성향	진보	232	23.3	2.6	10.3	36.2	50.9
	중도	493	49.3	3.0	11.4	41.2	44.4
	보수	152	15.2	5.9	15.1	38.8	40.2
	모른다	123	12.3	12.2	13.8	41.5	32.5
성별	남성	487	48.7	4.9	11.9	36.8	46.4
	여성	513	51.3	4.1	12.1	42.5	41.3
연령	20대	200	20	7.0	10.0	40.5	42.5
	30대	200	20	5.0	17.0	40.5	37.5
	40대	200	20	7.0	12.0	36.0	45.0
	50대	200	20	2.0	11.0	43.0	44.0
	60대 이상	200	20	1.5	10.0	38.5	50.0
학력	중졸 이하	9	0.9	11.1	33.3	22.2	33.4
	고졸	188	18.8	5.3	13.8	36.2	44.7
	대재, 대졸	703	70.3	4.4	11.8	41.0	42.8
	대학원재, 대학원졸	100	10	3.0	8.0	39.0	50.0
직업	농축산업	5	0.5	20.0	20.0	0.0	60.0
	자영업	91	9.1	5.5	16.5	31.9	46.1
	블루칼라	72	7.2	4.2	12.5	44.4	38.9
	화이트칼라	389	38.9	2.6	12.1	39.1	46.2
	전업주부	135	13.5	5.9	11.1	45.2	37.8
	학생	55	5.5	5.5	12.7	34.5	47.3
	다른 직종 또는 무직	253	25.3	5.9	10.3	41.1	42.7
결혼 여부	미혼	367	36.7	7.1	12.5	38.7	41.7
	기혼/자녀 없음	70	7.0	2.9	8.6	50.0	38.5
	기혼/자녀 동거	423	42.3	3.1	12.5	38.3	46.1
	기혼/자녀 비동거	133	13.3	3.0	9.8	42.1	45.1
	기타(이혼 및 사망)	7	0.7	0.0	0.0	0.0	0.0
총소득	3000만원 미만	157	15.7	4.5	21.7	36.3	37.5
	5000만원 미만	234	23.4	3.0	7.7	47.0	42.3
	7000만원 미만	269	26.9	4.8	12.3	40.1	42.8
	1억원 미만	232	23.2	6.5	8.6	34.5	50.4
	1억원 이상	108	10.8	2.8	13.9	38.9	44.4

14 현 정부의 대북정책에 대한 만족도

조사 결과

● 2024년 평균(平均): '매우 만족' 3.8%, '다소 만족' 22.2%로 긍정적인 응답이 26.0%, '다소 불만족' 41.9%, '매우 불만족 32.1%'로 부정적인 응답이 74.0%로 48.0% 차이가 나타남.

▶ 2021년 대비: 문재인 정부와 비교하면, 긍정적인 응답이 41.3%에서 26.0%로 15.3% 하락함. '매우 만족'이 10.8%에서 3.8%로 7.0% 하락하고, '다소 만족'은 30.5%에서 22.2%로 8.3% 하락하여 합계 15.3%가 하락함.

※ 인구 사회학적 항목별 편차(偏差): 상당한 차이(10%-20%), 현저한 차이(20% 이상)

◎ 현저한 차이: 이념 성향별에서, 부정적인 응답이 진보(89.7%)와 보수(44.1%) 간에 45.6%로 현저한 차이를 드러냄. 연령별에서는, 부정적인 응답이 40대(85.5%)와 60대 이상(62.5%) 간에 23.0%로 현저한 차이를 드러냄.

<그림 II-53> 현 정부의 대북정책 만족도 조사 결과 [전체]

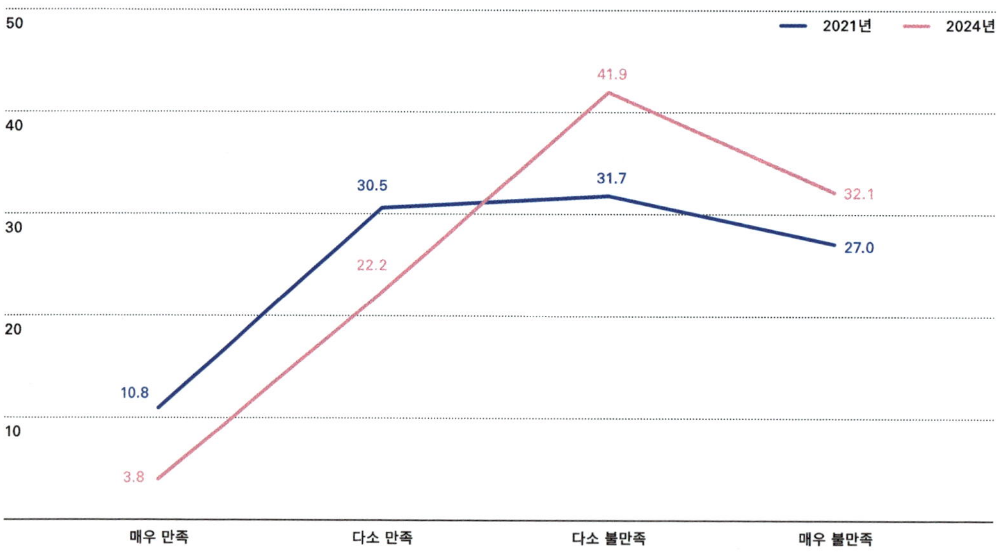

- ‘현 정부(윤석열 정부)의 대북정책에 대한 만족도’에 대한 응답 결과, ‘매우 만족’ 3.8%, ‘다소 만족’ 22.2%로 긍정적인 응답이 26.0%, ‘다소 불만족’ 41.9%, ‘매우 불만족’ 32.1%로 부정적인 응답이 74.0%로 48.0% 차이가 나타남.
- 2021년 조사(문재인 정부)와 비교하면, 긍정적인 응답이 41.3%에서 26.0%로 15.3% 하락함. ‘매우 만족’이 10.8%에서 3.8%로 7.0% 하락하고, ‘다소 만족’은 30.5%에서 22.2%로 8.3% 하락하여 합계 15.3%가 하락함. ‘다소 불만족’은 31.7%에서 41.9%로 10.2% 증가하고, ‘매우 불만족’은 27.0%에서 32.1%’로 5.1% 증가하여 합계 15.3%가 증가하여 부정적인 응답이 74.0%로 나타남.
- 지역별 조사에서는, 경기북부 접경지역의 부정적인 응답이 평균값 74.0%를 상회함. 경기북부 접경지역(76.8%), 경기남부지역(73.6%), 경기북부 비접경지역(72.5%) 순으로, 경기북부 접경지역(76.8%) 대비 각각 3.2%, 4.3% 차이가 나타남.
- 이념 성향별 조사에서는, 부정적인 응답이 진보(89.7%)가 평균값 74.0%보다 15.7% 높게 나타남. 진보(89.7%), 모른다(82.1%), 중도(74.0%), 보수(44.1%) 순으로 진보(89.7%) 대비 각각 7.5%, 15.7%, 45.6% 차이가 나타나, 현저한 차이를 드러냄.
- 성별 조사에서는, 부정적인 응답이 여성(76.4%), 남성(71.4%) 순으로, 유사하게 나타남.
- 연령별 조사에서는, 부정적인 응답이 40대(85.5%), 50대(78.5%), 30대(75.5%)가 평균값 74.0%보다 각각 11.5%, 4.5%, 1.5%가 높게 나타남. 40대(85.5%), 50대(78.5%), 30대(75.5%), 20대(68.0%), 60대 이상(62.5%) 순으로, 40대(85.5%) 대비 7.0%, 10.0%, 17.5%, 23.0% 차이가 나타남.

<그림 II-54> 현 정부의 대북정책 만족도 조사 결과

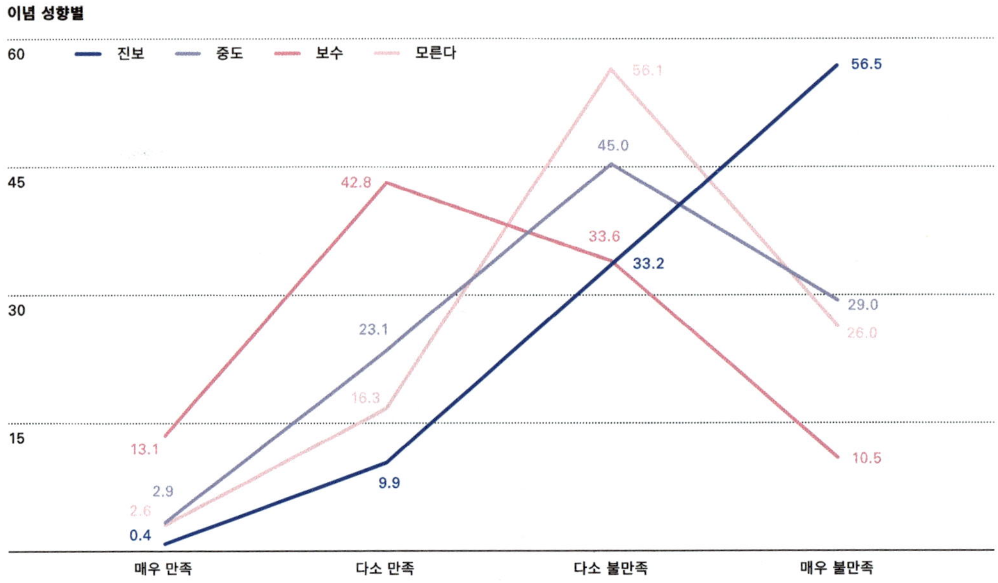

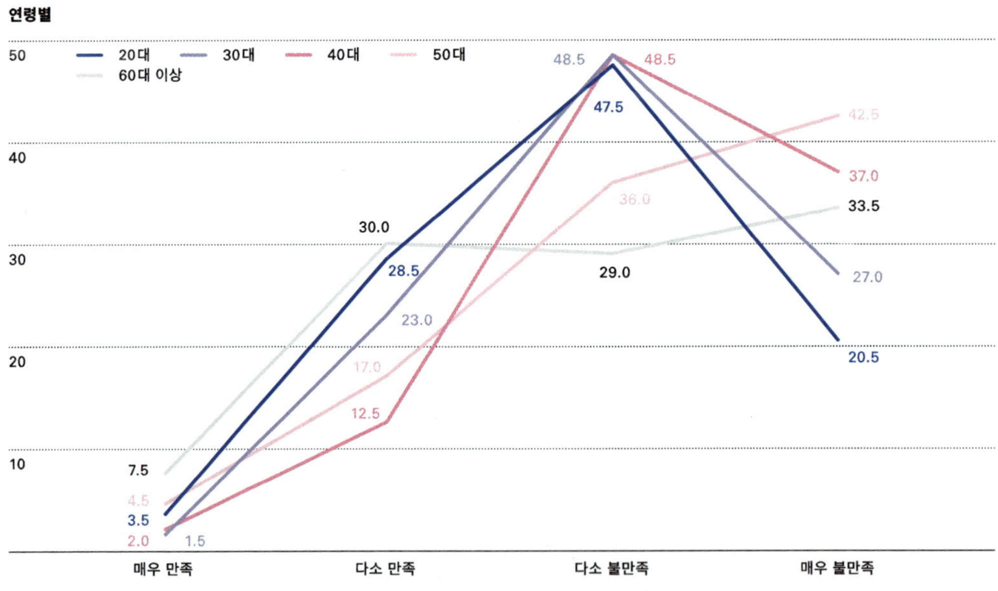

<그림 II-55> 현 정부의 대북정책 만족도

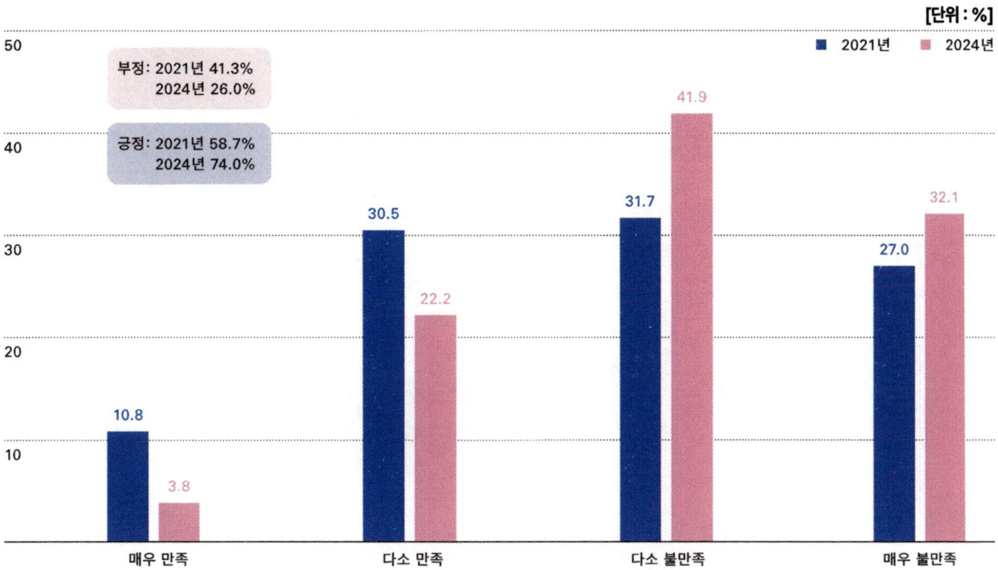

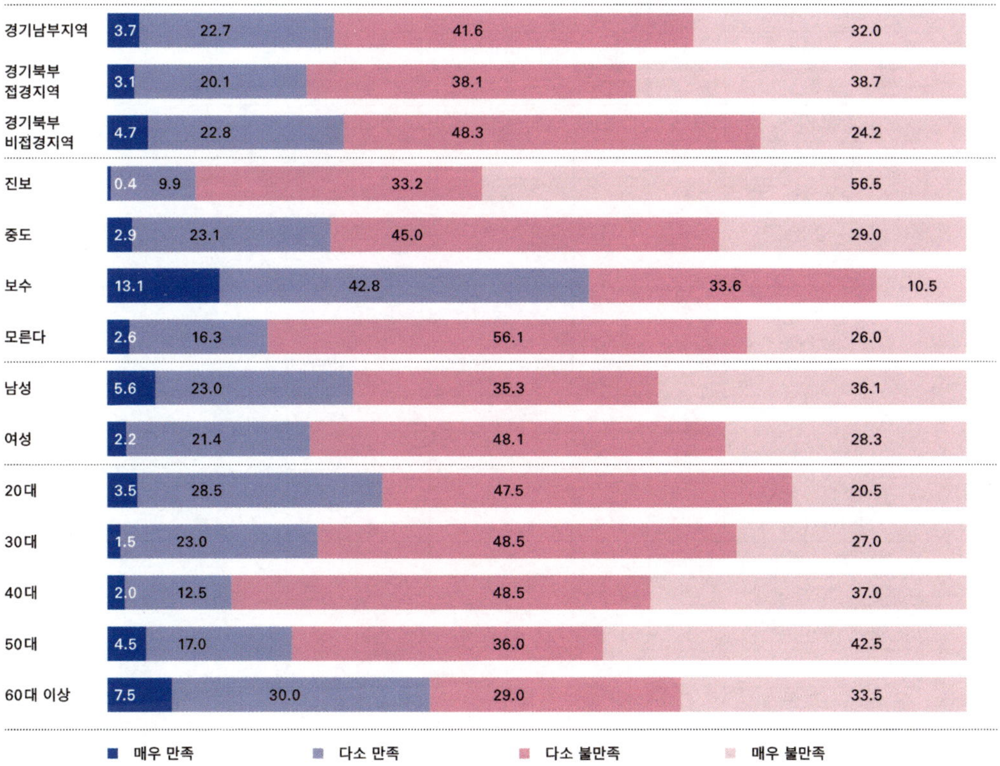

<표 II-21> 현 정부의 대북정책 만족도

[단위 : 명, %]

구분		명	%	매우 만족	다소 만족	다소 불만족	매우 불만족
전체(2024년)		1,000	100	3.8	22.2	41.9	32.1
전체(2021년)		1,000	100	10.8	30.5	31.7	27.0
지역	경기남부지역	657	65.7	3.7	22.7	41.6	32.0
	경기북부 접경지역	194	19.4	3.1	20.1	38.1	38.7
	경기북부 비접경지역	149	14.9	4.7	22.8	48.3	24.2
이념 성향	진보	232	23.2	0.4	9.9	33.2	56.5
	중도	493	49.3	2.9	23.1	45.0	29.0
	보수	152	15.2	13.1	42.8	33.6	10.5
	모른다	123	12.3	2.6	16.3	56.1	26.0
성별	남성	487	48.7	5.6	23.0	35.3	36.1
	여성	513	51.3	2.2	21.4	48.1	28.3
연령	20대	200	20.0	3.5	28.5	47.5	20.5
	30대	200	20.0	1.5	23.0	48.5	27.0
	40대	200	20.0	2.0	12.5	48.5	37.0
	50대	200	20.0	4.5	17.0	36.0	42.5
	60대 이상	200	20.0	7.5	30.0	29.0	33.5
학력	중졸 이하	9	0.9	0.0	22.2	44.4	33.4
	고졸	188	18.8	3.2	26.1	43.6	27.1
	대재, 대졸	703	70.3	4.1	21.9	41.5	32.5
	대학원재, 대학원졸	100	10.0	3.0	17.0	41.0	39.0
직업	농축산업	5	0.5	0.0	0.0	0.0	0.0
	자영업	91	9.1	11.0	17.6	42.9	28.5
	블루칼라	72	7.2	2.0	23.6	38.9	34.5
	화이트칼라	389	38.9	3.6	19.8	41.9	34.7
	전업주부	135	13.5	3.0	25.9	41.5	29.6
	학생	55	5.5	1.8	32.7	56.4	9.1
	다른 직종 또는 무직	253	25.3	2.8	22.5	39.5	35.2
결혼 여부	미혼	367	36.7	3.5	25.1	42.8	28.6
	기혼/자녀 없음	70	7.0	2.9	24.3	38.6	34.2
	기혼/자녀 동거	423	42.3	3.3	17.3	44.0	35.4
	기혼/자녀 비동거	133	13.3	6.8	27.8	35.3	30.1
	기타(이혼 및 사망)	7	0.7	0.0	42.9	28.6	28.5
총소득	3000만원 미만	157	15.7	3.2	29.9	38.2	28.7
	5000만원 미만	234	23.4	4.7	23.9	37.2	34.2
	7000만원 미만	269	26.9	3.3	19.3	45.0	32.4
	1억원 미만	232	23.2	3.0	17.2	47.4	32.4
	1억원 이상	108	10.8	4.6	25.0	38.0	32.4

15 주변국가 인식에 대한 인식

<표 II-22> 주변국가에 대한 인식

[단위 : 명, %]

구 분	사례수	시기	협력대상	경쟁대상	경계대상	적대대상
미 국	1,000	2024년	80.1	5.5	13.6	0.8
		2021년	80.2	7.5	10.5	1.8
일 본	1,000	2024년	29.8	28.4	29.4	12.4
		2021년	18.1	28.6	32.8	20.5
중 국	1,000	2024년	20.4	14.9	47.2	17.5
		2021년	19.7	16.6	42.2	21.5
러시아	1,000	2024년	19.4	9.2	51.5	19.9
		2021년	30.9	19.8	42.0	7.3
북 한	1,000	2024년	28.4	4.7	36.6	30.3
		2021년	34.4	6.3	38.4	20.9

1) 미국에 대한 인식

조사 결과

● 2024년 평균(平均): '협력대상' 80.1%, '경계대상' 13.6%, '경쟁대상' 5.5%, '적대대상' 0.8% 순으로 나타남.

▶ 2021년 대비: '경쟁대상', '적대대상', '협력대상'의 하락 3.1%가 '경계대상'으로 이동함.

※ 인구 사회학적 항목별 편차(偏差): 상당한 차이(10%-20%), 현저한 차이(20% 이상)

- 이념 성향별 조사: '협력대상'을 놓고 보수(88.8%)와 중도(77.5%) 간에 11.3%로 상당한 차이를 드러냄.

<그림 II-56> 주변 국가 미국에 대한 인식 조사 결과 [전체]

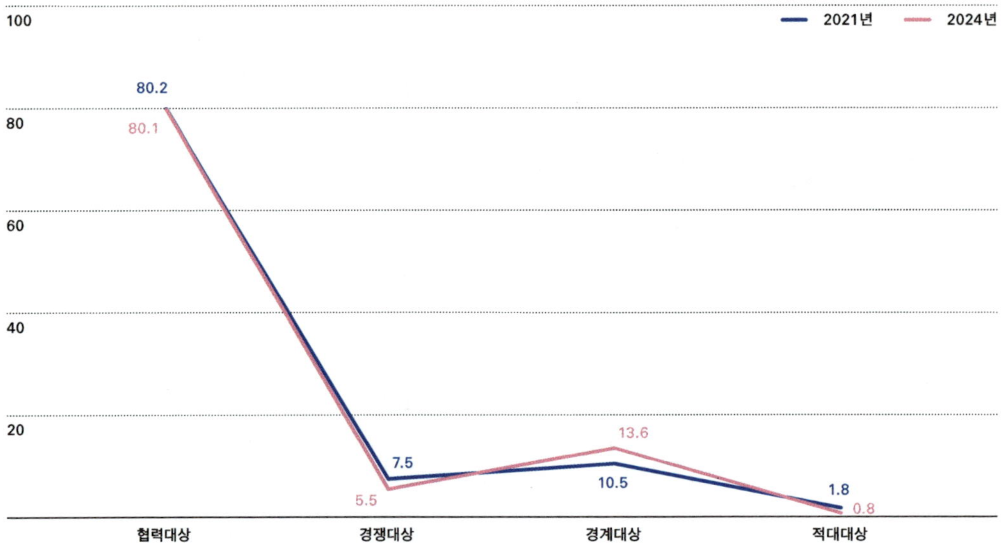

- '미국에 대한 인식'에 대한 응답 결과, '협력대상' 80.1%, '경계대상' 13.6%, '경쟁대상' 5.5%, '적대대상' 0.8% 순으로 나타남.
- 2021년 조사와 비교하면, '경계대상'이 10.5%에서 13.6%로 3.1% 증가했고, '경쟁대상'이 7.5%에서 5.5%로 2.0%, '적대대상'이 1.8%에서 0.8%로 1.0%, '협력대상'은 80.2%에서 80.1%로 0.1% 하락하여, 합계 3.1%가 하락함. '경쟁대상', '적대대상', '협력대상'의 하락 3.1%가 '경계대상'으로 이동함.
- 지역별 조사에서는, '협력대상'이 경기북부 접경지역(81.4%), 경기남부지역(81.0%), 경기북부 비접경지역(74.5%) 순으로 나타남. 경기북부접경지역(81.4%), 경기남부지역(81.0%)이 평균값 80.1보다 높게 나타남. 경기북부접경지역(81.4%) 대비 경기남부지역(81.0%), 경기북부 비접경지역(74.5%) 간에 0.4%, 6.9% 차이가 나타남. '경계대상'은 경기북부 비접경지역(20.8%), 경기남부지역(12.9%), 경기북부 비접경지역(10.3%) 순으로 나타나, 경기북부 비접경지역(20.8%)만 평균값 13.6보다 높게 나타났고, 경기북부 비접경지역(20.8%) 대비 경기남부지역(12.9%), 경기북부 비접경지역(10.3%) 간에는 각각 7.9%, 10.5% 차이가 나타남.

- 이념 성향별 조사에서는, '협력대상'이 보수(88.8%), 모른다(81.3%), 진보(79.3%), 중도(77.5%) 순으로 나타나, 보수(88.8%), 모른다(81.3%)가 평균값 80.1%보다 높게 나타남. 보수(88.8%) 대비 모른다(81.3%), 진보(79.3%), 중도(77.5%) 간에는 각각 7.5%, 9.5%, 11.3% 차이가 나타남. '경계대상'에서는 모른다(16.3%), 중도(15.2%), 진보(12.9%), 보수(7.2%) 순으로 나타나, 모른다(16.3%), 중도(15.2%)가 평균값 13.6%보다 높게 나타남. 모른다(16.3%) 대비 중도(15.2%), 진보(12.9%), 보수(7.2%) 간에는 각각 1.1%, 3.4%, 8.1% 차이가 나타남.
- 성별 조사에서는, '협력대상'에서 남성(83.0%), 여성(77.4%) 순으로 5.6% 차이가 나타나고, '경계대상'에서는 여성(16.6%), 남성(10.5%)로 6.1% 차이가 나타남.
- 연령별 조사에서는, '협력대상'이 60대 이상(85.5%), 30대(81.0%), 20대(80.0%), 40대(79.0%), 50대(75.0%) 순으로 나타나, 60대 이상(85.5%), 30대(81.0%)가 평균값 80.1%보다 높게 나타남. 60대 이상(85.5%) 대비 30대(81.0%), 20대(80.0%), 40대(79.0%), 50대(75.0%) 간에는 각각 4.5%, 5.5%, 6.5%, 10.5% 차이가 나타남. '경계대상'은 50대(20.0%), 20대(13.0%), 60대 이상(12.0%), 30대(11.5%), 40대(11.5%) 순으로 나타나, 50대(20.0%)가 평균값 13.6%보다 높게 나타남. 50대(20.0%) 대비 20대(13.0%), 60대 이상(12.0%), 30대(11.5%), 40대(11.5%) 간에는 각각 7.0%, 8.0%, 8.5%, 8.5% 차이가 나타남.

<그림 II-57> 미국에 대한 인식

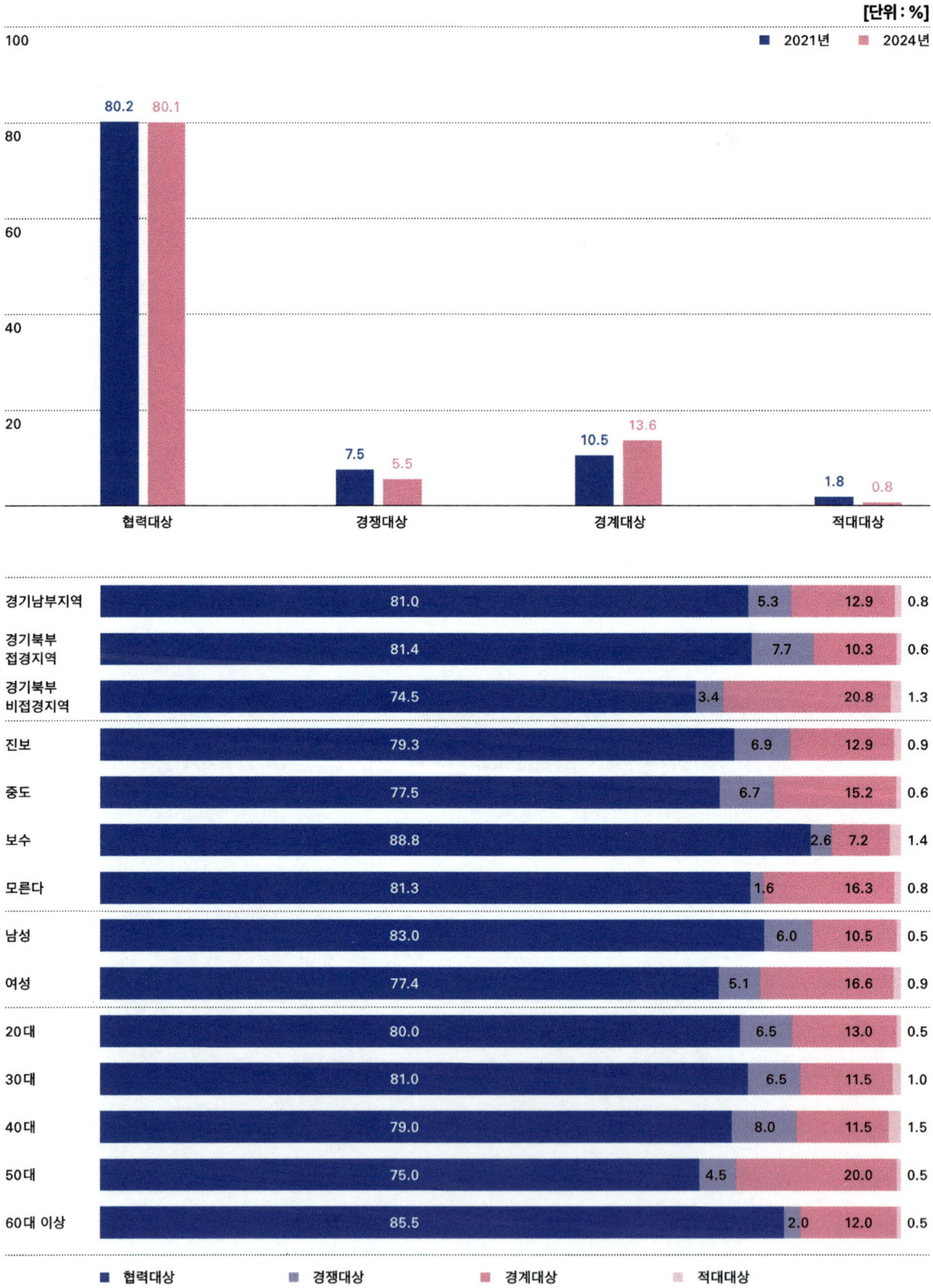

<표 II-23> 미국에 대한 인식

[단위 : 명, %]

구분		사례수	협력대상	경쟁대상	경계대상	적대대상
전체(2024년)		1,000	80.1	5.5	13.6	0.8
전체(2021년)		1,000	80.2	7.5	10.5	1.8
지역	경기남부지역	657	81.0	5.3	12.9	0.8
	경기북부 접경지역	194	81.4	7.7	10.3	0.6
	경기북부 비접경지역	149	74.5	3.4	20.8	1.3
이념 성향	진보	232	79.3	6.9	12.9	0.9
	중도	493	77.5	6.7	15.2	0.6
	보수	152	88.8	2.6	7.2	1.4
	모른다	123	81.3	1.6	16.3	0.8
성별	남성	487	83.0	6.0	10.5	0.5
	여성	513	77.4	5.1	16.6	0.9
연령	20대	200	80.0	6.5	13.0	0.5
	30대	200	81.0	6.5	11.5	1.0
	40대	200	79.0	8.0	11.5	1.5
	50대	200	75.0	4.5	20.0	0.5
	60대 이상	200	85.5	2.0	12.0	0.5
학력	중졸 이하	9	100.0	0.0	0.0	0.0
	고졸	188	78.2	5.3	16.5	0.0
	대재, 대졸	703	80.5	5.5	12.8	1.2
	대학원재, 대학원졸	100	79.0	6.0	15.0	0.0
직업	농축산업	5	0.0	0.0	0.0	0.0
	자영업	91	82.4	4.4	12.1	1.1
	블루칼라	72	73.6	9.7	13.9	2.8
	화이트칼라	389	79.7	5.7	14.1	0.5
	전업주부	135	83.7	3.7	12.6	0.0
	학생	55	80.0	5.5	12.7	1.8
	다른 직종 또는 무직	253	79.8	5.5	13.8	0.9
결혼 여부	미혼	367	80.4	6.5	11.7	1.4
	기혼/자녀 없음	70	82.9	7.1	10.0	0.0
	기혼/자녀 동거	423	78.5	5.2	15.8	0.5
	기혼/자녀 비동거	133	83.5	3.0	12.8	0.7
	기타(이혼 및 사망)	7	71.4	0.0	28.6	0.0
총소득	3000만원 미만	157	59.2	4.5	12.7	1.4
	5000만원 미만	234	81.2	6.0	11.5	1.3
	7000만원 미만	269	76.6	7.1	15.6	0.7
	1억원 미만	232	79.3	4.7	15.5	0.5
	1억원 이상	108	86.1	3.7	10.2	0.0

2) 일본에 대한 인식

조사 결과

● 2024년 평균(平均): '협력대상' 29.8%, '경계대상' 29.4%, '경쟁대상' 28.4%, '적대대상' 12.4% 순으로 나타남.

▶ 2021년 대비: '경계대상', '경쟁대상', '적대대상'에서 '협력대상'으로 11.7%가 이동함.

※ 인구 사회학적 항목별 편차(偏差): 상당한 차이(10%-20%), 현저한 차이(20% 이상)

- 이념 성향별: '적대대상'에서는 진보(22.0%)와 보수(4.6%) 간에 17.4%로 상당한 차이를 드러냄.
- 연령별: '협력대상'에서 60대 이상(38.0%)과 40대(23.0%) 간에 15.0%로 상당한 차이를 드러냄.

◎ 현저한 차이: 이념 성향별 조사에서 '협력대상'을 놓고 보수(45.4%)와 진보(17.7%) 간에 27.7%로 현저한 차이를 드러냄.

<그림 II-58> 주변 국가 일본에 대한 인식 조사 결과 [전체]

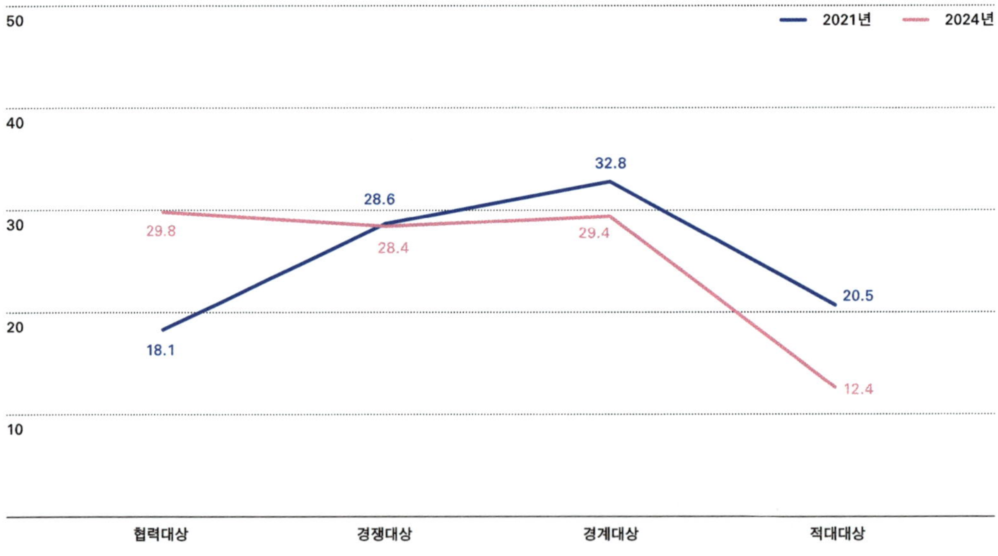

- '일본에 대한 인식'에 대한 응답 결과, '협력대상' 29.8%, '경계대상' 29.4%, '경쟁대상' 28.4%, '적대대상' 12.4% 순으로 나타남.
- 2021년 조사와 비교하면, '협력대상'은 18.1%에서 29.8%로 11.7% 증가하고, '경계대

상'이 32.8%에서 29.4%로 3.4%, '경쟁대상'이 28.6%에서 28.4%로 0.2%, '적대대상'이 20.5%에서 12.4%로 8.1%, 합계 11.7%가 하락함.

- 지역별 조사에서는, '협력대상'이 경기북부 비접경지역(32.2%), 경기남부지역(30. 7%), 경기북부 접경지역(24.7%) 순으로 나타나, 경기북부 비접경지역(32.2%), 경기남부지역(30.7%)이 평균값 29.8보다 높게 나타남. '경계대상'에서는 경기북부 접경지역(30.9%), 경기북부 비접경지역(29.5%), 경기남부지역(28.9%) 순으로 나타남. '적대대상'은 경기남부지역(12.7%), 경기북부 비접경지역(12.1%), 경기북부 접경지역(11.9%) 순으로 나타남. '경쟁대상'은 경기북부 접경지역(32.5%), 경기남부지역(27.7%), 경기북부 비접경지역(26.2%) 순으로 나타남. 경기북부 접경지역(32.5%) 대비 경기남부지역(27.7%), 경기북부 비접경지역(26.2%) 간에 각각 4.8%, 6.3% 차이가 나타남.
- 이념 성향별 조사에서는, '협력대상'이 보수(45.4%), 중도(31.6%), 모른다(26.0%), 진보(17.7%) 순으로 나타나, 보수(45.4%), 중도(31.6%)가 평균값 29.8%보다 높게 나타남. 보수(45.4%) 대비 중도(31.6%), 모른다(26.0%), 진보(17.7%) 간에는 각각 13.8%, 19.4%, 27.7% 차이가 나, 현저한 차이가 드러남. '경계대상'은 진보(36.2%), 모른다(35.8%), 중도(27.4%), 보수(20.4%) 순으로 나타나, 진보(36.2%), 모른다(35.8%)가 평균값 29.4%보다 높게 나타남. 진보(36.2%) 대비 모른다(35.8%), 중도(27.4%), 보수(20.4%) 각각 0.4%, 8.8%, 15.8% 차이가 남. '경쟁대상'은 중도(30.6%), 보수(29.6%), 모른다(26.0%), 진보(24.1%) 순으로 나타나, 중도(30.6%)가 평균값 29.8%보다 높게 나타남. 중도(30.6%) 대비 보수(29.6%), 모른다(26.0%), 진보(24.1%) 간에는 각각 1.0%, 4.6%, 6.5% 차이가 나타남. '적대대상'은 진보(22.0%), 모른다(12.2%), 중도(10.4%), 보수(4.6%) 순으로 나타나, 진보(22.0%)만 평균값 12.4%보다 9.6% 높게 나타남. 진보(22.0%) 대비 모른다(12.2%), 중도(10.4%), 보수(4.6%) 간에는 각각 10.0%, 11.6%, 17.4% 차이가 나타나, 상당한 차이를 보여줌.
- 성별 조사에서는, '협력대상'에서 남성(33.7%), 여성(26.1%) 순으로 6.6% 차이가 나 타나고, '적대대상'에서는 여성(14.5%), 남성(10.3%)로 4.1% 차이가 나타남.
- 연령별 조사에서는, '협력대상'이 60대 이상(38.0%), 20대(32.0%), 50대(29.0%), 30대

(27.0%), 40대(23.0%) 순으로 나타나, 60대 이상(38%), 20대(32.0%), 50대(29.0%)가 평균값 29.8%보다 높게 나타남. 60대 이상(38.0%) 대비 20대(32.0%), 50대(29.0%), 30대(27.0%), 40대(23.0%) 간에는 각각 6.0%, 9.0%, 11.0%, 15.0% 차이가 나타남. 상당한 차이를 보여줌. '경계대상'은 50대(33.5%), 60대 이상(32.5%), 40대(31.5%), 30대(27.0%), 20대(22.5%) 순으로 나타남. 50대(33.5%), 60대 이상(32.5%), 40대(31.5%)가 평균값 29.4%보다 높게 나타남. 50대(33.5%) 대비 60대 이상(32.5%), 40대(31.5%), 30대(27.0%), 20대(22.5%) 간에는 각각 1.0%, 2.0%, 6.5%, 11.0% 차이가 남. '경쟁대상'은 20대(35.5%), 30대(34.0%), 40대(30.0%), 50대(22.0%), 60대 이상(20.5%) 순으로 나타나, 20대(35.5%), 30대(34.0%), 40대(30.0%)가 평균값 28.4%보다 높게 나타남. 20대(35.5%), 30대(34.0%), 40대(30.0%), 50대(22.0%), 60대 이상(20.5%) 간에는 각각 1.5%, 5.5%, 13.5%, 15.0% 차이로 상당한 차이가 나타남. '적대대상'은 40대(15.5%), 50대(15.5%), 30대(12.0%), 20대(10.0%), 60대 이상(9.0%) 순으로 나타나, 40대(15.5%), 50대(15.5%)가 평균값 12.4%보다 높게 나타남. 40대(15.5%), 50대(15.5%) 대비 30대(12.0%), 20대(10.0%), 60대 이상(9.0%) 간에는 각각 3.5%, 5.5%, 6.5% 차이가 나타남.

<그림 II-59> 주변 국가 일본에 대한 인식 조사 결과[이념 성향별]

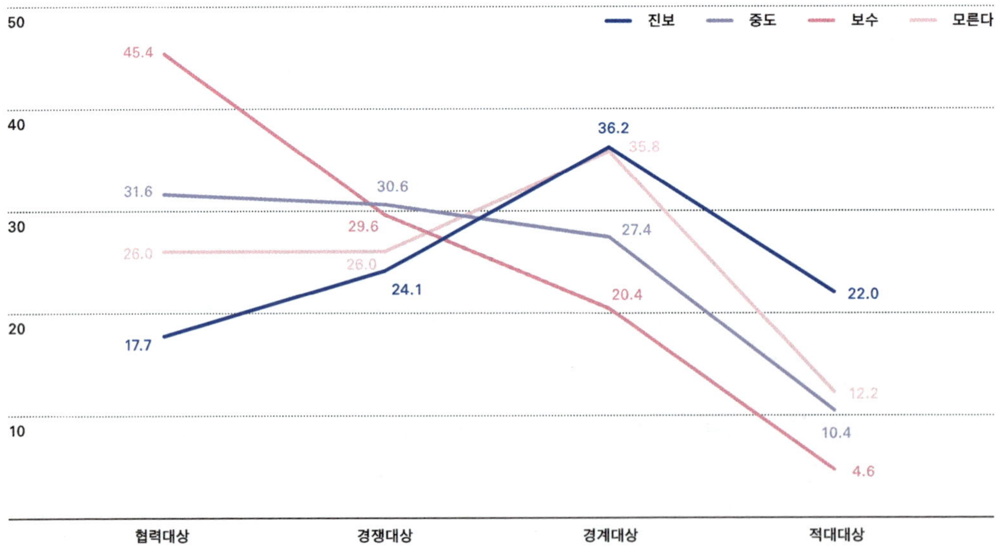

<그림 II-60> 일본에 대한 인식

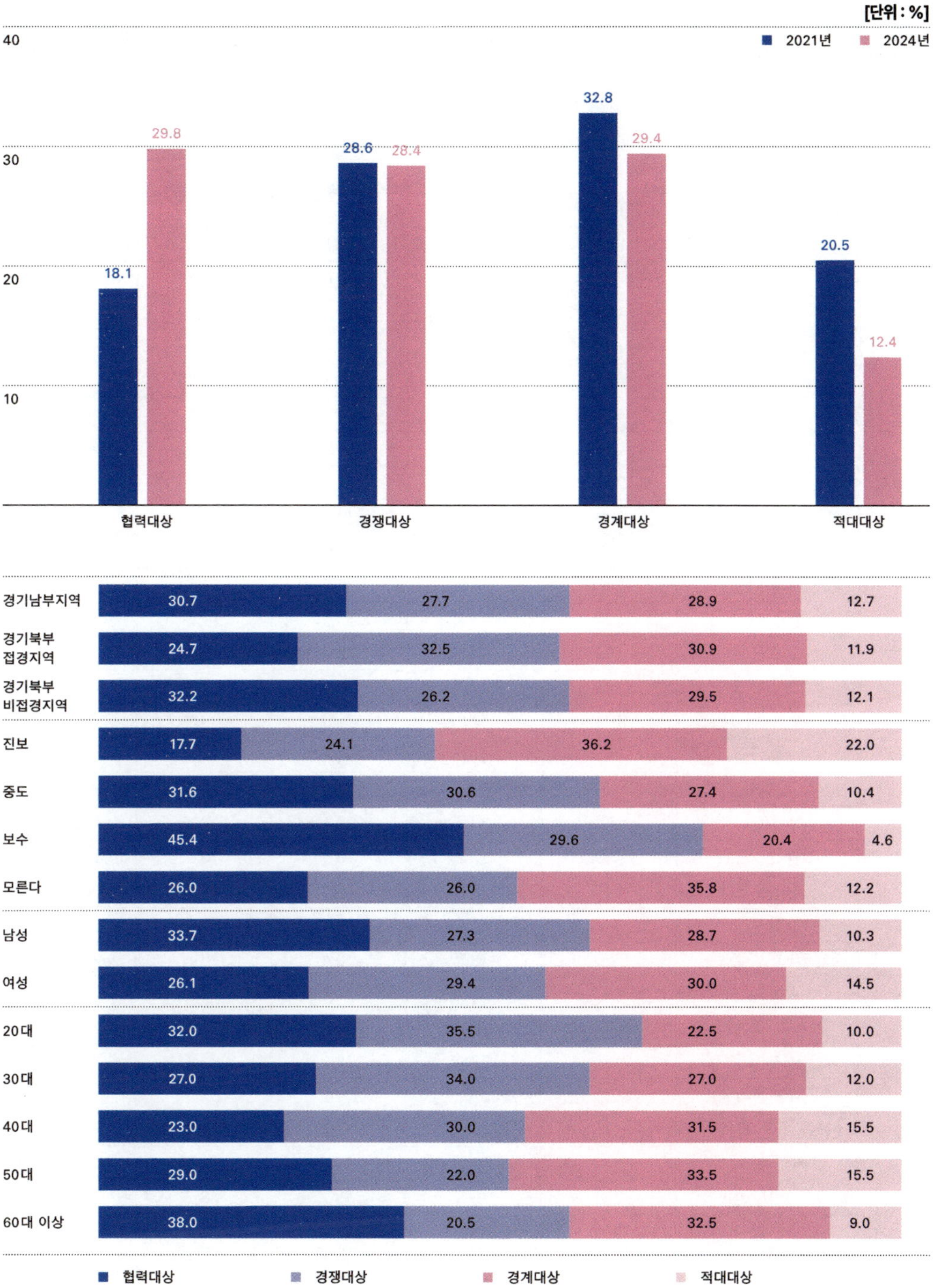

<표 II-24> 일본에 대한 인식

[단위 : 명, %]

구분		사례수	협력대상	경쟁대상	경계대상	적대대상
전체(2024년)		1,000	29.8	28.4	29.4	12.4
전체(2021년)		1,000	18.1	28.6	32.8	20.5
지역	경기남부지역	657	30.7	27.7	28.9	12.7
	경기북부 접경지역	194	24.7	32.5	30.9	11.9
	경기북부 비접경지역	149	32.2	26.2	29.5	12.1
이념 성향	진보	232	17.7	24.1	36.2	22.0
	중도	493	31.6	30.6	27.4	10.4
	보수	152	45.4	29.6	20.4	4.6
	모른다	123	26.0	26.0	35.8	12.2
성별	남성	487	33.7	27.3	28.7	10.3
	여성	513	26.1	29.4	30.0	14.5
연령	20대	200	32.0	35.5	22.5	10.0
	30대	200	27.0	34.0	27.0	12.0
	40대	200	23.0	30.0	31.5	15.5
	50대	200	29.0	22.0	33.5	15.5
	60대 이상	200	38.0	20.5	32.5	9.0
학력	중졸 이하	9	44.4	33.3	11.1	11.2
	고졸	188	29.8	28.7	28.2	13.3
	대재, 대졸	703	29.3	29.3	30.0	11.4
	대학원재, 대학원졸	100	32.0	21.0	29.0	18.0
직업	농축산업	5	0.0	0.0	0.0	0.0
	자영업	91	37.4	25.3	25.3	12.0
	블루칼라	72	26.4	26.4	38.9	8.3
	화이트칼라	389	27.2	28.3	30.6	13.9
	전업주부	135	28.1	29.6	31.1	11.2
	학생	55	47.3	25.5	20.0	7.2
	다른 직종 또는 무직	253	28.9	30.4	28.1	12.6
결혼 여부	미혼	367	32.7	29.4	24.8	13.1
	기혼/자녀 없음	70	25.7	34.3	27.1	12.9
	기혼/자녀 동거	423	27.0	28.6	32.9	11.5
	기혼/자녀 비동거	133	33.1	21.1	32.3	13.5
	기타(이혼 및 사망)	7	28.6	42.9	28.5	0.0
총소득	3000만원 미만	157	31.2	33.8	24.8	10.2
	5000만원 미만	234	30.8	28.2	28.2	12.8
	7000만원 미만	269	28.3	29.0	31.2	11.5
	1억원 미만	232	28.9	25.4	32.3	13.4
	1억원 이상	108	31.5	25.9	27.8	14.8

3) 중국에 대한 인식

조사 결과

● 2024년 평균(平均): '경계대상' 47.2%, '협력대상' 20.4%, '적대대상' 17.5%, '경쟁대상' 14.9% 순으로 나타남.

▶ 2021년 대비: '적대대상'과 '경쟁대상'에서 '경계대상'으로 5.0%가 '협력대상'으로 0.7%가 이동하여 합계 5.7%가 이동함.

※ 인구 사회학적 항목별 편차(偏差): 상당한 차이(10%-20%), 현저한 차이(20% 이상)

- 연령별: '협력대상'을 놓고 50대(26.0%)와 30대(12.0%) 간에 14.0%로 상당한 차이가 드러남. '적대대상'에서는 20대(25.5%)와 40대(12.5%), 50대(12.5%) 간에 12.0%로 상당한 차이가 드러남.

<그림 II-61> 주변 국가 중국에 대한 인식 조사 결과 [전체]

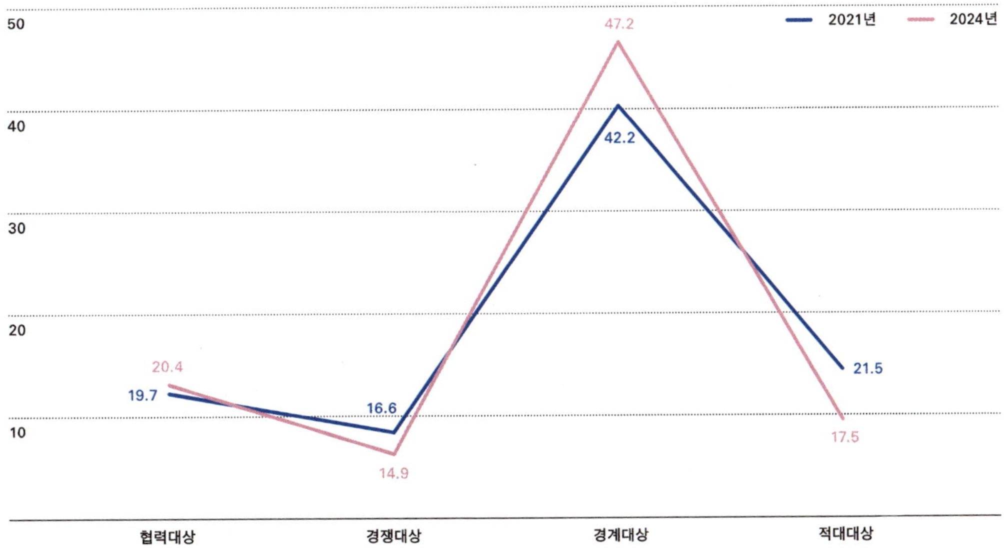

- '중국에 대한 인식'에 대한 응답 결과, '경계대상' 47.2%, '협력대상' 20.4%, '적대대상' 17.5%, '경쟁대상' 14.9% 순으로 나타남.
- 2021년 조사와 비교하면, '경계대상'이 42.2%에서 47.2%로 5.0%, '협력대상'은

19.7%에서 20.4%로 0.7% 증가하여 합계 5.7% 증가함. 반면에, '적대대상'은 21.5%에서 21.5%에서 17.5%로 4.0%, '경쟁대상'은 16.6%에서 14.9%로 1.7% 하락하여 합계 5.7% 하락함.

- 지역별 조사에서는, '경계대상'은 경기남부지역(48.2%), 경기북부 접경지역(46.4%), 경기북부 비접경부지역(43.6%) 순으로 나타남. '협력대상'에서 경기북부 비접경지역(22.1%), 경기남부지역(20.2%), 경기북부 접경지역(19.6%) 순으로 나타남. '적대대상'에서는 경기북부 비접경지역(21.5%), 경기북부 접경지역(19.6%), 경기남부지역(16.1%) 순으로 나타남. 경기북부 접경지역은 평균값 17.5%보다 높게 나타남. 경기북부 비접경지역(21.5%) 대비 경기북부 접경지역(19.6%), 경기남부지역(16.0%) 간에는 각각 0.9%, 5.5% 차이가 나타남. '경쟁대상'은 경기남부지역(15.5%), 경기북부 접경지역(14.4%), 경기북부 비접경지역(12.8%) 순으로 나타남.
- 이념 성향별 조사에서는, '경계대상'이 중도(48.1%), 진보(47.4%), 모른다(45.5%), 보수(45.4%) 순으로 나타남. '협력대상'은 모른다(22.8%), 진보(22.8%), 중도(19.9%), 보수(16.4%) 순으로 나타남. '적대대상'에서는 보수(25.7%), 모른다(18.7%), 중도(15.8%), 진보(15.1%) 순으로 나타남. '경쟁대상'에서 중도(16.2%), 진보(14.7%), 모른다(13.0%), 보수(12.5%) 순으로 나타남.
- 성별 조사에서는, '경계대상'에서 여성(48.3%), 남성(46.0%) 순으로 나타나고, '협력대상'에서는 남자(21.1%), 여성(19.7%)로 나타나 응답 비율이 유사함.
- 연령별 조사에서는, '경계대상'이 30대(50.5%), 50대(48.5%), 60대 이상(48.0%), 40대(46.0%), 20대(43.0%) 순으로 나타나, 30대(50.5%), 50대(48.5%)가 평균값 47.2%보다 높게 나타남. 30대(50.5%) 대비 50대(48.5%), 60대 이상(48.0%), 40대(46.0%), 20대(43.0%) 간에는 각각 2.0%, 2.5%, 4.5%, 7.5% 차이가 나타남. '협력대상'은 50대(26.0%), 60대 이상(24.0%), 40대(22.5%), 30대(16.0%), 20대(13.5%) 순으로 나타남. 50대(26.0%), 60대 이상(24.0%), 40대(22.5%)가 평균값 20.4%보다 높게 나타남. 50대(26.0%) 대비 60대 이상(24.0%), 40대(22.5%), 30대(16.0%), 20대(13.5%) 간에는 각각 2.0%, 3.5%, 10.0%, 12.5% 차이가 나, 상당한 차이를 보여줌. '적대대상'은 20대(25.5%), 30대(21.5%), 60대

이상(15.5%), 50대(12.5%), 40대(12.5%) 순으로 나타나, 20대(25.5%), 30대(21.5%),가 평균값 17.5%보다 높게 나타남. 20대(25.5%) 대비 30대(21.5%), 60대 이상(15.5%), 50대(12.5%), 40대(12.5%) 간에는 각각 4.0%, 10.0%, 13.0%, 13.0% 차이가 나타나, 상당한 차이를 보여줌. '경쟁대상'은 40대(19.0%), 20대(18.0%), 50대(13.0%), 60대 이상(12.5%), 30대(12.0%) 순으로 나타나고, 40대(19.0%), 20대(18.0%)가 평균값 14.9%보다 높게 나타남. 40대(19.0%) 대비 20대(18.0%), 50대(13.0%), 60대 이상(12.5%), 30대(12.0%) 간에는 각각 1.0%, 6.0%, 6.5%, 7.0% 차이가 나타남.

<그림 II-62> 중국에 대한 인식

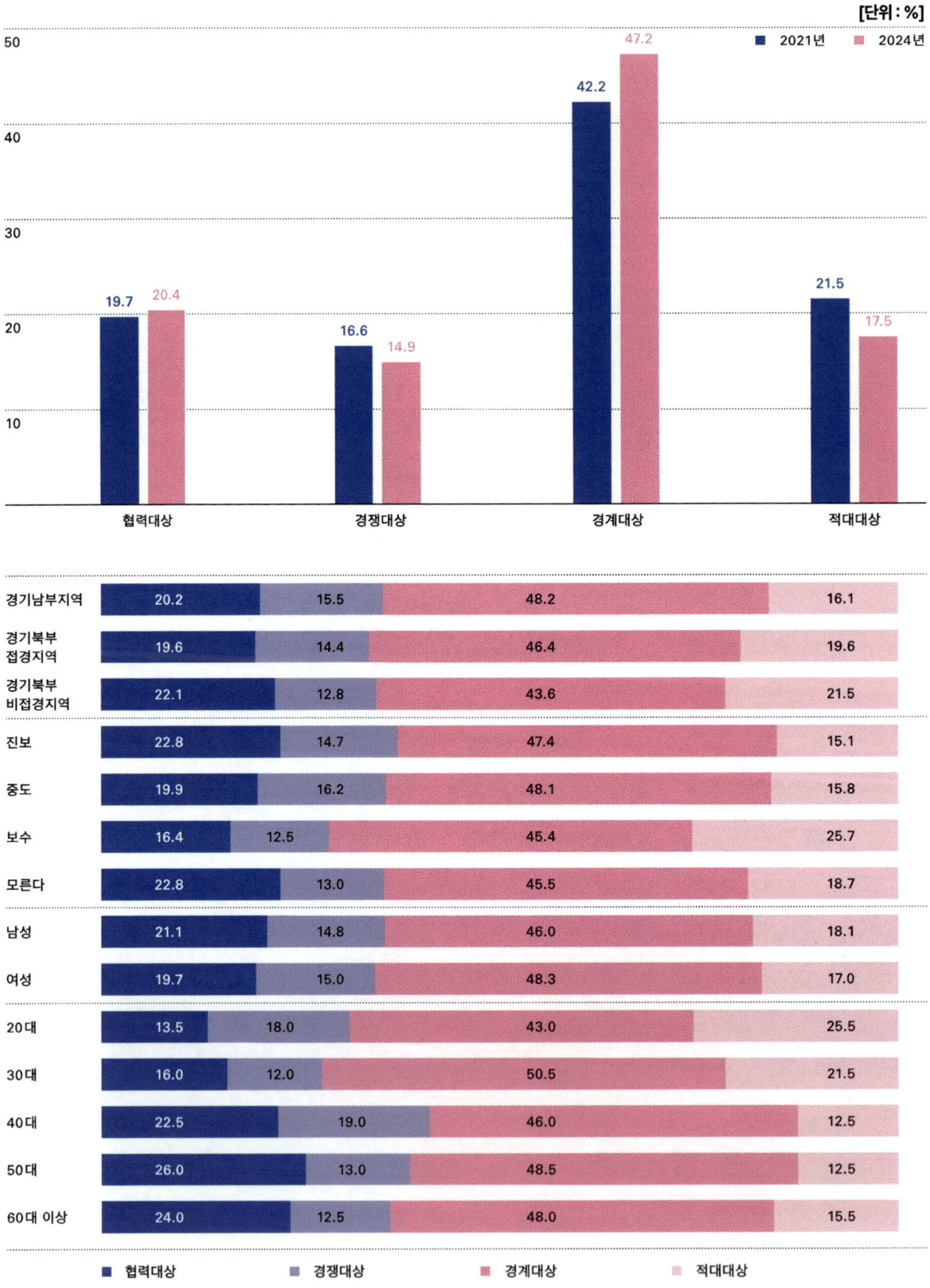

<표 II-25> 중국에 대한 인식

[단위 : 명, %]

구분		사례수	협력대상	경쟁대상	경계대상	적대대상
전체		1,000	20.4	14.9	47.2	17.5
전체(2021년)		1,000	19.7	16.6	42.2	21.5
지역	경기남부지역	657	20.2	15.5	48.2	16.1
	경기북부 접경지역	194	19.6	14.4	46.4	19.6
	경기북부 비접경지역	149	22.1	12.8	43.6	21.5
이념 성향	진보	232	22.8	14.7	47.4	15.1
	중도	493	19.9	16.2	48.1	15.8
	보수	152	16.4	12.5	45.4	25.7
	모른다	123	22.8	13.0	45.5	18.7
성별	남성	487	21.1	14.8	46.0	18.1
	여성	513	19.7	15.0	48.3	17.0
연령	20대	200	13.5	18.0	43.0	25.5
	30대	200	16.0	12.0	50.5	21.5
	40대	200	22.5	19.0	46.0	12.5
	50대	200	26.0	13.0	48.5	12.5
	60대 이상	200	24.0	12.5	48.0	15.5
학력	중졸 이하	9	33.3	11.1	44.4	11.2
	고졸	188	17.0	16.5	48.4	18.1
	대재, 대졸	703	20.9	14.5	46.8	17.8
	대학원재, 대학원졸	100	22.0	15.0	48.0	15.0
직업	농축산업	5	0.0	0.0	0.0	0.0
	자영업	91	28.6	22.0	36.3	13.1
	블루칼라	72	22.2	9.7	50.0	18.1
	화이트칼라	389	22.6	14.4	45.0	18.0
	전업주부	135	19.3	14.1	52.6	14.0
	학생	55	14.5	14.5	50.9	20.0
	다른 직종 또는 무직	253	15.4	15.4	49.8	19.4
결혼 여부	미혼	367	15.8	16.3	46.0	21.9
	기혼/자녀 없음	70	18.6	11.4	52.9	17.1
	기혼/자녀 동거	423	23.9	14.4	47.5	14.2
	기혼/자녀 비동거	133	23.3	15.0	45.1	16.6
	기타(이혼 및 사망)	7	14.3	0.0	71.4	14.3
총소득	3000만원 미만	157	18.5	11.5	49.7	20.3
	5000만원 미만	234	19.7	16.7	46.6	17.0
	7000만원 미만	269	19.7	17.8	47.6	14.9
	1억원 미만	232	22.0	14.7	45.7	17.6
	1억원 이상	108	23.1	9.3	47.2	20.4

4) 러시아에 대한 인식

조사 결과

● 2024년 평균(平均): '경계대상' 51.5%, '적대대상' 19.9%, '협력대상' 19.4%, '경쟁대상' 9.2% 순으로 나타남.

▶ 2021년 대비: '협력대상'과 '경쟁대상'에서 '경계대상'으로 9.5%가 '적대대상'으로 12.6%가 이동하여 합계 22.1% 이동함.

※ 인구 사회학적 항목별 편차(偏差): 상당한 차이(10%-20%), 현저한 차이(20% 이상)

<그림 II-63> 주변 국가 러시아에 대한 인식 조사 결과 [전체]

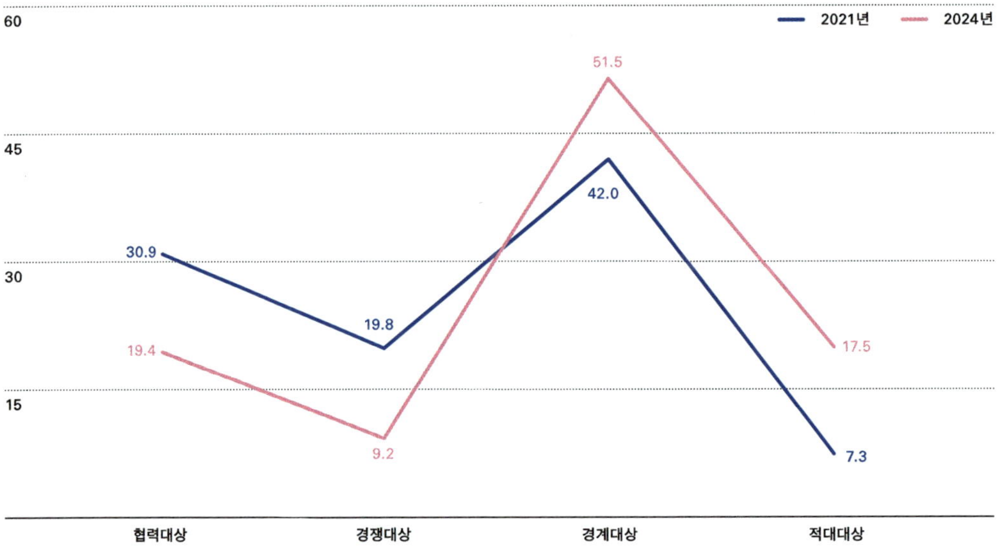

- '러시아에 대한 인식'에 대한 응답 결과, '경계대상' 51.5%, '적대대상' 19.9%, '협력대상' 19.4%, '경쟁대상' 9.2% 순으로 나타남.
- 2021년 조사와 비교하면, '경계대상'이 42.0%에서 51.5%로 9.5.%, '적대대상'은 7.3%에서 19.9%로 12.6% 증가하여 합계 21.1% 증가함. 반면에, '협력대상'은 30.9%에서 19.4%로 11.5%, '경쟁대상'은 19.8%에서 9.2%로 10.6% 하락하여 합계 22.1% 하락함.

- 지역별 조사에서는, '경계대상'이 경기북부 접경지역(54.1%), 경기북부 비접경지역(5 3.0%), 경기남부지역(50.4%)순으로 나타남. '적대대상'이 경기남부지역(20.4%), 경기북부 접경지역(19.6%), 경기북부 비접경지역(18.1%)순으로 나타남. '협력대상'이 경기북부 접경지역(19.6%), 경기북부 비접경지역(19.5%), 경기남부지역(19.3%)순으로 나타남. '경쟁대상'이 경기남부지역(9.9%), 경기북부 비접경지역(9.4%), 경기북부 접경지역(6.7%) 순으로 나타남.
- 이념 성향별 조사에서는, '경계대상'이 보수(54.6%), 중도(51.9%), 진보(50.0%), 모른다(48.8%) 순으로 나타남. '적대대상'은 보수(26.3%), 모른다(19.5%), 진보(18.9%), 중도(18.4%) 순으로 나타남. 보수(26.3%)가 평균값 19.9%보다 높게 나타남. 보수(26.3%) 대비 모른다(19.5%), 진보(18.9%), 중도(18.4%) 간에는 각각 6.8%, 7.4%, 7.9% 차이가 나타남. '협력대상'에서는 진보(24.6%), 중도(18.9%), 모른다(18.7%), 보수(13.8%) 순으로 나타남. 진보(24.6%)가 평균값 19.4%보다 높게 나타남. 진보(24.6%) 대비 중도(18.9%), 모른다(18.7%), 보수(13.8%) 간에는 각각 5.7%, 5.9%, 10.8% 차이가 나타남. '경쟁대상'에서 모른다(13.0%), 중도(10.8%), 진보(6.5%), 보수(5.3%) 순으로 나타남. '모른다'와 '중도'로 답한 응답자가 평균값 9.2%보다 높게 나타남. 모른다(13.0%) 대비 중도(10.8%), 진보(6.5%), 보수(5.3%) 간에는 각각 2.2%, 6.5%, 7.6% 차이가 나타남.
- 성별 조사에서는, '경계대상'에서 여성(53.0%), 남성(49.9%) 순으로 나타나고, '적대대상', '협력대상', '경쟁대상'에서도 응답 비율이 유사함.
- 연령별 조사에서는, '경계대상'이 60대 이상(56.0%), 30대(54.5%), 20대(49.5%), 40대(49.5%), 50대(48.0%) 순으로 나타나, 60대 이상(56.0%), 30대(54.5%)가 평균값 51.5%보다 높게 나타남. 60대 이상(56.0%) 대비 30대(54.5%), 20대(49.5%), 40대(49.5%), 50대(48.0%) 간에는 각각 1.5%, 6.5%, 6.5%, 8.0% 차이가 나타남. '협력대상'은 50대(27.5%), 60대 이상(21.5%), 40대(21.5%), 20대(13.5%), 30대(13.0%) 순으로 나타남. '적대대상'은 20대(26.0%), 30대(23.5%), 40대(19.5%), 50대(16.0%), 60대 이상(14.5%) 순으로 나타나, 20대(26.0%), 30대(23.5%)가 평균값 19.9%보다 높게 나타남. 20대(26.0%) 대비 30대(23.5%), 40대(19.5%), 50대(16.0%), 60대 이상(14.5%) 간에는 각각 2.5%, 6.5%, 10.0%, 11.5% 차이가 나타남. '경쟁대상'은 20대(11.0%), 40대(9.5%), 30대(9.0%), 50대(8.5%), 60대 이상(8.0%) 순으로 나타남.

<그림 II-64> 러시아에 대한 인식

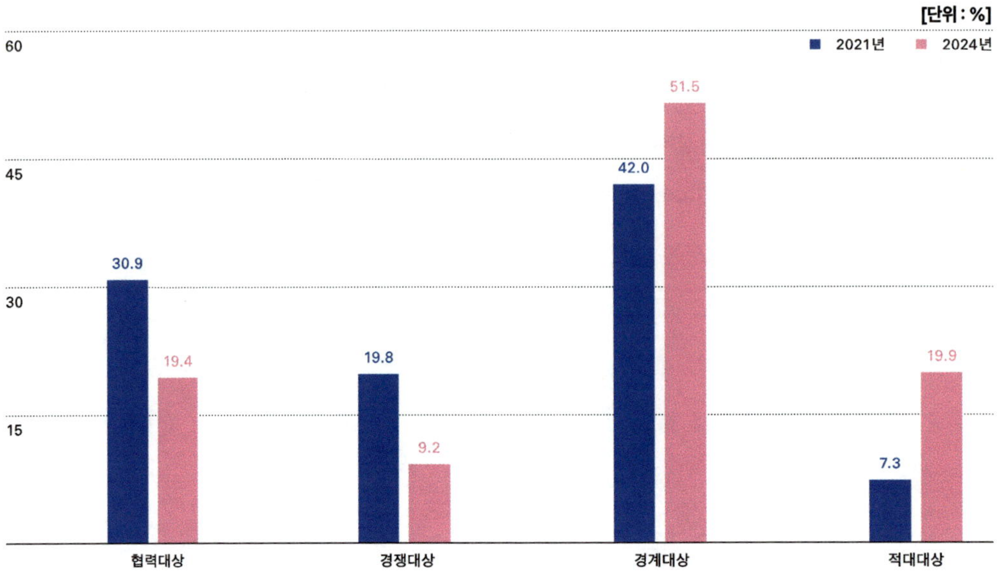

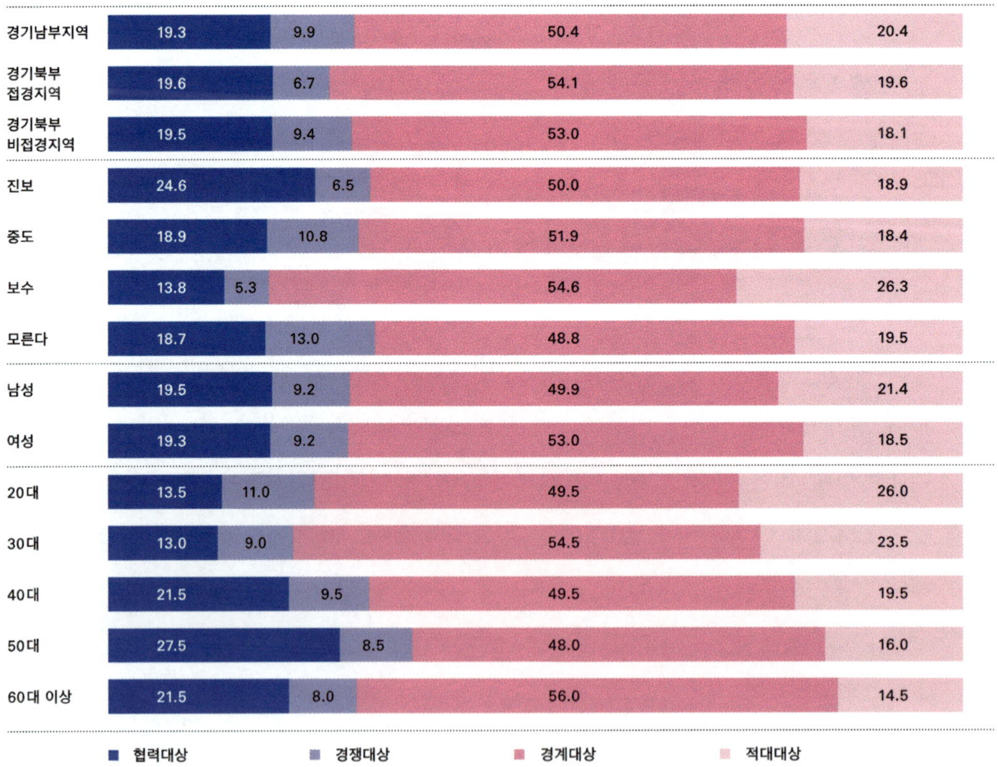

<표 II-26> 러시아에 대한 인식

[단위 : 명, %]

구분		사례수	협력대상	경쟁대상	경계대상	적대대상
전체(2024년)		1,000	19.4	9.2	51.5	19.9
전체(2021년)		1,000	30.9	19.8	42.0	7.3
지역	경기남부지역	657	19.3	9.9	50.4	20.4
	경기북부 접경지역	194	19.6	6.7	54.1	19.6
	경기북부 비접경지역	149	19.5	9.4	53.0	18.1
이념 성향	진보	232	24.6	6.5	50.0	18.9
	중도	493	18.9	10.8	51.9	18.4
	보수	152	13.8	5.3	54.6	26.3
	모른다	123	18.7	13.0	48.8	19.5
성별	남성	487	19.5	9.2	49.9	21.4
	여성	513	19.3	9.2	53.0	18.5
연령	20대	200	13.5	11.0	49.5	26.0
	30대	200	13.0	9.0	54.5	23.5
	40대	200	21.5	9.5	49.5	19.5
	50대	200	27.5	8.5	48.0	16.0
	60대 이상	200	21.5	8.0	56.0	14.5
학력	중졸 이하	9	33.3	11.1	44.4	11.2
	고졸	188	20.2	12.8	48.4	18.6
	대재, 대졸	703	19.1	8.7	51.4	20.8
	대학원재, 대학원졸	100	19.0	6.0	59.0	16.0
직업	농축산업	5	20.0	20.0	60.0	0.0
	자영업	91	24.2	11.0	50.5	14.3
	블루칼라	72	19.4	6.9	48.6	25.1
	화이트칼라	389	20.6	8.5	49.9	21.0
	전업주부	135	21.5	10.4	54.1	14.0
	학생	55	14.5	12.7	47.3	25.5
	다른 직종 또는 무직	253	15.8	8.7	54.5	21.0
결혼 여부	미혼	367	16.1	9.5	51.2	23.2
	기혼/자녀 없음	70	11.4	8.6	57.1	22.9
	기혼/자녀 동거	423	22.9	8.7	50.1	18.3
	기혼/자녀 비동거	133	21.8	10.5	52.6	15.1
	기타(이혼 및 사망)	7	14.3	0.0	71.4	14.3
총소득	3000만원 미만	157	19.7	8.9	48.4	23.0
	5000만원 미만	234	20.1	8.1	53.4	18.4
	7000만원 미만	269	18.6	11.9	51.3	18.2
	1억원 미만	232	19.0	9.5	50.4	21.1
	1억원 이상	108	20.4	4.6	54.6	20.4

5) 북한에 대한 인식

조사 결과

● 2024년 평균(平均): '경계대상' 36.6%, '적대대상' 30.3%, '협력대상' 28.4%, '경쟁대상' 4.7% 순으로 나타남.

▶ 2021년 대비: '협력대상'과 '경쟁대상', '경계대상'의 하락 9.4%가 '적대대상'으로 이동함.

※ 인구 사회학적 항목별 편차(偏差): 상당한 차이(10%-20%), 현저한 차이(20% 이상)

- 이념 성향별 조사: '협력대상'을 놓고 상당한 차이를 드러냄.

◎ 현저한 차이: 이념 성향별에서 '적대대상'을 놓고 보수(45.4%)와 진보(18.2%) 간에 27.2%로, '협력대상'을 놓고서도 진보(39.2%)와 보수(19.1%) 간에 20.1%로 현저한 차이를 드러냄. 연령별에서는 '협력대상'을 놓고 40대(36.5%)와 20대(11.5%) 간에 25.0%로, '적대대상'을 놓고서도 20대(45.0%)와 50대(22.0%) 간에 23.0%로 현저한 차이를 드러냄.

<그림 II-65> 주변 국가 북한에 대한 조사 결과 [전체]

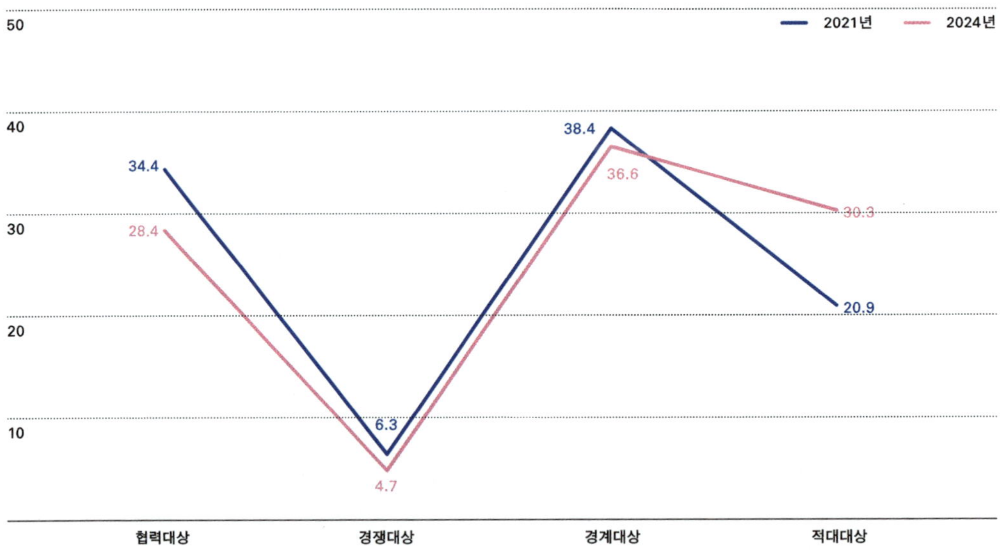

- '북한에 대한 인식'에 대한 응답 결과, '경계대상' 36.6%, '적대대상' 30.3%, '협력대상' 28.4%, '경쟁대상' 4.7% 순으로 나타남.
- 2021년 조사와 비교하면, '적대대상'이 20.9%에서 30.3%로 9.4% 증가함. '협력대상'은 34.4%에서 28.4%로 6.0%, '경계대상'이 38.4%에서 36.6%로 1.8%, '경쟁대상'은

6.3%에서 4.7%로 1.6% 하락하여 합계 9.4% 하락함.

- 지역별 조사에서는, '경계대상'이 경기북부 비접경지역(38.3%), 경기남부지역(36.5 %), 경기북부 접경지역(35.6%) 순으로 나타남. '적대대상'이 경기남부지역(31.7%), 경기북부 비접경지역(30.1%), 경기북부 접경지역(25.7%) 순으로 나타남. '협력대상'에서는 경기북부 접경지역(35.1%), 경기북부 비접경지역(28.2%), 경기남부지역(26.5%) 순으로 나타남. 경기북부 접경지역(35.1%)이 평균값 28.4%보다 높게 나타났으며, 경기북부 접경지역(35.1%) 대비 경기북부 비접경지역(28.2%), 경기남부지역(26.5%) 간에는 각각 6.9%, 8.6% 차이가 나타남. '경쟁대상'에서는 경기남부지역(5.3%), 경기북부 접경지역(3.6%), 경기북부 비접경지역(3.4%) 순으로 나타남.
- 이념 성향별 조사에서는, '경계대상'이 중도(38.3%), 진보(37.9%), 모른다(34.1%), 보수(30.9%) 순으로 나타남. 중도(38.3%), 진보(37.9%)가 평균값 36.6%보다 높게 나타남. 중도(38.3%) 대비 진보(37.9%), 모른다(34.1%), 보수(30.9%) 간에 각각 0.4%, 4.1%, 7.4% 차이가 남. '적대대상'은 보수(45.4%), 모른다(35.8%), 중도(30.0%), 진보(18.1%) 순으로 나타남. 보수(45.4%), 모른다(35.8%)가 평균값 30.3%보다 높게 나타남. 보수(45.4%), 모른다(35.8%), 중도(30.0%), 진보(18.2%) 간에는 각각 9.6%, 15.4%, 27.2% 차이가 나타나, 현저한 차이를 보여줌. '협력대상'에서는 진보(39.2%), 중도(27.2%), 모른다(24.4%), 보수(19.1%) 순으로 나타남. 진보(39.2%)가 평균값 28.4%보다 높게 나타남. 진보(39.2%) 대비 중도(27.2%), 모른다(24.4%), 보수(19.1%)간에는 각각 12.0%, 14.8%, 20.1% 차이가 나타나, 상당한 차이를 보여줌. '경쟁대상'에서 모른다(5.7%), 진보(4.7%), 보수(4.6%), 중도(4.5%) 순으로 나타남.
- 성별 조사에서는, '경계대상'에서 여성(40.0%), 남성(33.1%) 간에 6.2% 차이가 나타나고, '적대대상'에서는 남성(35.8%), 여성(25.3%) 간에 10.2% 차이가 나타남.
- 연령별 조사에서는, '경계대상'이 50대(38.0%), 40대(37.5%), 60대 이상(36.5%), 30대(36.5%), 20대(34.5%) 순으로 나타남. '협력대상'은 40대(36.5%), 50대(36.0%), 30대(33.0%), 60대 이상(25.0%), 20대(11.5%) 순으로 나타남. 40대(36.5%), 50대(36.0%), 30대(33.0%)가 평균값 28.4%보다 높게 나타남. 40대(36.5%) 대비 50대(36.0%), 30대(33.0%), 60대 이상(25.0%), 20대(11.5%) 간에는 각각 0.5%, 3.5%, 10.5%, 25.0% 차이가 나타나, 편차가 크고 현저한 차

이를 드러냄. '적대대상'은 20대(45.0%), 60대 이상(35.0%), 30대(26.5%), 40대(23.0%), 50대(22.0%) 순으로 나타나고, 20대(45.0%) 대비 60대 이상(35.0%), 30대(26.5%), 40대(23.0%), 50대(22.0%) 간에 10.0%, 18.5%, 22.0%, 23.0%로 현저한 차이를 드러냄.

<그림 II-66> 주변 국가 북한에 대한 조사 결과 [항목별]

이념 성향별

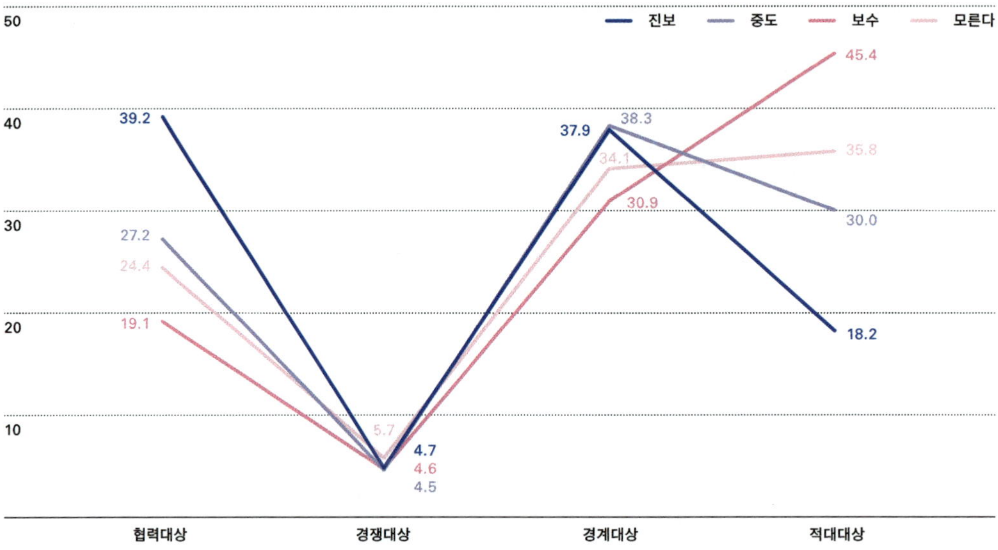

연령별

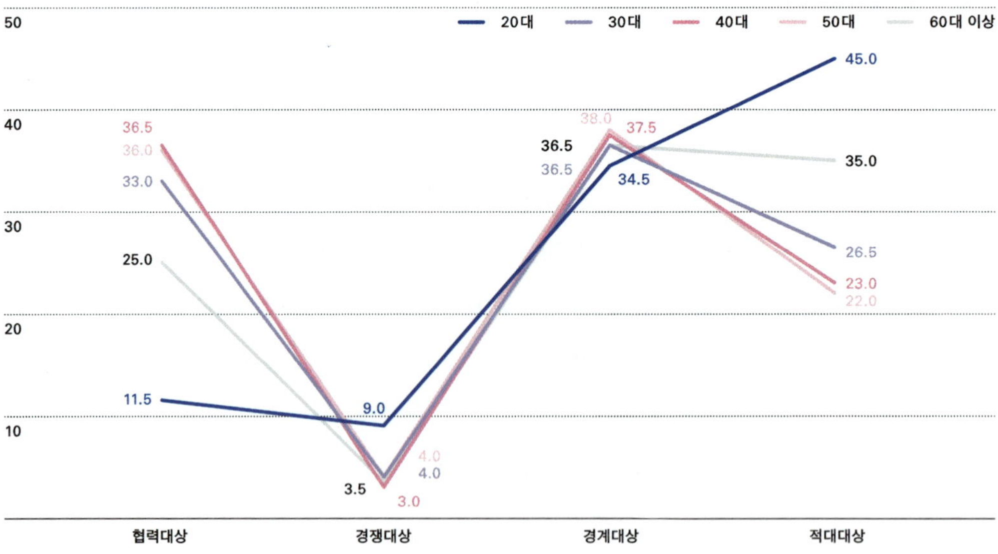

<그림 II-67> 북한에 대한 인식

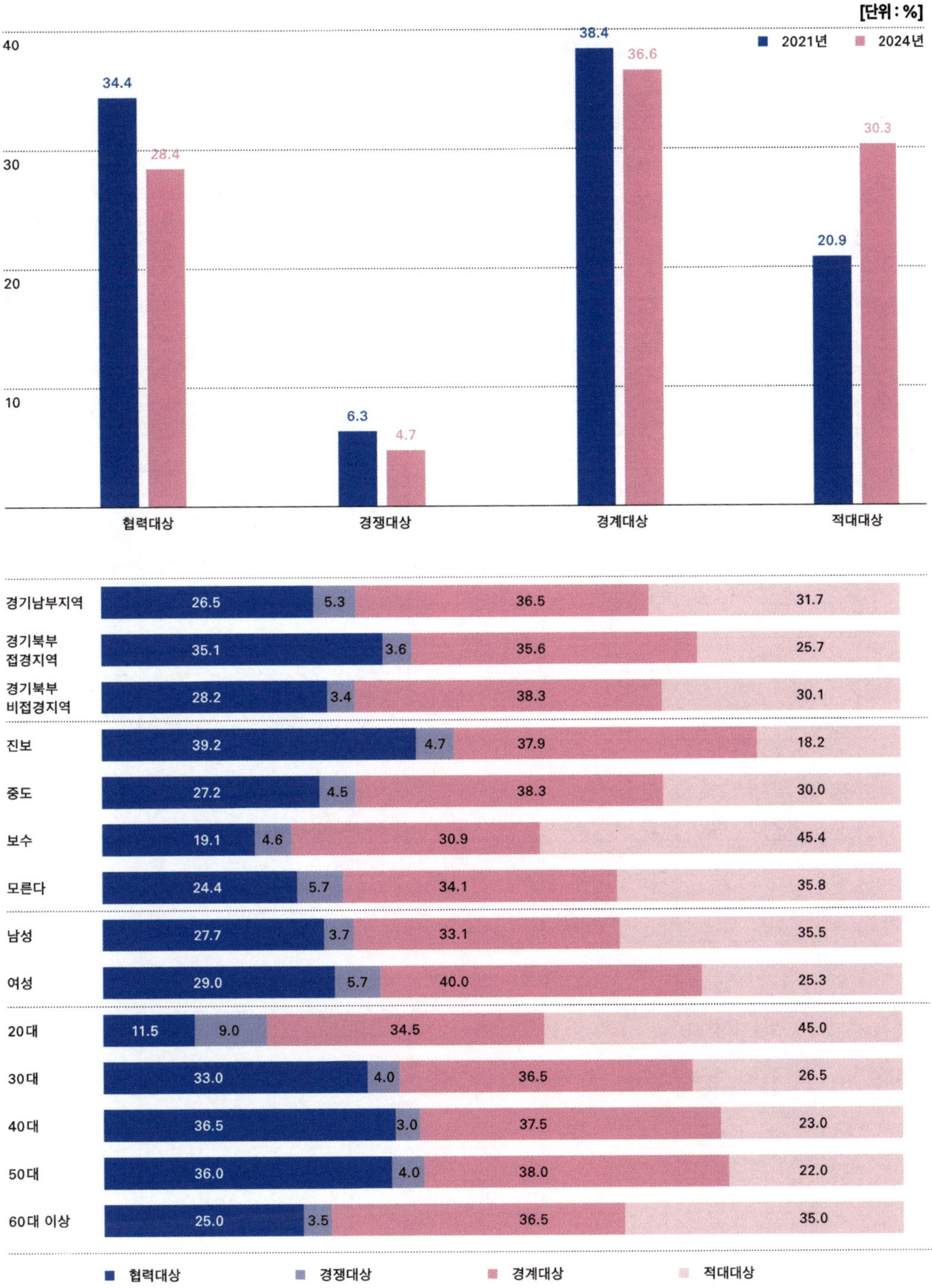

<표 II-27> 북한에 대한 인식

[단위 : 명, %]

구분		사례수	협력대상	경쟁대상	경계대상	적대대상
전체(2024년)		1,000	28.4	4.7	36.6	30.3
전체(2021년)		1,000	34.4	6.3	38.4	20.9
지역	경기남부지역	657	26.5	5.3	36.5	31.7
	경기북부 접경지역	194	35.1	3.6	35.6	25.7
	경기북부 비접경지역	149	28.2	3.4	38.3	30.1
이념 성향	진보	232	39.2	4.7	37.9	18.2
	중도	493	27.2	4.5	38.3	30.0
	보수	152	19.1	4.6	30.9	45.4
	모른다	123	24.4	5.7	34.1	35.8
성별	남성	487	27.7	3.7	33.1	35.5
	여성	513	29.0	5.7	40.0	25.3
연령	20대	200	11.5	9.0	34.5	45.0
	30대	200	33.0	4.0	36.5	26.5
	40대	200	36.5	3.0	37.5	23.0
	50대	200	36.0	4.0	38.0	22.0
	60대 이상	200	25.0	3.5	36.5	35.0
학력	중졸 이하	9	44.4	0.0	33.3	22.3
	고졸	188	29.8	6.4	35.1	28.7
	대재, 대졸	703	27.5	4.7	35.6	32.2
	대학원재, 대학원졸	100	31.0	2.0	47.0	20.0
직업	농축산업	5	20.0	0.0	20.0	60.0
	자영업	91	36.3	1.1	29.7	32.9
	블루칼라	72	30.6	8.3	36.1	25.0
	화이트칼라	389	31.6	3.9	36.5	28.0
	전업주부	135	22.2	5.2	48.1	24.5
	학생	55	9.1	10.9	40.0	40.0
	다른 직종 또는 무직	253	27.7	4.7	32.8	34.8
결혼 여부	미혼	367	26.2	5.4	35.1	33.3
	기혼/자녀 없음	70	25.7	4.3	38.6	31.4
	기혼/자녀 동거	423	31.0	4.3	36.9	27.8
	기혼/자녀 비동거	133	29.3	4.5	37.6	28.6
	기타(이혼 및 사망)	7	0.0	0.0	57.1	42.9
총소득	3000만원 미만	157	25.5	5.7	33.1	35.7
	5000만원 미만	234	28.2	4.7	38.0	29.1
	7000만원 미만	269	30.1	5.6	35.7	28.6
	1억원 미만	232	28.4	3.0	41.8	26.8
	1억원 이상	108	28.7	4.6	29.6	37.1

16 타 국가들이 남북한 통일을 원하는 정도

<그림 II-68> 타 국가들이 남북한 통일을 원하는 정도

[단위 : %]

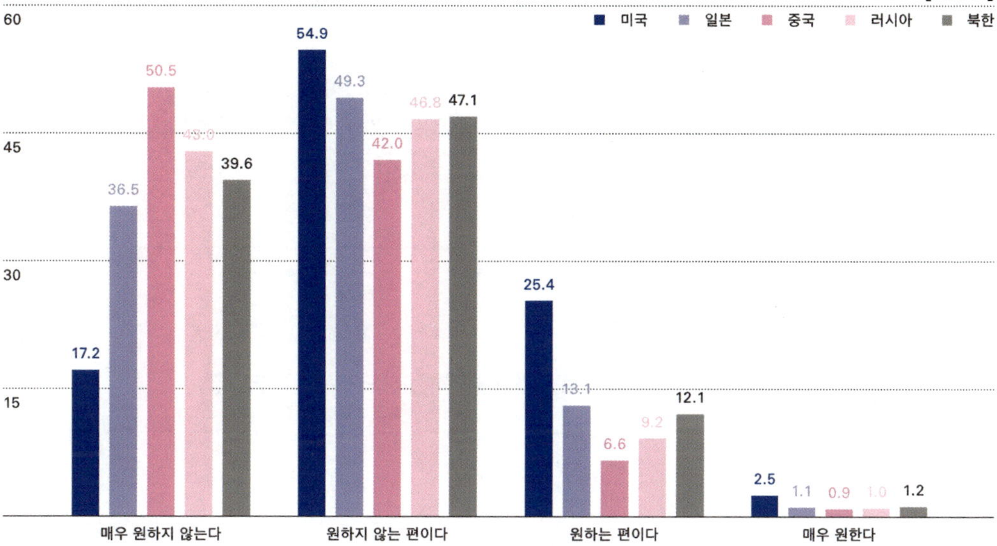

<표 II-28> 타 국가들이 남북한 통일을 원하는 정도

[단위 : 명, %]

국가명	구분	매우 원하지 않은다	원하지 않는 편이다	원하는 편이다	매우 원한다	종합	
						원하지 않는다	원한다
미 국	2024년	17.2	54.9	25.4	2.5	72.1	27.9
	2021년	17.0	43.8	34.4	4.8	60.8	39.2
일 본	2024년	36.5	49.3	13.1	1.1	85.8	14.2
	2021년	47.8	43.9	7.5	0.8	91.7	8.3
중 국	2024년	50.5	42.0	6.6	0.9	92.5	7.5
	2021년	51.5	40.7	6.8	1.0	92.2	7.8
러시아	2024년	43.0	46.8	9.2	1.0	89.8	10.2
	2021년	29.2	52.0	16.2	2.6	81.2	18.8
북 한	2024년	39.6	47.1	12.1	1.2	86.7	13.3
	2021년	25.4	47.6	23.3	3.7	73.0	27.0

1) 미국이 남북한 통일을 원하는 정도

조사 결과

● 2024년 평균(平均): '매우 원한다' 2.5%, '원하는 편이다' 25.4%로 긍정적인 응답이 27.9%로 나타남. 반면에, '원하지 않는다' 54.9%, '매우 원하지 않는다' 17.2%로 부정적인 응답이 72.1%로 나타남.

▶ 2021년 대비: 긍정적인 응답 11.3%가 부정적인 응답으로 이동함.

※ 인구 사회학적 항목별 편차(偏差): 상당한 차이(10%-20%), 현저한 차이(20% 이상)

- 연령별: 긍정적인 반응이 60대 이상(37.5%)과 40대(17.5%) 간에 20.0%로 상당한 차이를 드러냄.

<그림 II-69> 미국이 남북한 통일을 원하는 정도 조사 결과 [전체]

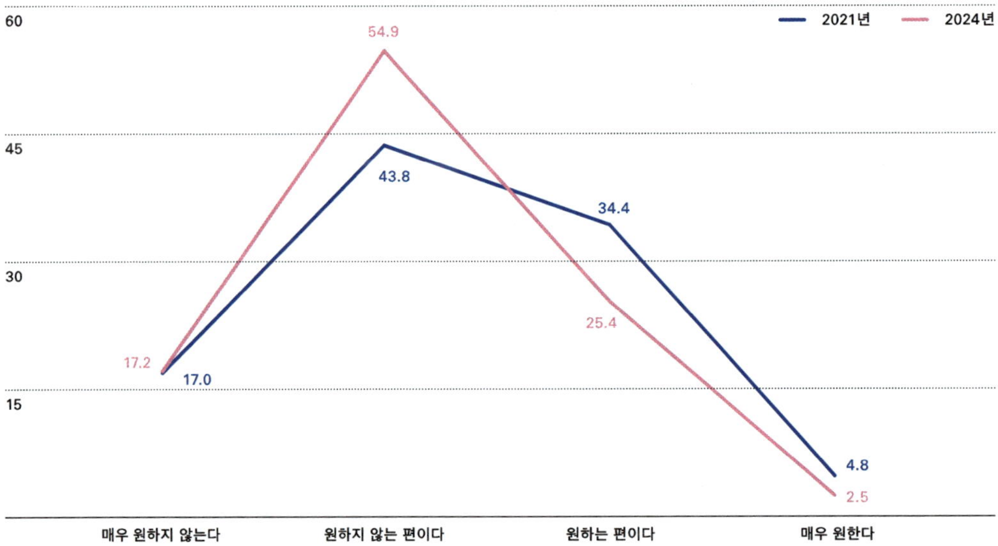

- 미국이 남북한 통일을 원하는 정도'에 대한 응답 결과, '매우 원한다' 2.5%, '원하는 편이다' 25.4%로 긍정적인 응답이 27.9%로 나타남. 반면에, '원하지 않는다' 54.9%, '매우 원하지 않는다' 17.2%로 부정적인 응답이 72.1%로 나타남.
- 2021년 조사와 비교하면, '매우 원한다'가 4.8%에서 2.5%로 2.3%, '원하는 편이다'는 34.4%에서 25.4%로 9.0% 하락하여 합계 11.3%가 하락함. 반면에, '원하지 않는다'는 43.8%에서 54.9%로 11.1%, '매우 원하지 않는다'가 17.0%에서 17.2%로 0.2% 증가하여 합계 11.3%가 증가함.
- 지역별 조사에서는, 긍정적인 반응이 경기북부 비접경지역(30.2%), 경기남부지역(27.8%), 경기북부 접경지역(26.3%) 순으로 나타나고, 경기북부 비접경지역(30.2%)이 평균값 27.9%보다 높게 나타남.
- 이념 성향별 조사에서는, 긍정적인 반응이 보수(35.5%), 모른다(30.9%), 중도(26.0%), 진보(25.4%) 순으로 나타나고, 보수(35.5%), 모른다(30.9%)가 평균값 27.9%보다 높게 나타남. 보수(35.5%) 대비 모른다(30.9%), 중도(26.0%), 진보(25.4%) 간에 각각 4.6%, 9.5%, 10.1 차이가 나타남.
- 성별 조사에서는, 긍정적인 반응이 남성(29.9%), 여성(25.9%) 간에 4.0% 차이가 나타남.
- 연령별 조사에서는, 긍정적인 반응이 60대 이상(37.5%), 20대(34.0%), 50대(25.5%), , 30대(25.0%), 40대(17.5%) 순으로 나타나고, 60대 이상(37.5%), 20대(34.0%)가 평균값 27.9%보다 높게 나타남. 60대 이상(37.5%) 대비 20대(34.0%), 50대(25.5%), 30대(25.0%), 40대(17.5%) 간에 각각 3.5%, 12.0%, 12.5%, 20.0%로 상당한 차이를 드러냄.

<그림 II-70> 미국이 남북한 통일을 원하는 정도

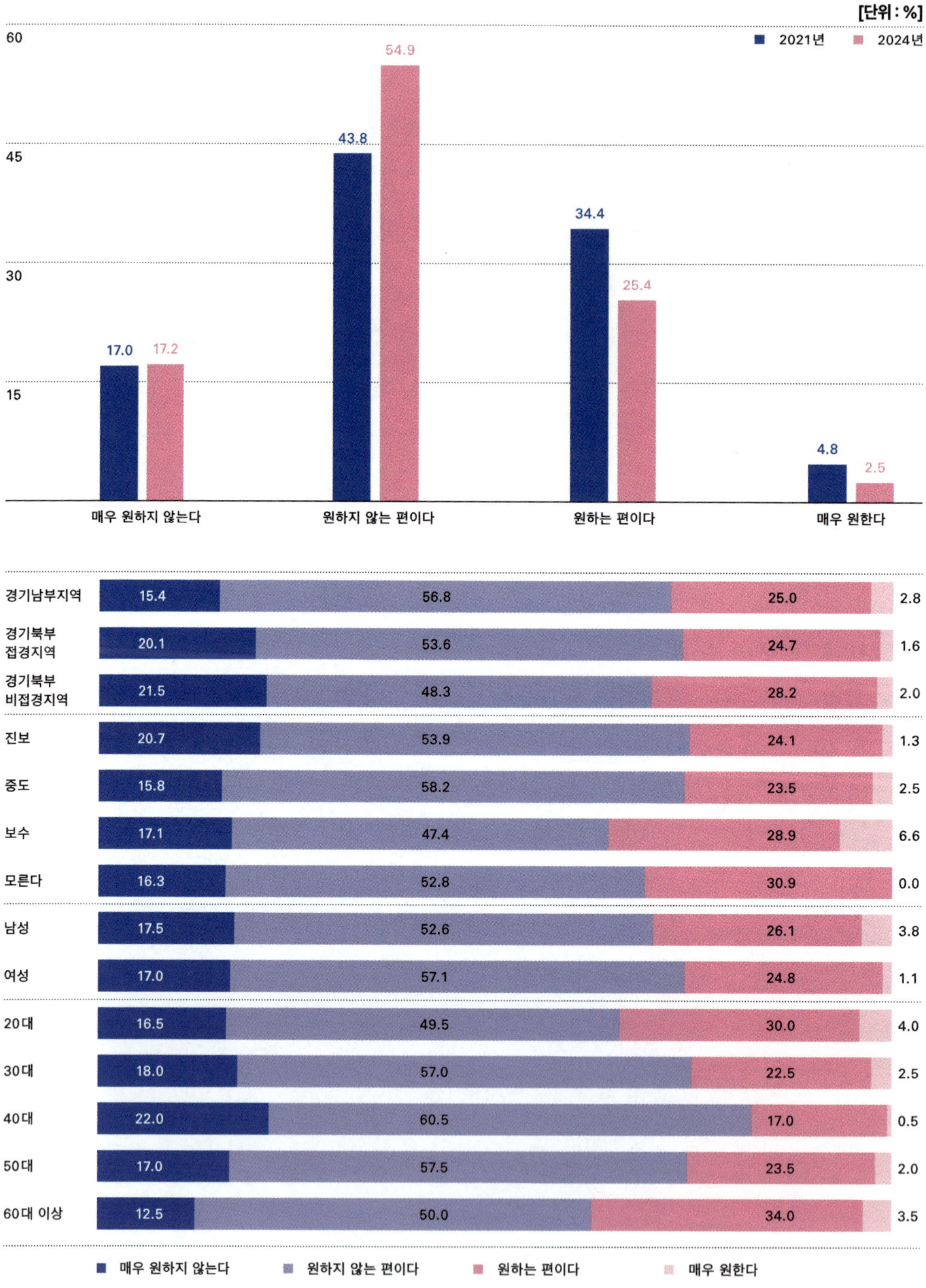

<표 II-29> 미국이 남북한 통일을 원하는 정도

[단위 : 명, %]

구분		명	%	매우 원하지 않는다	원하지 않는 편이다	원하는 편이다	매우 원한다
전체(2024년)		1,000	100	17.2	54.9	25.4	2.5
전체(2021년)		1,000	100	17.0	43.8	34.4	4.8
지역	경기남부지역	657	65.7	15.4	56.8	25.0	2.8
	경기북부 접경지역	194	19.4	20.1	53.6	24.7	1.6
	경기북부 비접경지역	149	14.9	21.5	48.3	28.2	2.0
이념성향	진보	232	23.2	20.7	53.9	24.1	1.3
	중도	493	49.3	15.8	58.2	23.5	2.5
	보수	152	15.2	17.1	47.4	28.9	6.6
	모른다	123	12.3	16.3	52.8	30.9	0.0
성별	남성	487	48.7	17.5	52.6	26.1	3.8
	여성	513	51.3	17.0	57.1	24.8	1.1
연령	20대	200	20.0	16.5	49.5	30.0	4.0
	30대	200	20.0	18.0	57.0	22.5	2.5
	40대	200	20.0	22.0	60.5	17.0	0.5
	50대	200	20.0	17.0	57.5	23.5	2.0
	60대 이상	200	20.0	12.5	50.0	34.0	3.5
학력	중졸 이하	9	0.9	22.2	44.4	33.4	0.0
	고졸	188	18.8	17.0	46.3	34.0	2.7
	대재, 대졸	703	70.3	17.9	55.9	23.8	2.4
	대학원재, 대학원졸	100	10.0	12.0	65.0	20.0	3.0
직업	농축산업	5	0.5	0.0	0.0	0.0	0.0
	자영업	91	9.1	20.9	53.8	20.9	4.4
	블루칼라	72	7.2	23.6	50.0	23.6	2.8
	화이트칼라	389	38.9	16.7	59.4	22.1	1.8
	전업주부	135	13.5	13.3	57.8	28.1	0.8
	학생	55	5.5	12.7	49.1	30.9	7.3
	다른 직종 또는 무직	253	25.3	17.4	49.8	30.0	2.8
결혼여부	미혼	367	36.7	17.7	53.7	25.9	2.7
	기혼/자녀 없음	70	7.0	17.1	51.4	31.4	0.1
	기혼/자녀 동거	423	42.3	18.2	58.9	20.1	2.8
	기혼/자녀 비동거	133	13.3	12.8	45.9	39.1	2.2
	기타(이혼 및 사망)	7	0.7	14.3	85.7	0.0	0.0
총소득	3000만원 미만	157	15.7	12.1	49.0	33.8	5.1
	5000만원 미만	234	23.4	16.2	54.7	26.5	2.6
	7000만원 미만	269	26.9	19.0	54.3	24.9	1.8
	1억원 미만	232	23.2	19.4	59.5	19.4	1.7
	1억원 이상	108	10.8	17.6	55.6	25.0	1.8

2) 일본이 남북한 통일을 원하는 정도

조사 결과

● 2024년 평균(平均): '매우 원한다' 1.1%, '원하는 편이다' 13.1%로 긍정적인 응답이 14.2%로 나타남. 반면에, '원하지 않는다' 49.3%, '매우 원하지 않는다' 36.5%로 부정적인 응답이 85.8%로 나타남.

▶ 2021년 대비: 부정적인 응답 5.9%가 긍정적인 응답으로 이동함. 동시에 부정적인 응답 중 '매우 원하지 않는다'가 11.3% 하락하고, '원하지 않는다'가 5.4% 증가한 것은 부정적인 반응의 강도도 약해졌음.

※ 인구 사회학적 항목별 편차(偏差): 상당한 차이(10%-20%), 현저한 차이(20% 이상)

- 연령별: 긍정적인 반응이 60대 이상(21.5%)와 40대(8.0%) 간에 13.5%로 상당한 차이가 드러남.

<그림 II-71> 일본이 남북한 통일을 원하는 정도 조사 결과 [전체]

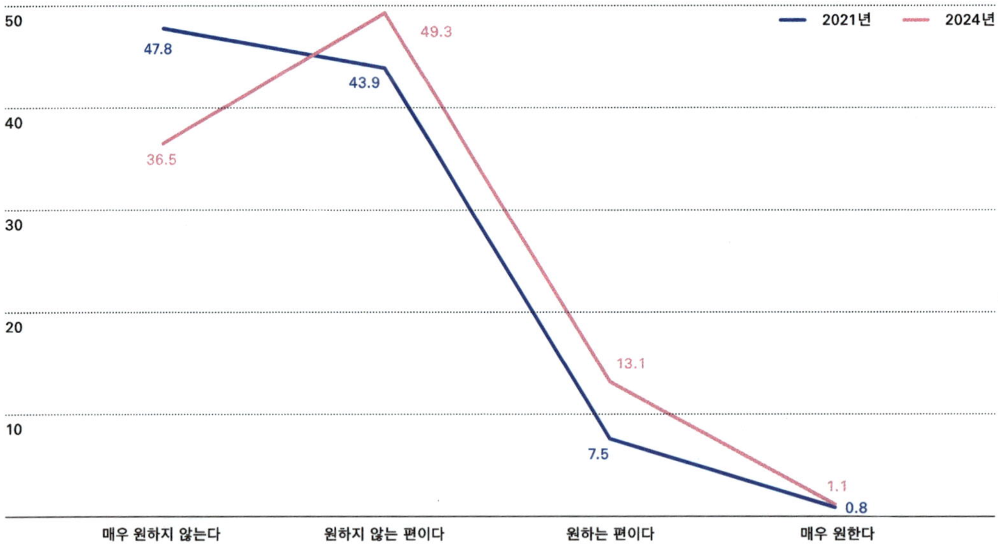

- ‘일본이 남북한 통일을 원하는 정도’에 대한 응답 결과, ‘매우 원한다’ 1.1%, ‘원하는 편이다’ 13.1%로 긍정적인 응답이 14.2%로 나타남. 반면에, ‘원하지 않는다’ 49.3%, ‘매우 원하지 않는다’ 36.5%로 부정적인 응답이 85.8%로 나타남.
- 2021년 조사와 비교하면, ‘매우 원한다’가 0.8%에서 1.1%로 0.3%, ‘원하는 편이다’는 7.5%에서 13.1%로 5.6% 증가하여 합계 5.9%가 증가함. 반면에, ‘원하지 않는다’는 43.9%에서 49.3%로 5.4% 증가, ‘매우 원하지 않는다’가 47.8%에서 36.5%로 11.3% 하락하여 합계 5.9%가 증가함.
- 지역별 조사에서는, 긍정적인 반응이 경기북부 비접경지역(15.4%), 경기남부지역(14.1%), 경기북부 접경지역(13.4%) 순으로 나타나고, 경기북부 비접경지역(15.4%), 경기남부지역(14.2%)이 평균값 14.2%보다 높게 나타남.
- 이념 성향별 조사에서는, 긍정적인 반응이 보수(22.3%), 중도(13.8%), 모른다(13.0%), 진보(10.3%) 순으로 나타나고, 보수(22.3%)가 평균값 14.2%보다 높게 나타남. 보수(22.3%) 대비 중도(13.8%), 모른다(13.0%), 진보(10.3%) 간에는 각각 8.5%, 9.3%, 12.0% 차이가 나타남.
- 성별 조사에서는, 남성 15.6%, 여성 12.9%가 긍정적 반응을 보였고, 양자 간의 차이는 2.7%로 나타남. 성별로 유사한 응답 비율을 보임.
- 연령별 조사에서는, 긍정적인 반응이 60대 이상(21.5%), 20대(17.5%), 30대(12.5%), 50대(11.5%), 40대(8.0%) 순으로 나타나고, 60대 이상(21.5%), 20대(17.5%),가 평균값 14.2%보다 높게 나타남. 60대 이상(21.5%) 대비 20대(17.5%), 30대(12.5%), 50대(11.5%), 40대(8.0%) 간에 각각 4.0%, 9.0%, 11.0%, 13.5%로 상당한 차이가 드러남.

<그림 II-72> 일본이 남북한 통일을 원하는 정도

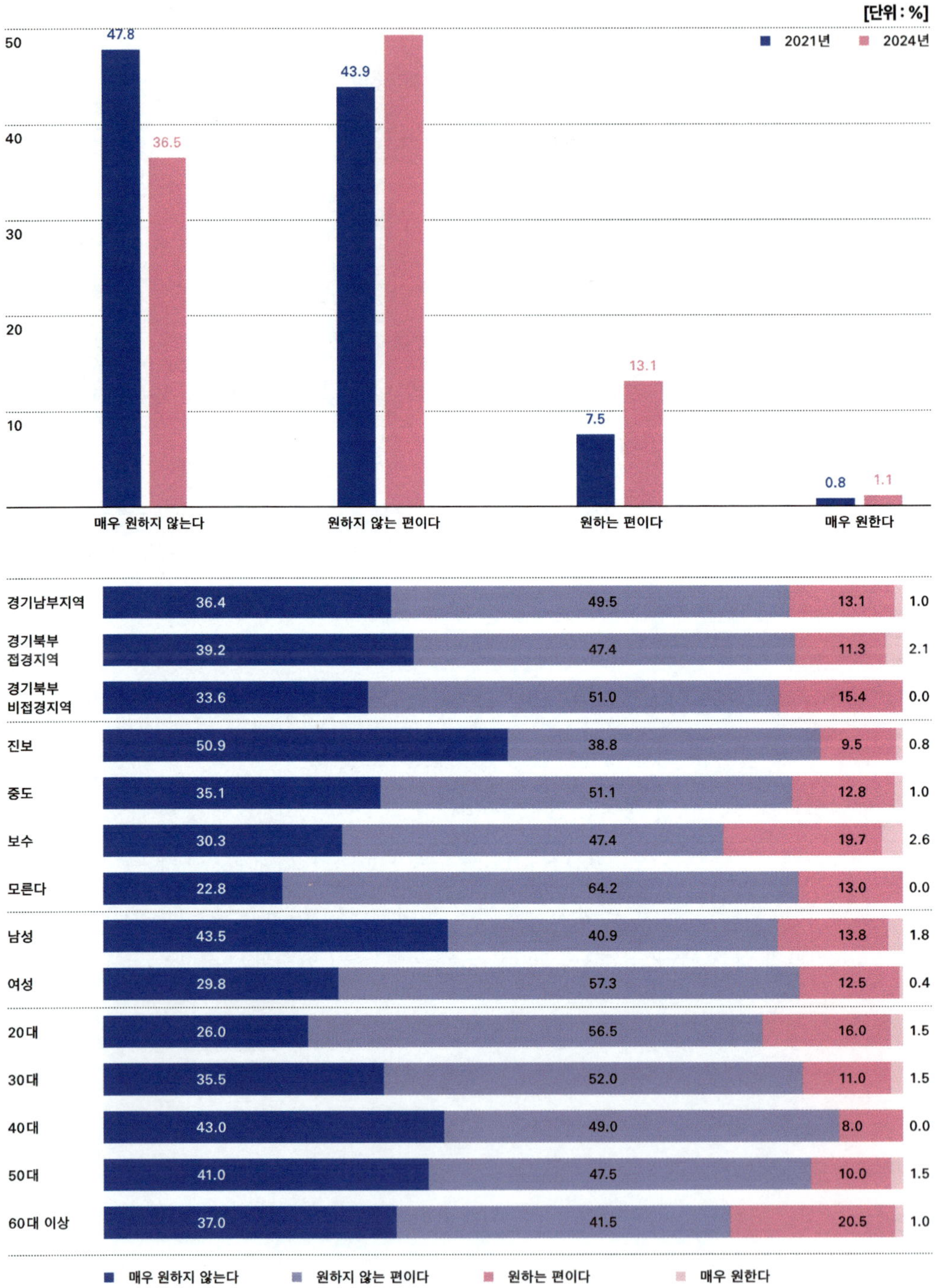

<표 II-30> 일본이 남북한 통일을 원하는 정도

[단위 : 명, %]

구분		명	%	매우 원하지 않는다	원하지 않는 편이다	원하는 편이다	매우 원한다
전체(2024년)		1,000	100	36.5	49.3	13.1	1.1
전체(2021년)		1,000	100	47.8	43.9	7.5	0.8
지역	경기남부지역	657	65.7	36.4	49.5	13.1	1.0
	경기북부 접경지역	194	19.4	39.2	47.4	11.3	2.1
	경기북부 비접경지역	149	14.9	33.6	51.0	15.4	0.0
이념 성향	진보	232	23.2	50.9	38.8	9.5	0.8
	중도	493	49.3	35.1	51.1	12.8	1.0
	보수	152	15.2	30.3	47.4	19.7	2.6
	모른다	123	12.3	22.8	64.2	13.0	0.0
성별	남성	487	48.7	43.5	40.9	13.8	1.8
	여성	513	51.3	29.8	57.3	12.5	0.4
연령	20대	200	20.0	26.0	56.5	16.0	1.5
	30대	200	20.0	35.5	52.0	11.0	1.5
	40대	200	20.0	43.0	49.0	8.0	0.0
	50대	200	20.0	41.0	47.5	10.0	1.5
	60대 이상	200	20.0	37.0	41.5	20.5	1.0
학력	중졸 이하	9	0.9	33.3	44.4	22.2	0.1
	고졸	188	18.8	30.9	53.2	13.8	2.1
	대재, 대졸	703	70.3	37.8	48.1	13.1	1.0
	대학원재, 대학원졸	100	10.0	38.0	51.0	11.0	0.0
직업	농축산업	5	0.5	0.0	0.0	0.0	0.0
	자영업	91	9.1	36.3	47.3	13.2	3.2
	블루칼라	72	7.2	50.0	30.6	15.3	4.1
	화이트칼라	389	38.9	42.2	46.0	11.6	0.2
	전업주부	135	13.5	26.7	57.0	15.6	0.7
	학생	55	5.5	16.4	65.5	18.1	0.0
	다른 직종 또는 무직	253	25.3	33.2	53.0	12.6	1.2
결혼 여부	미혼	367	36.7	36.5	50.7	11.7	1.1
	기혼/자녀 없음	70	7.0	31.4	52.9	15.7	0.0
	기혼/자녀 동거	423	42.3	39.0	46.8	12.8	1.4
	기혼/자녀 비동거	133	13.3	32.3	49.6	17.3	0.8
	기타(이혼 및 사망)	7	0.7	14.3	85.7	0.0	0.0
총소득	3000만원 미만	157	15.7	26.8	51.0	19.7	2.5
	5000만원 미만	234	23.4	35.9	53.4	9.4	1.3
	7000만원 미만	269	26.9	35.7	47.2	16.0	1.1
	1억원 미만	232	23.2	42.2	48.3	9.1	0.4
	1억원 이상	108	10.8	41.7	45.4	12.9	0.0

3) 중국이 남북한 통일을 원하는 정도

조사 결과

● 2024년 평균(平均): '매우 원한다' 0.9%, '원하는 편이다' 6.6%로 긍정적인 응답이 7.5%로 나타남. 반면에, '원하지 않는다' 42.0%, '매우 원하지 않는다' 50.5%로 부정적인 응답이 92.5%로 나타남.

▶ 2021년 대비: 긍정적인 응답 0.3%가 부정적인 응답으로 이동함.

※ 인구 사회학적 항목별 편차(偏差): 상당한 차이(10%-20%), 현저한 차이(20% 이상)

<그림 II-73> 중국이 남북한 통일을 원하는 정도 조사 결과 [전체]

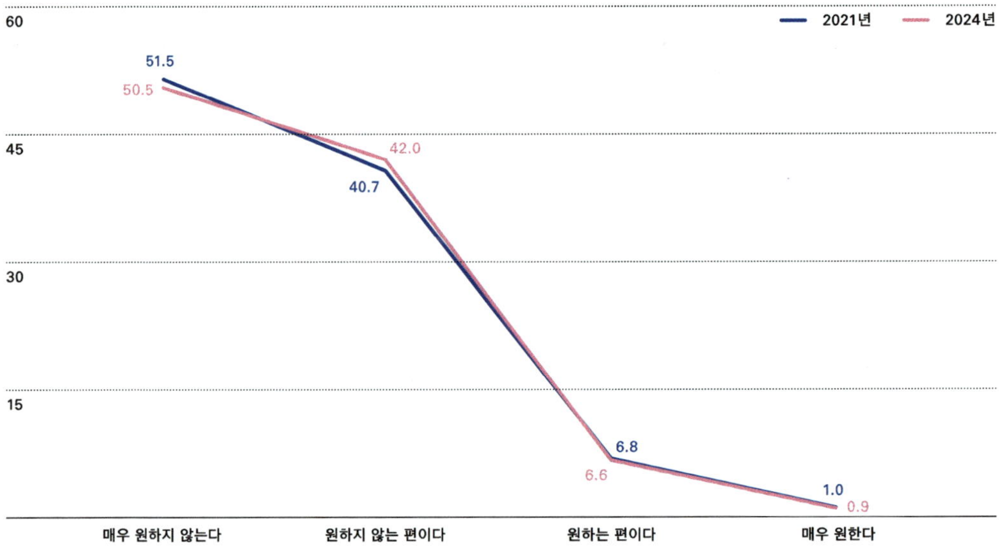

- ‘중국이 남북한 통일을 원하는 정도’에 대한 응답 결과, ‘매우 원한다’ 0.9%, ‘원하는 편이다’ 6.6%로 긍정적인 응답이 7.5%로 나타남. 반면에, ‘원하지 않는다’ 42.0%, ‘매우 원하지 않는다’가 50.5%로 부정적인 응답이 92.5%로 나타남.
- 2021년 조사와 비교하면, ‘매우 원한다’가 1.0%에서 0.9%로 0.1%, ‘원하는 편이다’는 6.8%에서 6.6%로 0.2% 하락하여 합계 0.3%가 하락함. 반면에, ‘원하지 않는다’는 40.7%에서 42.0%로 1.3% 증가, ‘매우 원하지 않는다’가 51.5%에서 50.5%로 1.0 하락하여 합계 0.3%가 증가함.
- 지역별 조사에서는, 긍정적인 반응이 경기남부지역(7.7%), 경기북부 비접경지역(7.4%), 경기북부 접경지역(6.7%) 순으로 나타남.
- 이념 성향별 조사에서는, 긍정적인 반응이 모른다(12.2%), 진보(10.3%), 중도(5.9%), 보수(4.6%) 순으로 나타나고, 모른다(12.2%), 진보(10.3%)가 평균값 7.5%보다 높게 나타남. 모른다(12.2%) 대비 진보(10.3%), 중도(5.9%), 보수(4.6%) 간에는 각각 1.9%, 6.3%, 7.6% 차이가 나타남.
- 성별 조사에서는, 긍정적 반응이 여성 8.0%, 남성 7.0%로 나타남.
- 연령별 조사에서는, 긍정적인 반응이 20대(11.5%), 30대(8.0%), 50대(6.5%), 40대(6.0%), 60대 이상(5.5%) 순으로 나타남.

<그림 II-74> 중국이 남북한 통일을 원하는 정도

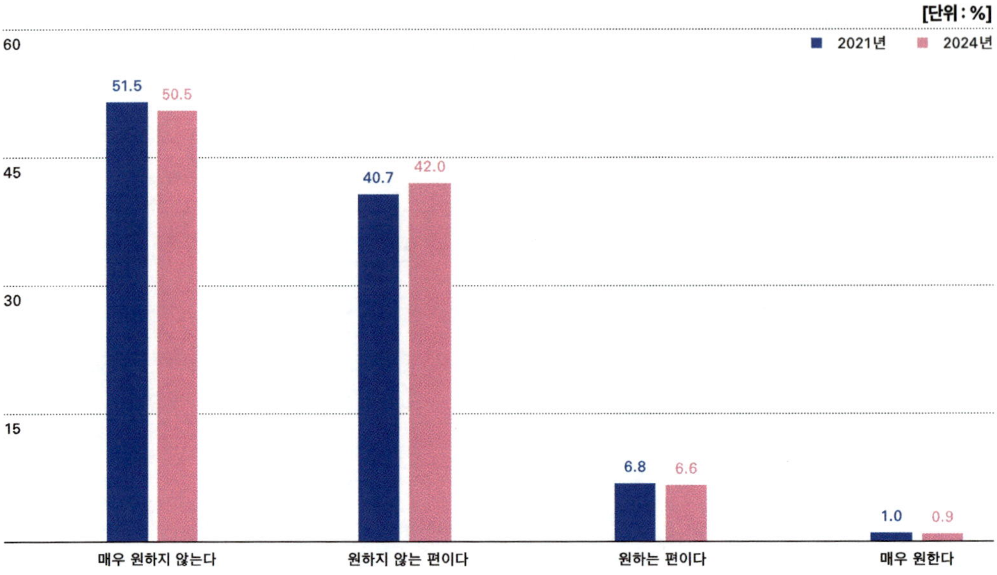

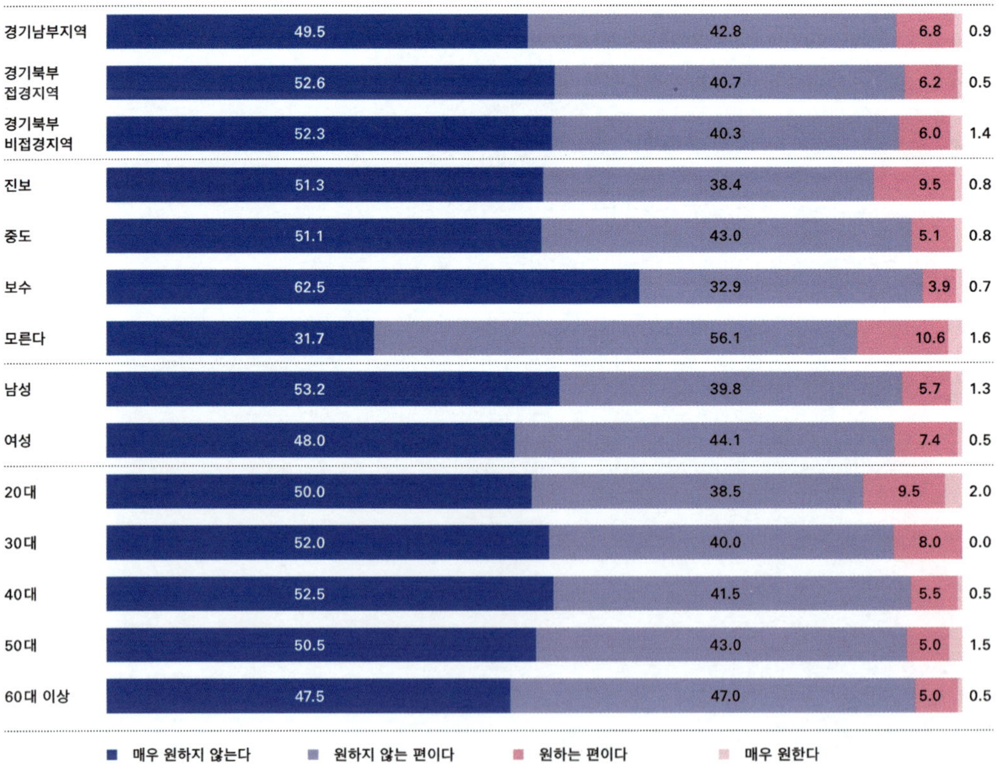

<표 II-31> 중국이 남북한 통일을 원하는 정도

[단위 : 명, %]

구분		명	%	매우 원하지 않는다	원하지 않는 편이다	원하는 편이다	매우 원한다
전체(2024년)		1,000	100	50.5	42.0	6.6	0.9
전체(2021년)		1,000	100	51.5	40.7	6.8	1.0
지역	경기남부지역	657	65.7	49.5	42.8	6.8	0.9
	경기북부 접경지역	194	19.4	52.6	40.7	6.2	0.5
	경기북부 비접경지역	149	14.9	52.3	40.3	6.0	1.4
이념 성향	진보	232	23.2	51.3	38.4	9.5	0.8
	중도	493	49.3	51.1	43.0	5.1	0.8
	보수	152	15.2	62.5	32.9	3.9	0.7
	모른다	123	12.3	31.7	56.1	10.6	1.6
성별	남성	487	48.7	53.2	39.8	5.7	1.3
	여성	513	51.3	48.0	44.1	7.4	0.5
연령	20대	200	20.0	50.0	38.5	9.5	2.0
	30대	200	20.0	52.0	40.0	8.0	0.0
	40대	200	20.0	52.5	41.5	5.5	0.5
	50대	200	20.0	50.5	43.0	5.0	1.5
	60대 이상	200	20.0	47.5	47.0	5.0	0.5
학력	중졸 이하	9	0.9	33.3	55.6	11.1	0.0
	고졸	188	18.8	50.0	39.4	9.6	1.0
	대재, 대졸	703	70.3	50.4	42.7	6.0	0.9
	대학원재, 대학원졸	100	10.0	54.0	41.0	5.0	0.0
직업	농축산업	5	0.5	0.0	0.0	0.0	0.0
	자영업	91	9.1	52.7	39.6	6.6	1.1
	블루칼라	72	7.2	58.3	36.1	4.2	1.4
	화이트칼라	389	38.9	55.0	39.3	5.4	0.3
	전업주부	135	13.5	38.5	52.6	8.1	0.8
	학생	55	5.5	47.3	36.4	12.7	3.6
	다른 직종 또는 무직	253	25.3	46.6	45.1	7.1	1.2
결혼 여부	미혼	367	36.7	54.8	36.8	7.4	1.0
	기혼/자녀 없음	70	7.0	48.6	38.6	12.8	0.0
	기혼/자녀 동거	423	42.3	49.4	44.0	5.4	1.2
	기혼/자녀 비동거	133	13.3	42.9	51.9	5.2	0.0
	기타(이혼 및 사망)	7	0.7	57.1	42.9	0.0	0.0
총소득	3000만원 미만	157	15.7	44.6	43.3	9.6	2.5
	5000만원 미만	234	23.4	48.7	44.4	5.6	1.3
	7000만원 미만	269	26.9	48.0	42.0	9.7	0.3
	1억원 미만	232	23.2	56.5	38.4	4.7	0.4
	1억원 이상	108	10.8	56.5	42.6	0.9	0.0

4) 러시아가 남북한 통일을 원하는 정도

조사 결과

● 2024년 평균(平均): '매우 원한다' 1.0%, '원하는 편이다' 9.2%로 긍정적인 응답이 10.2%로 나타남. 반면에, '원하지 않는다' 46.8%, '매우 원하지 않는다' 43.0%로 부정적인 응답이 89.8%로 나타남.

▶ 2021년 대비: 긍정적인 응답 8.6%가 부정적인 응답으로 이동함.

※ 인구 사회학적 항목별 편차(偏差): 상당한 차이(10%-20%), 현저한 차이(20% 이상)

<그림 II-75> 러시아가 남북한 통일을 원하는 정도 조사 결과 [전체]

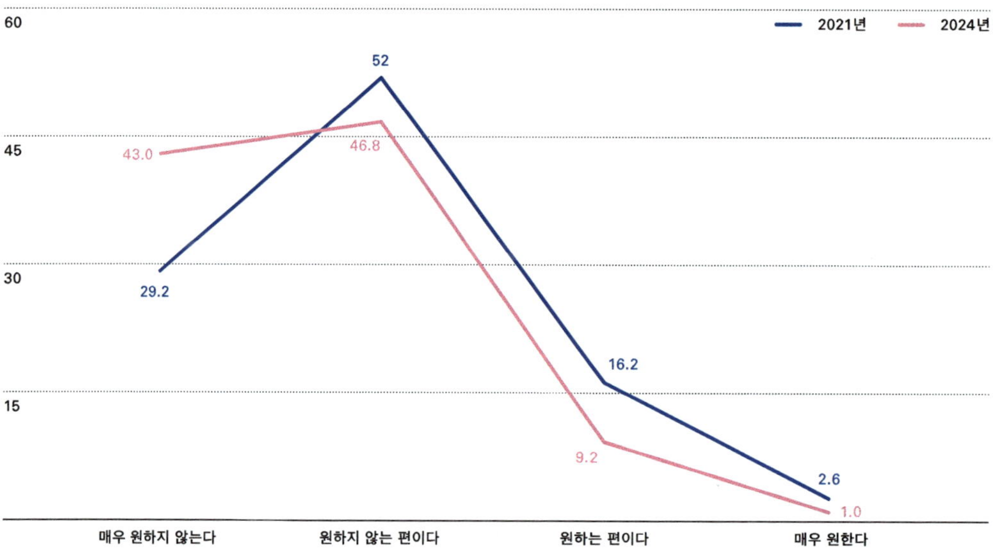

- ‘러시아가 남북한 통일을 원하는 정도’에 대한 응답 결과, ‘매우 원한다’ 1.0%, ‘원하는 편이다’ 9.2%로 긍정적인 응답이 10.2%로 나타남. 반면에, ‘원하지 않는다’ 46.8%, ‘매우 원하지 않는다’ 43.0%로 부정적인 응답이 89.8%로 나타남.
- 2021년 조사와 비교하면, ‘매우 원한다’가 2.6%에서 1.0%로 1.6% 하락했고, ‘원하는 편이다’는 16.2%에서 9.2%로 7.0% 하락하여 합계 8.6%가 하락함. 반면에, ‘원하지 않는다’는 52.0%에서 46.8%로 5.2% 하락하고, ‘매우 원하지 않는다’가 29.2%에서 43.0%로 13.8 증가하여 합계 8.6%가 증가함.
- 지역별 조사에서는, 긍정적인 반응이 경기북부 접경지역(11.4%), 경기남부지역(10.0 %), 경기북부 비접경지역(9.3%) 순으로 나타남.
- 이념 성향별 조사에서는, 긍정적인 반응이 모른다(16.2%), 진보(14.2%), 중도(8.7%), , 보수(4.0%) 순으로 나타나고, 모른다(16.2%), 진보(14.2%)가 평균값 10.2%보다 높게 나타남. 모른다(16.2%) 대비 진보(14.2%), 중도(8.7%), 보수(4.0%) 간에는 각각 2.0%, 7.5%, 12.2% 차이가 나타남.
- 성별 조사에서는, 긍정적인 반응이 남성 10.9%, 여성 9.5%로 차이가 1.4%로 나타남.
- 연령별 조사에서는, 긍정적인 반응이 20대(15.0%), 40대(10.0%), 60대 이상(9.5%), 30대(8.5%), 50대(8.0%) 순으로 나타남. 20대(15.0%)가 평균값 10.2%보다 높게 나타나고, 20대(15.0%) 대비 40대(10.0%), 60대 이상(9.5%), 30대(8.5%), 50대(8.0%) 간에 5.0%, 5.5%, 6.5%, 7.0% 차이가 나타남.

<그림 II-76> 러시아가 남북한 통일을 원하는 정도

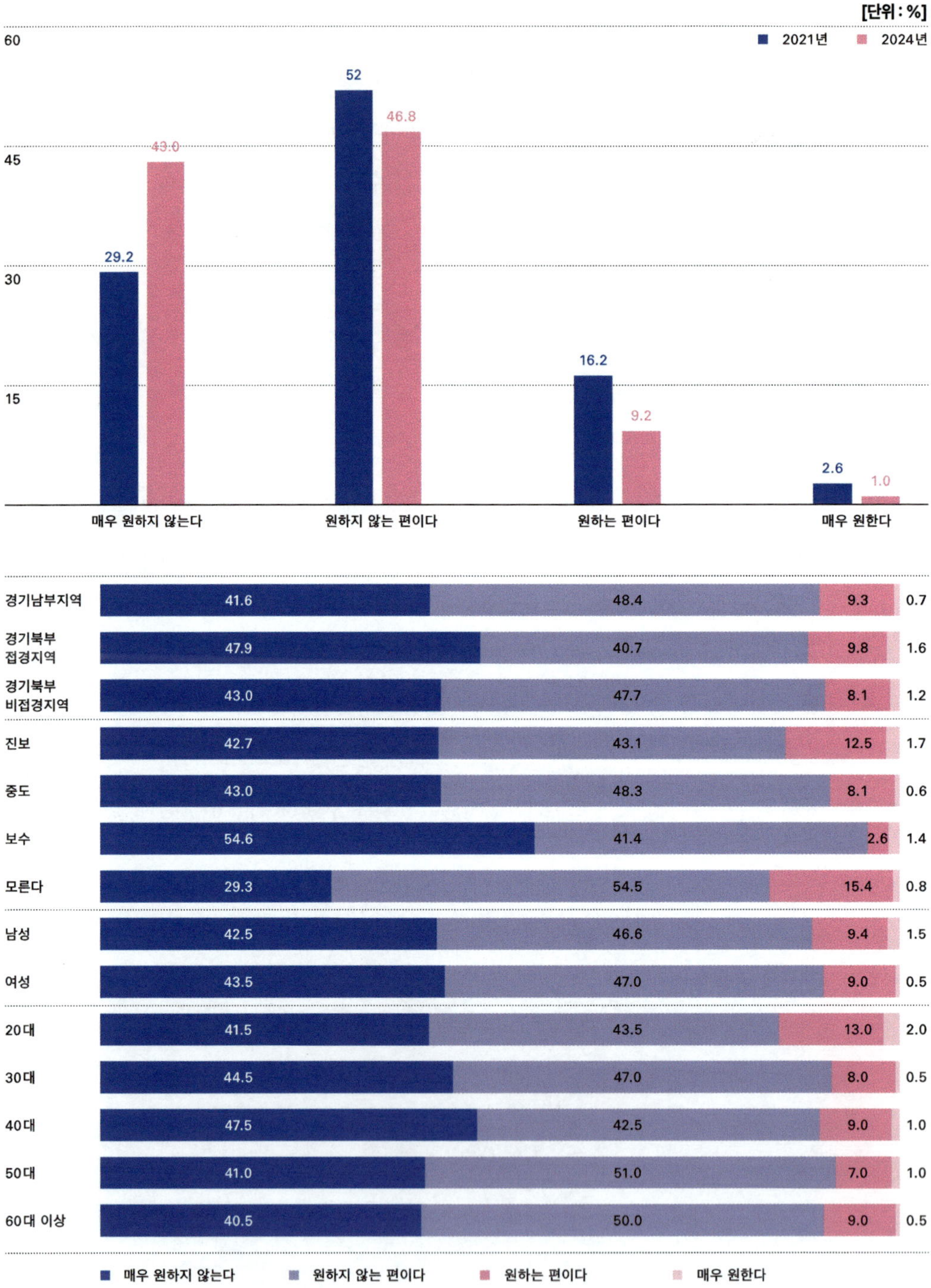

<표 II-32> 러시아가 남북한 통일을 원하는 정도

[단위 : 명, %]

구분		명	%	매우 원하지 않는다	원하지 않는 편이다	원하는 편이다	매우 원한다
전체(2024년)		1,000	100	43.0	46.8	9.2	1.0
전체(2021년)		1,000	100	29.2	52	16.2	2.6
지역	경기남부지역	657	65.7	41.6	48.4	9.3	0.7
	경기북부 접경지역	194	19.4	47.9	40.7	9.8	1.6
	경기북부 비접경지역	149	14.9	43.0	47.7	8.1	1.2
이념 성향	진보	232	23.2	42.7	43.1	12.5	1.7
	중도	493	49.3	43.0	48.3	8.1	0.6
	보수	152	15.2	54.6	41.4	2.6	1.4
	모른다	123	12.3	29.3	54.5	15.4	0.8
성별	남성	487	48.7	42.5	46.6	9.4	1.5
	여성	513	51.3	43.5	47.0	9.0	0.5
연령	20대	200	20.0	41.5	43.5	13.0	2.0
	30대	200	20.0	44.5	47.0	8.0	0.5
	40대	200	20.0	47.5	42.5	9.0	1.0
	50대	200	20.0	41.0	51.0	7.0	1.0
	60대 이상	200	20.0	40.5	50.0	9.0	0.5
학력	중졸 이하	9	0.9	44.4	33.3	22.3	0.0
	고졸	188	18.8	39.9	44.7	13.8	1.6
	대재, 대졸	703	70.3	43.4	47.8	7.8	1.0
	대학원재, 대학원졸	100	10.0	46.0	45.0	9.0	0.0
직업	농축산업	5	0.5	0.0	0.0	0.0	0.0
	자영업	91	9.1	42.9	48.4	7.7	1.0
	블루칼라	72	7.2	50.0	38.9	9.7	1.4
	화이트칼라	389	38.9	46.5	45.8	6.9	0.8
	전업주부	135	13.5	31.9	57.0	9.6	1.5
	학생	55	5.5	40.0	41.8	16.4	1.8
	다른 직종 또는 무직	253	25.3	41.5	46.6	11.1	0.8
결혼 여부	미혼	367	36.7	46.6	43.3	8.7	1.4
	기혼/자녀 없음	70	7.0	40.0	44.3	15.7	0.0
	기혼/자녀 동거	423	42.3	41.8	48.2	8.7	1.3
	기혼/자녀 비동거	133	13.3	36.8	54.1	9.1	0.0
	기타(이혼 및 사망)	7	0.7	71.4	28.6	0.0	0.0
총소득	3000만원 미만	157	15.7	37.6	46.5	13.4	2.5
	5000만원 미만	234	23.4	41.5	44.9	12.4	1.2
	7000만원 미만	269	26.9	41.3	47.6	10.4	0.7
	1억원 미만	232	23.2	45.7	48.7	5.2	0.4
	1억원 이상	108	10.8	52.8	45.4	1.8	0.0

5) 북한이 남북한 통일을 원하는 정도

조사 결과

● 2024년 평균(平均): '매우 원한다' 1.2%, '원하는 편이다' 12.1%로 긍정적인 응답이 13.3%로 나타남. 반면에, '원하지 않는다' 47.1%, '매우 원하지 않는다' 39.6%로 부정적인 응답이 89.8%로 나타남.

▶ 2021년 대비: 긍정적인 응답 13.7%가 부정적인 응답으로 이동함. 또한 '매우 원하지 않는다'가 14.2% 증가하여 부정적인 반응의 강도가 상당히 높게 나타남.

※ 인구 사회학적 항목별 편차(偏差): 상당한 차이(10%-20%), 현저한 차이(20% 이상)

<그림 II-77> 북한이 남북한 통일을 원하는 정도 조사 결과 [전체]

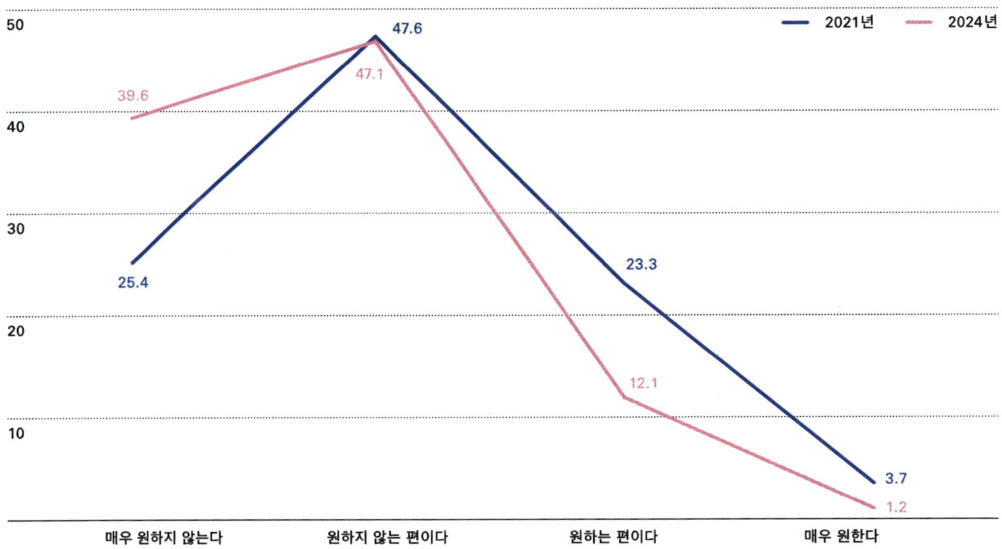

- ‘북한이 남북한 통일을 원하는 정도’에 대한 응답 결과, ‘매우 원한다’ 1.2%, ‘원하는 편이다’ 12.1%로 긍정적인 응답이 13.3%로 나타남. 반면에, ‘원하지 않는다’ 47.1%, ‘매우 원하지 않는다’ 39.6%로 부정적인 응답이 86.7%로 나타남.
- 2021년 조사와 비교하면, ‘매우 원한다’가 3.7%에서 1.2%로 2.5% 하락했고, ‘원하는 편이다’는 23.3%에서 12.1%로 11.2% 하락하여 합계 13.7%가 하락함. 반면에, ‘원하지 않는다’는 47.6%에서 47.1%로 0.5% 하락하고, ‘매우 원하지 않는다’가 25.4%에서 39.6%로 14.2% 증가하여 합계 13.7%가 증가함.
- 지역별 조사에서는, 긍정적인 반응이 경기남부지역(14.6%), 경기북부 접경지역(12.4%), 경기북부 비접경지역(8.7%) 순으로 나타남. 경기남부지역(14.6%)이 평균값 13.3%보다 높게 나타남. 경기남부지역(14.6%) 대비 경기북부 접경지역(12.4%), 경기북부 비접경지역(8.7%) 간에 각각 2.2%, 5.9% 차이가 나타남.
- 이념 성향별 조사에서는, 긍정적인 반응이 진보(17.3%), 중도(12.4%), 모른다(12.2%), 보수(11.2%) 순으로 나타나고, 진보(17.3%)가 평균값 13.3%보다 높게 나타남. 진보(17.3%) 대비 중도(12.4%), 모른다(12.2%), 보수(11.2%) 간에 각각 4.9%, 5.1%, 6.1% 차이가 나타남.
- 성별 조사에서는, 긍정적인 반응이 남성(13.4%), 여성(13.2%)으로 동일하게 나타남.
- 연령별 조사에서는, 긍정적인 반응이 50대(17.5%), 60대 이상(14.0%), 20대(13.5%), 30대(12.0%), 40대(9.5%) 순으로 나타남. 50대(17.5%), 60대 이상(14.0%), 20대(13.5%)가 평균값 13.3%보다 높게 나타나고, 50대(17.5%) 대비 60대 이상(14.0%), 20대(13.5%), 30대(12.0%), 40대(9.5%) 간에 각각 3.5%, 4.0%, 5.5%, 8.0% 차이가 나타남.

<그림 II-78> 북한이 남북한 통일을 원하는 정도

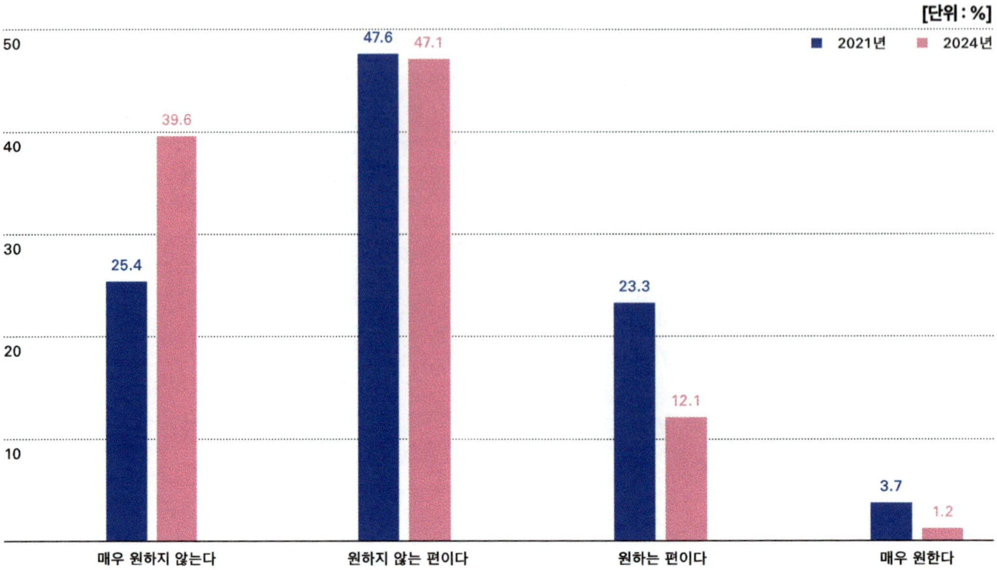

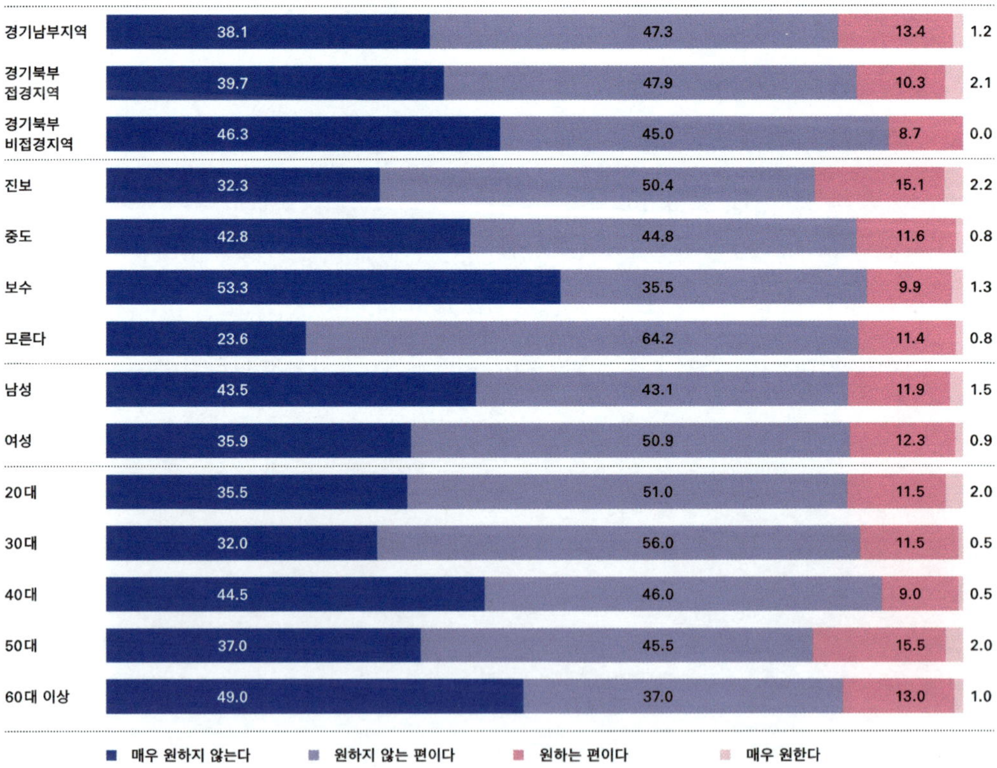

<표 II-33> 북한이 남북한 통일을 원하는 정도

[단위 : 명, %]

구분		사례수	매우 원하지 않은다	원하지 않는 편이다	원하는 편이다	매우 원한다
전체(2024년)		1,000	39.6	47.1	12.1	1.2
전체(2021년)		1,000	25.4	47.6	23.3	3.7
지역	경기남부지역	657	38.1	47.3	13.4	1.2
	경기북부 접경지역	194	39.7	47.9	10.3	2.1
	경기북부 비접경지역	149	46.3	45.0	8.7	0.0
이념 성향	진보	232	32.3	50.4	15.1	2.2
	중도	493	42.8	44.8	11.6	0.8
	보수	152	53.3	35.5	9.9	1.3
	모른다	123	23.6	64.2	11.4	0.8
성별	남성	487	43.5	43.1	11.9	1.5
	여성	513	35.9	50.9	12.3	0.9
연령	20대	200	35.5	51.0	11.5	2.0
	30대	200	32.0	56.0	11.5	0.5
	40대	200	44.5	46.0	9.0	0.5
	50대	200	37.0	45.5	15.5	2.0
	60대 이상	200	49.0	37.0	13.0	1.0
학력	중졸 이하	9	44.4	44.4	11.1	0.1
	고졸	188	41.0	44.7	11.7	2.6
	대재, 대졸	703	40.4	47.2	11.7	0.7
	대학원재, 대학원졸	100	31.0	51.0	16.0	2.0
직업	농축산업	5	80.0	20.0	0.0	0.0
	자영업	91	50.5	38.5	8.8	2.2
	블루칼라	72	37.5	47.2	15.3	0.0
	화이트칼라	389	37.5	49.6	12.1	0.8
	전업주부	135	39.3	45.2	14.8	0.7
	학생	55	32.7	50.9	14.5	1.9
	다른 직종 또는 무직	253	40.3	47.0	10.7	2.0
결혼 여부	미혼	367	37.3	49.3	11.7	1.7
	기혼/자녀 없음	70	35.7	42.9	20.0	1.4
	기혼/자녀 동거	423	40.4	47.5	11.1	1.0
	기혼/자녀 비동거	133	44.4	42.1	12.8	0.7
	기타(이혼 및 사망)	7	57.1	42.9	0.0	0.0
총소득	3000만원 미만	157	43.9	40.1	13.4	2.6
	5000만원 미만	234	38.5	46.6	13.2	1.7
	7000만원 미만	269	39.4	48.0	12.3	0.3
	1억원 미만	232	37.9	49.6	11.2	1.3
	1억원 이상	108	39.8	50.9	9.3	0.0

Ⅲ

북한 및 북한이탈주민에 대한 인식

1 북한에 대한 관심 정도

조사 결과

● 2024년 평균(平均): '매우 관심이 있다' 3.9%, '상당히 관심이 있다' 29.7%로 긍정적인 반응이 33.6%, '별로 관심이 없다' 55.8%, '전혀 관심이 없다' 10.6%로 부정적인 반응이 66.4%로 나타남.

▶ 2021년 대비: 긍정적인 반응이 33.1%에서 33.6%로 0.5% 증가함. '매우 관심이 있다'는 5.1%에서 3.9%로 1.2% 하락했고, '상당히 관심이 있다'가 28.0%에서 29.7%로 1.7% 증가하여 합계 0.5% 증가함.

※ 인구 사회학적 항목별 편차(偏差): 상당한 차이(10%-20%), 현저한 차이(20% 이상)

- 지역별: 경기북부 접경지역(71.6%), 경기남부지역(60.3%), 경기북부 비접경지역(59.7%) 간에 각각 11.3%, 11.9% 차이로, 상당한 차이를 드러냄.
- 성별 조사에서는, 긍정적 응답이 남성(70.9%), 여성(54.4%) 간에 16.5% 차이로, 상당한 차이를 드러냄.

◎ 현저한 차이: 이념 성향별에서 진보(47.0%)와 모른다(14.6%) 간에 34.1% 차이로, 편차가 크고 현저한 차이가 드러남. 연령별에서는 60대 이상(45.3%)과 30대(21.0%)간에 24.3% 차이로, 편차가 크고 현저한 차이가 드러남.

<그림 III-1> 북한에 대한 관심 정도 조사 결과 [전체]

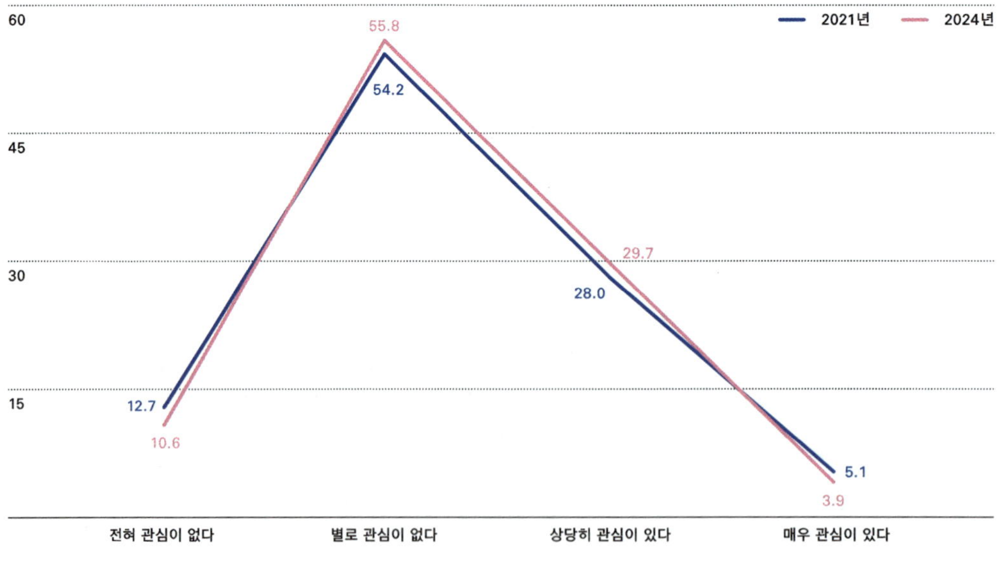

- ‘북한에 대한 관심 정도’에 대한 응답 결과, ‘매우 관심이 있다’ 3.9%, ‘상당히 관심이 있다’ 29.7%로 긍정적인 반응이 33.6%, ‘별로 관심이 없다’ 55.8%, ‘전혀 관심이 없다’ 10.6%로 부정적인 반응이 66.4%로 나타남.
- 2021년과 비교하면, 긍정적인 반응이 33.1%에서 33.6%로 0.5% 증가함. ‘매우 관심이 있다’는 5.1%에서 3.9%로 1.2% 하락했고, ‘상당히 관심이 있다’가 28.0%에서 29.7%로 1.7% 증가하여 합계 0.5% 증가함. 부정적인 반응은 66.9%에서 61.4%로 4.5% 하락함. ‘별로 관심이 없다’가 54.2%에서 55.8%로 1.6% 증가했고, ‘전혀 관심이 없다’는 12.7%에서 10.6%로 2.1% 하락하여 합계 0.5% 하락함.
- 지역별 조사에서는, 긍정적인 반응이 경기북부 접경지역(38.1%)이 평균값 33.6%보다 4.5% 높게 나타남. 경기남부지역(33.6%), 경기북부 비접경지역(27.5%) 순으로 나타났으며, 경기북부 접경지역(38.1%) 대비 각각 4.5%, 10.6%로 차이가 나타남.
- 이념 성향별 조사에서는, 긍정적 반응은 진보(47.0%)가 평균값 33.6%보다 13.4%로 높았음. 보수(33.6%), 중도(32.1%), 모른다(14.6%) 순으로 나타났으며, 진보(47.0%) 대비 각각 13.4%, 15.1%, 32.4%로 편차가 크고 현저한 차이가 드러남.
- 성별 조사에서는, 긍정적 반응은 남성(39.4%)이 평균값 33.6%보다 5.8%로 높았음. 여성(28.1%) 대비 남성이 11.3% 차이가 남.
- 연령별 조사에서는, 긍정적 반응은 60대 이상(45.3%)이 평균값 33.6%보다 11.7.% 높았음. 50대(38.5%), 20대(35.5%), 40대(27.0%), 30대(21.0%) 순으로 나타났으며, 60대 이상(45.3%) 대비 6.8%, 9.8%, 18.3%, 24.3%로 편차가 크고 현저한 차이를 드러냄.

<그림 III-2> 북한에 대한 관심 정도 조사 결과 [항목별]

이념 성향별

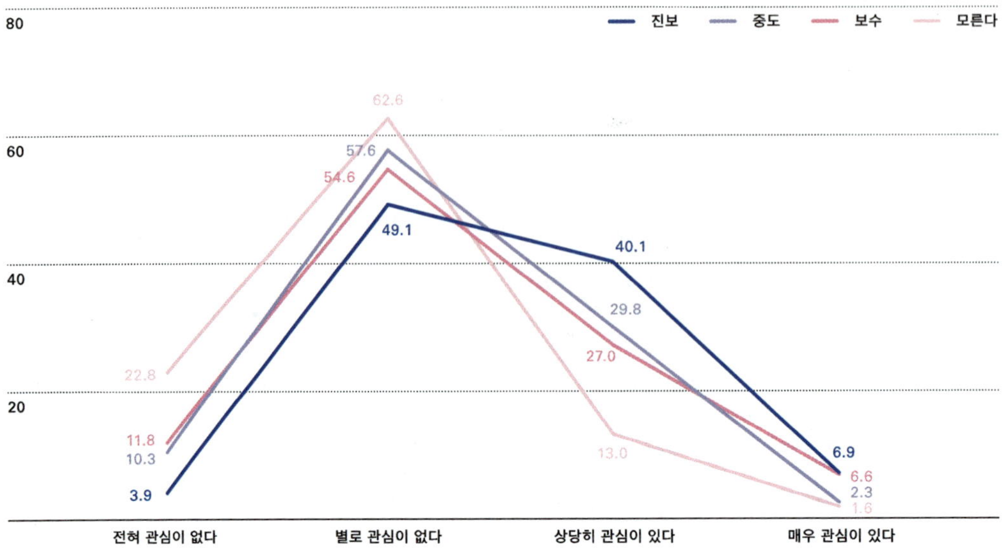

연령별

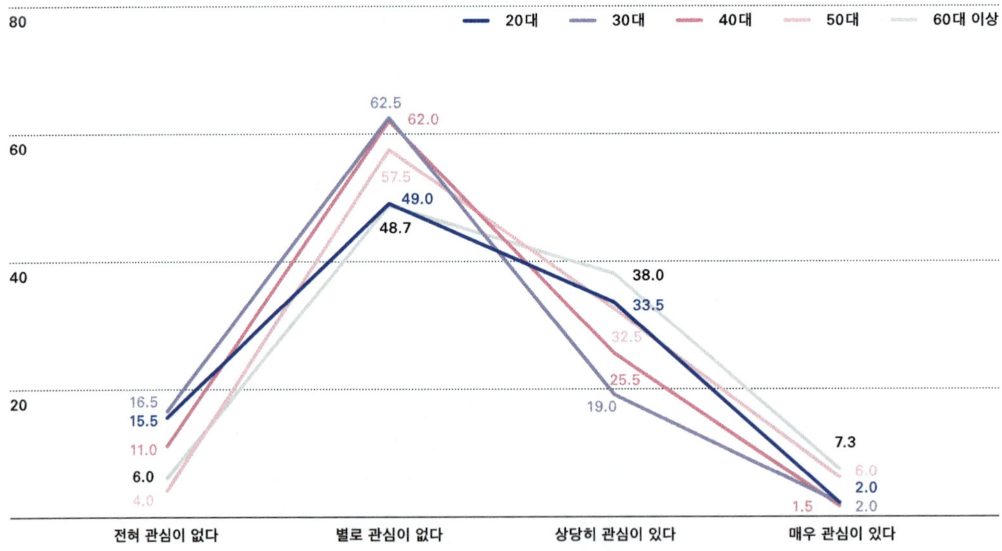

<그림 III-3> 북한에 대한 관심 정도

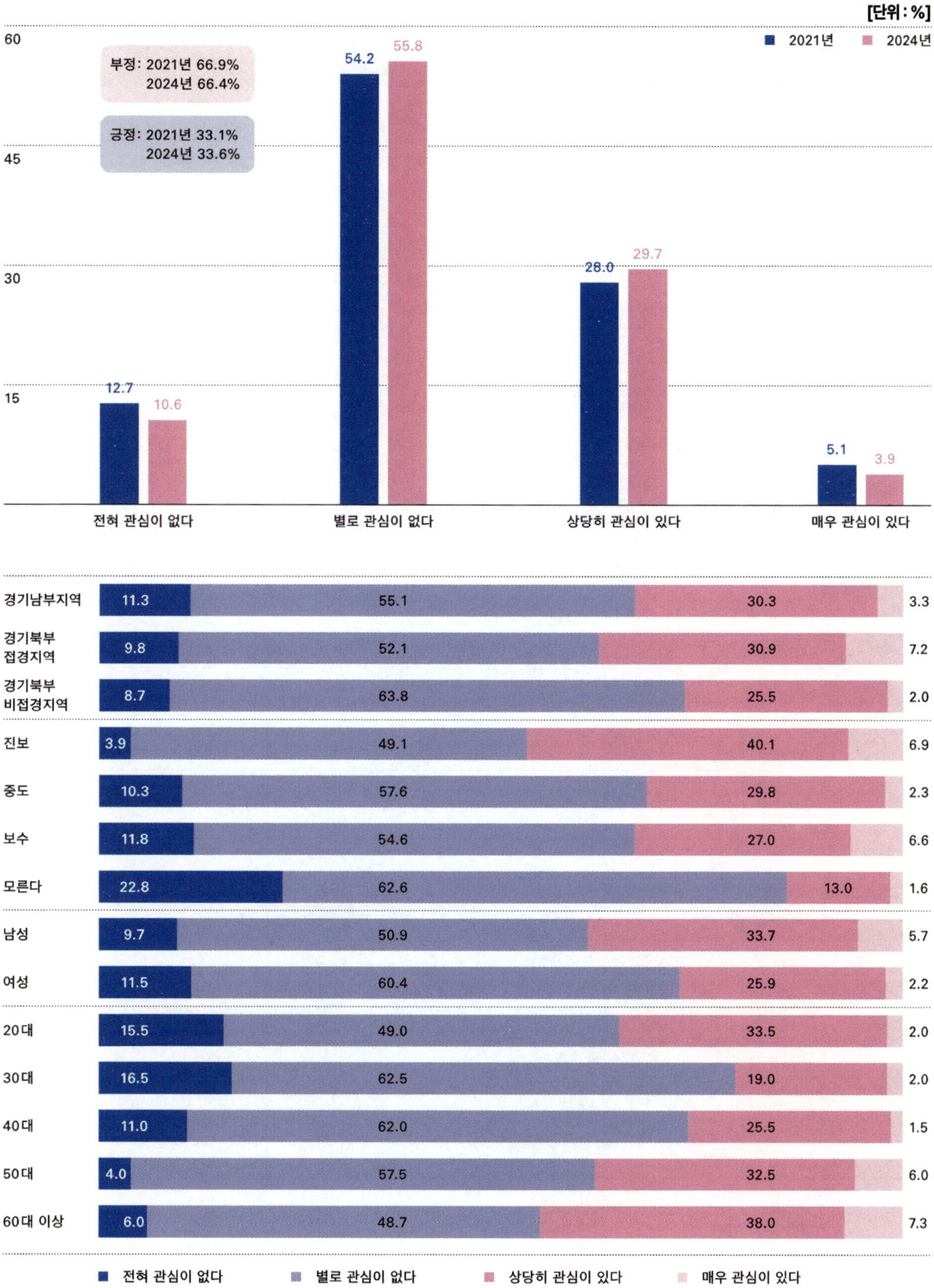

<표 III-1> 북한에 대한 관심 정도

[단위 : 명, %]

구분		명	%	전혀 관심이 없다	별로 관심이 없다	상당히 관심이 있다	매우 관심이 있다
전체(2024년)		1,000	100	10.6	55.8	29.7	3.9
전체(2021년)		1,000	100	12.7	54.2	28.0	5.1
지역	경기남부지역	657	65.7	11.3	55.1	30.3	3.3
	경기북부 접경지역	194	19.4	9.8	52.1	30.9	7.2
	경기북부 비접경지역	149	14.9	8.7	63.8	25.5	2.0
이념 성향	진보	232	23.3	3.9	49.1	40.1	6.9
	중도	493	49.3	10.3	57.6	29.8	2.3
	보수	152	15.2	11.8	54.6	27.0	6.6
	모른다	123	12.3	22.8	62.6	13.0	1.6
성별	남성	487	48.7	9.7	50.9	33.7	5.7
	여성	513	51.3	11.5	60.4	25.9	2.2
연령	20대	200	20.0	15.5	49.0	33.5	2.0
	30대	200	20.0	16.5	62.5	19.0	2.0
	40대	200	20.0	11.0	62.0	25.5	1.5
	50대	200	20.0	4.0	57.5	32.5	6.0
	60대 이상	200	20.0	6.0	48.7	38.0	7.3
학력	중졸 이하	9	0.9	33.3	44.4	22.2	0.1
	고졸	188	18.8	10.6	53.2	33.0	3.2
	대재, 대졸	703	70.3	11.0	56.2	28.9	3.9
	대학원재, 대학원졸	100	10.0	6.0	59.0	30.0	5.0
직업	농축산업	5	0.5	20.0	80.0	0.0	0.0
	자영업	91	9.1	12.1	54.9	29.7	3.3
	블루칼라	72	7.2	6.9	52.8	33.3	7.0
	화이트칼라	389	38.9	7.7	58.6	30.3	3.4
	전업주부	135	13.5	7.4	62.2	28.9	1.5
	학생	55	5.5	14.5	41.8	41.8	1.9
	다른 직종 또는 무직	253	25.3	16.2	51.8	26.1	5.9
결혼 여부	미혼	367	36.7	15.3	52.9	28.9	2.9
	기혼/자녀 없음	70	7.0	10.0	54.3	34.3	1.4
	기혼/자녀 동거	423	42.3	7.6	60.0	28.8	3.6
	기혼/자녀 비동거	133	13.3	7.5	49.6	33.8	9.1
	기타(이혼 및 사망)	7	0.7	14.3	85.7	0.0	0.0
총소득	3000만원 미만	157	15.7	13.4	44.6	35.0	7.0
	5000만원 미만	234	23.4	13.7	53.4	29.5	3.4
	7000만원 미만	269	26.9	8.9	56.9	32.0	2.2
	1억원 미만	232	23.2	6.5	65.1	24.6	3.8
	1억원 이상	108	10.8	13.0	54.6	27.8	4.6

2 북한이나 통일에 대한 정보 습득 경로

1) 정보 습득 경로: 1순위

조사 결과

● 2024년 평균(平均): 'TV' 74.5%, 'SNS(유튜브, 페북, 인스타 등)' 18.0%, '신문/라디오' 4.6%, '선생님/가족 등' 2.2%, 기타 0.7% 순으로 나타남.

▶ 2021년 대비: 'TV', '신문/라디오', '선생님/가족 등'에서 'SNS(유튜브, 페북, 인스타 등)'으로 7.8%가 이동함.

※ 인구 사회학적 항목별 편차(偏差): 상당한 차이(10%-20%), 현저한 차이(20% 이상)

<그림 III-4> 북한이나 통일에 대한 정보 습득 경로: 1순위 조사 결과 [전체]

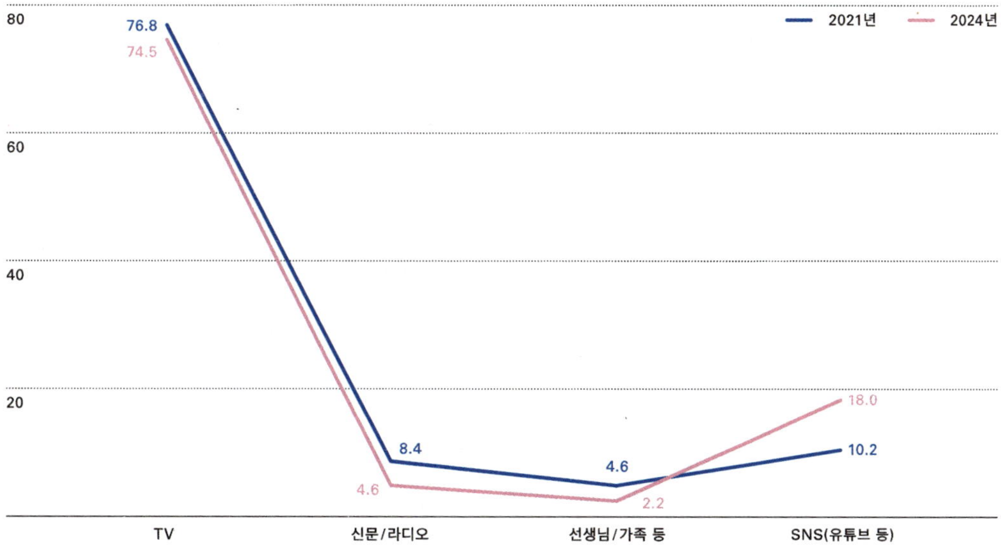

- '북한과 통일 관련 정보 습득'에 대한 응답 결과, 'TV' 74.5%, 'SNS(유튜브, 페북, 인스타 등)' 18.0%, '신문/라디오' 4.6%, '선생님/가족 등' 2.2%, 기타 0.7% 순으로 나타남.
- 2021년과 비교하면, 'SNS(유튜브, 페북, 인스타 등)'는 10.2%에서 18.0%로 7.8% 증가. 'TV'는 76.8%에서 74.5%로 2.3% 하락, '신문/라디오'은 8.4%에서 4.6%로 3.4% 하

락, '선생님/가족 등'이 4.6%에서 2.2%로 1.7% 하락. 기타 1.1%에서 0.7%로 0.4% 하락. 하락 합계 7.8%가 'SNS(유튜브, 페북, 인스타 등)'로 이동

- 지역별 조사에서는, 'TV'는 경기북부 비접경지역(75.2%)이 평균값 74.5%보다 0.8% 높게 나타났고, 경기북부 접경지역(74.2%), 경기남부지역(71.8%) 순으로 나타남. 경기북부 비접경지역(75.2%) 대비 경기북부 접경지역(74.2%), 경기남부지역(71.8%) 간에는 각각 1.0%, 3.4% 차이를 나타냄. 'SNS(유튜브, 페북, 인스타 등)'에서는 경기북부 비접경지역(20.0%)이 평균값 18.0%보다 2.0% 높게 나타났고, 경기남부지역(17.8%), 경기북부 접경지역(16.5%) 순으로 나타나, 경기북부 비접경지역(20.0%) 대비 경기남부지역(17.8%), 경기북부 접경지역(16.5%)은 각각 2.2%, 3.5% 차이가 나타남.
- 이념 성향별 조사에서는, 'TV'는 모른다(78.9%), 중도(75.9%), 보수(72.4%), 진보(70.9%) 순으로 나타나, 모른다(78.9%), 중도(75.9%)는 평균값 74.5%보다 높게 나타남. 모른다(78.9%) 대비 중도(75.9%), 보수(72.4%), 진보(70.9%) 간에는 3.0%, 6.5%, 8.0% 차이가 나타남. 'SNS(유튜브, 페북, 인스타 등)'에서는 진보(23.7%)가 평균값 18.0%보다 높게 나타났고, 모른다(17.9%), 보수(17.1%), 중도(15.6%) 순으로 나타남. 진보(23.7%) 대비 모른다(17.9%), 보수(17.0%), 중도(15.6%) 간에는 5.8%, 6.7%, 8.1% 차이가 나타남.
- 성별 조사에서는, 'TV'는 여성(79.9%)이 남성(68.8%)보다 11.1%가 높게 나타났고, 'SNS(유튜브, 페북, 인스타 등)'에서는 남성(22.2%)이 여성(14.0%)보다 8.2% 높게 나타남.
- 연령별 조사에서는, 'TV'가 60대 이상(80.0%), 50대(80.0%), 40대(79.0%), 30대(70.5%), 20대(63.0%) 순으로 나타나, 60대 이상(80.0%), 50대(80.0%), 40대(79.0%)평균값 74.5%보다 높게 나타남. 60대 이상(80.0%), 50대(80.0%) 대비 40대(79.0%), 30대(70.5%), 20대(63.0%) 간에 1.0%, 9.5%, 17.0% 차이가 나타남. 'SNS(유튜브, 페북, 인스타 등)'에서는 20대(26.5%), 60대 이상(16.5%), 50대(16.0%), 30대(16.0%), 40대(15.0%) 순으로 나타나, 20대(26.5%)만 평균값 18.0%보다 8.5% 높게 나타남. 20대(26.5%) 대비 60대 이상(16.5%), 50대(16.0%), 30대(16.0%), 40대(15.0%) 간에는 10.0%, 10.5%, 10.5%, 11.5% 차이가 나타남.

<그림 III-5> 북한이나 통일에 대한 정보 습득(1순위)

[단위 : %]

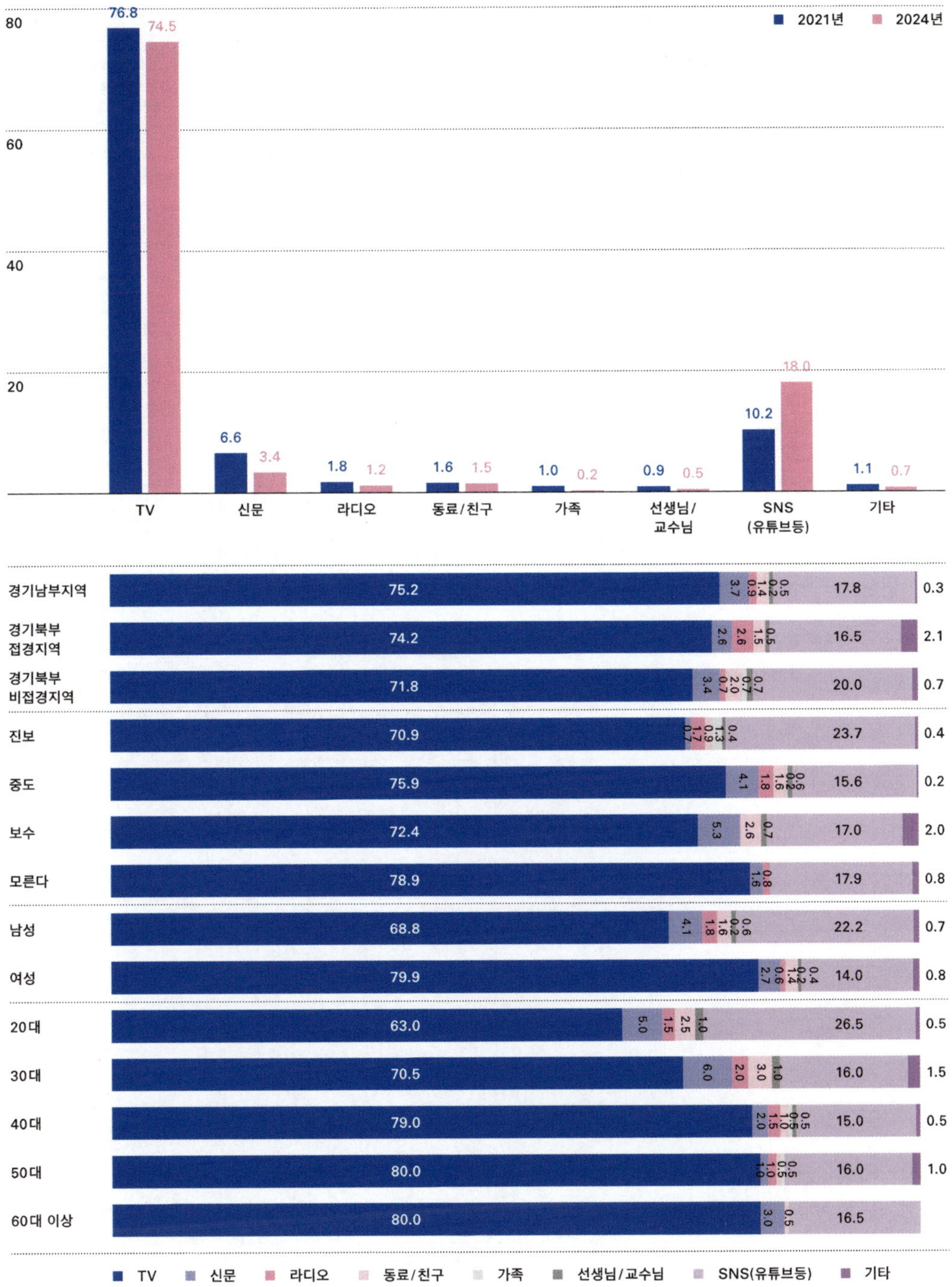

<표 III-2> 북한이나 통일에 대한 정보 습득 경로(1순위)

[단위 : 명, %]

구분		명	%	TV	신문	라디오	동료/친구	가족	선생님/교수님	SNS(유튜브등)	기타
전체(2024년)		1,000	100	74.5	3.4	1.2	1.5	0.2	0.5	18.0	0.7
전체(2021년)		1,000	100	76.8	6.6	1.8	1.6	1.0	0.9	10.2	1.1
지역	경기남부지역	657	65.7	75.2	3.7	0.9	1.4	0.2	0.5	17.8	0.3
	경기북부 접경지역	194	19.4	74.2	2.6	2.6	1.5	0.0	0.5	16.5	2.1
	경기북부 비접경지역	149	14.9	71.8	3.4	0.7	2.0	0.7	0.7	20.0	0.7
이념 성향	진보	232	23.3	70.9	0.7	1.7	0.9	1.3	0.4	23.7	0.4
	중도	493	49.3	75.9	4.1	1.8	1.6	0.2	0.6	15.6	0.2
	보수	152	15.2	72.4	5.3	0.0	2.6	0.0	0.7	17.0	2.0
	모른다	123	12.3	78.9	1.6	0.8	0.0	0.0	0.0	17.9	0.8
성별	남성	487	48.7	68.8	4.1	1.8	1.6	0.2	0.6	22.2	0.7
	여성	513	51.3	79.9	2.7	0.6	1.4	0.2	0.4	14.0	0.8
연령	20대	200	20.0	63.0	5.0	1.5	2.5	0.0	1.0	26.5	0.5
	30대	200	20.0	70.5	6.0	2.0	3.0	0.0	1.0	16.0	1.5
	40대	200	20.0	79.0	2.0	1.5	1.0	0.5	0.5	15.0	0.5
	50대	200	20.0	80.0	1.0	1.0	0.5	0.5	0.0	16.0	1.0
	60대 이상	200	20.0	80.0	3.0	0.0	0.5	0.0	0.0	16.5	0.0
학력	중졸 이하	9	0.9	100.0	0.0	0.0	0.0	0.0	0.0	0.0	0.0
	고졸	188	18.8	78.7	3.2	1.1	0.5	0.0	0.5	15.4	0.6
	대재, 대졸	703	70.3	73.8	3.6	1.3	1.7	0.1	0.4	18.5	0.6
	대학원재, 대학원졸	100	10.0	69.0	3.0	1.0	2.0	1.0	1.0	21.0	2.0
직업	농축산업	5	0.5	100.0	0.0	0.0	0.0	0.0	0.0	0.0	0.0
	자영업	91	9.1	69.2	2.2	2.2	2.2	0.0	0.0	22.0	2.2
	블루칼라	72	7.2	80.6	2.8	5.6	0.0	0.0	1.4	9.6	0.0
	화이트칼라	389	38.9	73.5	3.6	0.5	1.5	0.5	0.5	19.0	0.9
	전업주부	135	13.5	85.9	4.4	0.7	0.7	0.0	0.0	8.3	0.0
	학생	55	5.5	52.7	7.3	3.6	3.6	0.0	1.8	30.9	0.1
	다른 직종 또는 무직	253	25.3	74.3	2.4	0.4	1.6	0.0	0.4	20.2	0.7
결혼 여부	미혼	367	36.7	69.8	3.3	1.1	2.7	0.0	0.5	21.5	1.1
	기혼/자녀 없음	70	7.0	62.9	5.7	1.4	1.4	0.0	0.0	27.1	1.4
	기혼/자녀 동거	423	42.3	76.8	3.8	1.4	0.7	0.5	0.7	16.1	0.0
	기혼/자녀 비동거	133	13.3	85.0	1.5	0.8	0.8	0.0	0.0	10.5	1.5
	기타(이혼 및 사망)	7	0.7	100.0	0.0	0.0	0.0	0.0	0.0	0.0	0.0
총소득	3000만원 미만	157	15.7	77.1	3.8	2.5	3.2	0.0	0.6	12.8	0.0
	5000만원 미만	234	23.4	73.9	3.4	0.9	1.7	0.4	0.0	18.8	0.9
	7000만원 미만	269	26.9	69.5	4.8	1.9	1.5	0.0	0.4	20.8	1.1
	1억원 미만	232	23.2	78.4	1.3	0.0	0.4	0.4	0.4	18.1	1.0
	1억원 이상	108	10.8	75.9	3.7	0.9	0.9	0.0	1.9	16.7	0.0

2) 정보 습득 경로: 1+2순위

조사 결과

● 2024년 평균(平均): 'TV' 46.5%, 'SNS(유트브 등)' 29.4%, '신문/라디오' 18.1%, '선생님/가족 등' 5.1%, 기타 0.9% 순으로 나타남.

▶ 2021년 대비: 'TV'는 31.8%에서 46.5%로 14.7% 증가, 'SNS(유트브 등)'는 18.7%에서 29.4%로 10.7% 증가.

※ 인구 사회학적 항목별 편차(偏差): 상당한 차이(10%-20%), 현저한 차이(20% 이상)

- 연령별: SNS(유트브 등)에서 60대 이상(32.3%), 20대(31.3%)가 다른 연령대에 비해 높게 나타나고, '신문/라디오'에서는 60대 이상(15.3%), 20대(14.8%)가 다른 연령대에 비해 낮게 나타나는 특성이 드러남.

<그림 III-6> 북한이나 통일에 대한 정보 습득 경로(1+2순위) 조사 결과 [전체]

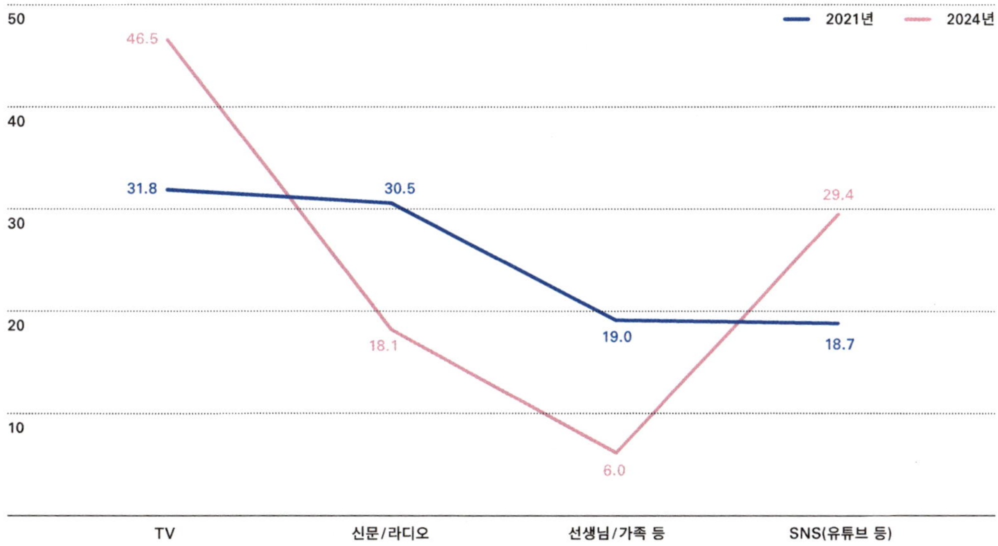

<그림 III-7> 북한이나 통일에 대한 정보 습득 경로(1+2순위) 조사 결과[연령별]

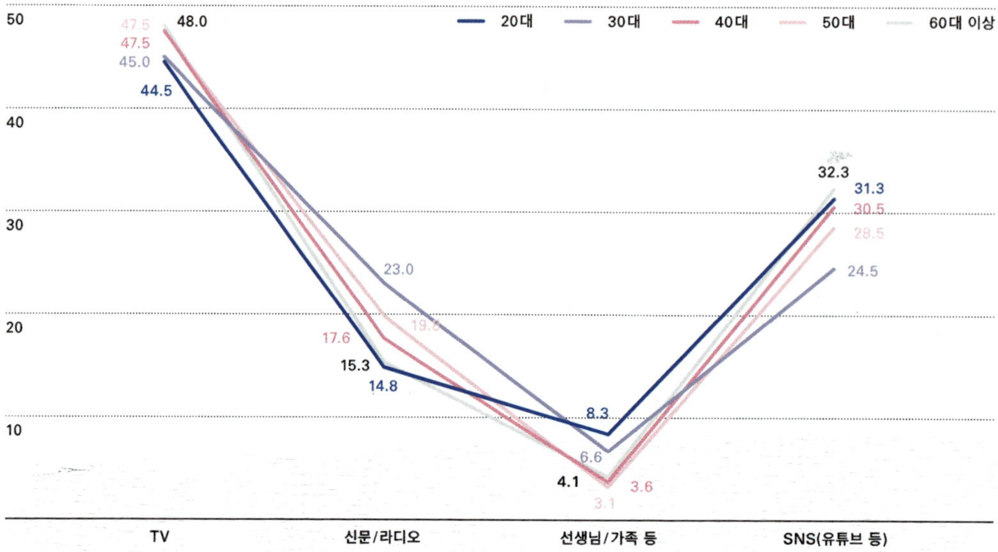

- '북한이나 통일에 대한 정보를 습득한 경로의 1순위와 2순위' 응답 결과, 'TV' 46.5%, 'SNS(유트브 등)' 29.4%, '신문/라디오' 18.1%, '선생님/가족 등' 5.1%, 기타 0.9% 순으로 나타남.
- 2021년과 비교하면, 'TV'는 31.8%에서 46.5%로 14.7% 증가, 'SNS(유트브 등)'는 18.7%에서 29.4%로 10.7% 증가. '신문/라디오' 30.5%에서 18.1%로 12.4% 하락, '선생님/가족 등' 16.0%에서 5.1%로 10.9% 하락. 기타 3.0%에서 0.9%로 2.1% 하락. 하락 합계 25.4%가 'TV'와 'SNS(유튜브, 페북, 인스타 등)'로 이동.
- 지역별 조사에서는, 'TV'는 경기북부 접경지역(46.9%), 경기남부지역(46.6%), 경기북부 비접경지역(45.6%) 순으로 나타남. 'SNS(유트브 등)'은 경기북부 비접경지역(31.2%), 경기남부 지역(29.1%), 경기북부 접경지역(28.9%) 순으로 나타남. '신문/라디오'는 경기남부지역(18.5%), 경기북부 접경지역(17.2%), 경기북부 비접경지역(16.8%) 순으로 나타남. '선생님/가족 등' 경기북부 접경지역(7.0%), 경기부부 비접경지역(6.4%), 경기남부지역(5.8%) 순으로 나타남.
- 이념 성향별 조사에서는, 'TV'는 모른다(47.6%), 진보(46.6%), 중도(46.5%), 보수(45.7%)

순으로 나타남. '신문/라디오'는 중도(19.4%), 보수(18.1%), 모른다(16.3%), 진보(16.2%) 순으로 나타나, 약간의 차이가 남. '선생님/가족 등'은 보수(8.2%), 진보(6.0%), 중도(5.7%), 모른다(4.4%) 순으로 나타남.

- 성별 조사에서는, 'TV'는 여성(47.8%), 남성(45.2%) 순으로, 'SNS(유트브 등)'는 남성(31.5%), 여성(27.4%) 순으로, '신문/라디오'는 여성(19.8%), 남성(16.2%) 순으로 나타남.
- 연령별 조사에서는, 'TV'는 60대 이상(48.0%), 50대(47.5%), 40대(47.5%), 30대(45.0%), 20대(44.5%) 순으로, 'SNS(유트브 등)'에서는 60대 이상(32.3%), 20대(31.3%), 40대(30.5%), 50대(28.5%), 30대(24.5%) 순으로 나타남. '신문/라디오'는 30대(23.0%), 50대(19.8%), 40대(17.6%), 60대 이상(15.3%), 20대(14.8%) 순으로 나타남. 'SNS(유트브 등)'에서 60대 이상(32.3%), 20대(31.3%)가 다른 연령대에 비해 높게 나타나고, '신문/라디오'에서는 60대 이상(15.3%), 20대(14.8%)가 다른 연령대에 비해 낮게 나타나는 특성이 드러남.

<그림 III-8> 북한이나 통일에 대한 정보 습득 경로(1순위+2순위)

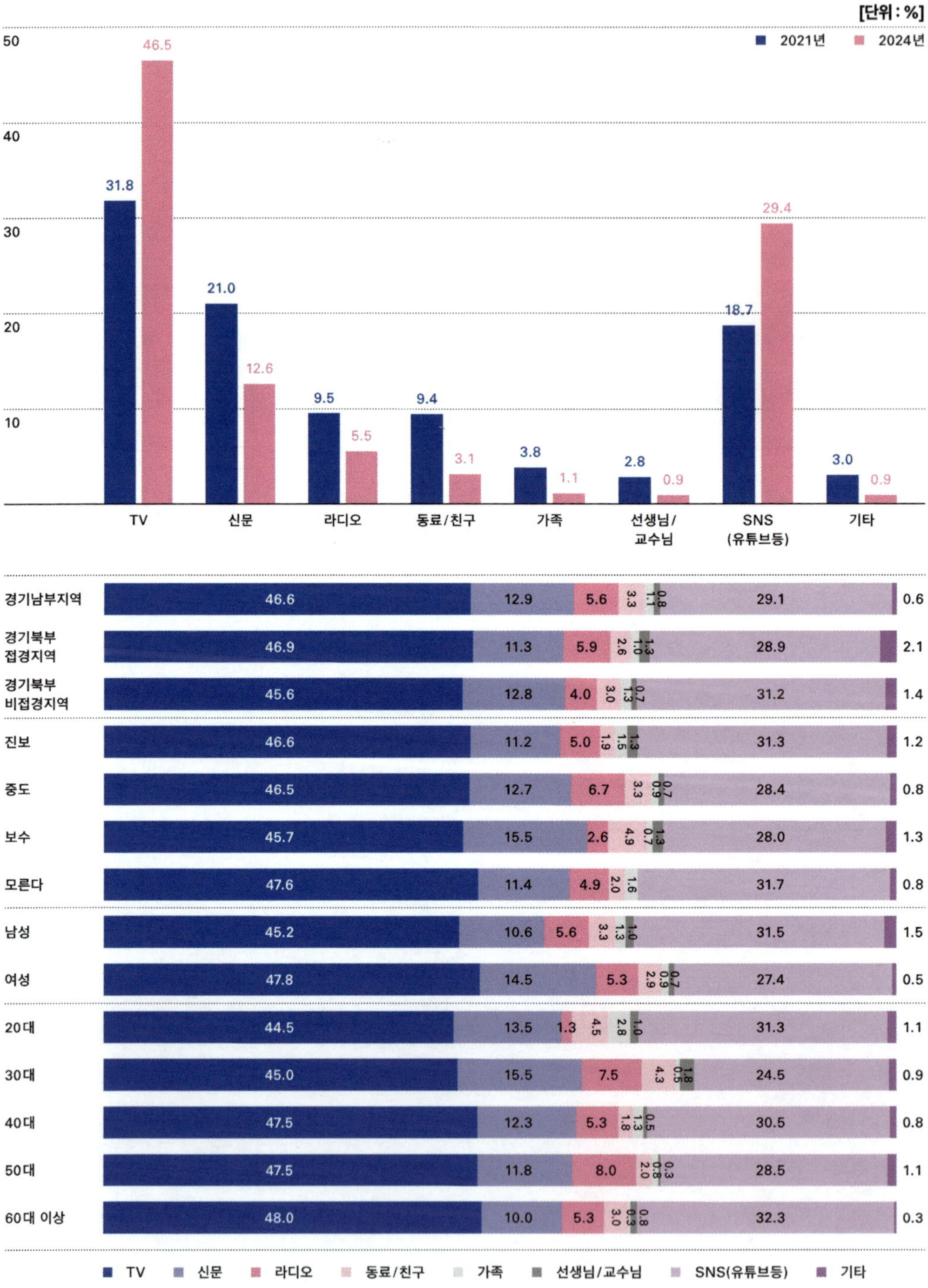

<표 III-3> 정보 습득 경로(1+2순위)

[단위 : 명, %]

구분		명	%	TV	신문	라디오	동료/친구	가족	선생님/교수님	SNS (유튜브등)	기타
전체(2024년)		1,000	100	46.5	12.6	5.5	3.1	1.1	0.9	29.4	0.9
전체(2021년)		1,000	100	31.8	21.0	9.5	9.4	3.8	2.8	18.7	3.0
지역	경기남부지역	657	65.7	46.6	12.9	5.6	3.3	1.1	0.8	29.1	0.6
	경기북부 접경지역	194	19.4	46.9	11.3	5.9	2.6	1.0	1.3	28.9	2.1
	경기북부 비접경지역	149	14.9	45.6	12.8	4.0	3.0	1.3	0.7	31.2	1.4
이념 성향	진보	232	23.3	46.6	11.2	5.0	1.9	1.5	1.3	31.3	1.2
	중도	493	49.3	46.5	12.7	6.7	3.3	0.9	0.7	28.4	0.8
	보수	152	15.2	45.7	15.5	2.6	4.9	0.7	1.3	28.0	1.3
	모른다	123	12.3	47.6	11.4	4.9	2.0	1.6	0.0	31.7	0.8
성별	남성	487	48.7	45.2	10.6	5.6	3.3	1.3	1.0	31.5	1.5
	여성	513	51.3	47.8	14.5	5.3	2.9	0.9	0.7	27.4	0.5
연령	20대	200	20.0	44.5	13.5	1.3	4.5	2.8	1.0	31.3	1.1
	30대	200	20.0	45.0	15.5	7.5	4.3	0.5	1.8	24.5	0.9
	40대	200	20.0	47.5	12.3	5.3	1.8	1.3	0.5	30.5	0.8
	50대	200	20.0	47.5	11.8	8.0	2.0	0.8	0.3	28.5	1.1
	60대 이상	200	20.0	48.0	10.0	5.3	3.0	0.3	0.8	32.3	0.3
학력	중졸 이하	9	0.9	50.0	11.1	0.0	0.0	0.0	0.0	38.9	0.0
	고졸	188	18.8	47.6	10.1	4.8	2.9	0.5	0.5	32.7	0.9
	대재, 대졸	703	70.3	46.1	13.1	5.5	3.1	1.2	0.9	29.0	1.1
	대학원재, 대학원졸	100	10.0	47.0	14.0	6.5	3.5	1.5	1.5	25.0	1.0
직업	농축산업	5	0.5	50.0	30.0	0.0	0.0	0.0	0.0	20.0	0.0
	자영업	91	9.1	46.7	9.9	6.6	3.8	1.1	0.5	29.1	2.3
	블루칼라	72	7.2	45.1	10.4	11.8	2.8	0.0	2.1	25.7	2.1
	화이트칼라	389	38.9	46.8	14.5	5.0	2.3	0.8	1.0	28.5	1.1
	전업주부	135	13.5	48.1	13.0	6.3	2.2	0.4	0.4	29.6	0.0
	학생	55	5.5	43.6	12.7	2.7	4.5	7.3	1.8	27.3	0.1
	다른 직종 또는 무직	253	25.3	46.0	10.7	4.2	4.3	1.0	0.4	32.4	1.0
결혼 여부	미혼	367	36.7	45.2	13.8	2.0	4.2	1.6	1.0	30.5	1.7
	기혼/자녀 없음	70	7.0	47.1	12.1	5.7	2.1	2.1	0.7	29.3	0.9
	기혼/자녀 동거	423	42.3	46.7	12.9	8.3	2.2	0.8	1.1	27.5	0.5
	기혼/자녀 비동거	133	13.3	48.9	9.0	6.0	3.4	0.0	0.0	31.6	1.1
	기타(이혼 및 사망)	7	0.7	50.0	7.1	0.0	0.0	0.0	0.0	42.9	0.0
총소득	3000만원 미만	157	15.7	45.2	11.5	4.1	5.7	1.6	0.6	30.6	0.7
	5000만원 미만	234	23.4	46.4	12.4	4.9	3.6	1.3	0.6	29.7	1.1
	7000만원 미만	269	26.9	45.4	12.8	6.9	3.0	1.1	1.3	28.4	1.1
	1억원 미만	232	23.2	47.8	10.8	5.6	1.7	0.9	0.4	31.7	1.1
	1억원 이상	108	10.8	48.6	18.1	4.6	1.4	0.5	1.4	24.5	0.9

3 북한이탈주민 인식

1) 북한이탈주민에 대해 관심이 간다

조사 결과

● 2024년 평균(平均): '매우 그렇다' 6.0%, '그런 편이다' 46.7%로 북한이탈주민에 대해 관심이 간다 라는 응답이 52.7%, '그렇지 않은 편이다' 37.8%, '전혀 그렇지 않다' 9.5%로 북한이탈주민에 대해 관심이 가지 않는다 라는 응답은 47.3%로 나타남.

▶ 2021년 대비: 북한이탈주민에 대해 관심이 간다 라는 반응이 54.2%에서 52.7%로 1.5% 하락. '매우 그렇다'는 8.9%에서 6.0%로 2.9% 하락했고, '그런 편이다'가 45.3%에서 46.7%로 1.4% 증가하여 합계 1.5% 하락함.

※ 인구 사회학적 항목별 편차(偏差): 상당한 차이(10%-20%), 현저한 차이(20% 이상)

◎ 현저한 차이: 이념 성향별에서 진보(60.3%)와 모른다(39.8%) 간에 각각 20.5%로 편차를 보이며 현저한 차이가 드러남. 연령별에서는 60대 이상(64.0%)와 30대(42.5%) 간에 21.5% 차이가 나타나, 편차가 큰 현저한 차이가 드러남.

<그림 III-9> 북한이탈주민에 대해 관심이 간다 조사 결과 [전체]

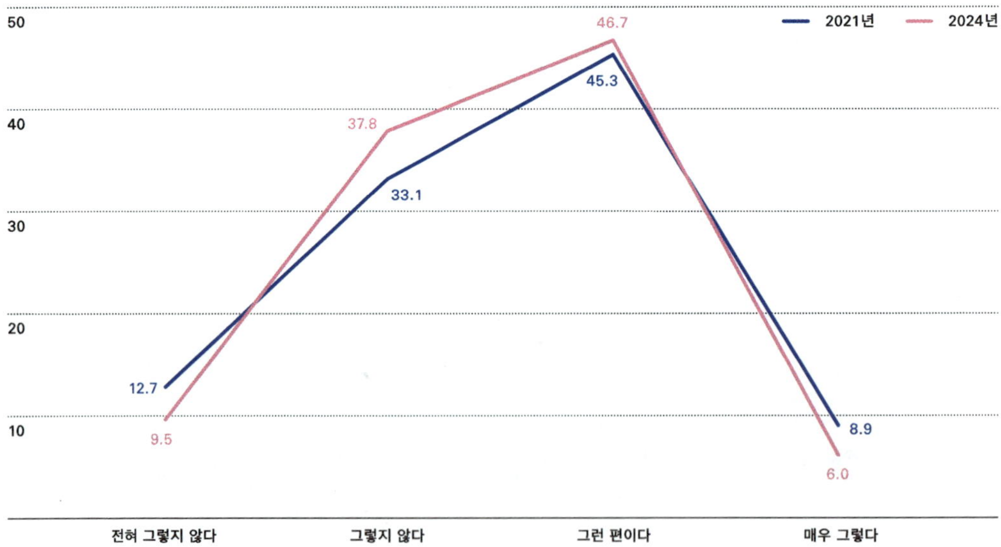

- ‘북한이탈주민에 관심이 간다’에 대한 응답 결과, ‘매우 그렇다’ 6.0%, ‘그런 편이다’ 46.7%로 긍정적인 응답이 52.7%, ‘그렇지 않은 편이다’ 37.8%, ‘전혀 그렇지 않다’ 9.5%로 부정적인 응답이 47.3%로 나타남.
- 2021년과 비교하면, ‘매우 그렇다’ 8.9%에서 6.0%로 2.9% 하락, ‘그런 편이다’ 45.3%에서 46.7%로 1.4% 증가로 긍정적인 반응이 54.2%에서 52.7%로 1.5% 하락함. ‘그렇지 않다’ 33.1%에서 37.8%로 4.7% 증가. ‘전혀 그렇지 않다’ 12.7%에서 9.5%로 3.2% 하락으로 부정적인 반응이 45.8%에서 47.3%로 1.5% 증가함.
- 지역별 조사에서는, 긍정적인 응답이 경기북부 비접경지역(54.9%), 경기북부 접경지역(54.2%), 경기남부지역(52.1%) 순으로 나타남.
- 이념 성향별 조사에서는, 긍정적인 응답이 진보(60.3%), 보수(56.6%), 중도(51.1%), 모른다(39.8%) 순으로 나타나, 진보(60.3%), 보수(56.6%)가 평균값 52.7%보다 진보(60.3%), 보수(56.6%) 높게 나타남. 진보(60.3%) 대비 보수(56.6%), 중도(51.1%), 모른다(39.8%) 간에는 각각 3.7%, 9.2%, 20.5%로 편차를 보이며 현저한 차이가 드러남.
- 성별 조사에서는, 남성(54.4%), 여성(52.6%) 순으로 응답함.
- 연령별 조사에서는, 60대 이상(64.0%), 50대(55.0%), 20대(52.0%), 40대(50.0%), 30대(42.5%) 순으로 나타나, 60대 이상(64.0%), 50대(55.0%)가 평균값 52.7%보다 높게 나타나고, 60대 이상(64.0%) 대비 50대(55.0%), 20대(52.0%), 40대(50.0%), 30대(42.5%) 간에는 각각 9.0%, 12.0%, 14.0%, 21.5% 차이가 나타나, 편차가 컸음.

<그림 III-10> 북한이탈주민에 대해 관심이 간다 조사 결과[항목별]

이념 성향별

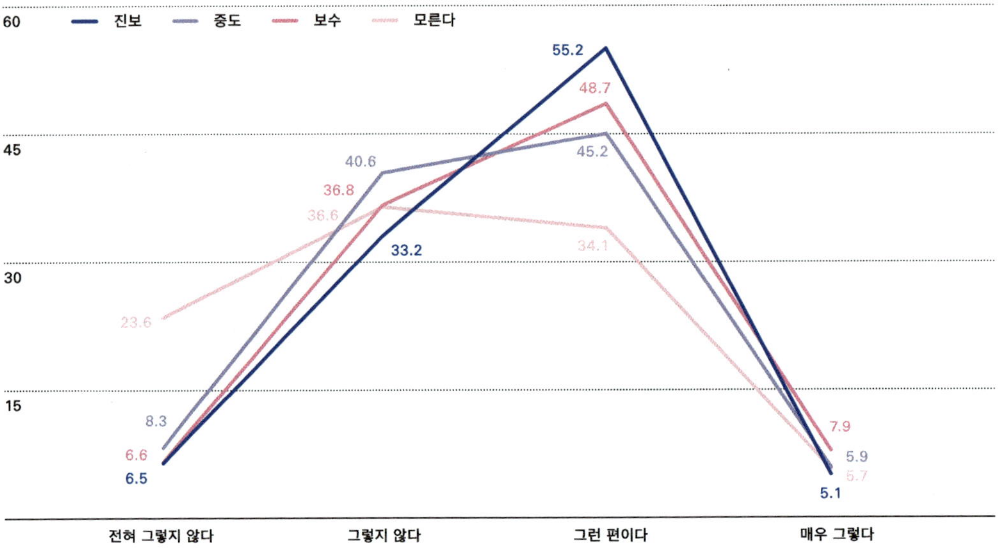

연령별

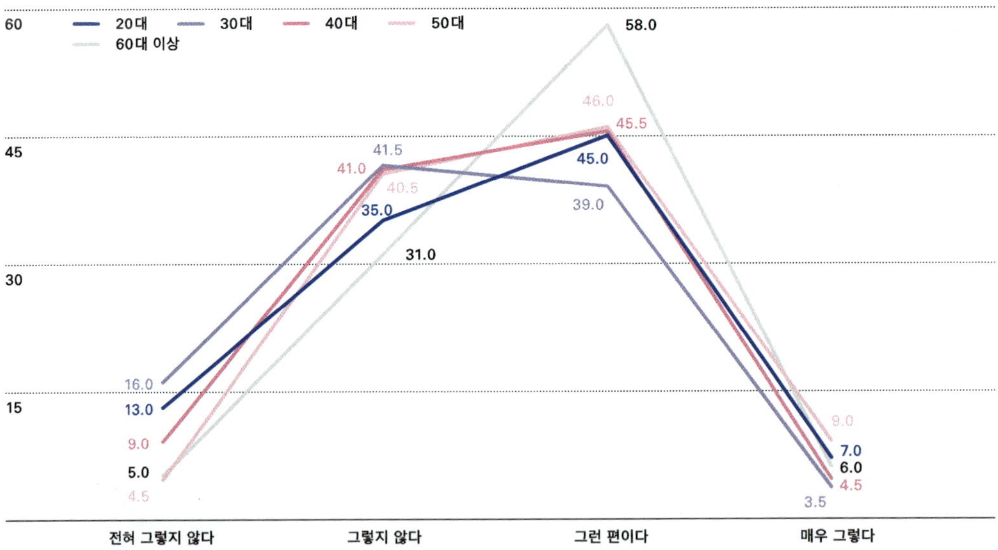

<그림 III-11> 북한이탈주민에 대해 관심이 간다

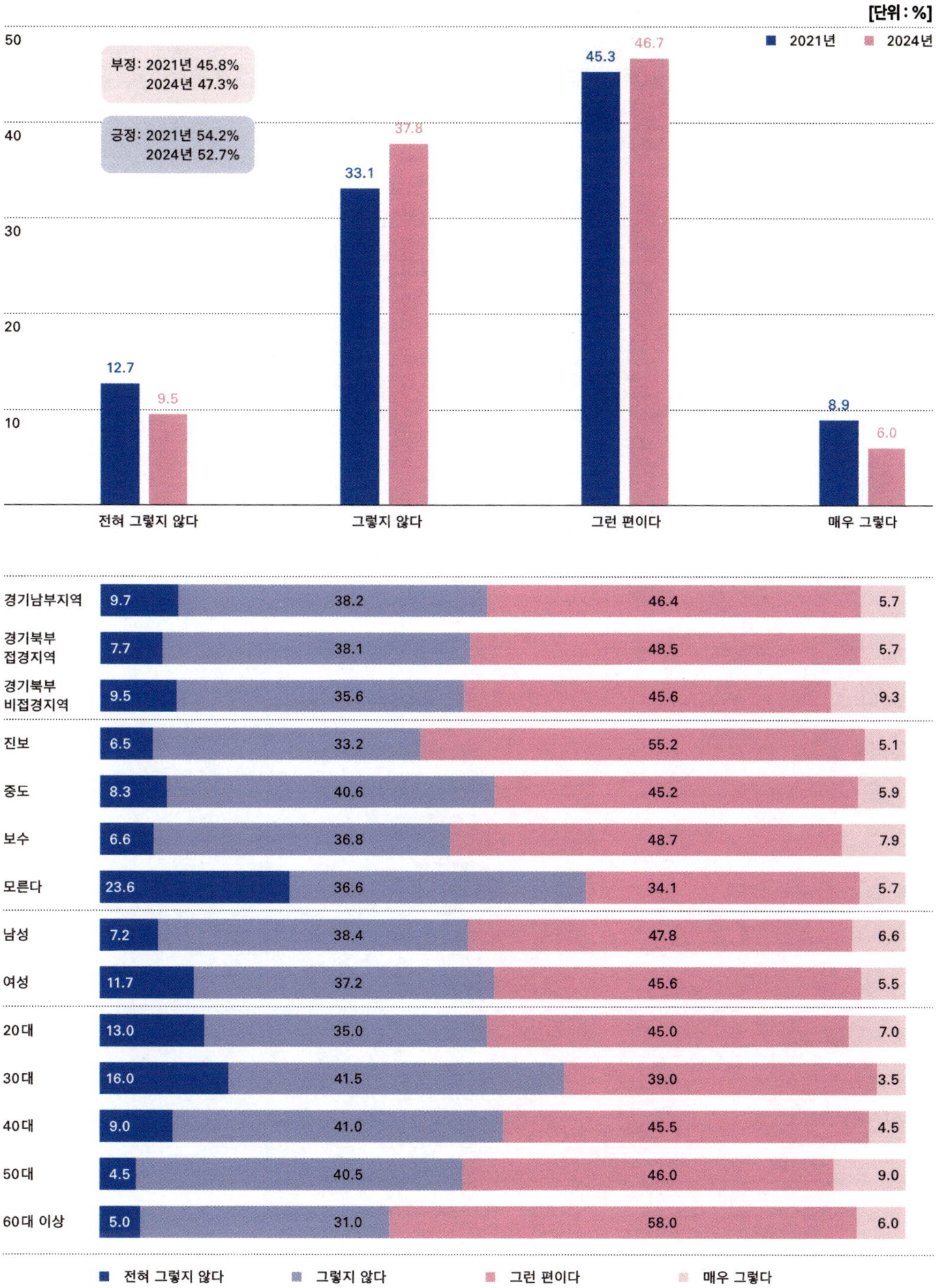

<표 III-4> 북한이탈주민에 대해 관심이 간다

[단위 : 명, %]

구분		명	%	전혀 그렇지 않다	그렇지 않다	그런 편이다	매우 그렇다
전체(2024년)		1,000	100	9.5	37.8	46.7	6.0
전체(2024년)		1,000	100	12.7	33.1	45.3	8.9
지역	경기남부지역	657	65.7	9.7	38.2	46.4	5.7
	경기북부 접경지역	194	19.4	7.7	38.1	48.5	5.7
	경기북부 비접경지역	149	14.9	9.5	35.6	45.6	9.3
이념 성향	진보	232	23.3	6.5	33.2	55.2	5.1
	중도	493	49.3	8.3	40.6	45.2	5.9
	보수	152	15.2	6.6	36.8	48.7	7.9
	모른다	123	12.3	23.6	36.6	34.1	5.7
성별	남성	487	48.7	7.2	38.4	47.8	6.6
	여성	513	51.3	11.7	37.2	45.6	5.5
연령	20대	200	20.0	13.0	35.0	45.0	7.0
	30대	200	20.0	16.0	41.5	39.0	3.5
	40대	200	20.0	9.0	41.0	45.5	4.5
	50대	200	20.0	4.5	40.5	46.0	9.0
	60대 이상	200	20.0	5.0	31.0	58.0	6.0
학력	중졸 이하	9	0.9	22.2	33.3	22.2	22.3
	고졸	188	18.8	8.5	36.2	49.5	5.8
	대재, 대졸	703	70.3	10.1	39.8	44.0	6.1
	대학원재, 대학원졸	100	10.0	6.0	27.0	63.0	4.0
직업	농축산업	5	0.5	20.0	40.0	40.0	0.0
	자영업	91	9.1	5.5	50.5	38.5	5.5
	블루칼라	72	7.2	9.7	38.9	41.7	9.7
	화이트칼라	389	38.9	6.4	37.3	51.7	4.6
	전업주부	135	13.5	12.6	37.8	44.4	5.2
	학생	55	5.5	12.7	38.2	41.8	7.3
	다른 직종 또는 무직	253	25.3	13.0	33.6	45.8	7.6
결혼 여부	미혼	367	36.7	12.8	37.3	44.4	5.5
	기혼/자녀 없음	70	7.0	11.4	35.7	48.6	4.3
	기혼/자녀 동거	423	42.3	8.5	39.0	45.2	7.3
	기혼/자녀 비동거	133	13.3	3.0	34.6	57.9	4.5
	기타(이혼 및 사망)	7	0.7	0.0	71.4	28.6	0.0
총소득	3000만원 미만	157	15.7	9.5	37.8	46.7	6.0
	5000만원 미만	234	23.4	10.2	42.0	42.0	5.8
	7000만원 미만	269	26.9	11.1	35.0	47.9	6.0
	1억원 미만	232	23.2	8.2	37.5	47.2	7.1
	1억원 이상	108	10.8	8.2	38.8	47.4	5.6

2) 북한이탈주민들을 돕고 싶다

조사 결과

● 2024년 평균(平均): '매우 그렇다' 5.7%, '그런 편이다' 48.5%, 북한이탈주민들을 돕고 싶다 라는 반응이 54.2% '그렇지 않은 편이다' 34.5%, 전혀 그렇지 않다 11.3%로 북한이탈주민들을 돕고 싶지 않다 라는 반응은 45.8%로 나타남.

▶ 2021년 대비: 북한이탈주민들을 돕고 싶다 라는 반응이 46.0%%에서 54.2%로 8.2% 증가함. '매우 그렇다'가 6.5%에서 5.7%로 0.8% 하락, '그런 편이다'는 39.5%에서 48.5%로 9.0% 증가

※ 인구 사회학적 항목별 편차(偏差): 상당한 차이(10%-20%), 현저한 차이(20% 이상)

◎ 현저한 차이: 이념 성향별 조사에서는, 진보(63.3%)와 모른다(32.5%) 간에 30.8%로 편차를 보이며 현저한 차이가 드러남. 연령별 조사에서는, 50대(68.0%)와 30대(37.5%) 간에 30.5% 차이가 나타나, 편차가 큰 현저한 차이가 드러남.

<그림 III-12> 북한이탈주민을 돕고 싶다 조사 결과 [전체]

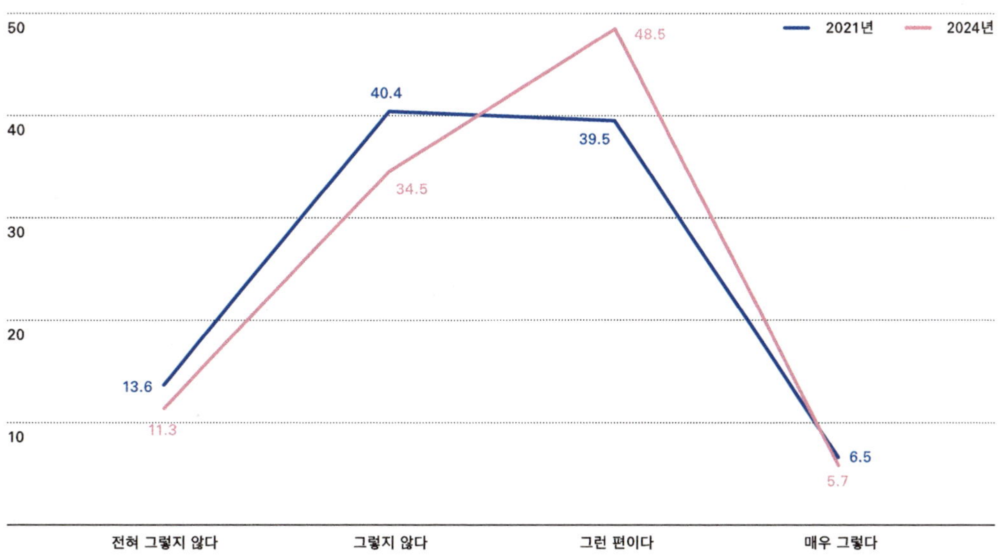

- ‘북한이탈주민을 돕고 싶다’라는 질문에 대한 응답 결과, ‘매우 그렇다’ 5.7%, ‘그런 편이다’ 48.5%, 긍정적인 반응이 54.2% ‘그렇지 않은 편이다’ 34.5%, 전혀 그렇지 않다 11.3%로 부정적인 반응이 45.8%로 나타남.
- 2021년과 대비하면, 북한이탈주민을 돕고 싶다 라는 반응이 46.0%%에서 54.2%로 8.2% 증가함. ‘매우 그렇다’가 6.5%에서 5.7%로 0.8% 하락, ‘그런 편이다’는 39.5%에서 48.5%로 9.0% 증가. 북한이탈주민을 돕고 싶지 않다 라는 반응은 54.0%에서 45.8%로 8.2% 하락함. ‘그렇지 않다’가 40.4%에서 34.5%로 5.9% 하락. ‘전혀 그렇지 않다’는 13.6%에서 11.3%로 2.3% 하락으로 하락 합계 8.2%.
- 지역별 조사에서는, 긍정적인 반응이 경기남부지역(54.7%), 경기북부 접경지역(54.1%), 경기북부 비접경지역(52.3%) 순으로 나타나, 경기남부 지역(54.7%), 경기북부 접경지역(54.1%)가 평균값 54.2%보다 높게 나타남.
- 이념 성향별 조사에서는, 긍정적인 응답이 진보(63.3%), 보수(57.8%), 중도(54.2%), 모른다(32.5%) 순으로 나타나, 진보(60.3%), 보수(56.6%)가 평균값 54.2%보다 높게 나타나고, 진보(63.3%) 대비 보수(57.8%), 중도(54.2%), 모른다(32.5%) 간에는 각각 5.5%, 9.1%, 30.8% 차이로, 편차가 큰 현저한 차이가 드러남.
- 성별 조사에서는, 남성(56.2%), 여성(52.2%) 순으로 응답함.
- 연령별 조사에서는, 50대(68.0%), 60대 이상(66.5%), 20대(50.5%), 40대(48.5%), 30대(37.5%) 순으로 나타나, 50대(68.0%), 60대 이상(66.5%)이 평균값 54.2%보다 높게 나타나고, 50대(68.0%) 대비 60대 이상(66.5%), 20대(50.5%), 40대(48.5%), 30대(37.5%) 간에는 각각 1.5%, 17.5%, 19.5%, 30.5% 차이로, 편차가 큰 현저한 차이가 드러남.

<그림 III-13> 북한이탈주민을 돕고 싶다 조사 결과 [항목별]

이념 성향별

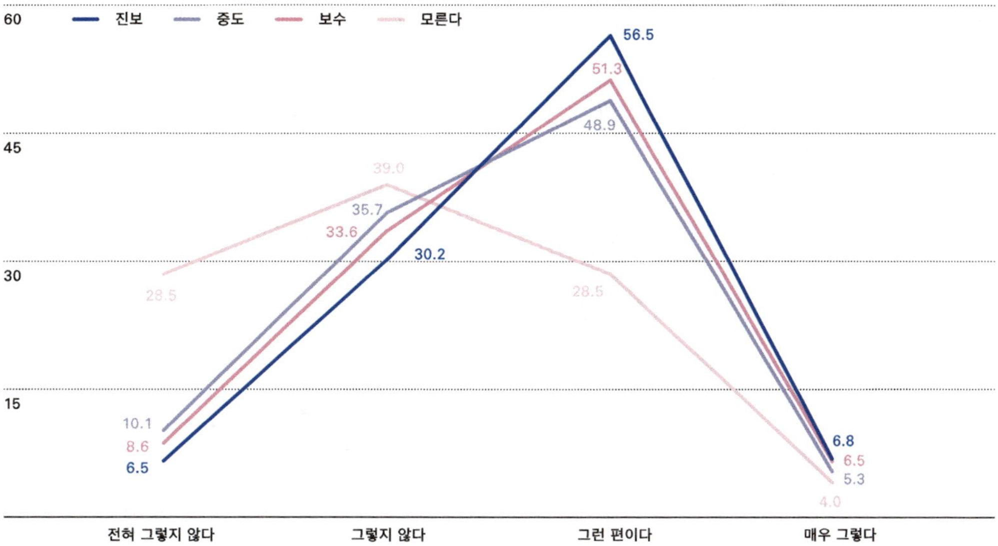

연령별

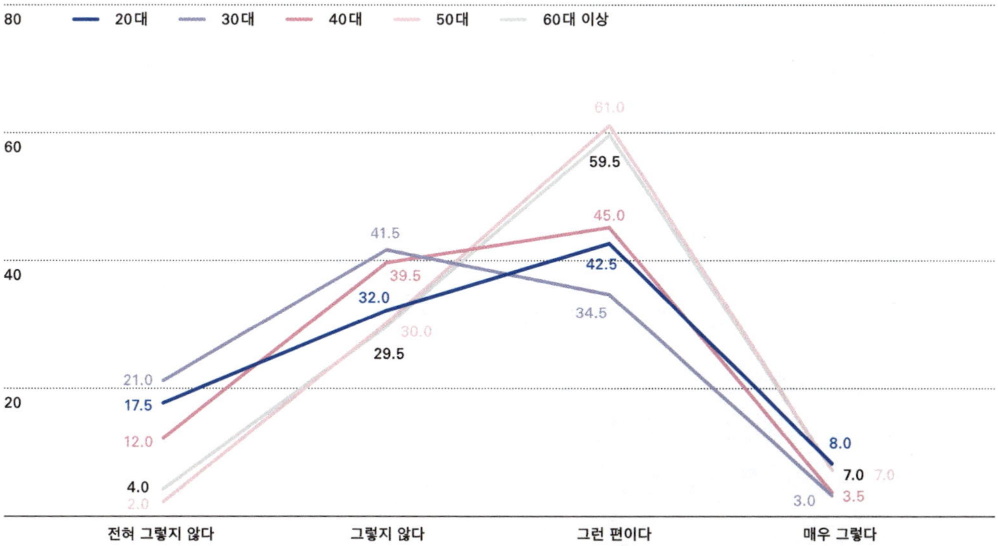

<그림 III-14> 북한이탈주민들을 돕고 싶다

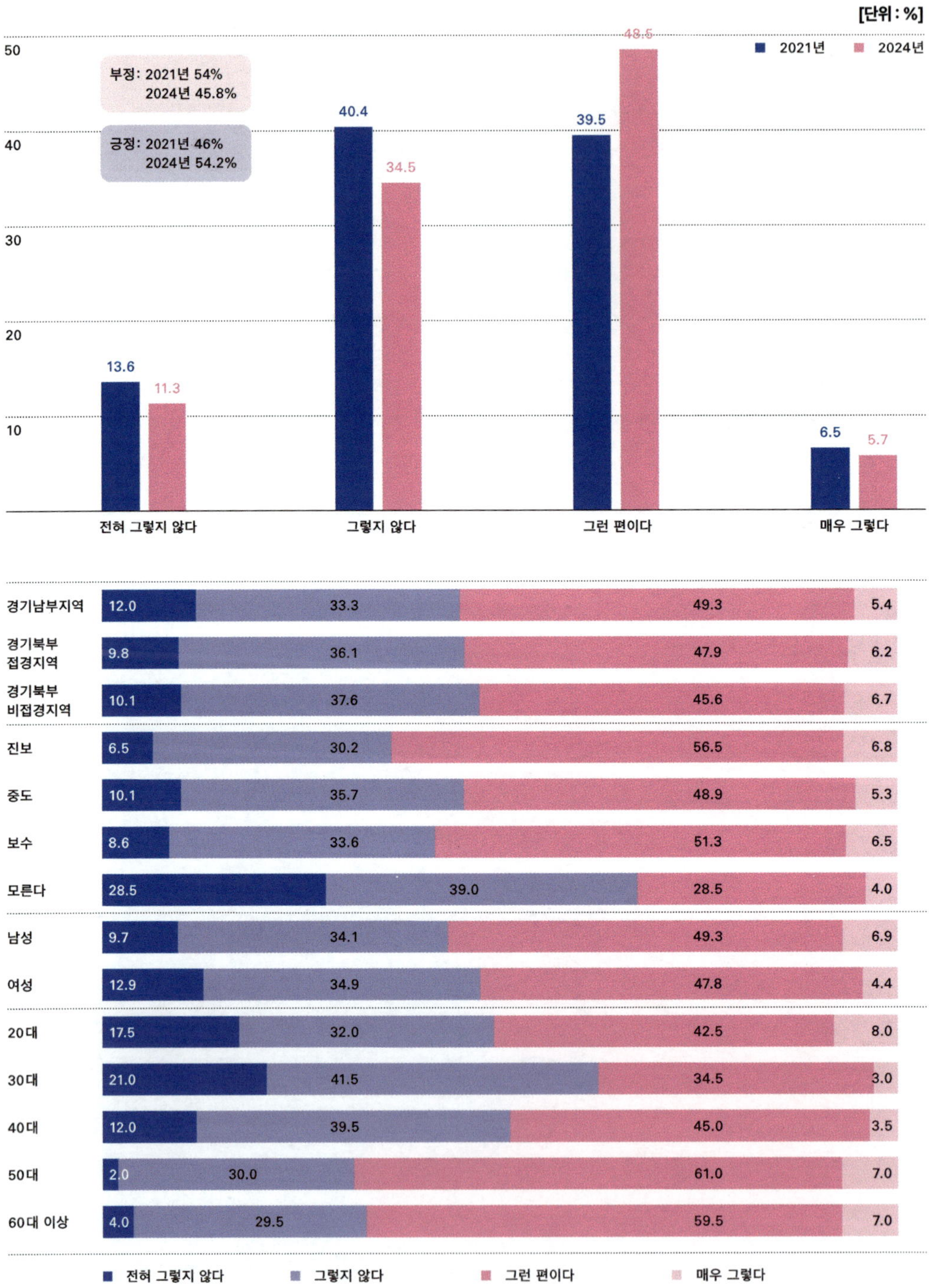

<표 III-5> 북한이탈주민들을 돕고 싶다

[단위 : 명, %]

구분		명	%	전혀 그렇지 않다	그렇지 않다	그런 편이다.	매우 그렇다
전체(2024년)		1,000	100	11.3	34.5	48.5	5.7
전체(2021년)		1,000	100	13.6	40.4	39.5	6.5
지역	경기남부지역	657	65.7	12.0	33.3	49.3	5.4
	경기북부 접경지역	194	19.4	9.8	36.1	47.9	6.2
	경기북부 비접경지역	149	14.9	10.1	37.6	45.6	6.7
이념 성향	진보	232	23.3	6.5	30.2	56.5	6.8
	중도	493	49.3	10.1	35.7	48.9	5.3
	보수	152	15.2	8.6	33.6	51.3	6.5
	모른다	123	12.3	28.5	39.0	28.5	4.0
성별	남성	487	48.7	9.7	34.1	49.3	6.9
	여성	513	51.3	12.9	34.9	47.8	4.4
연령	20대	200	20.0	17.5	32.0	42.5	8.0
	30대	200	20.0	21.0	41.5	34.5	3.0
	40대	200	20.0	12.0	39.5	45.0	3.5
	50대	200	20.0	2.0	30.0	61.0	7.0
	60대 이상	200	20.0	4.0	29.5	59.5	7.0
학력	중졸 이하	9	0.9	22.2	44.4	11.1	22.3
	고졸	188	18.8	8.5	30.9	57.4	3.2
	대재, 대졸	703	70.3	12.7	35.6	45.9	5.8
	대학원재, 대학원졸	100	10.0	6.0	33.0	53.0	8.0
직업	농축산업	5	0.5	20.0	40.0	40.0	0.0
	자영업	91	9.1	6.6	42.9	46.2	4.3
	블루칼라	72	7.2	8.3	34.7	48.6	8.4
	화이트칼라	389	38.9	8.2	34.7	51.4	5.7
	전업주부	135	13.5	14.1	30.4	51.1	4.4
	학생	55	5.5	20.0	30.9	40.0	9.1
	다른 직종 또는 무직	253	25.3	15.0	34.0	45.5	5.5
결혼 여부	미혼	367	36.7	17.2	33.5	43.1	6.2
	기혼/자녀 없음	70	7.0	14.3	41.4	41.4	2.9
	기혼/자녀 동거	423	42.3	8.3	34.0	51.8	5.9
	기혼/자녀 비동거	133	13.3	3.8	33.1	57.9	5.2
	기타(이혼 및 사망)	7	0.7	0.0	71.4	28.6	0.0
총소득	3000만원 미만	157	15.7	12.1	42.0	40.8	5.1
	5000만원 미만	234	23.4	14.1	32.5	47.4	6.0
	7000만원 미만	269	26.9	9.7	30.1	55.0	5.2
	1억원 미만	232	23.2	9.9	34.1	49.6	6.4
	1억원 이상	108	10.8	11.1	39.8	43.5	5.6

3) 북한이탈주민들을 피하고 싶다

조사 결과

● 2024년 평균(平均): '매우 그렇다' 3.4%, '그런 편이다' 21.4%로, 피하고 싶다는 반응이 24.8%로 나타남. '그렇지 않은 편이다' 55.8%, '전혀 그렇지 않다' 19.4%로 피하고 싶지 않다라는 반응은 75.2%로 나타남.

▶ 2021년과 대비하면, 피하고 싶다는 반응이 25.8%에서 24.8%로 1.0% 하락. 피하고 싶지 않다 라는 반응이 74.2%에서 75.2%로 1.0% 증가함.

※ 인구 사회학적 항목별 편차(偏差): 상당한 차이(10%-20%), 현저한 차이(20% 이상)

- 이념 성향별 조사: 모른다(33.3%)와 진보(19.4%) 간에 13.9% 차이로 상당한 차이가 드러남.
- 연령별 조사: 30대(31.5%)와 60대 이상(18.5%) 간에 13.0% 차이로 상당한 차이가 드러남.

<그림 III-15> 북한이탈주민들을 피하고 싶다 조사 결과 [전체]

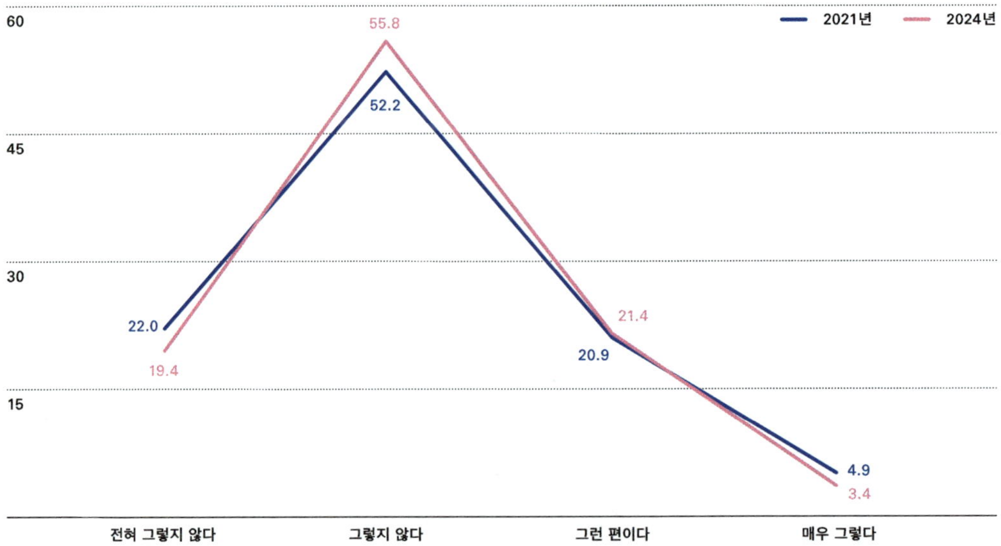

- '북한이탈주민을 피하고 싶다'라는 질문에 대한 응답 결과, '매우 그렇다' 3.4%, '그런 편이다' 21.4%로, 피하고 싶다는 반응이 24.8%로 나타남. '그렇지 않은 편이다' 55.8%, '전혀 그렇지 않다' 19.4%로 피하고 싶지 않다라는 반응은 75.2%로 나타남.
- 2021년과 대비하면, '매우 그렇다'가 4.9%에서 3.4%로 1.5% 하락, '그런 편이다'는 20.9%에서 21.4%로 0.5% 증가로 피하고 싶다는 반응이 25.8%에서 24.8%로 1.0% 하락. '그렇지 않다'가 52.2%에서 55.8%로 3.6% 증가, '전혀 그렇지 않다'가 22.0%에서 19.4%로 2.6% 하락하여 피하고 싶지 않다 라는 반응은 74.2%에서 75.2%로 1.0% 증가함.
- 지역별 조사에서는, 피하고 싶다라는 반응이 경기남부지역(26.2%), 경기북부 비접경지역(22.2%), 경기북부 접경지역(22.2%) 순으로 나타남.
- 이념 성향별 조사에서는, 피하고 싶다라는 반응이 모른다(33.3%), 중도(25.2%), 보수(25.0%), 진보(19.4%) 순으로 나타나, 모른다(33.3%), 중도(25.2%), 보수(25.0%)가 평균값 24.8%보다 높게 나타나고, 모른다(33.3%) 대비 중도(25.2%), 보수(25.0%), 진보(19.4%) 간에 각각 8.1%, 8.3%, 13.9% 차이로 상당한 차이가 드러남.
- 성별 조사에서는, 여성(24.9%), 남성(24.6%) 순으로 응답함.
- 연령별 조사에서는, 30대(31.5%), 40대(29.5%), 20대(24.0%), 50대(21.0%), 60대 이상(18.5%) 순으로 나타나, 430대(31.5%), 40대(29.5%)가 평균값 24.8%보다 높게 나타나고, 30대(31.5%) 대비 40대(29.5%), 20대(24.0%), 50대(21.0%), 60대 이상(18.5%) 간에 각각 2.0%, 7.5%, 10.5%, 13.0% 차이로 상당한 차이가 드러남.

<그림 III-16> 북한이탈주민들을 피하고 싶다 조사 결과 [항목별]

이념 성향별

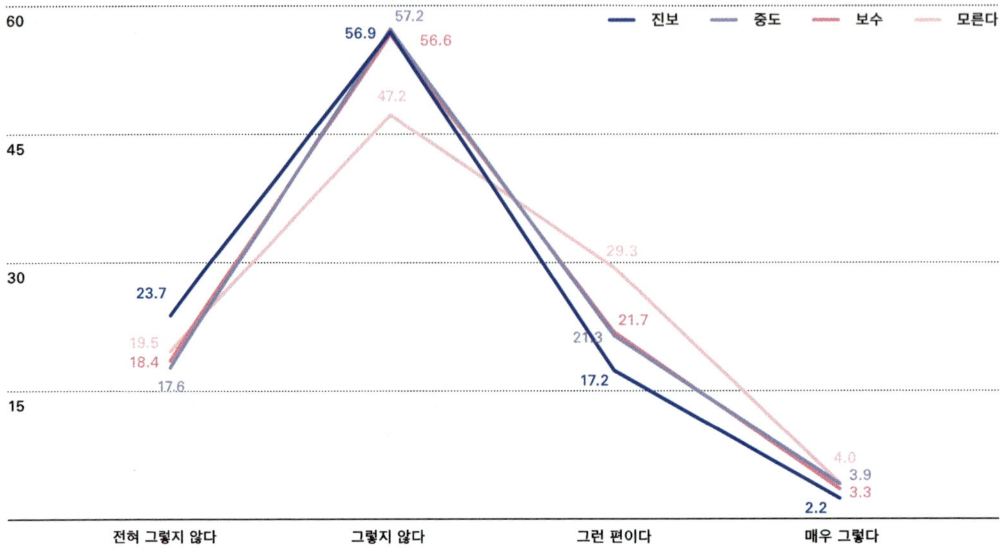

연령별

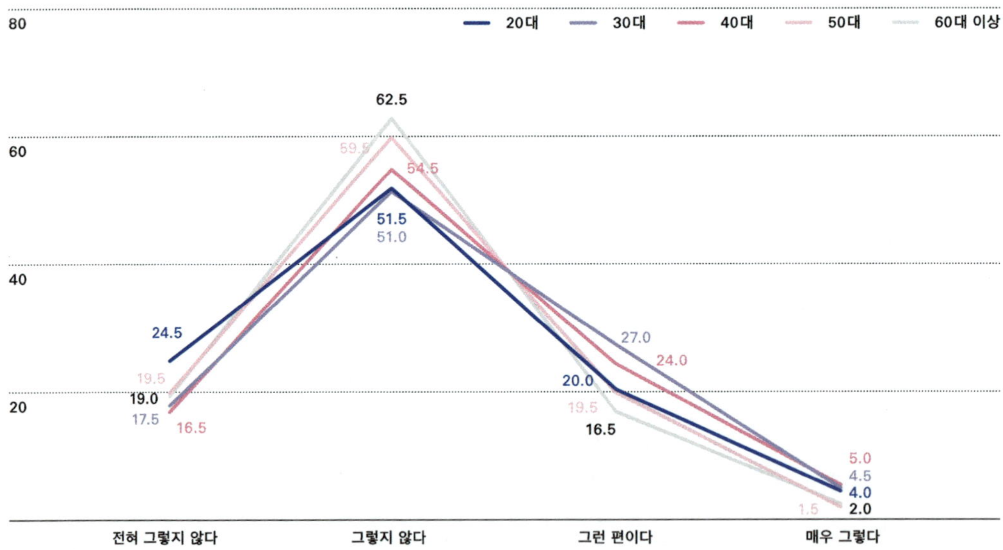

<그림 III-17> 북한이탈주민들을 피하고 싶다

[단위 : %]

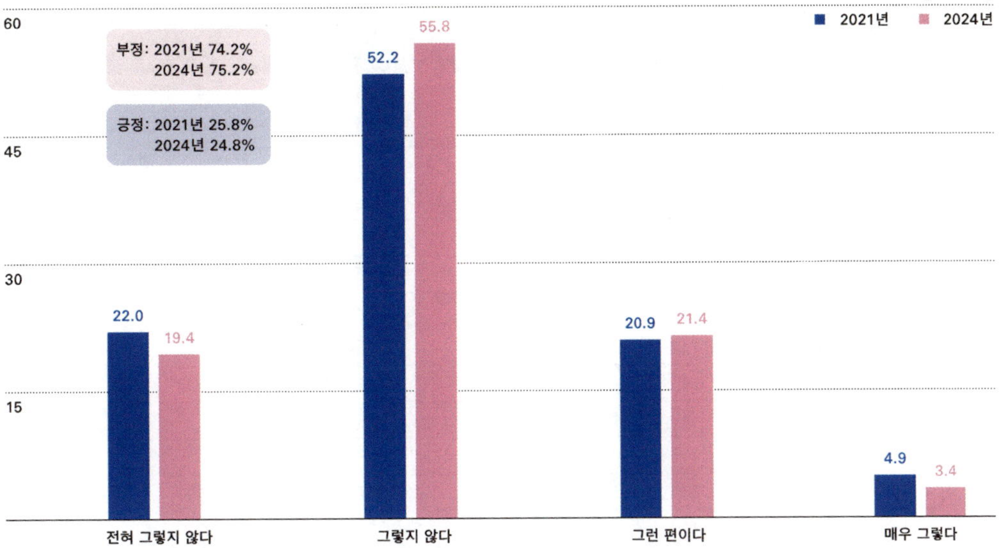

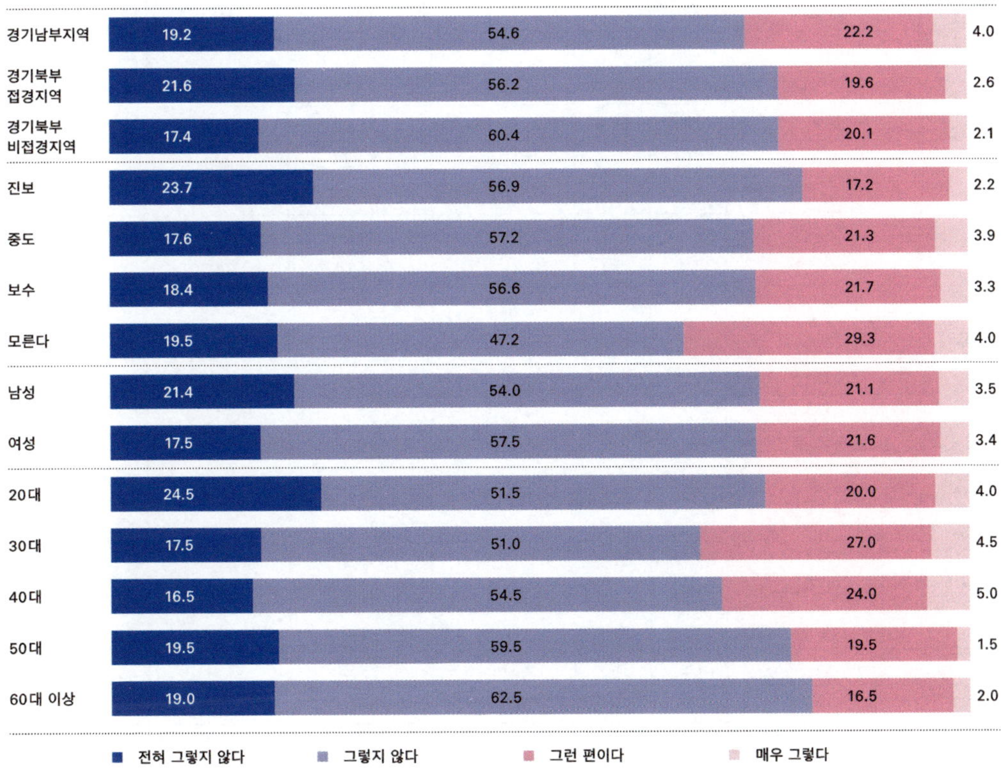

<표 III-6> 북한이탈주민들을 피하고 싶다

[단위 : 명, %]

구분		명	%	전혀 그렇지 않다	그렇지 않다	그런 편이다	매우 그렇다
전체(2024년)		1,000	100	19.4	55.8	21.4	3.4
전체(2021년)		1,000	100	22.0	52.2	20.9	4.9
지역	경기남부지역	657	65.7	19.2	54.6	22.2	4.0
	경기북부 접경지역	194	19.4	21.6	56.2	19.6	2.6
	경기북부 비접경지역	149	14.9	17.4	60.4	20.1	2.1
이념 성향	진보	232	23.3	23.7	56.9	17.2	2.2
	중도	493	49.3	17.6	57.2	21.3	3.9
	보수	152	15.2	18.4	56.6	21.7	3.3
	모른다	123	12.3	19.5	47.2	29.3	4.0
성별	남성	487	48.7	21.4	54.0	21.1	3.5
	여성	513	51.3	17.5	57.5	21.6	3.4
연령	20대	200	20.0	24.5	51.5	20.0	4.0
	30대	200	20.0	17.5	51.0	27.0	4.5
	40대	200	20.0	16.5	54.5	24.0	5.0
	50대	200	20.0	19.5	59.5	19.5	1.5
	60대 이상	200	20.0	19.0	62.5	16.5	2.0
학력	중졸 이하	9	0.9	33.3	33.3	33.3	0.1
	고졸	188	18.8	19.1	57.4	21.8	1.7
	대재, 대졸	703	70.3	19.3	54.2	22.5	4.0
	대학원재, 대학원졸	100	10.0	19.0	66.0	12.0	3.0
직업	농축산업	5	0.5	40.0	40.0	20.0	0.0
	자영업	91	9.1	19.8	56.0	24.2	0.0
	블루칼라	72	7.2	16.7	55.6	20.8	6.9
	화이트칼라	389	38.9	17.5	60.4	18.5	3.6
	전업주부	135	13.5	16.3	52.6	28.9	2.2
	학생	55	5.5	18.2	47.3	30.9	3.6
	다른 직종 또는 무직	253	25.3	24.5	52.6	19.0	3.9
결혼 여부	미혼	367	36.7	23.4	52.3	19.1	5.2
	기혼/자녀 없음	70	7.0	18.6	48.6	31.4	1.4
	기혼/자녀 동거	423	42.3	17.5	58.4	21.3	2.8
	기혼/자녀 비동거	133	13.3	15.0	60.2	23.3	1.5
	기타(이혼 및 사망)	7	0.7	14.3	71.4	14.3	0.0
총소득	3000만원 미만	157	15.7	21.0	59.2	16.6	3.2
	5000만원 미만	234	23.4	19.2	54.3	23.9	2.6
	7000만원 미만	269	26.9	19.3	56.1	21.2	3.4
	1억원 미만	232	23.2	19.4	54.7	22.0	3.9
	1억원 이상	108	10.8	17.6	55.6	22.2	4.6

4) 북한이탈주민에 대해 두렵다

조사 결과

● 2024년 평균(平均): '매우 그렇다' 2.7%, '그런 편이다' 17.6%, 두렵다 라는 반응이 20.3%, '그렇지 않은 편이다' 54.9%, '전혀 그렇지 않다' 24.8%로 두렵지 않다는 반응은 79.7%로 나타남.

▶ 2021년 대비: 두렵다 라는 반응이 23.8%에서 20.3%로 3.5% 하락함. '매우 그렇다' 3.9%에서 2.7%로 1.2% 하락, '그런 편이다' 19.9%에서 17.6%로 2.3% 하락

※ 인구 사회학적 항목별 편차(偏差): 상당한 차이(10%-20%), 현저한 차이(20% 이상)

- 이념 성향별 조사: 모른다(31.7%)와 진보(14.7%) 간에 17.0%로 상당한 차이가 드러남.
- 연령별 조사: 40대(26.0%)와 50대(15.0%) 간에 11.0%로 상당한 차이가 드러남.

<그림 III-18> 북한이탈주민에 대해 두렵다 조사 결과 [전체]

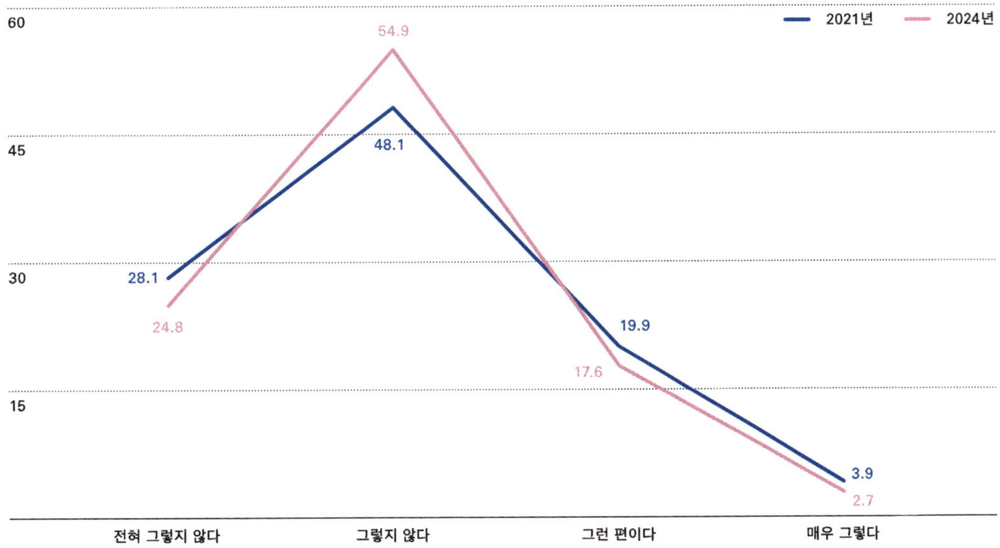

- ‘북한이탈주민을 돕고 싶다’라는 질문에 대한 응답 결과, ‘매우 그렇다’ 2.7%, ‘그런 편이다’ 17.6%, 두렵다는 반응이 20.3%, ‘그렇지 않은 편이다’ 54.9%, ‘전혀 그렇지 않다’ 24.8%로 두렵지 않다는 반응은 79.7%로 나타남.
- 2021년과 대비하면, ‘매우 그렇다’가 3.9%에서 2.7%로 1.2% 하락, ‘그런 편이다’는 19.9%에서 17.6%로 2.3% 하락으로 두렵다 라는 반응이 23.8%에서 20.3%로 3.5% 하락함. ‘그렇지 않다’가 48.1%에서 54.9%로 6.8% 증가, ‘전혀 그렇지 않다’가 28.1%에서 24.8%로 3.3% 하락하여 ‘두렵지 않다’는 반응은 76.2%에서 79.7%로 3.5% 증가함.
- 지역별 조사에서는, 두렵다는 반응이 경기남부지역(20.4%), 경기북부 비접경지역(20.2%), 경기북부 접경지역(20.1%) 순으로 나타남.
- 이념 성향별 조사에서는, 두렵다는 반응이 모른다(31.7%), 중도(20.9%), 보수(17.8%), 진보(14.7%) 순으로 나타나, 모른다(31.7%), 중도(20.9%)가 평균값 20.3%보다 높게 나타나고, 모른다(31.7%) 대비 중도(20.9%), 보수(17.8%), 진보(14.7%), 간에 각각 10.8%, 13.9%, 17.0% 차이로 상당한 차이가 드러남.
- 성별 조사에서는, 여성(22.4%), 남성(18.0%) 순으로 응답함.
- 연령별 조사에서는, 40대(26.0%), 20대(22.0%), 30대(21.5%), 60대 이상(17.0%), 50대(15.0%) 순으로 나타나, 40대(26.0%), 20대(22.0%), 30대(21.5%)가 평균값 20.3%보다 높게 나타나고, 40대(26.0%) 대비 20대(22.0%), 30대(21.5%), 60대 이상(17.0%), 50대(15.0%) 간에 각각 4.0%, 4.5%, 9.0%, 11.0% 차이로 상당한 차이가 드러남.

<그림 III-19> 북한이탈주민에 대해 두렵다

[단위 : %]

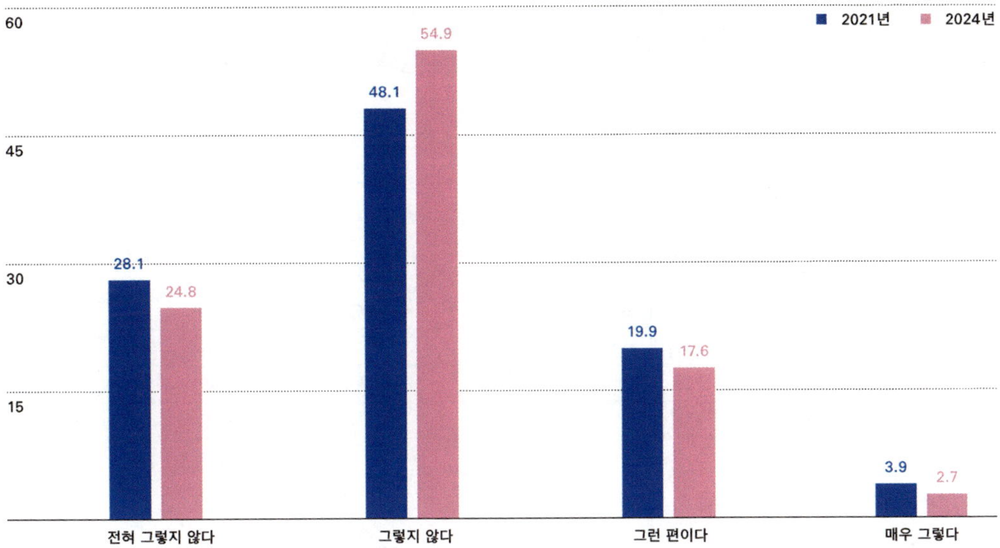

<표 III-7> 북한이탈주민에 대해 두렵다

[단위 : 명, %]

구분		명	%	전혀 그렇지 않다	그렇지 않다	그런 편이다	매우 그렇다
전체(2024년)		1,000	100	24.8	54.9	17.6	2.7
전체(2021년)		1,000	100	28.1	48.1	19.9	3.9
지역	경기남부지역	657	65.7	25.4	54.2	17.5	2.9
	경기북부 접경지역	194	19.4	28.4	51.5	16.5	3.6
	경기북부 비접경지역	149	14.9	17.4	62.4	19.5	0.7
이념 성향	진보	232	23.3	31.9	53.4	12.5	2.2
	중도	493	49.3	22.1	57.0	18.1	2.8
	보수	152	15.2	24.3	57.9	16.4	1.4
	모른다	123	12.3	22.8	45.5	26.8	4.9
성별	남성	487	48.7	29.2	52.8	15.8	2.2
	여성	513	51.3	20.7	56.9	19.3	3.1
연령	20대	200	20.0	27.0	51.0	21.0	1.0
	30대	200	20.0	22.0	56.5	18.5	3.0
	40대	200	20.0	21.5	52.5	21.5	4.5
	50대	200	20.0	26.5	58.5	12.0	3.0
	60대 이상	200	20.0	27.0	56.0	15.0	2.0
학력	중졸 이하	9	0.9	33.3	33.3	22.2	11.2
	고졸	188	18.8	18.6	54.8	23.9	2.7
	대재, 대졸	703	70.3	25.9	54.5	16.9	2.7
	대학원재, 대학원졸	100	10.0	28.0	60.0	10.0	2.0
직업	농축산업	5	0.5	40.0	40.0	20.0	0.0
	자영업	91	9.1	34.1	50.5	13.2	2.2
	블루칼라	72	7.2	23.6	58.3	18.1	0.0
	화이트칼라	389	38.9	23.4	58.6	14.7	3.3
	전업주부	135	13.5	19.3	52.6	24.4	3.7
	학생	55	5.5	21.8	49.1	29.1	0.0
	다른 직종 또는 무직	253	25.3	27.3	52.6	17.4	2.7
결혼 여부	미혼	367	36.7	26.4	52.0	18.5	3.1
	기혼/자녀 없음	70	7.0	20.0	55.7	21.4	2.9
	기혼/자녀 동거	423	42.3	25.5	57.0	15.1	2.4
	기혼/자녀 비동거	133	13.3	21.1	55.6	20.3	3.0
	기타(이혼 및 사망)	7	0.7	14.3	57.1	28.6	0.0
총소득	3000만원 미만	157	15.7	26.1	55.4	17.2	1.3
	5000만원 미만	234	23.4	23.1	53.4	21.8	1.7
	7000만원 미만	269	26.9	25.3	54.3	17.5	2.9
	1억원 미만	232	23.2	25.9	53.4	17.2	3.5
	1억원 이상	108	10.8	23.1	62.0	10.2	4.7

4 북한이탈주민들과 자주 이야기하는 정도

조사 결과

● 2024년 평균(平均): '자주 한다' 0.3%, '종종 하는 편이다' 18.3%로 자주 이야기 하는 정도 라는 반응이 18.6%, '별로 하지 않는다' 38.5%, '거의 하지 않는다' 42.9%로 자주 이야기 하지 않는다 라는 반응은 81.4%로 나타남.

▶ 2021년 대비: '자주 한다'가 0.8%에서 0.3%로 0.5% 하락, '종종 하는 편이다'는 19.0%에서 18.3%로 0.7% 하락하여 자주 이야기 하는 정도 라는 반응이 19.8%에서 18.6%으로 1.2% 하락함.

※ 인구 사회학적 항목별 편차(偏差): 상당한 차이(10%-20%), 현저한 차이(20% 이상)

- 연령별 조사: 60대 이상(26.0%)과 30대(11.0%) 간에 15.0%로 상당한 차이가 드러남.

◎ 현저한 차이: 이념 성향별 조사에서 진보(28.4%)와 모른다(7.3%)와 간에 21.1% 차이로 편차가 큰 현저한 차이를 드러냄.

<그림 III-20> 북한이탈주민과 자주 이야기하는 정도 조사 결과 [전체]

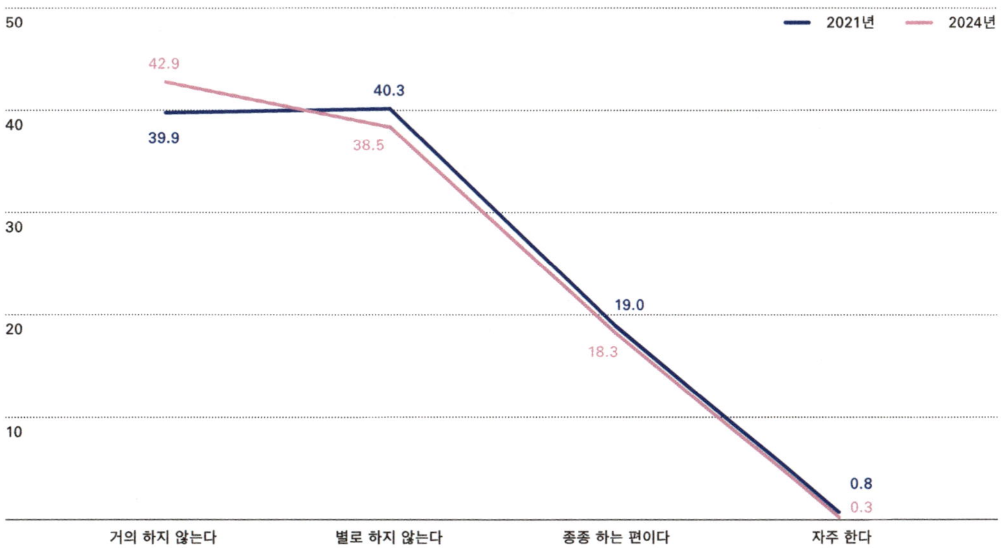

- ‘북한이탈주민들과 자주 이야기 하는 정도’라는 질문에 대한 응답 결과, ‘자주 한다’ 0.3%, ‘종종 하는 편이다’ 18.3%로 ‘자주 이야기한다’는 긍정적인 반응이 18.6%, ‘별로 하지 않는다’ 38.5%, ‘거의 하지 않는다’ 42.9%로 ‘자주 이야기 하지 않는다’는 부정적인 반응이 81.4%로 나타남.
- 2021년과 대비하면, ‘자주 한다’가 0.8%에서 0.3%로 0.5% 하락, ‘종종 하는 편이다’는 19.0%에서 18.3%로 0.7% 하락하여 자주 이야기 하는 정도라는 반응이 19.8%에서 18.6%으로 1.2% 하락함. ‘별로 하지 않는다’가 40.3%에서 38.5%로 1.8% 하락, ‘거의 하지 않는다’가 39.9%에서 42.9%로 3.0% 증가하여 자주 이야기 하지 않는 정도라는 반응이 80.2%에서 81.4%로 1.2% 증가함.
- 지역별 조사에서는, ‘자주 이야기한다’는 긍정적인 반응이 경기북부 비접경지역(20.8%), 경기북부 접경지역(20.1%), 경기남부지역(17.7%) 순으로 나타남.
- 이념 성향별 조사에서는, ‘자주 이야기한다’는 긍정적인 반응이 진보(28.4%), 보수(23.7%), 중도(15.2%), 모른다(7.3%) 순으로 나타나, 진보(28.4%), 보수(23.7%)가 평균값 18.6%보다 높게 나타나고, 진보(28.4%) 대비 보수(23.7%), 중도(15.2%), 모른다(7.3%) 간에 각각 4.7%, 13.2%, 21.1% 차이로, 편차가 큰 현저한 차이를 드러냄.
- 성별 조사에서는, 남성(20.2%), 여성(17.2%) 순으로 응답함.
- 연령별 조사에서는, 60대 이상(26.0%), 20대(23.5%), 50대(19.5%), 40대(13.0%), 30대(11.0%) 순으로 나타나, 60대 이상(26.0%), 20대(23.5%), 50대(19.5%)가 평균값 18.6%보다 높게 나타나고, 60대 이상(26.0%) 대비 20대(23.5%), 50대(19.5%), 40대(13.0%), 30대(11.0%) 간에 각각 2.5%, 6.5%, 13.0%, 15.0% 차이로 상당한 차이가 드러남.

<그림 III-21> 북한이탈주민과 자주 이야기하는 정도 조사 결과 [항목별]

이념 성향별

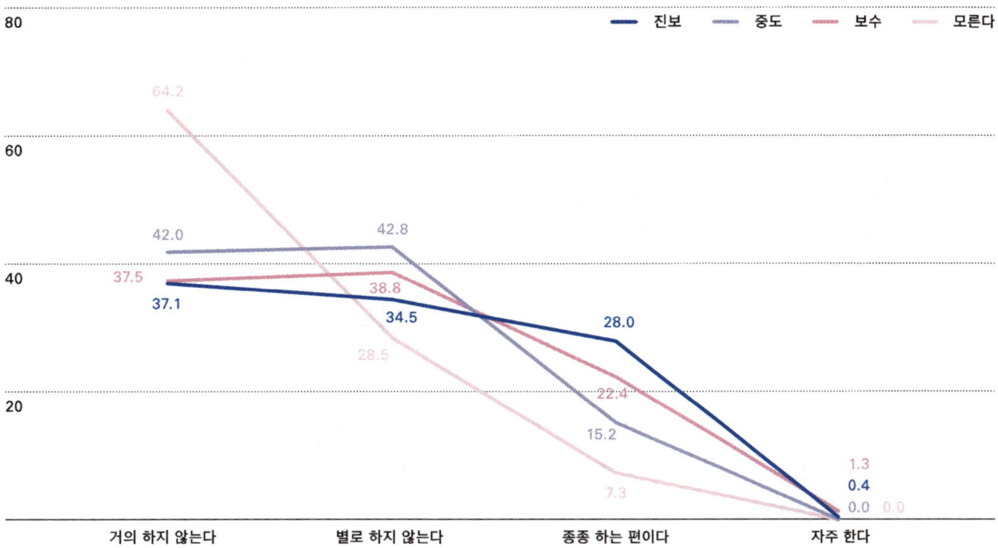

연령별

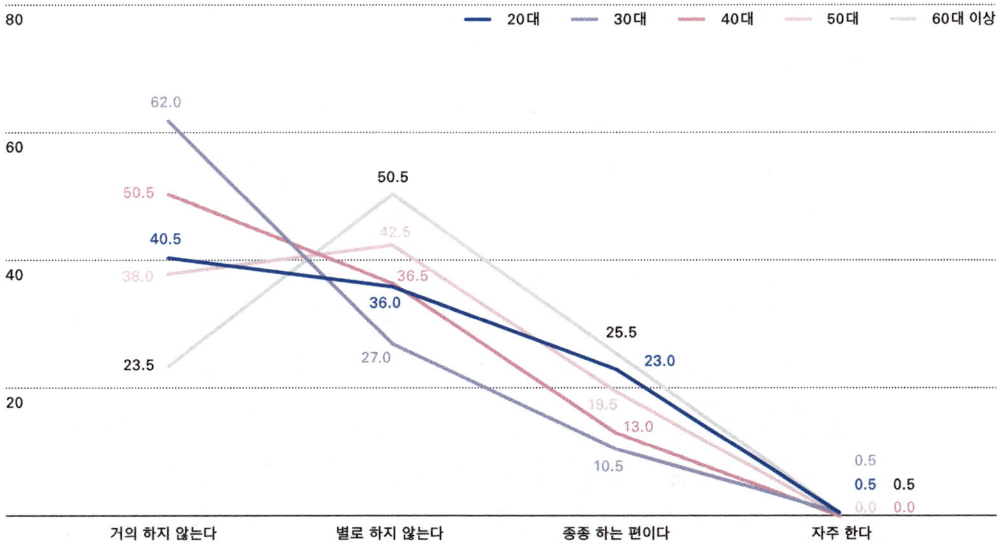

<그림 III-22> 북한이탈주민들과 자주 이야기 하는 정도

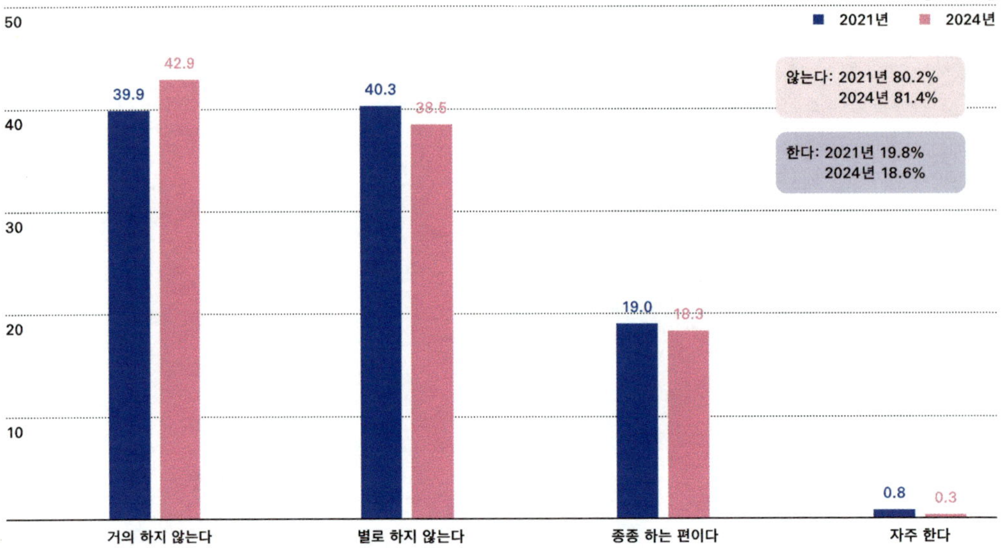

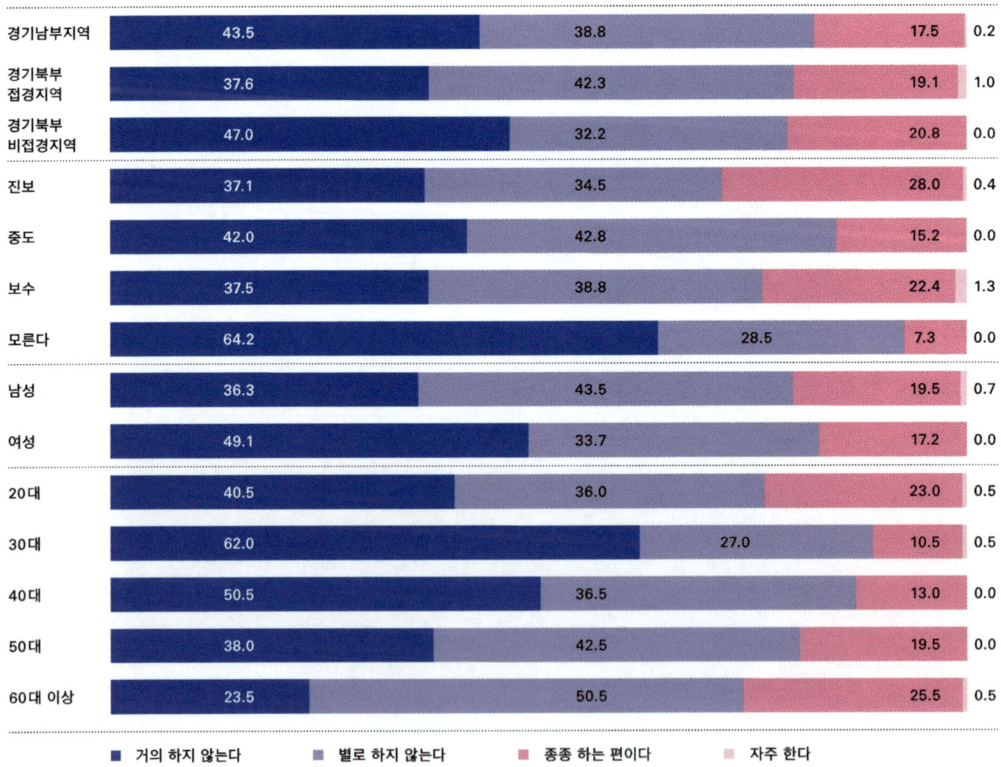

<표 III-8> 북한이탈주민들과 자주 이야기 하는 정도

[단위 : 명, %]

구분		명	%	거의 하지 않는다	별로 하지 않는다	종종 하는 편이다	자주 한다
전체(2024년)		1,000	100	42.9	38.5	18.3	0.3
전체(2021년)		1,000	100	39.9	40.3	19.0	0.8
지역	경기남부지역	657	65.7	43.5	38.8	17.5	0.2
	경기북부 접경지역	194	19.4	37.6	42.3	19.1	1.0
	경기북부 비접경지역	149	14.9	47.0	32.2	20.8	0.0
이념 성향	진보	232	23.3	37.1	34.5	28.0	0.4
	중도	493	49.3	42.0	42.8	15.2	0.0
	보수	152	15.2	37.5	38.8	22.4	1.3
	모른다	123	12.3	64.2	28.5	7.3	0.0
성별	남성	487	48.7	36.3	43.5	19.5	0.7
	여성	513	51.3	49.1	33.7	17.2	0.0
연령	20대	200	20.0	40.5	36.0	23.0	0.5
	30대	200	20.0	62.0	27.0	10.5	0.5
	40대	200	20.0	50.5	36.5	13.0	0.0
	50대	200	20.0	38.0	42.5	19.5	0.0
	60대 이상	200	20.0	23.5	50.5	25.5	0.5
학력	중졸 이하	9	0.9	44.4	22.2	33.3	0.1
	고졸	188	18.8	38.3	36.2	24.5	1.0
	대재, 대졸	703	70.3	44.5	38.5	16.8	0.2
	대학원재, 대학원졸	100	10.0	40.0	44.0	16.0	0.0
직업	농축산업	5	0.5	40.0	60.0	0.0	0.0
	자영업	91	9.1	37.4	45.1	17.5	0.0
	블루칼라	72	7.2	43.1	40.3	16.6	0.0
	화이트칼라	389	38.9	44.0	37.5	18.2	0.3
	전업주부	135	13.5	39.3	43.7	17.0	0.0
	학생	55	5.5	36.4	32.7	29.1	1.8
	다른 직종 또는 무직	253	25.3	46.6	35.2	17.8	0.4
결혼 여부	미혼	367	36.7	49.0	32.4	17.9	0.7
	기혼/자녀 없음	70	7.0	48.6	34.3	18.0	0.1
	기혼/자녀 동거	423	42.3	41.4	41.4	17.1	0.1
	기혼/자녀 비동거	133	13.3	26.3	48.9	24.1	0.7
	기타(이혼 및 사망)	7	0.7	71.4	28.6	0.0	0.0
총소득	3000만원 미만	157	15.7	44.6	38.2	16.6	0.6
	5000만원 미만	234	23.4	43.2	35.9	20.5	0.4
	7000만원 미만	269	26.9	39.4	41.6	19.0	0.0
	1억원 미만	232	23.2	45.3	38.4	15.9	0.4
	1억원 이상	108	10.8	43.5	37.0	19.4	0.1

5 통일 후 북한 출신 사람들과의 관계에 대한 인식

<그림 III-23 통일 이후 북한 사람들과의 관계에 대한 인식

[단위 : %]

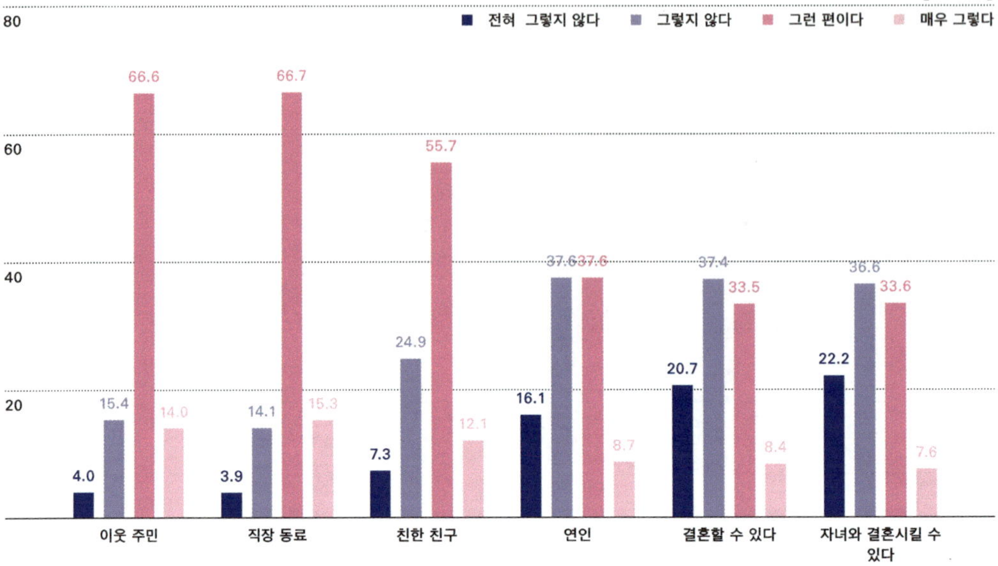

<표 III-9> 통일 후 북한 출신 사람들과 어느 정도까지 관계를 맺을 수 있는가?

[단위 : %]

구분	전혀 그렇지 않다	그렇지 않은 편이다	그런 편이다	매우 그렇다
이웃 주민	4.0	15.4	66.6	14.0
직장 동료	3.9	14.1	66.7	15.3
친한 친구	7.3	24.9	55.7	12.1
연인	16.1	37.6	37.6	8.7
결혼할 수 있다	20.7	37.4	33.5	8.4
자녀와 결혼시킬 수 있다	22.2	36.6	33.6	7.6

1) 이웃 주민으로 받아들일 수 있다

조사 결과

● 2024년 평균(平均): '매우 원한다' 14.0%, '원하는 편이다' 67.0%로 이웃 주민으로 받아들일 수 있다는 긍정적인 반응이 81.0%로, '원하지 않는 편이다' 15.0%, '매우 원하지 않는다' 4.0%로, 이웃 주민으로 받아들일 수 없다 라는 부정적인 반응은 19.0%로 나타남.

※ 인구 사회학적 항목별 편차(偏差): 상당한 차이(10%-20%), 현저한 차이(20% 이상)

- 연령별 조사: 60대 이상(88.0%), 50대(88.0%)과 30대(71.5%) 간에 16.5%로 상당한 차이가 드러남.

◎ 현저한 차이: 이념 성향별에서 진보(87.9%)와 모른다(61.8%)와 간에 26.1%로 편차가 큰 현저한 차이를 드러냄.

<그림 III-24> 북한이탈주민들을 이웃 주민으로 받아들일 수 있다 조사 결과 [전체]

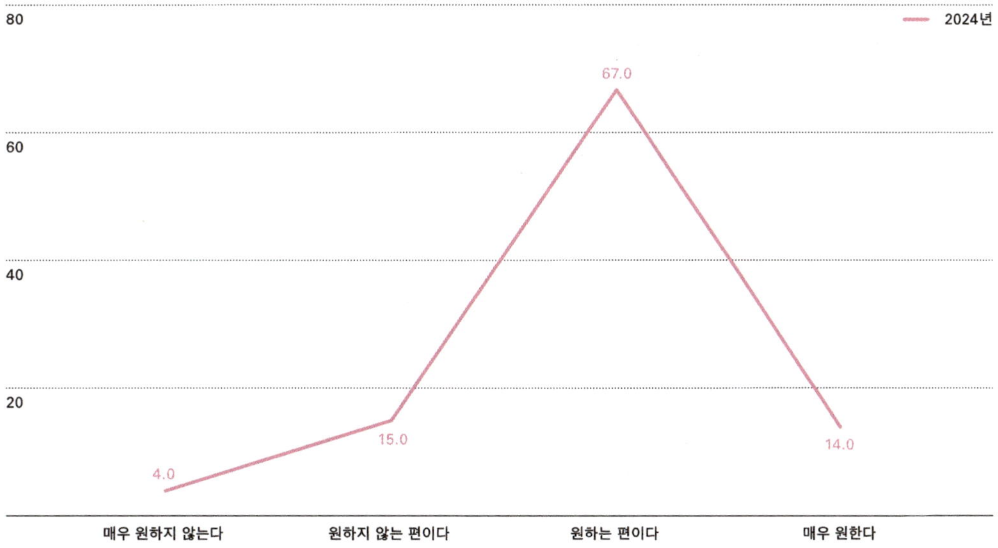

• 통일 후 북한 출신의 사람들과의 관계에 대한 인식 조사 중, '이웃 주민으로 받아들일 수 있다'라는 질문에 대한 응답 결과, '매우 원한다' 14.0%, '원하는 편이다' 67.0%로 이웃 주민으로 받아들일 수 있다는 긍정적인 반응이 81.0%로, '원하지 않는 편이다' 15.0%, '매우 원하지 않는다' 4.0%로, '이웃 주민으로 받아들일 수 없다'는 부정적인

반응은 19.0%로 나타남.

- 지역별 조사에서는, '이웃 주민으로 받아들일 수 있다'는 긍정적인 반응이 경기북부 접경지역(83.0%), 경기북부 비접경지역(80.5%), 경기남부지역(79.9%) 순으로 나타남.
- 이념 성향별 조사에서는, '이웃 주민으로 받아들일 수 있다'는 긍정적인 반응이 진보(87.9%), 보수(81.6%), 중도(81.5%), 모른다(61.8%) 순으로 나타나, 진보(87.9%), 보수(81.6%), 중도(81.5%)가 평균값 81.0%보다 높게 나타나고, 진보(87.9%) 대비 보수(81.6%), 중도(81.5%), 모른다(61.8%) 간에 각각 6.3%, 6.4%, 26.1% 차이로, 편차가 큰 차이를 드러냄.
- 성별 조사에서는, 남성(83.8%), 여성(77.6%) 순으로 6.2% 차이가 나타남.
- 연령별 조사에서는, 60대 이상(88.0%), 50대(88.0%), 20대(78.0%), 40대(77.5%), 30대(71.5%) 순으로 나타나, 60대 이상(88.0%), 50대(88.0%)가 평균값 81.0%보다 높게 나타나고, 60대 이상(88.0%) 대비 50대(88.0%), 20대(78.0%), 40대(77.5%), 30대(71.5%) 간에 각각 0%, 10.0%, 10.5%, 16.5% 차이로 상당한 차이가 드러남.

<그림 III-25> 북한이탈주민들을 이웃 주민으로 받아들일 수 있다 조사 결과[이념 성향별]

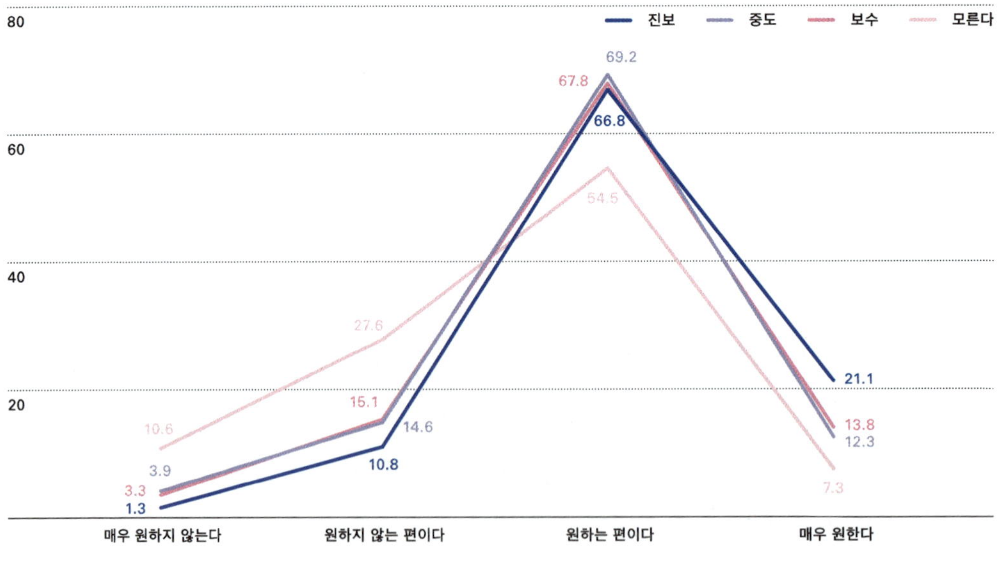

<그림 III-26> 이웃 주민으로 받아들일 수 있다

[단위 : %]

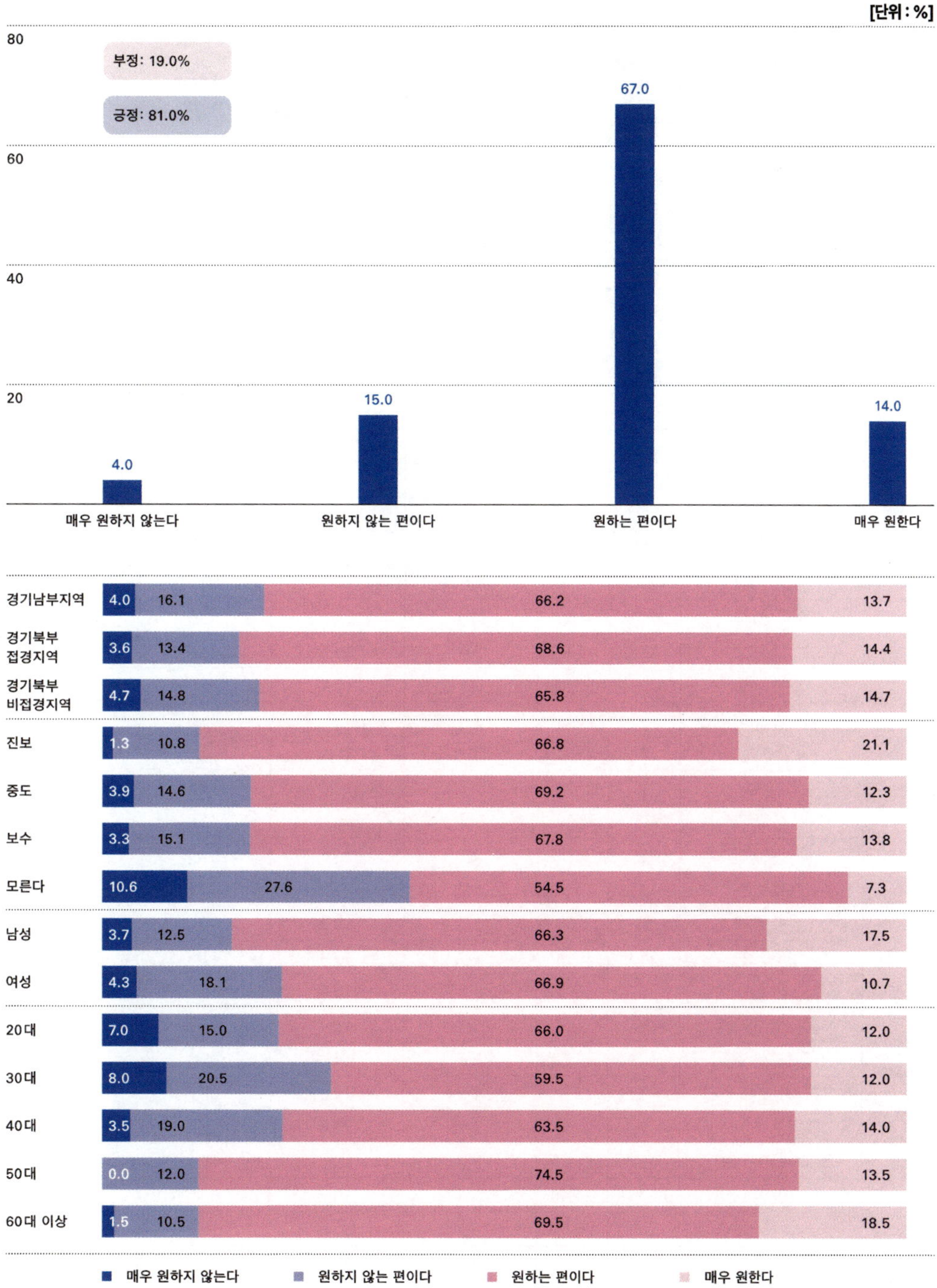

<표 III-10> 이웃 주민으로 받아들일 수 있다

[단위 : %]

구분		명	%	매우 원하지않는다	원하지 않는 편이다	원하는 편이다	매우 원한다
전체		1,000	100	4.0	15.0	67.0	14.0
지역	경기남부지역	657	65.70	4.0	16.1	66.2	13.7
	경기북부 접경지역	194	19.40	3.6	13.4	68.6	14.4
	경기북부 비접경지역	149	14.90	4.7	14.8	65.8	14.7
이념 성향	진보	232	23.20	1.3	10.8	66.8	21.1
	중도	493	49.30	3.9	14.6	69.2	12.3
	보수	152	15.20	3.3	15.1	67.8	13.8
	모른다	123	12.30	10.6	27.6	54.5	7.3
성별	남성	487	48.70	3.7	12.5	66.3	17.5
	여성	513	51.30	4.3	18.1	66.9	10.7
연령	20대	200	20.00	7.0	15.0	66.0	12.0
	30대	200	20.00	8.0	20.5	59.5	12.0
	40대	200	20.00	3.5	19.0	63.5	14.0
	50대	200	20.00	0.0	12.0	74.5	13.5
	60대 이상	200	20.00	1.5	10.5	69.5	18.5
학력	중졸 이하	9	0.90	11.1	33.3	33.3	22.3
	고졸	188	18.80	3.2	20.2	62.8	13.8
	대재, 대졸	703	70.30	4.3	15.1	66.9	13.7
	대학원재, 대학원졸	100	10.00	3.0	7.0	75.0	15.0
직업	농축산업	5	0.50	20.0	0.0	60.0	20.0
	자영업	91	9.10	1.1	17.6	71.4	9.9
	블루칼라	72	7.20	2.8	8.3	70.8	18.1
	화이트칼라	389	38.90	2.1	13.6	69.4	14.9
	전업주부	135	13.50	5.2	25.9	62.2	6.7
	학생	55	5.50	3.6	18.2	69.1	9.1
	다른 직종 또는 무직	253	25.30	7.5	13.4	61.3	17.8
결혼 여부	미혼	367	36.70	6.5	16.3	62.4	14.8
	기혼/자녀 없음	70	7.00	5.7	11.4	71.4	11.5
	기혼/자녀 동거	423	42.30	2.4	14.9	69.3	13.4
	기혼/자녀 비동거	133	13.30	1.5	15.8	67.7	15.0
	기타(이혼 및 사망)	7	0.70	0.0	28.6	57.1	14.3
총소득	3000만원 미만	157	15.70	7.6	19.1	60.5	12.8
	5000만원 미만	234	23.40	3.4	16.7	63.7	16.2
	7000만원 미만	269	26.90	3.3	12.6	70.3	13.8
	1억원 미만	232	23.20	2.6	15.5	67.7	14.2
	1억원 이상	108	10.80	4.6	13.9	70.4	11.1

2) 직장 동료로 받아들일 수 있다

조사 결과

● 2024년 평균(平均): '매우 그렇다' 15.3%, '그렇다' 66.7%로 직장 동료로 받아들일 수 있다 라는 반응이 82.0%로, '그렇지 않다' 14.1%, '전혀 않는다' 3.9%로, 직장 동료로 받아들일 수 없다 라는 반응은 18.0%로 나타남.

※ 인구 사회학적 항목별 편차(偏差): 상당한 차이(10%-20%), 현저한 차이(20% 이상)

- 연령별 조사: 60대 이상(89.0%)와 30대(75.0%) 간에 14.0%로 상당한 차이가 드러남.

◎ 현저한 차이: 이념 성향별 조사에서, 진보(87.9%)와 모른다(64.2%)와 간에 23.7%로 편차가 큰 현저한 차이를 드러냄.

<그림 III-27> 북한이탈주민들을 직장 동료로 받아들일 수 있다 조사 결과 [전체]

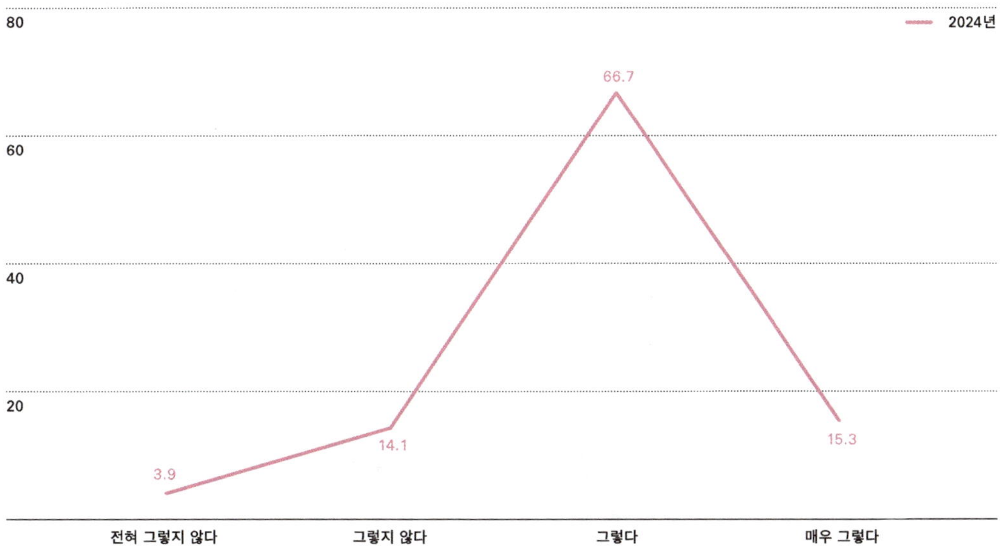

- 통일 후 북한 출신의 사람들과의 관계에 대한 인식 조사 중, '직장 동료로 받아들일 수 있다'라는 질문에 대한 응답 결과, '매우 그렇다' 15.3%, '그렇다' 66.7%로 긍정적인 반응이 82.0%로, '그렇지 않다' 14.1%, '전혀 않는다' 3.9%로, 부정적인 반응은 18.0%로 나타남.

• 지역별 조사에서는, 직장 동료로 받아들일 수 있다는 긍정적인 반응이 경기북부 접경지역(87.7%), 경기북부 비접경지역(85.2%), 경기남부지역(79.6%) 순으로 나타남.

• 이념 성향별 조사에서는, 긍정적인 반응이 진보(87.9%), 보수(84.8%), 중도(82.8%), 모른다(64.2%) 순으로 나타나, 진보(87.9%), 보수(84.8%)가 평균값 82.0%보다 높게 나타나고, 진보(87.9%) 대비 보수(84.8%), 중도(82.8%), 모른다(64.2%) 간에 각각 3.1%, 5.1%, 23.7% 차이로, 편차가 큰 현저한 차이를 드러냄.

• 성별 조사에서는, 남성(84.2%), 여성(79.9%) 순으로 4.3% 차이가 나타남.

• 연령별 조사에서는, 60대 이상(89.0%), 50대(87.0%), 40대(80.5.%), 20대(78.5%), 30대(75.0%) 순으로 나타나, 60대 이상(89.0%), 50대(87.0%)가 평균값 82.0%보다 높게 나타나고, 60대 이상(89.0%) 대비 50대(87.0%), 40대(80.5%), 20대(78.5%), 30대(75.0%) 간에 각각 2.0%, 8.5%, 10.5%, 14.0% 차이로 상당한 차이가 드러남.

<그림 III-28> 북한이탈주민들을 직장 동료로 받아들일 수 있다 조사 결과[이념 성향별]

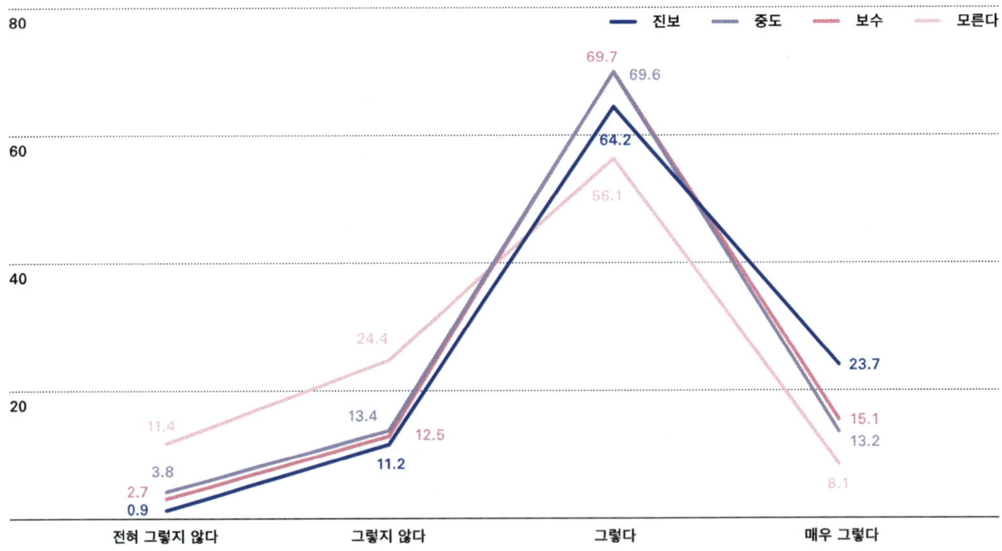

<그림 III-29> 직장 동료로 받아들일 수 있다

[단위 : %]

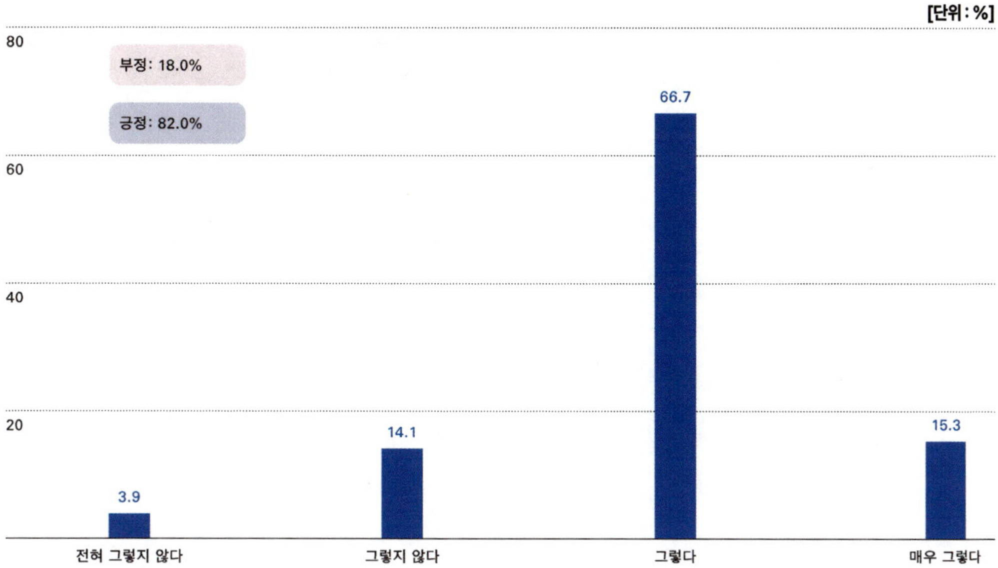

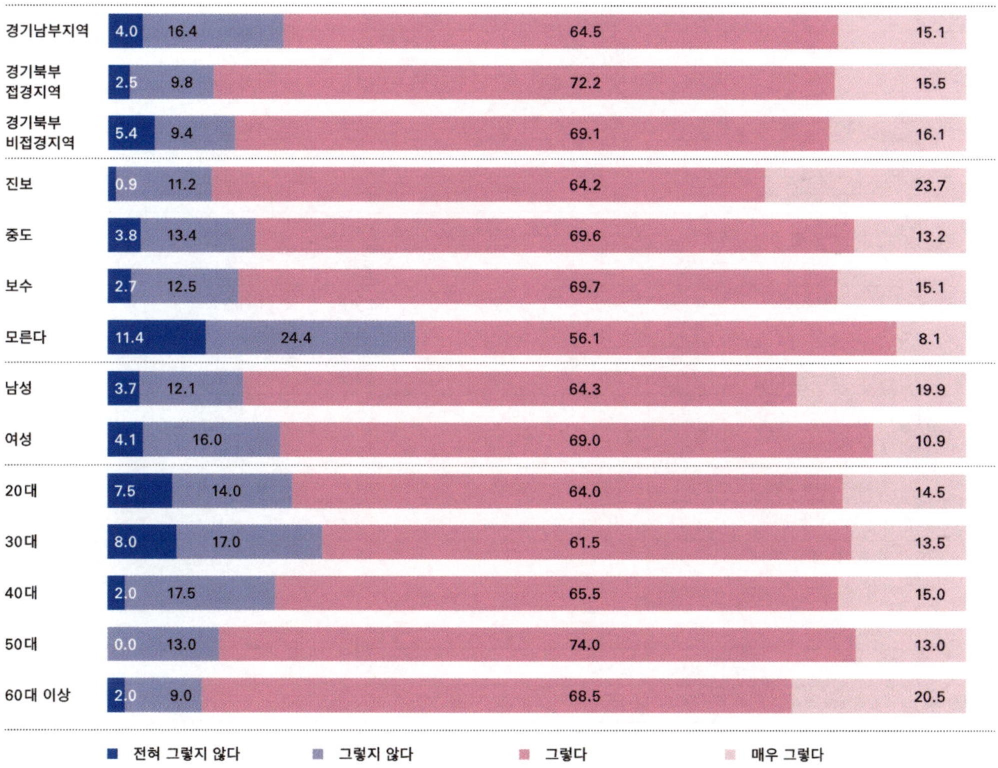

<표 III-11> 직장 동료로 받아들일 수 있다

[단위 : %]

구분		명	%	전혀 그렇지 않다	그렇지 않다	그렇다	매우 그렇다
전체		1,000	100	3.9	14.1	66.7	15.3
지역	경기남부지역	657	65.7	4.0	16.4	64.5	15.1
	경기북부 접경지역	194	19.4	2.5	9.8	72.2	15.5
	경기북부 비접경지역	149	14.9	5.4	9.4	69.1	16.1
이념 성향	진보	232	23.2	0.9	11.2	64.2	23.7
	중도	493	49.3	3.8	13.4	69.6	13.2
	보수	152	15.2	2.7	12.5	69.7	15.1
	모른다	123	12.3	11.4	24.4	56.1	8.1
성별	남성	487	48.7	3.7	12.1	64.3	19.9
	여성	513	51.3	4.1	16.0	69.0	10.9
연령	20대	200	20.0	7.5	14.0	64.0	14.5
	30대	200	20.0	8.0	17.0	61.5	13.5
	40대	200	20.0	2.0	17.5	65.5	15.0
	50대	200	20.0	0.0	13.0	74.0	13.0
	60대 이상	200	20.0	2.0	9.0	68.5	20.5
학력	중졸 이하	9	0.9	11.2	44.4	22.2	22.2
	고졸	188	18.8	3.2	17.0	65.4	14.4
	대재, 대졸	703	70.3	4.1	13.8	67.0	15.1
	대학원재, 대학원졸	100	10.0	3.0	8.0	71.0	18.0
직업	농축산업	5	0.5	20.0	0.0	60.0	20.0
	자영업	91	9.1	0.0	19.8	68.1	12.1
	블루칼라	72	7.2	4.2	8.3	63.9	23.6
	화이트칼라	389	38.9	1.8	13.1	68.9	16.2
	전업주부	135	13.5	5.2	20.0	67.4	7.4
	학생	55	5.5	7.3	10.9	70.9	10.9
	다른 직종 또는 무직	253	25.3	6.7	13.0	62.5	17.8
결혼 여부	미혼	367	36.7	6.3	14.7	62.1	16.9
	기혼/자녀 없음	70	7.0	4.3	15.7	64.3	15.7
	기혼/자녀 동거	423	42.3	2.4	13.2	70.2	14.2
	기혼/자녀 비동거	133	13.3	2.3	15.0	68.4	14.3
	기타(이혼 및 사망)	7	0.7	0.0	0.0	85.7	14.3
총소득	3000만원 미만	157	15.7	8.9	14.0	63.1	14.0
	5000만원 미만	234	23.4	2.5	15.8	65.0	16.7
	7000만원 미만	269	26.9	3.0	11.9	69.9	15.2
	1억원 미만	232	23.2	2.6	14.2	68.1	15.1
	1억원 이상	108	10.8	4.7	15.7	64.8	14.8

3) 친한 친구로 받아들일 수 있다

조사 결과

● 2024년 평균(平均): '매우 그렇다' 12.1%, '그런 편이다' 55.7%로 친한 친구로 받아들일 수 있다 라는 반응이 67.8%, '그렇지 않다' 24.9%, '전혀 그렇지 않다' 7.3%로 친한 친구로 받아들일 수 없다 라는 반응은 32.2%로 나타남.

※ 인구 사회학적 항목별 편차(偏差): 상당한 차이(10%-20%), 현저한 차이(20% 이상)

- 성별 조사: 남성(75.8%)과 여성(60.3%) 간에 15.5%로 상당한 차이를 드러냄.

◎ 현저한 차이: 이념 성향별 조사에서 진보(73.3%)와 모른다(52.1%) 간에 21.2%로 편차가 큰 현저한 차이를 드러냄.

<그림 III-30> 북한이탈주민들을 친한 친구로 받아들일 수 있다 조사 결과 [전체]

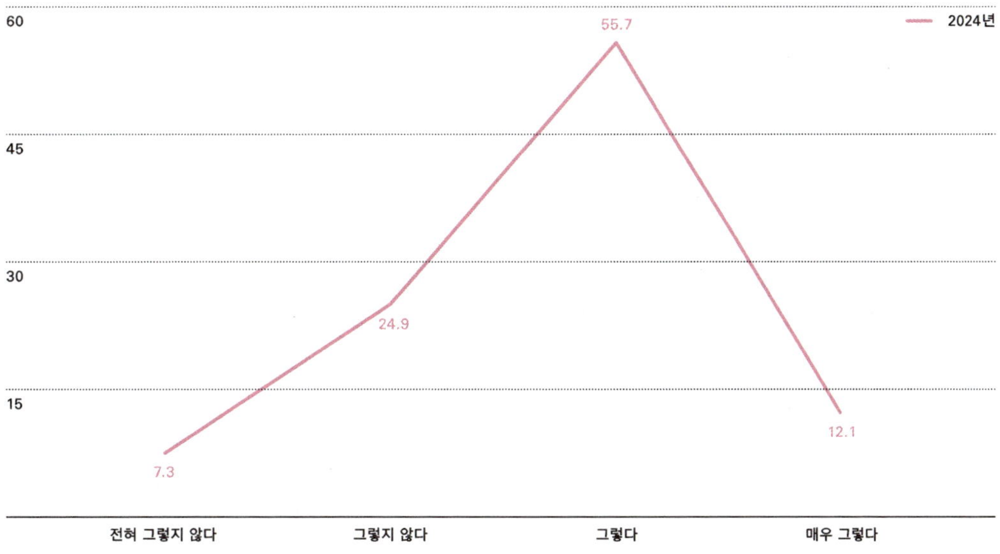

• 통일 후 북한 출신의 사람들과의 관계에 대한 인식 조사 중, '친한 친구로 받아들이 수 있다' 라는 질문에 대한 응답 결과, '매우 그렇다' 12.1%, '그렇다' 55.7%로 긍정적인 반응이 67.8%, '그렇지 않다' 24.9%, '전혀 그렇지 않다' 7.3%로 부정적인 반응은 32.2%로 나타남.

- 지역별 조사에서는, 긍정적인 반응이 경기북부 비접경지역(75.2%), 경기북부 접경지역(67.6%), 경기남부지역(66.2%) 순으로 나타나, 평균값 67.8%보다 7.4% 높았음. 경기북부 비접경지역(75.2%) 대비 경기북부 접경지역(67.6%), 경기남부지역(66.2%) 간에 각각 7.6%, 9.0% 차이가 남.
- 이념 성향별 조사에서는, 긍정적인 반응이 진보(73.3%), 보수(70.4%), 중도(68.4%), 모른다(52.1%) 순으로 나타나, 진보(73.3%), 보수(70.4%)는 평균값 67.8%보다 5.5%보다 높게 나타났고, 진보(73.3%) 대비 보수(70.4%), 중도(68.4%), 모른다(52.1%) 간에 각각 2.9%, 4.9, 21.2%로, 편차가 큰 현저한 차이를 드러냄.
- 성별 조사에서는, 긍정적인 반응이 남성(75.8%), 여성(60.3%) 순으로 남성(75.8%)은 평균값 67.8%보다 8.0% 높았음. 남성(75.8%)과 여성(60.3%) 간에 15.5% 차이가 나타나 상당한 차이를 드러냄.
- 연령별 조사에서는, 60대 이상(71.5%), 50대(70.5%), 40대(68%), 30대(64%), 20대(65.0%) 순으로 나타나, 60대 이상(71.5%), 50대(70.5%)가 평균값 67.8%보다 높게 나나났고, 60대 이상(71.5%) 대비 50대(70.5%), 40대(68.0%), 20대(65.0%), 30대(64.0%) 간에 각각 1.0%, 3.5%, 6.5%, 7.5% 차이가 나타남.

<그림 III-31> 북한이탈주민들을 친한 친구로 받아들일 수 있다 조사 결과[이념 성향별]

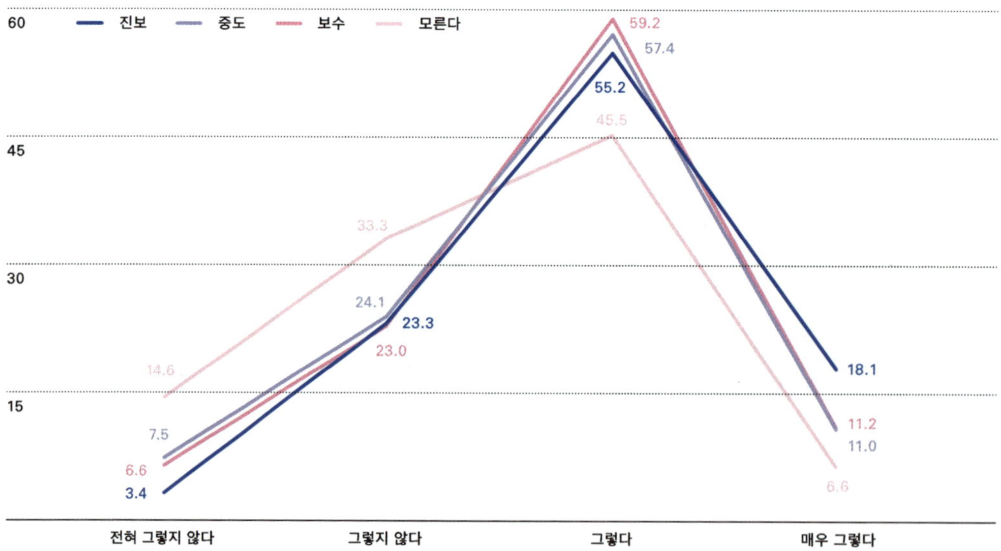

<그림 III-32> 친한 친구로 받아들일 수 있다

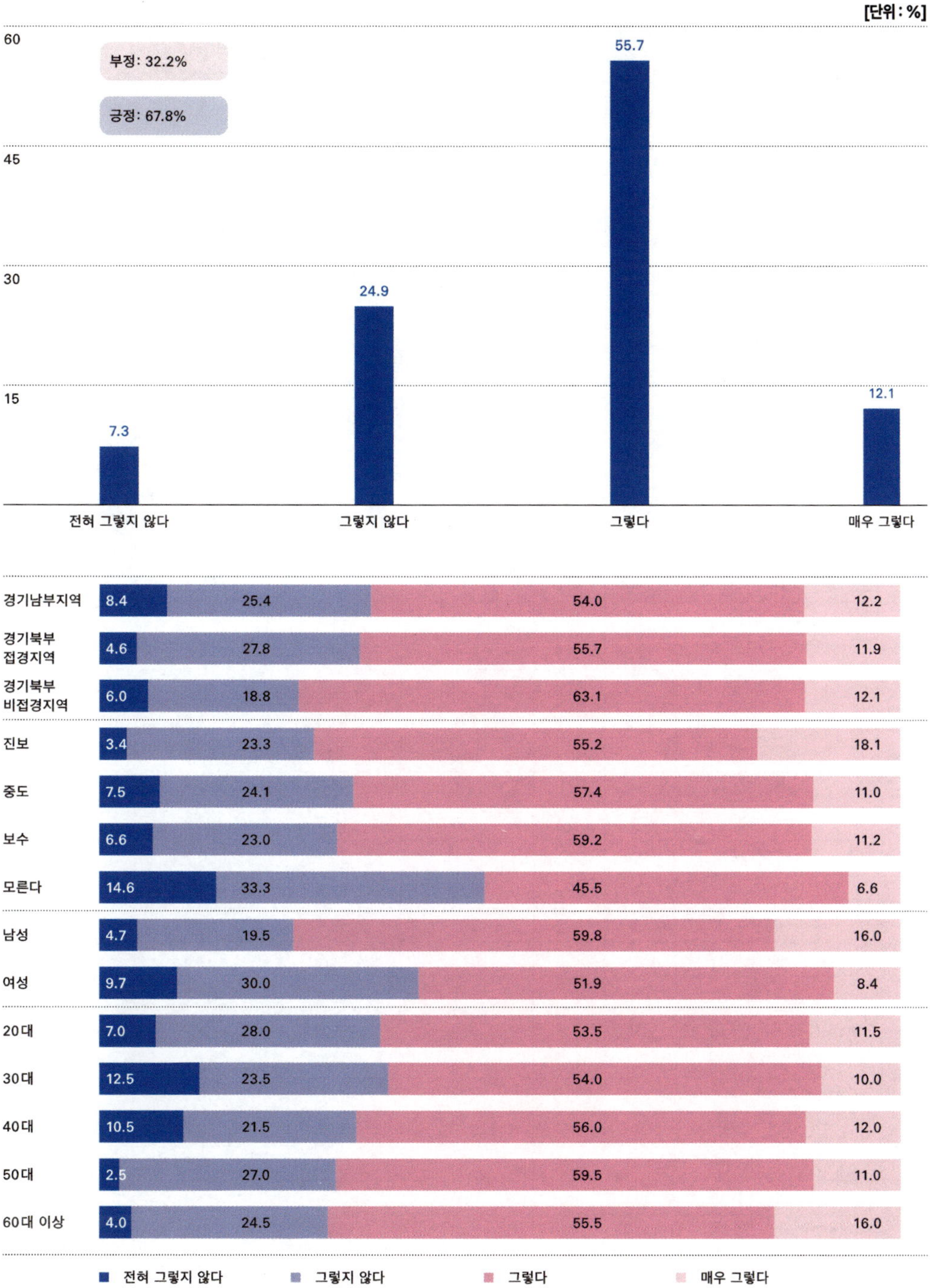

<표 III-12> 친한 친구로 받아들일 수 있다

[단위 : %]

구분		명	%	전혀 그렇지 않다	그렇지 않다	그런 편이다	매우 그렇다
전체		1,000	100	7.3	24.9	55.7	12.1
지역	경기남부지역	657	65.7	8.4	25.4	54.0	12.2
	경기북부 접경지역	194	19.4	4.6	27.8	55.7	11.9
	경기북부 비접경지역	149	14.9	6.0	18.8	63.1	12.1
이념 성향	진보	232	23.2	3.4	23.3	55.2	18.1
	중도	493	49.3	7.5	24.1	57.4	11.0
	보수	152	15.2	6.6	23.0	59.2	11.2
	모른다	123	12.3	14.6	33.3	45.5	6.6
성별	남성	487	48.7	4.7	19.5	59.8	16.0
	여성	513	51.3	9.7	30.0	51.9	8.4
연령	20대	200	20.0	7.0	28.0	53.5	11.5
	30대	200	20.0	12.5	23.5	54.0	10.0
	40대	200	20.0	10.5	21.5	56.0	12.0
	50대	200	20.0	2.5	27.0	59.5	11.0
	60대 이상	200	20.0	4.0	24.5	55.5	16.0
학력	중졸 이하	9	0.9	11.1	44.4	22.2	22.3
	고졸	188	18.8	6.3	29.3	51.6	12.8
	대재, 대졸	703	70.3	7.7	24.3	56.3	11.7
	대학원재, 대학원졸	100	10.0	6.0	19.0	62.0	13.0
직업	농축산업	5	0.5	20.0	0.0	40.0	20.0
	자영업	91	9.1	4.4	28.6	58.2	8.8
	블루칼라	72	7.2	2.7	16.7	63.9	16.7
	화이트칼라	389	38.9	4.6	22.6	60.7	12.1
	전업주부	135	13.5	14.9	33.3	45.2	6.6
	학생	55	5.5	3.6	36.4	50.9	9.1
	다른 직종 또는 무직	253	25.3	10.3	22.5	51.8	15.4
결혼 여부	미혼	367	36.7	9.0	23.4	54.8	12.8
	기혼/자녀 없음	70	7.0	8.6	18.6	62.9	9.9
	기혼/자녀 동거	423	42.3	6.6	24.6	57.4	11.4
	기혼/자녀 비동거	133	13.3	4.5	31.6	50.4	13.5
	기타(이혼 및 사망)	7	0.7	0.0	57.1	28.6	14.3
총소득	3000만원 미만	157	15.7	7.6	29.9	50.3	12.2
	5000만원 미만	234	23.4	10.3	27.4	48.7	13.6
	7000만원 미만	269	26.9	5.2	24.2	59.1	11.5
	1억원 미만	232	23.2	5.2	22.8	59.1	12.9
	1억원 이상	108	10.8	10.2	18.5	63.0	8.3

4) 연인으로 받아들일 수 있다

조사 결과

● 2024년 평균(平均): '매우 그렇다' 8.7%, '그런 편이다' 37.6%로 연인으로 받아들일 수 있다 라는 응답이 46.3%, '그렇지 않다' 37.6%, '전혀 그렇지 않다' 16.1%로 연인으로 받아들일 수 없다 라는 응답은 53.7%로 나타남.

※ 인구 사회학적 항목별 편차(偏差): 상당한 차이(10%-20%), 현저한 차이(20% 이상)

- 연령별 조사: 긍정적인 반응이 50대(54.0%)와 30대(41.0%), 20대(41.0%) 간에 13.0%로 상당한 차이를 드러냄.

◎ 현저한 차이: 이념별 조사에서는, 진보(54.7%)와 모른다(27.6%) 간에 27.1%로 편차가 큰 현저한 차이를 드러냄. 성별 조사에서는, 긍정적인 응답이 남성과 여성 간에 31.8%로 현저한 차이를 드러냄.

<그림 III-33> 북한이탈주민들을 연인으로 받아들일 수 있다 조사 결과 [전체]

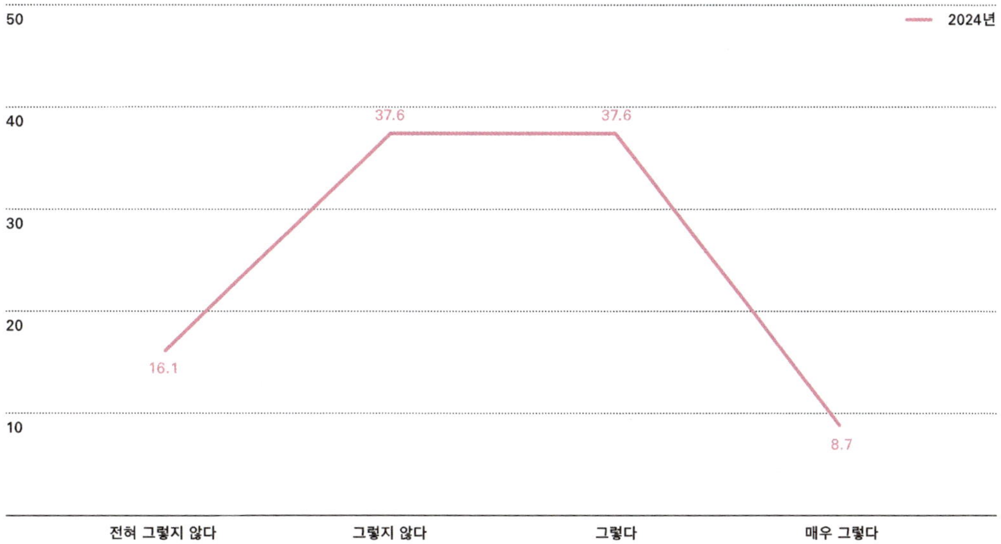

- 통일 후 북한 출신의 사람들과의 관계에 대한 인식 조사 중, '연인으로 받아들일 수 있다' 라는 질문에 대한 응답 결과, '매우 그렇다' 8.7%, '그런 편이다' 37.6%로 긍정적인 응답이 46.3%, '그렇지 않다' 37.6%, '전혀 그렇지 않다' 16.1%로 부정적인 응답이 53.7%로 나타남.
- 지역별 조사에서는, 경기북부 접경지역(49.5%), 경기북부 비접경지역(48.3%), 경기남부지역(44.9%) 순으로 나타나, 경기북부 접경지역(49.5%), 경기북부 비접경지역(48.3%)이 평균값 46.3%보다 높게 나타남.
- 이념별 조사에서는, 긍정적인 반응이 진보(54.7%), 중도(47.5%), 보수(44.7%), 모른다(27.6%) 순으로 나타남. 진보(54.7%)와 중도(47.5%)는 평균값 46.3%보다 높게 나타났고, 진보(54.7%) 대비 중도(47.5%), 보수(44.7%), 모른다(27.6%) 간에 각각 7.2%, 10.0%, 27.1%로 편차가 큰 현저한 차이를 드러냄.
- 성별 조사에서는, 긍정적인 응답이 남성(62.7%), 여성(30.8%) 순으로 31.9% 차이가 나타나 현저한 차이가 드러남.
- 연령별 조사에서는, 긍정적인 반응이 50대(54.0%), 60대 이상(50.0%), 40대(45.5%), 30대(41.0%), 20대(41.0%) 순으로 나타나고, 50대(54.0%), 60대 이상(50.0%)이 평균값 46.3%보다 높게 나타났고, 50대(54.0%) 대비 60대 이상(50.0%), 40대(45.5%), 30대(41.0%), 20대(41.0%) 간에 각각 4.0%, 8.5%, 13.0%, 13.0%로 상당한 차이를 드러냄.

<그림 III-34> 북한이탈주민들을 연인으로 받아들일 수 있다 조사 결과 [항목별]

이념 성향별

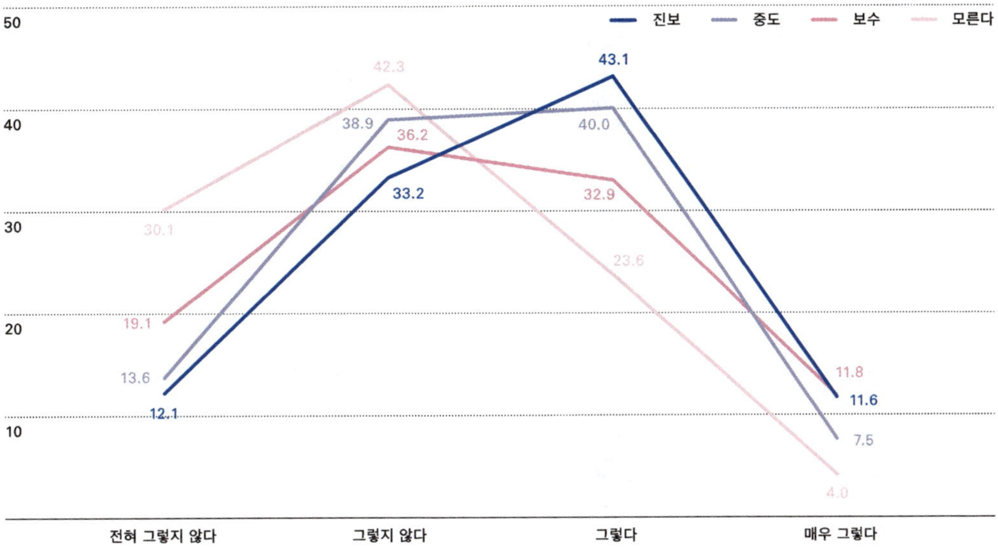

성별

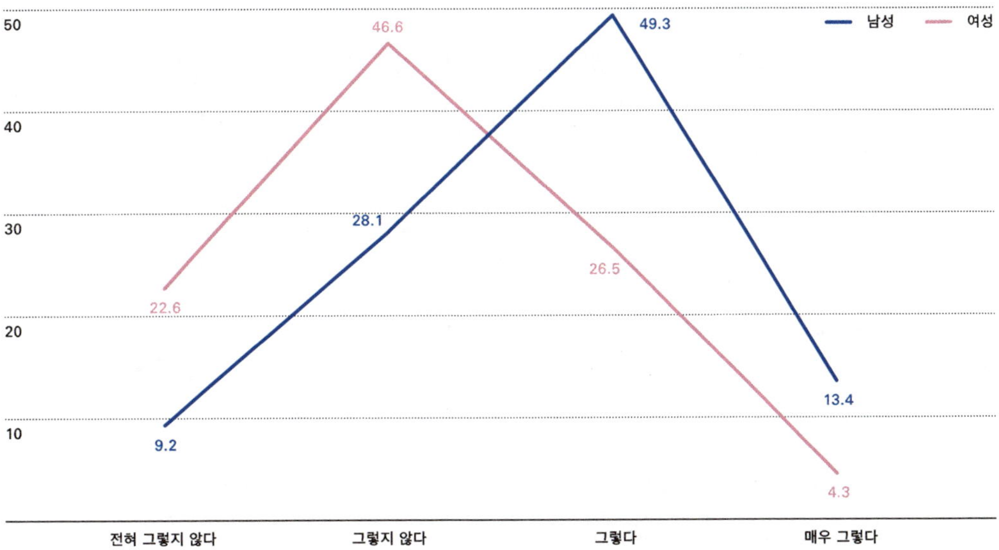

<그림 III-35> 연인으로 받아들일 수 있다

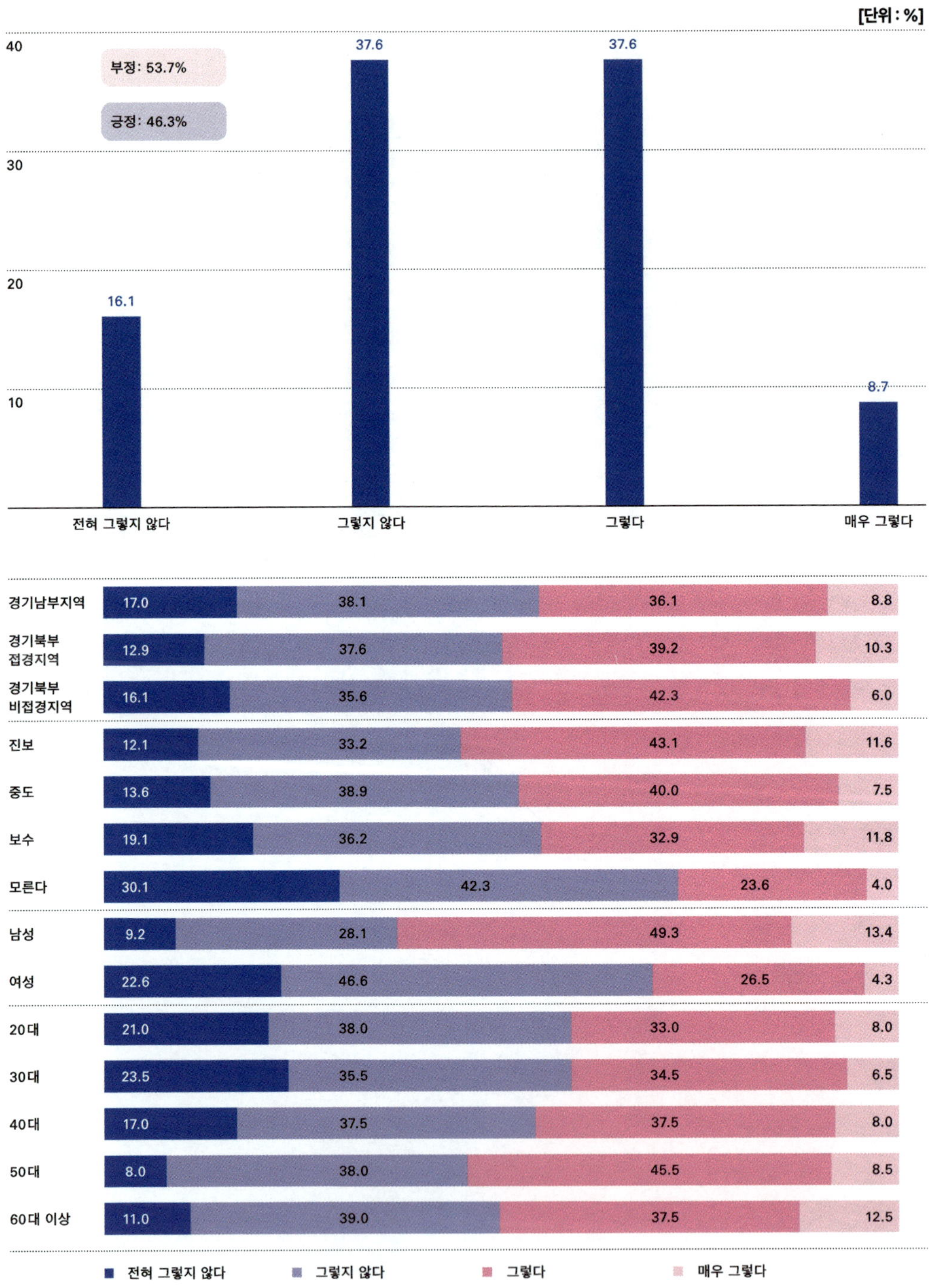

<표 III-13> 연인으로 받아들일 수 있다

[단위 : %]

구분		명	%	전혀 그렇지 않다	그렇지 않다	그런 편이다	매우 그렇다
전체		1,000	100	16.1	37.6	37.6	8.7
지역	경기남부지역	657	65.7	17.0	38.1	36.1	8.8
	경기북부 접경지역	194	19.4	12.9	37.6	39.2	10.3
	경기북부 비접경지역	149	14.9	16.1	35.6	42.3	6.0
이념 성향	진보	232	23.2	12.1	33.2	43.1	11.6
	중도	493	49.3	13.6	38.9	40.0	7.5
	보수	152	15.2	19.1	36.2	32.9	11.8
	모른다	123	12.3	30.1	42.3	23.6	4.0
성별	남성	487	48.7	9.2	28.1	49.3	13.4
	여성	513	51.3	22.6	46.6	26.5	4.3
연령	20대	200	20.0	21.0	38.0	33.0	8.0
	30대	200	20.0	23.5	35.5	34.5	6.5
	40대	200	20.0	17.0	37.5	37.5	8.0
	50대	200	20.0	8.0	38.0	45.5	8.5
	60대 이상	200	20.0	11.0	39.0	37.5	12.5
학력	중졸 이하	9	0.9	44.4	22.2	22.2	11.2
	고졸	188	18.8	17.6	37.2	35.6	9.6
	대재, 대졸	703	70.3	15.8	37.3	38.7	8.2
	대학원재, 대학원졸	100	10.0	13.0	42.0	35.0	10.0
직업	농축산업	5	0.5	20.0	0.0	0.0	20.0
	자영업	91	9.1	13.2	36.3	40.7	9.8
	블루칼라	72	7.2	6.9	23.6	52.8	16.7
	화이트칼라	389	38.9	9.8	39.6	43.7	6.9
	전업주부	135	13.5	27.4	47.4	22.2	3.0
	학생	55	5.5	21.8	43.6	30.9	3.7
	다른 직종 또는 무직	253	25.3	22.1	32.0	33.2	12.7
결혼 여부	미혼	367	36.7	18.5	36.0	36.8	8.7
	기혼/자녀 없음	70	7.0	18.6	34.3	37.1	10.0
	기혼/자녀 동거	423	42.3	14.4	37.8	40.0	7.8
	기혼/자녀 비동거	133	13.3	14.3	41.4	33.8	10.5
	기타(이혼 및 사망)	7	0.7	0.0	71.4	14.3	14.3
총소득	3000만원 미만	157	15.7	19.7	31.8	37.6	10.9
	5000만원 미만	234	23.4	15.8	42.3	32.9	9.0
	7000만원 미만	269	26.9	13.4	39.0	40.5	7.1
	1억원 미만	232	23.2	15.5	36.2	37.5	10.8
	1억원 이상	108	10.8	19.4	35.2	40.7	4.7

5) 결혼할 수 있다

조사 결과

● 2024년 평균(平均): '매우 그렇다' 8.4%, '그렇다' 33.5%로 '결혼할 수 있다'는 응답이 41.9%, '그렇지 않다' 37.4%, '전혀 그렇지 않다' 20.7%로, '결혼할 수 없다'에 대한 응답은 58.1%로 나타남.

※ 인구 사회학적 항목별 편차(偏差): 상당한 차이(10%-20%), 현저한 차이(20% 이상)

- 연령별 조사: 긍정적인 응답이 50대(51.5%)와 20대(34.0%) 간에 17.5%로 상당한 차이를 드러냄.

◎ 현저한 차이: 이념별 조사에서 진보(51.3%), 모른다(21.2%) 간에 30.1%로 편차가 크고 현저한 차이를 드러냄. 성별 조사에서는 남성(59.4%)과 여성(25.3%) 간에 34.1%로 편차가 큰 현저한 차이를 드러냄.

<그림 III-36> 북한이탈주민들과 결혼할 수 있다 조사 결과 [전체]

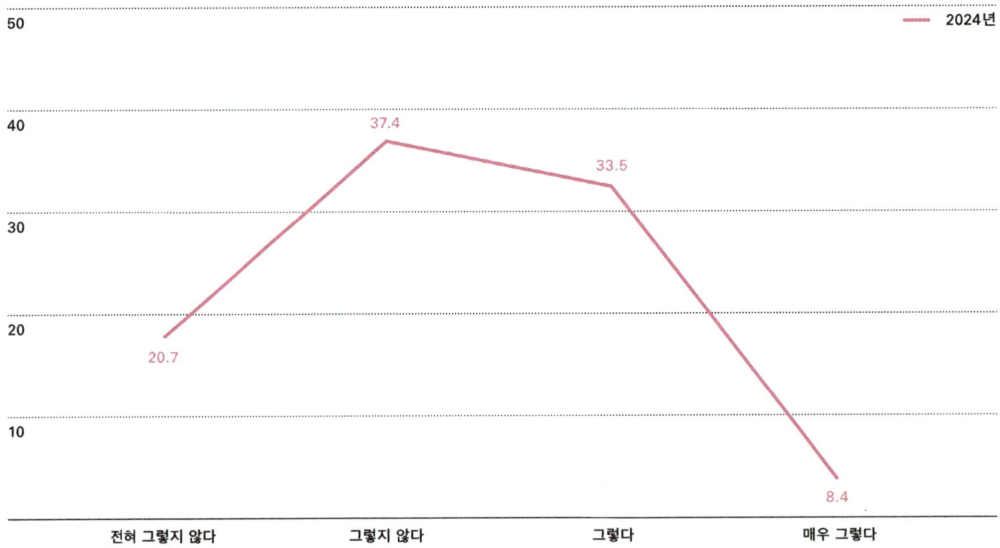

- 통일 후 북한 출신의 사람들과의 관계에 대한 인식 조사 중, '결혼할 수 있는지'에 대한 질문 결과, '매우 그렇다' 8.4%, '그렇다' 33.5%로 긍정적인 응답이 41.9%, '그렇지 않다' 37.4%, '전혀 그렇지 않다' 20.7%로 부정적 응답이 58.1%로 나타남.
- 지역별 조사에서는, 긍정적인 반응이 경기북부 비접경지역(42.9%), 경기북남부지역(41.9%), 경기북부 접경지역(41.2%) 순으로 나타났고, 경기북부 비접경지역(42.9%)는 평균값 41.9%보다 높게 나타남.
- 이념별 조사에서는, 긍정적인 반응이 진보(51.3%), 중도(43.4%), 보수(39.5%), 모른다(21.2%) 순으로 나타났고, 진보(51.3%) 대비 중도(43.4%), 보수(39.5%), 모른다(21.2%) 간에 각각 7.9%, 11.8%, 30.1%로 큰 차이를 드러냄.
- 성별 조사에서는, 긍정적인 응답이 남성(59.4%), 여성(25.3%) 순으로, 남성(59.4%)과 여성(25.3%) 간에 34.1%로 현저한 차이를 드러냄.
- 연령별 조사에서는, 긍정적인 응답이 50대(51.5%), 60대 이상(46.5%), 40대(43.0%), 30대(34.5%), 20대(34.0%) 순으로, 50대(51.5%)는 평균값 41.9%보다 높게 나타났고, 50대(51.5%) 대비 60대 이상(46.5%), 40대(43.0%), 30대(34.5%), 20대(34.0%) 간에 각각 5.0%, 8.5%, 17.0%, 17.5%로 상당한 차이를 드러냄.별 조사에서도 34.1%로 현저한 상당한 차이를 드러냄.

<그림 III-37> 북한이탈주민들과 결혼할 수 있다 조사 결과 [항목별]

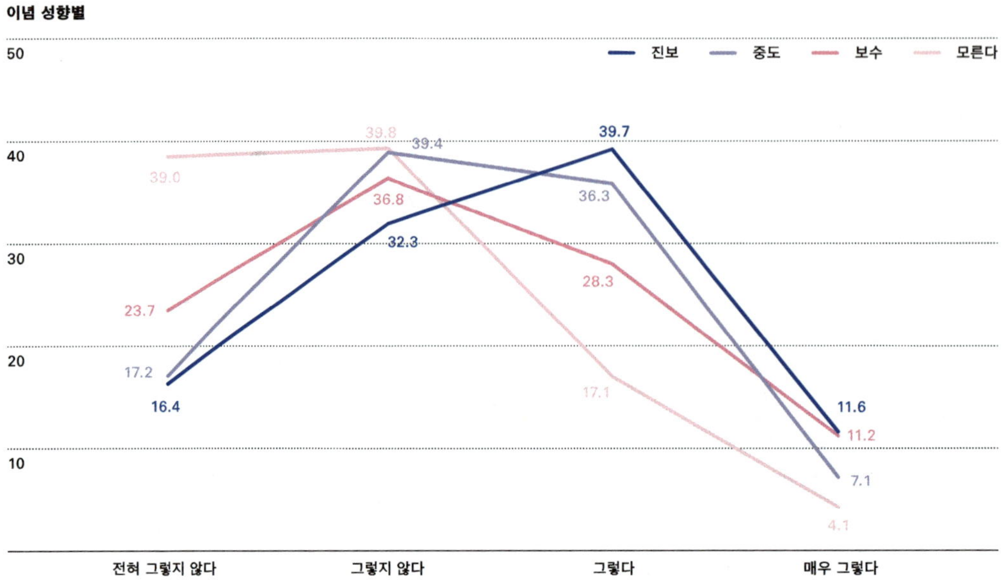

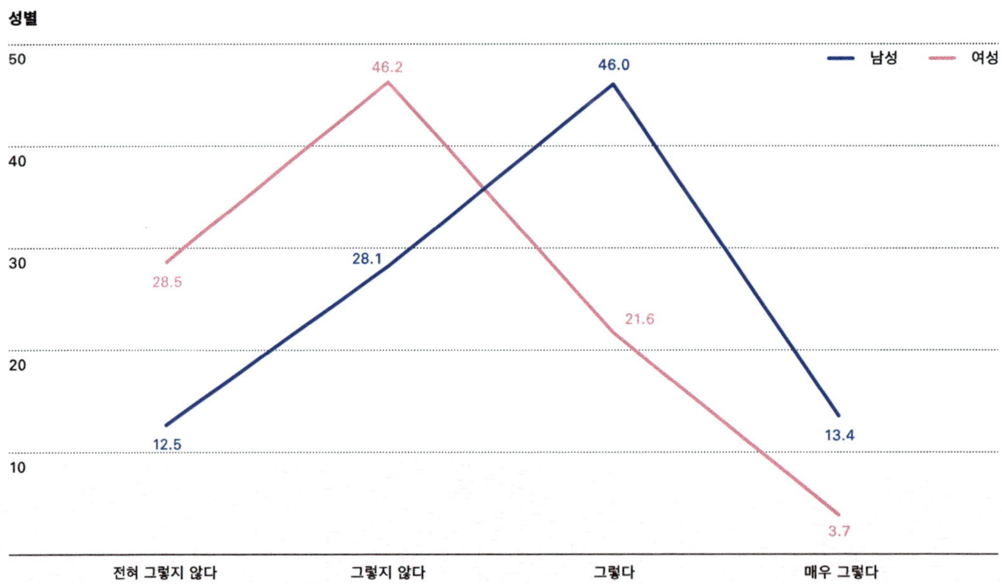

<그림 III-38> 결혼할 수 있다

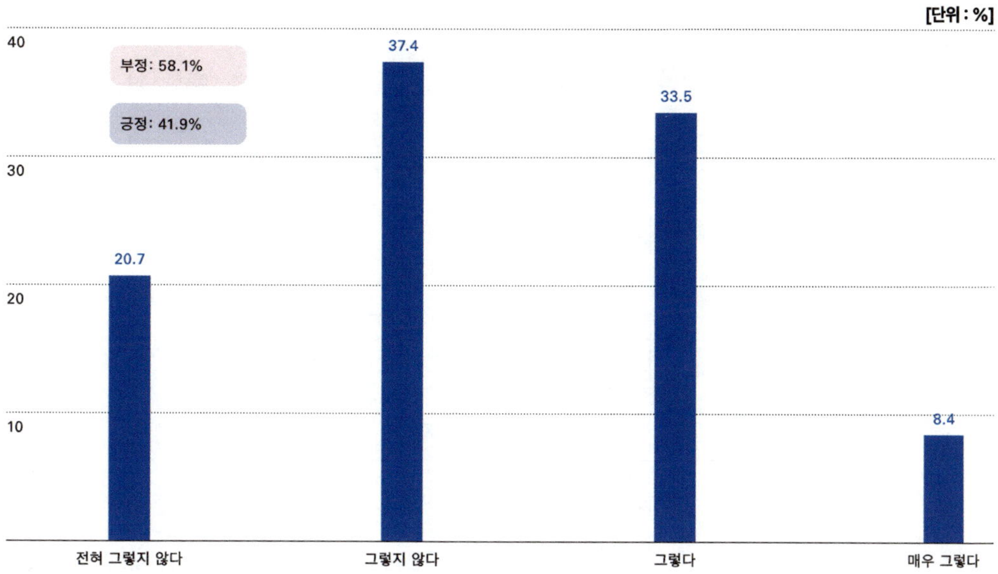

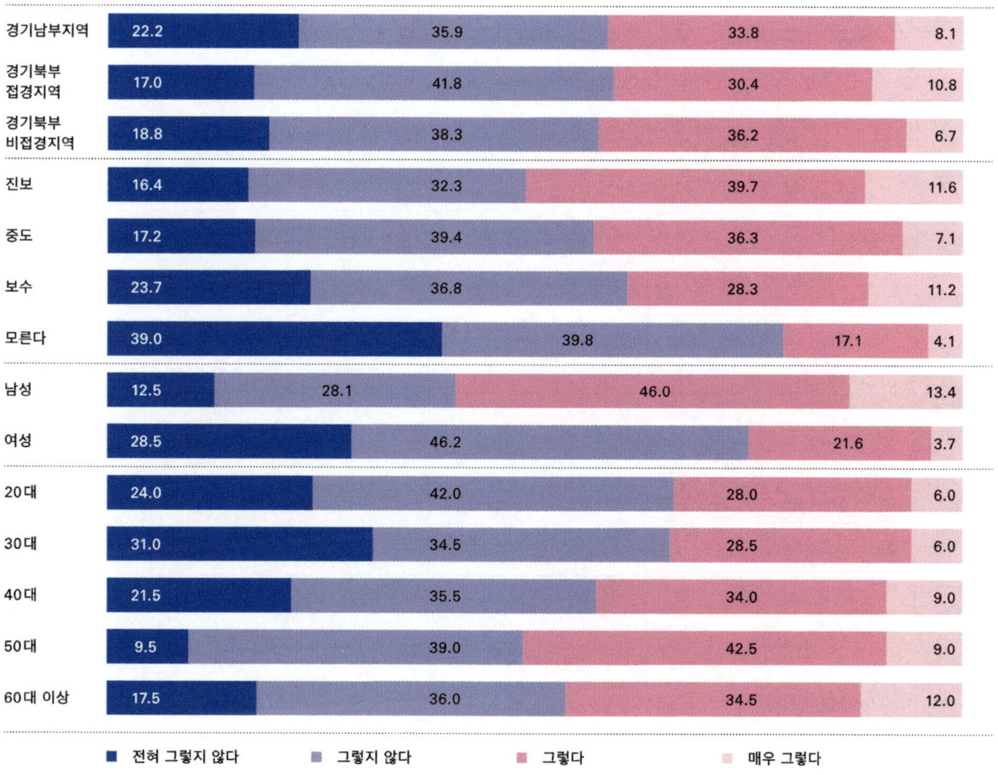

<표 III-14> 결혼할 수 있다

[단위 : %]

구분		명	%	전혀 그렇지 않다	그렇지 않다	그런 편이다	매우 그렇다
전체		1,000	100	20.7	37.4	33.5	8.4
지역	경기남부지역	657	65.7	22.2	35.9	33.8	8.1
	경기북부 접경지역	194	19.4	17.0	41.8	30.4	10.8
	경기북부 비접경지역	149	14.9	18.8	38.3	36.2	6.7
이념 성향	진보	232	23.2	16.4	32.3	39.7	11.6
	중도	493	49.3	17.2	39.4	36.3	7.1
	보수	152	15.2	23.7	36.8	28.3	11.2
	모른다	123	12.3	39.0	39.8	17.1	4.1
성별	남성	487	48.7	12.5	28.1	46.0	13.4
	여성	513	51.3	28.5	46.2	21.6	3.7
연령	20대	200	20.0	24.0	42.0	28.0	6.0
	30대	200	20.0	31.0	34.5	28.5	6.0
	40대	200	20.0	21.5	35.5	34.0	9.0
	50대	200	20.0	9.5	39.0	42.5	9.0
	60대 이상	200	20.0	17.5	36.0	34.5	12.0
학력	중졸 이하	9	0.9	44.4	22.2	22.2	11.2
	고졸	188	18.8	18.1	39.9	33.0	9.0
	대재, 대졸	703	70.3	21.5	36.8	33.7	8.0
	대학원재, 대학원졸	100	10.0	18.0	38.0	34.0	10.0
직업	농축산업	5	0.5	20.0	0.0	0.0	20.0
	자영업	91	9.1	17.6	37.4	34.1	10.9
	블루칼라	72	7.2	9.7	22.2	52.8	15.3
	화이트칼라	389	38.9	15.9	39.3	37.5	7.3
	전업주부	135	13.5	28.1	48.1	20.7	3.1
	학생	55	5.5	21.8	45.5	29.1	3.6
	다른 직종 또는 무직	253	25.3	28.1	30.8	30.0	11.1
결혼 여부	미혼	367	36.7	22.6	38.4	31.9	7.1
	기혼/자녀 없음	70	7.0	24.3	34.3	30.0	11.4
	기혼/자녀 동거	423	42.3	18.2	36.4	36.6	8.8
	기혼/자녀 비동거	133	13.3	21.1	39.1	30.8	9.0
	기타(이혼 및 사망)	7	0.7	28.6	42.9	14.3	14.2
총소득	3000만원 미만	157	15.7	19.7	36.9	33.1	10.3
	5000만원 미만	234	23.4	20.9	39.3	30.8	9.0
	7000만원 미만	269	26.9	18.6	39.0	35.7	6.7
	1억원 미만	232	23.2	20.7	34.5	34.5	10.3
	1억원 이상	108	10.8	26.9	36.1	32.4	4.6

6) 자녀와 결혼시킬 수 있다

조사 결과

● 2024년 평균(平均): '매우 그렇다' 7.6%, '그렇다' 33.6%로 자녀와 결혼시킬 수 있다 라는 반응이 41.2%, '그렇지 않다' 36.6%, '전혀 그렇지 않다' 22.2%로 자녀와 결혼시킬 수 없다 라는 반응은 58.8%로 나타남.

※ 인구 사회학적 항목별 편차(偏差): 상당한 차이(10%-20%), 현저한 차이(20% 이상)

- 연령별 조사: 긍정적인 응답이 50대(48.5%)와 20대(35.0%) 간에 13.5%로 상당한 차이를 드러냄.

◎ 현저한 차이: 이념 성향별 조사에서 진보(50.4%) 모른다(21.1%) 간에 29.3%로 편차가 큰 현저한 차이를 드러냄. 성별 조사에서는, 남성(55.0%), 여성(28.1%) 간에 26.9%로 현저한 차이를 드러냄.

<그림 III-39> 북한이탈주민들의 자녀와 결혼할 수 있다 조사 결과 [전체]

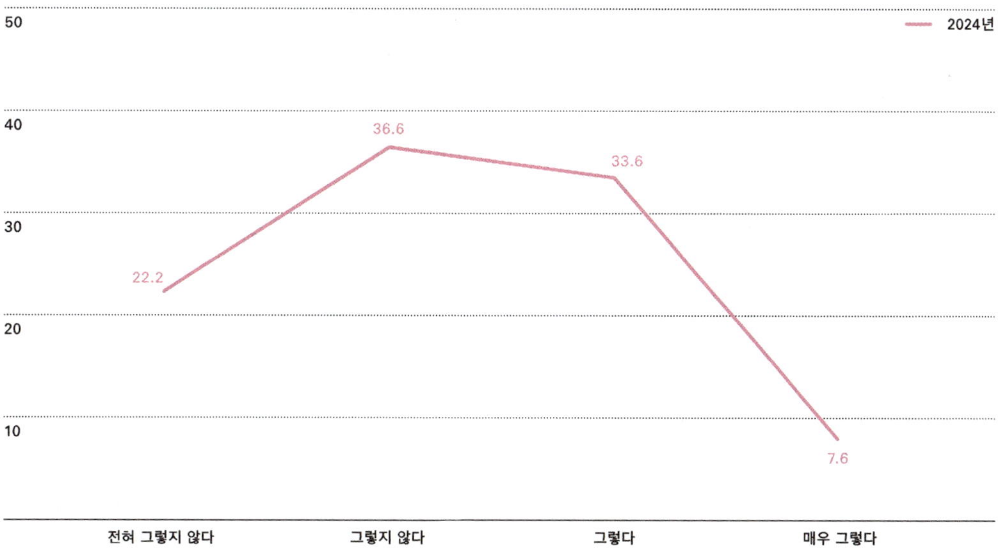

- 통일 후 북한 출신의 사람들과의 관계에 대한 인식 조사 중, '자녀와 결혼시킬 수 있는지'에 대한 질문 결과, '매우 그렇다' 7.6%, '그렇다' 33.6%로 긍정적 반응이 41.2%, '그렇지 않다' 36.6%, '전혀 그렇지 않다' 22.2%로 부정적인 반응은 58.8%로 나타남.
- 지역별 조사에서는, 긍정적인 반응이 경기북부 비접경지역(45.6%), 경기북부 접경지역(40.7%), 경기남부지역(40.4%) 순으로 나타남.
- 이념 성향별 조사에서는, 긍정적인 반응이 진보(50.4%), 중도(41.7%), 보수(41.4%), 모른다(21.1%) 순으로 나타남. 진보(50.4%) 대비 중도(41.7%), 보수(41.4%), 모른다(21.1%) 간에 각각 8.7%, 9.0%, 29.3%로 편차가 큰 현저한 차이를 드러냄.
- 성별 조사에서는, 긍정적 응답이 남성(55.0%), 여성(28.1%) 간에 26.9%로 현저한 차이를 드러냄.
- 연령별 조사에서는, 긍정적인 응답이 50대(48.5%), 60대 이상(47.5%), 40대(38.5%), 30대(36.5%), 20대(35.0%) 순으로 나타나, 50대(48.5%)는 평균값 41.2%보다 높게 나타났고, 50대(48.5%) 대비 60대 이상(47.5%), 40대(38.5%), 30대(36.5%), 20대(35.0%) 간에 각각 1.0%, 10.0%, 12.0%, 13.5%로 상당한 차이를 드러냄.

<그림 III-40> 북한이탈주민들의 자녀와 결혼할 수 있다 조사 결과 [항목별]

이념 성향별

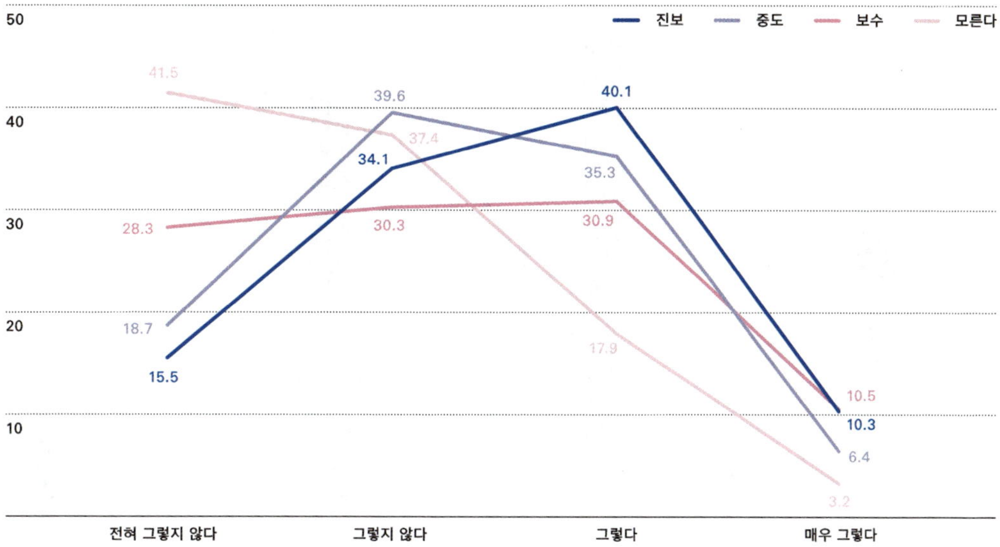

성별

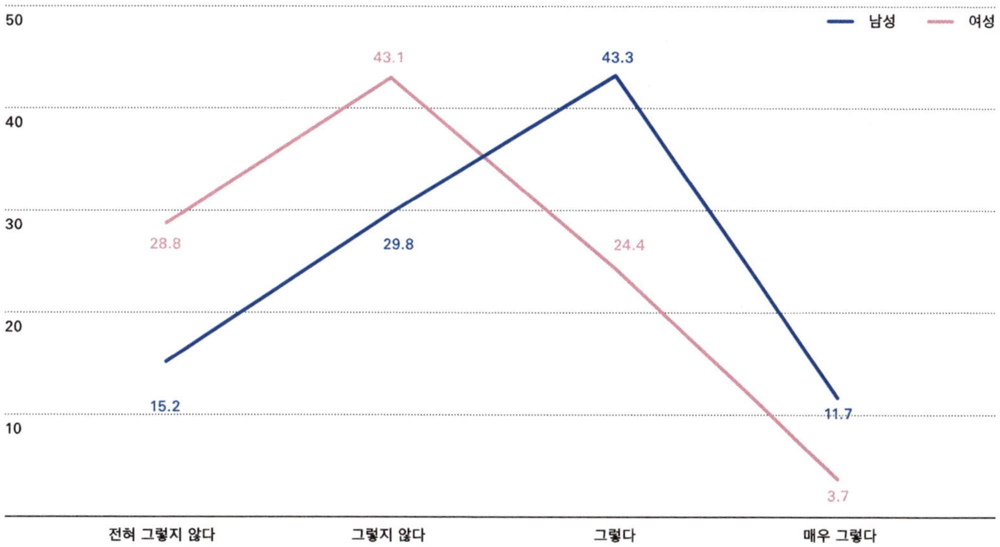

<그림 III-41> 자녀와 결혼할 수 있다

[단위 : %]

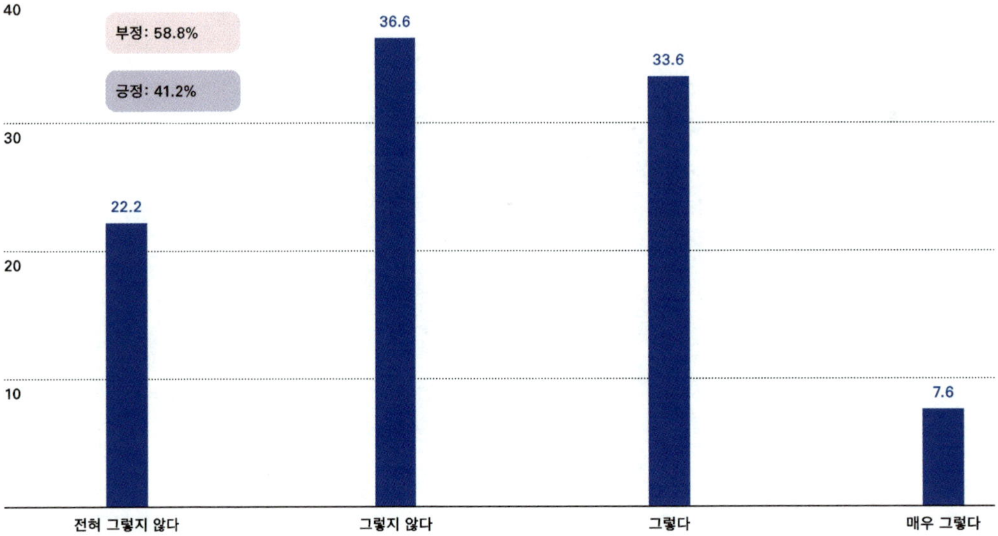

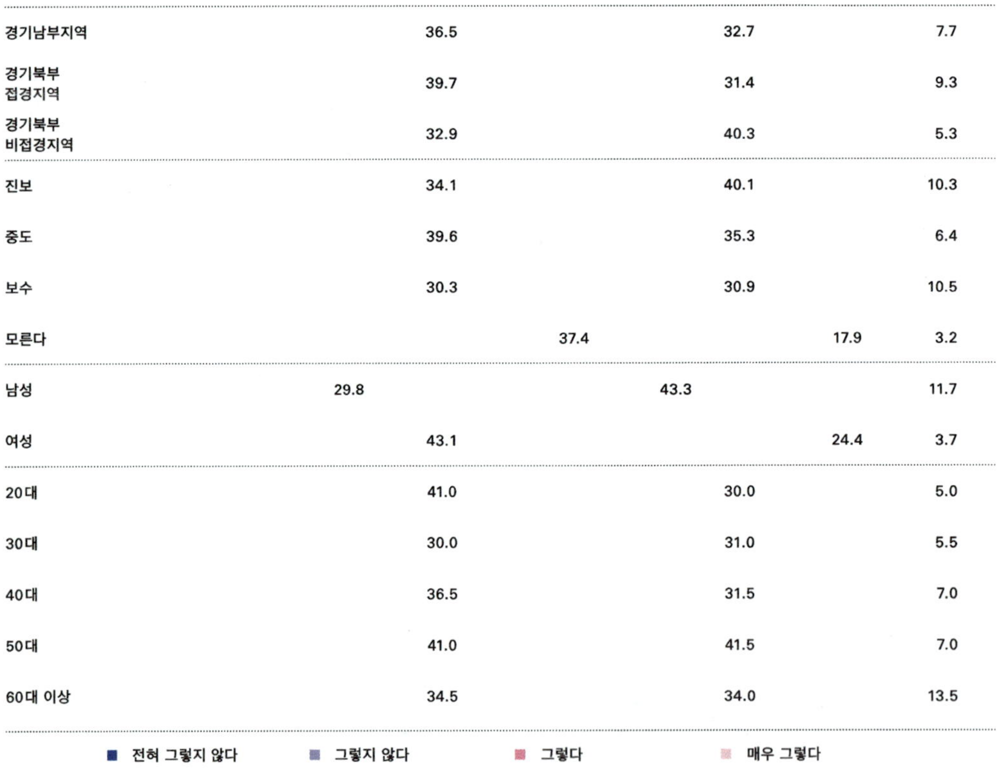

<표 III-15> 자녀와 결혼할 수 있다

[단위 : %]

구분		명	%	전혀 그렇지 않다	그렇지 않다	그런 편이다	매우 그렇다
전체		1,000	100	22.2	36.6	33.6	7.6
지역	경기남부지역	657	65.7	23.1	36.5	32.7	7.7
	경기북부 접경지역	194	19.4	19.6	39.7	31.4	9.3
	경기북부 비접경지역	149	14.9	21.5	32.9	40.3	5.3
이념 성향	진보	232	23.2	15.5	34.1	40.1	10.3
	중도	493	49.3	18.7	39.6	35.3	6.4
	보수	152	15.2	28.3	30.3	30.9	10.5
	모른다	123	12.3	41.5	37.4	17.9	3.2
성별	남성	487	48.7	15.2	29.8	43.3	11.7
	여성	513	51.3	28.8	43.1	24.4	3.7
연령	20대	200	20.0	24.0	41.0	30.0	5.0
	30대	200	20.0	33.5	30.0	31.0	5.5
	40대	200	20.0	25.0	36.5	31.5	7.0
	50대	200	20.0	10.5	41.0	41.5	7.0
	60대 이상	200	20.0	18.0	34.5	34.0	13.5
학력	중졸 이하	9	0.9	44.4	22.2	22.2	11.2
	고졸	188	18.8	21.3	35.1	35.1	8.5
	대재, 대졸	703	70.3	22.6	36.8	33.7	6.9
	대학원재, 대학원졸	100	10.0	19.0	39.0	31.0	11.0
직업	농축산업	5	0.5	20.0	0.0	0.0	20.0
	자영업	91	9.1	20.9	37.4	34.1	7.6
	블루칼라	72	7.2	12.5	22.2	52.8	12.5
	화이트칼라	389	38.9	18.5	37.3	37.8	6.4
	전업주부	135	13.5	30.4	45.9	20.7	3.0
	학생	55	5.5	25.5	45.5	27.3	1.7
	다른 직종 또는 무직	253	25.3	26.1	32.0	30.4	11.5
결혼 여부	미혼	367	36.7	24.3	35.1	34.6	6.0
	기혼/자녀 없음	70	7.0	24.3	35.7	34.3	5.7
	기혼/자녀 동거	423	42.3	20.8	37.6	33.1	8.5
	기혼/자녀 비동거	133	13.3	21.1	36.1	33.1	9.7
	기타(이혼 및 사망)	7	0.7	0.0	71.4	14.3	14.3
총소득	3000만원 미만	157	15.7	22.9	31.8	36.9	8.4
	5000만원 미만	234	23.4	19.7	39.3	31.6	9.4
	7000만원 미만	269	26.9	22.3	37.5	35.3	4.9
	1억원 미만	232	23.2	22.4	37.1	30.6	9.9
	1억원 이상	108	10.8	25.9	34.3	35.2	4.6

IV

경기도 통일교육의 과제

1 경기도와 통일교육 필요성

조사 결과

● 2024년 평균(平均): '매우 필요하다' 23.3%, '다소 필요하다' 55.1%로 긍정적인 반응이 78.4%, '별로 필요없다' 16.2%, '전혀 필요 없다' 5.4%로 부정적인 반응이 21.6%로 나타남.

▶ 2021년 대비: 긍정적인 반응이 73.4%에서 78.4%로 5.0% 증가함. '매우 필요하다'가 23.0%에서 23.3%로 0.3%, '다소 필요하다'가 50.4%에서 55.1%로 4.7% 증가하여 합계 5.0%가 증가함.

※ 인구 사회학적 항목별 편차(偏差): 상당한 차이(10%-20%), 현저한 차이(20% 이상)

- 연령별 조사: 긍정적인 반응에서 60대 이상(89.5%)과 30대(69.5%) 간에 20.0%로 상당한 차이를 보여줌.

◎ 현저한 차이: 이념 성향별에서 긍정적인 반응이 진보(86.3%)와 모른다(61.8%) 간에 24.5%로 현저한 차이를 드러냄.

<그림 IV-1> 경기도와 통일교육 조사 결과 [전체]

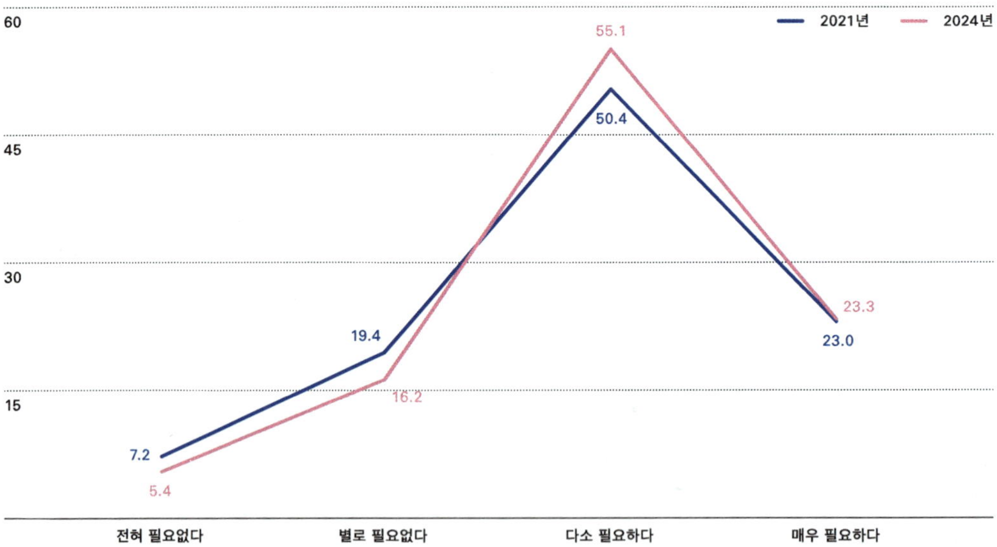

- '경기도와 통일교육 필요성'에 대한 응답 결과, '매우 필요하다' 23.3%, '다소 필요하다' 55.1%로 긍정적인 반응이 78.4%, '별로 필요없다' 16.2%, '전혀 필요 없다' 5.4%로 부정적인 반응이 21.6%로 나타남.
- 2021년과 비교하면, 긍정적인 반응이 73.4%에서 78.4%로 5.0% 증가함. '매우 필요하다'가 23.0%에서 23.3%로 0.3%, '다소 필요하다'가 50.4%에서 55.1%로 4.7% 증가하여 합계 5.0%가 증가함. '별로 필요없다'는 19.4%에서 16.2%로 3.2%, '전혀 필요없다' 7.2%에서 5.4%로 1.8% 하락한 합계 5.0% 하락한 부정적인 반응은 21.6%로 나타남.
- 지역별 조사에서는, 긍정적인 반응이 경기북부 접경지역(84.1%), 경기남부지역(77.8%), 경기북부 비접경지역(73.8%), 순으로 나타나, 경기북부 접경지역(84.1%)이 평균값 78.4%보다 5.7% 높게 나타남. 경기북부 접경지역(84.1%) 대비 경기남부지역(77.8%), 경기북부 비접경지역(73.8%) 간에는 각각 6.3%, 10.3% 차이가 나타나, 상당한 차이를 보여줌.
- 이념 성향별 조사에서는, 긍정적인 반응에서 진보(86.3%), 중도(79.7%), 보수(75.6%), 모른다(61.8%) 순으로 나타나 진보(86.3%), 중도(79.7%)가 평균값 78.4%보다 높게 나타나고, 진보(86.3%) 대비 중도(79.7%), 보수(75.6%), 모른다(61.8%) 간에는 각각 6.6%, 10.7%, 24.5% 차이가 나타나, 현저한 차이를 보여줌.
- 성별 조사에서는, 긍정적인 반응에서 남성(80.7%), 여성(76.2%) 간에 4.5% 차이가 나타남.
- 연령별 조사에서는, 긍정적인 반응에서 60대 이상(89.5%), 50대(86.0%), 40대(74.5%), 20대(72.5%), 30대(69.5%) 순으로 나타나, 60대 이상(89.5%), 50대(86.0%),가 평균값 78.4%보다 높게 나타남. 60대 이상(89.5%) 대비 50대(86.0%), 40대(74.5%), 20대(72.5%), 30대(69.5%) 간에는 각각 3.5%, 15.0%, 17.0%, 20.0% 차이가 나타나, 상당한 차이를 보여줌.

<그림 IV-2> 경기도와 통일교육 조사 결과 [항목별]

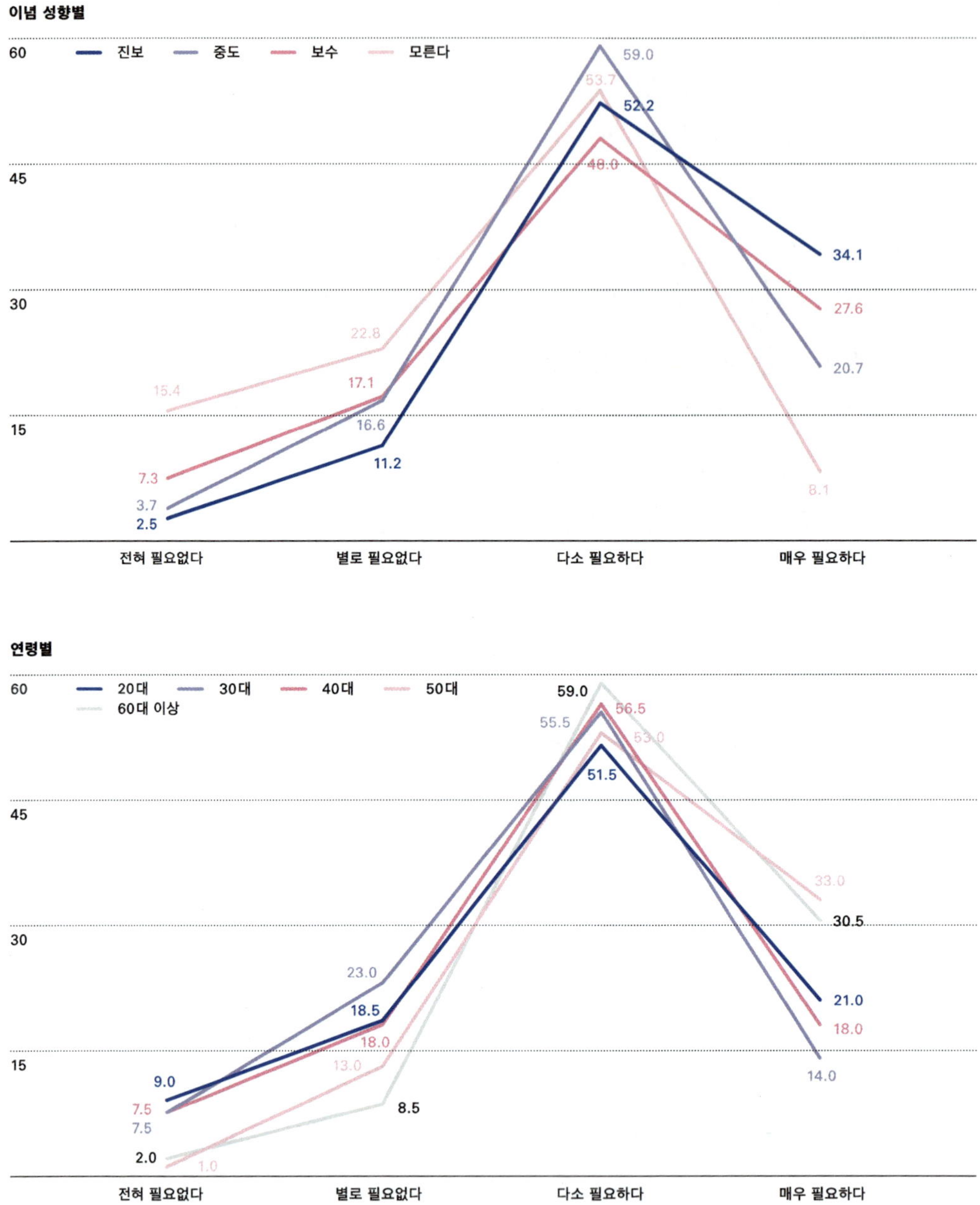

<그림 Ⅳ-3> 경기도와 통일교육 필요성

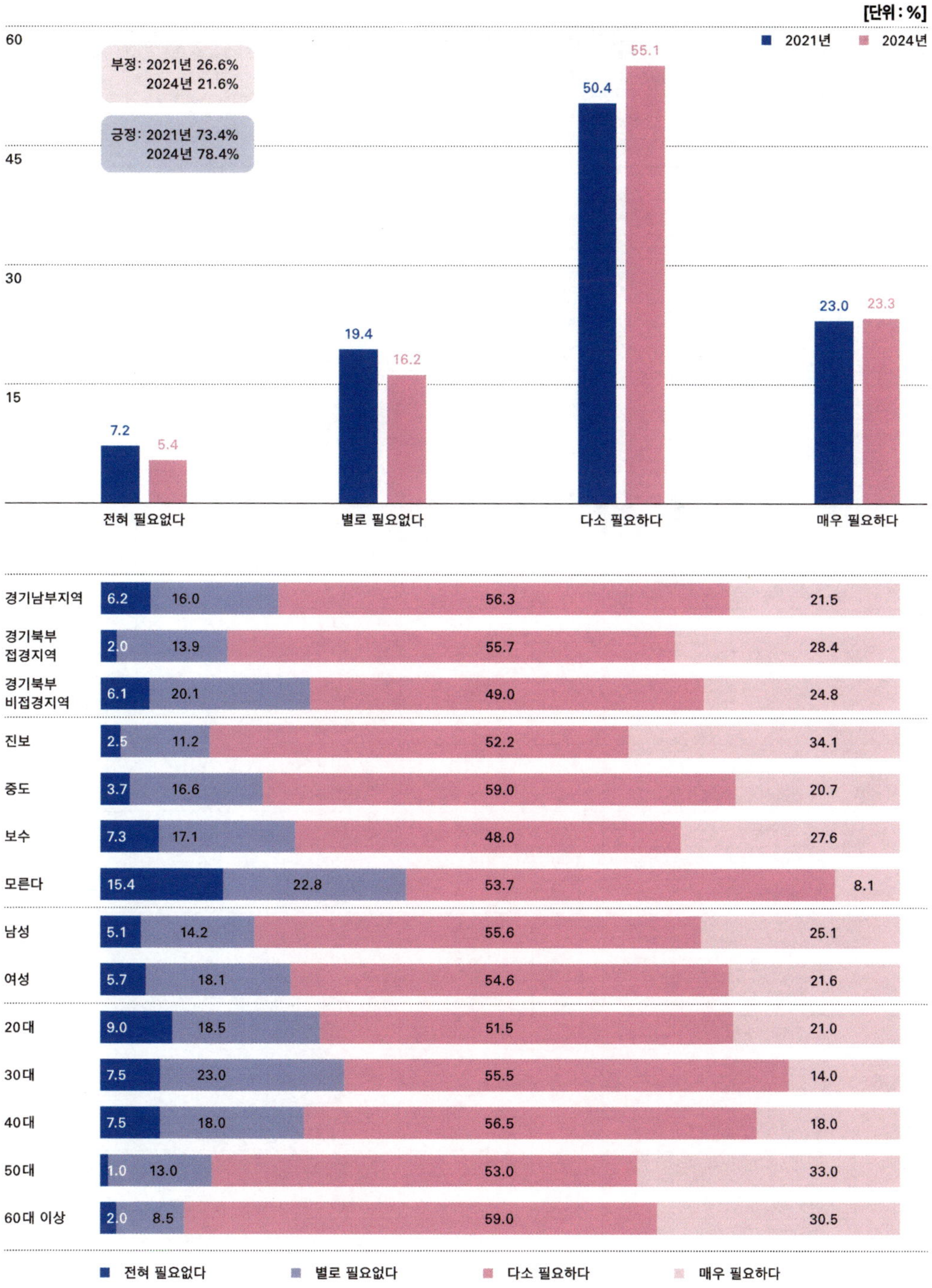

<표 IV-1> 경기도와 통일교육 필요성

[단위 : 명, %]

구분		명	%	전혀 필요없다	별로 필요없다	다소 필요하다	매우 필요하다
전체(2024년)		1,000	100	5.4	16.2	55.1	23.3
전체(2021년)		1,000	100	7.2	19.4	50.4	23.0
지역	경기남부지역	657	65.7	6.2	16.0	56.3	21.5
	경기북부 접경지역	194	19.4	2.0	13.9	55.7	28.4
	경기북부 비접경지역	149	14.9	6.1	20.1	49.0	24.8
이념 성향	진보	232	23.3	2.5	11.2	52.2	34.1
	중도	493	49.3	3.7	16.6	59.0	20.7
	보수	152	15.2	7.3	17.1	48.0	27.6
	모른다	123	12.3	15.4	22.8	53.7	8.1
성별	남성	487	48.7	5.1	14.2	55.6	25.1
	여성	513	51.3	5.7	18.1	54.6	21.6
연령	20대	200	20.0	9.0	18.5	51.5	21.0
	30대	200	20.0	7.5	23.0	55.5	14.0
	40대	200	20.0	7.5	18.0	56.5	18.0
	50대	200	20.0	1.0	13.0	53.0	33.0
	60대 이상	200	20.0	2.0	8.5	59.0	30.5
학력	중졸 이하	9	0.9	11.2	44.4	22.2	22.2
	고졸	188	18.8	7.9	14.4	54.3	23.4
	대재, 대졸	703	70.3	5.1	16.2	56.5	22.2
	대학원재, 대학원졸	100	10.0	2.0	17.0	50.0	31.0
직업	농축산업	5	0.5	20.0	20.0	40.0	20.0
	자영업	91	9.1	2.2	15.4	61.5	20.9
	블루칼라	72	7.2	2.8	18.1	59.7	19.4
	화이트칼라	389	38.9	3.1	15.9	56.3	24.7
	전업주부	135	13.5	5.9	14.8	60.0	19.3
	학생	55	5.5	7.3	20.0	49.1	23.6
	다른 직종 또는 무직	253	25.3	9.9	16.2	48.6	25.3
결혼 여부	미혼	367	36.7	8.4	18.0	50.4	23.2
	기혼/자녀 없음	70	7.0	7.2	20.0	55.7	17.1
	기혼/자녀 동거	423	42.3	3.5	16.3	56.3	23.9
	기혼/자녀 비동거	133	13.3	2.2	9.0	63.9	24.9
	기타(이혼 및 사망)	7	0.7	0.0	14.3	57.1	28.6
총소득	3000만원 미만	157	15.7	6.4	17.8	48.4	27.4
	5000만원 미만	234	23.4	6.8	14.5	55.6	23.1
	7000만원 미만	269	26.9	5.2	16.7	55.4	22.7
	1억원 미만	232	23.2	3.4	13.4	61.2	22.0
	1억원 이상	108	10.8	5.6	22.2	50.0	22.2

2 경기도 차원 통일교육 제공의 필요성

조사 결과

● 2024년 평균(平均): '매우 필요하다' 13.9%, '다소 필요하다' 49.2%로 긍정적인 반응이 63.1%, '별로 필요없다' 28.3%, '전혀 필요 없다' 8.6%로 부정적인 반응이 36.9%로 나타남.

▶ 2021년 대비: 긍정적인 반응이 59.3%에서 63.1%로 3.8% 증가함. '매우 필요하다'가 15.8%에서 13.9%로 1.9% 하락, '다소 필요하다'가 43.5%에서 49.2%로 5.7% 증가하여 합계 3.8%가 증가함.

※ 인구 사회학적 항목별 편차(偏差): 상당한 차이(10%-20%), 현저한 차이(20% 이상)

- 지역별 조사: 긍정적인 반응이 경기북부 접경지역(72.2%)과 경기남부지역(60.6%) 간에 11.6%로 상당한 차이를 드러냄.

◎ 현저한 차이: 이념 성향별에서 긍정적인 반응이 진보(75.0%)와 모른다(45.5%) 간에 29.5%로 현저한 차이를 드러냄. 연령별 조사에서도 긍정적인 반응에서 60대 이상(78.0%)과 40대(52.0%) 간에 26.0%로 현저한 차이를 드러냄.

<그림 IV-4> 경기도 차원 통일교육 제공의 필요성 조사 결과 [전체]

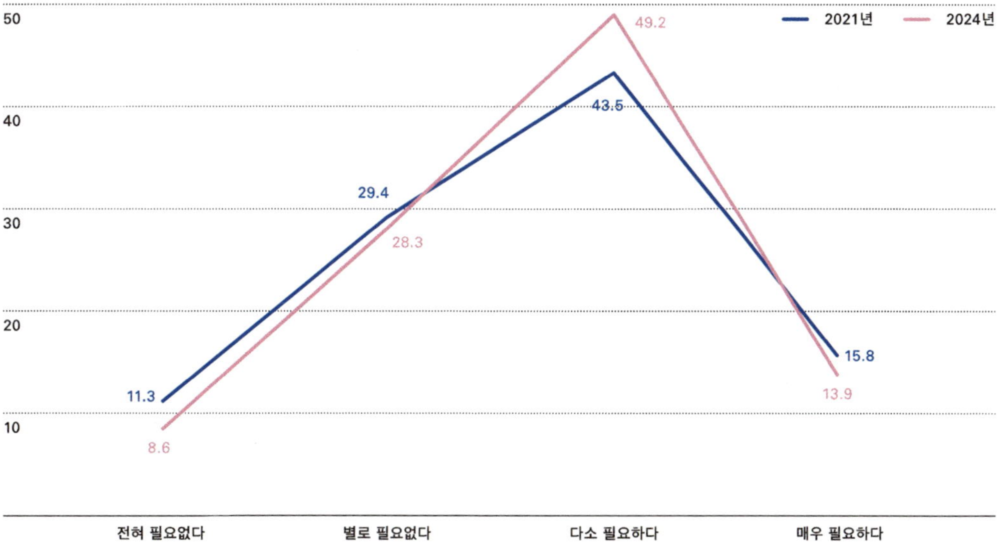

- ‘경기도 차원의 통일교육 제공의 필요성’에 대한 응답 결과, ‘매우 필요하다’ 13.9%, ‘다소 필요하다’ 49.2%로 긍정적인 반응이 63.1%, ‘별로 필요없다’ 28.3%, ‘전혀 필요없다’ 8.6%로 부정적인 반응이 36.9%로 나타남.
- 2021년과 비교하면, 긍정적인 반응이 59.3%에서 63.1%로 3.8% 증가함. ‘매우 필요하다’가 15.8%에서 13.9%로 1.9% 하락, ‘다소 필요하다’가 43.5%에서 49.2%로 5.7% 증가하여 합계 3.8%가 증가함. ‘별로 필요없다’는 29.4%에서 28.3%로 1.1%, ‘전혀 필요없다’ 11.3%에서 8.6%로 2.7% 하락한 합계 3.8% 하락한 부정적인 반응은 21.6%로 나타남.
- 지역별 조사에서는, 긍정적인 반응이 경기북부 접경지역(72.2%), 경기북부 비접경지역(62.5%) 경기남부지역(60.6%) 순으로 나타나, 경기북부 접경지역(72.2%)이 평균값 63.1%보다 높게 나타남. 경기북부 접경지역(72.2%) 대비 경기북부 비접경지역(62.5%) 경기남부지역(60.6%) 간에는 각각 9.7%, 11.6% 차이가 나타나, 상당한 차이를 드러냄.
- 이념 성향별 조사에서는, 긍정적인 반응에서 진보(75.0%), 중도(62.9%), 보수(59.9%), 모른다(45.5%) 순으로 나타나 진보(75.0%) 평균값 63.1%보다 높게 나타나고, 진보(75.0%) 대비 중도(62.9%), 보수(59.9%), 모른다(45.5%) 간에는 각각 12.1%, 15.1%, 29.5% 차이가 나타나, 현저한 차이를 드러냄.
- 성별 조사에서는, 긍정적인 반응에서 남성(65.3%), 여성(61.0%) 간에 4.3% 차이가 나타남.
- 연령별 조사에서는, 긍정적인 반응에서 60대 이상(78.0%), 50대(72.5%), 20대(59.0%), 30대(54.0%), 40대(52.0%) 순으로 나타나, 60대 이상(78.0%), 50대(72.5%)가 평균값 63.1%보다 높게 나타남. 60대 이상(78.0%) 대비 50대(72.5%), 20대(59.0%), 30대(54.0%), 40대(52.0%) 간에는 각각 5.5%, 19.0%, 24.0%, 26.0% 차이가 나타나, 현저한 차이를 드러냄.

<그림 IV-5> 경기도와 통일교육 조사 결과 [항목별]

이념 성향별

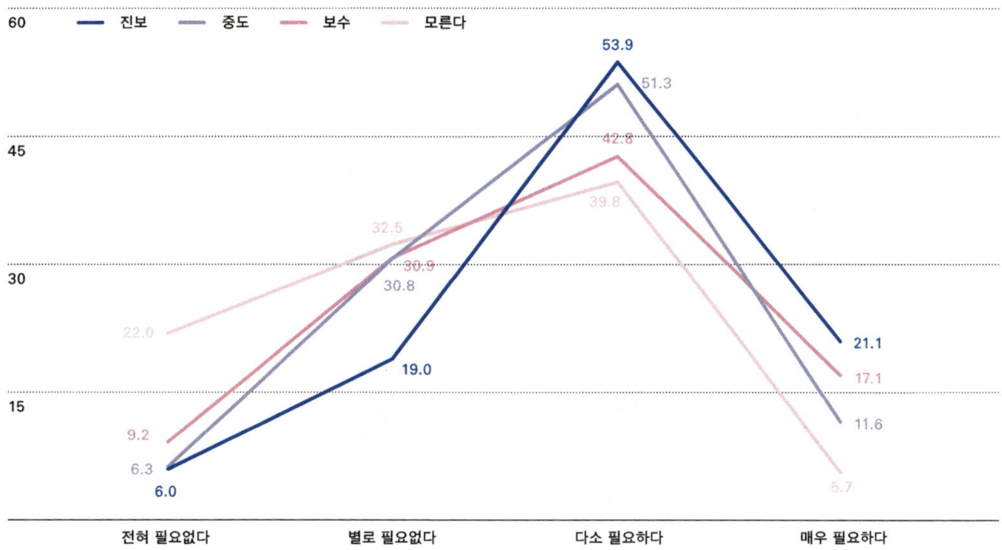

연령별

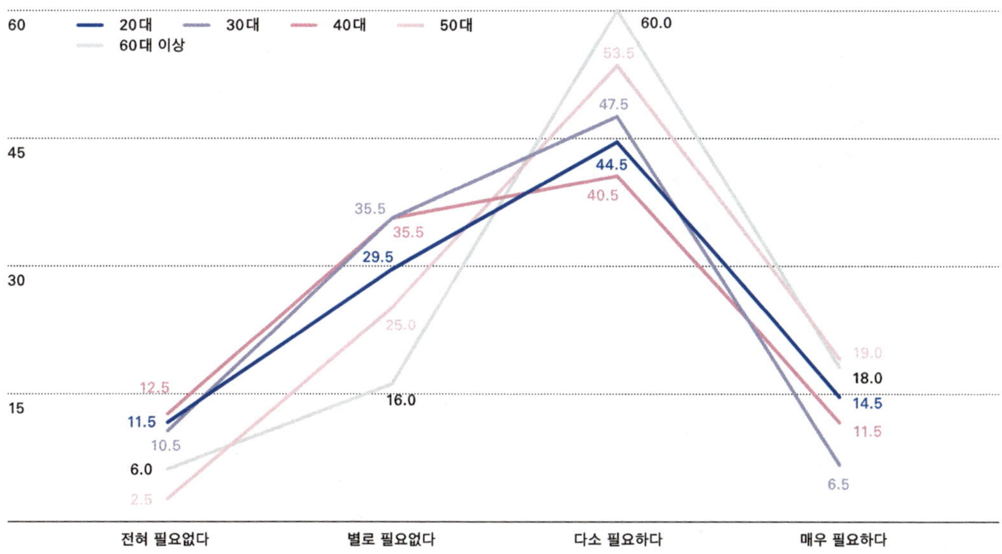

<그림 IV-6> 경기도 차원의 통일교육 제공의 필요성

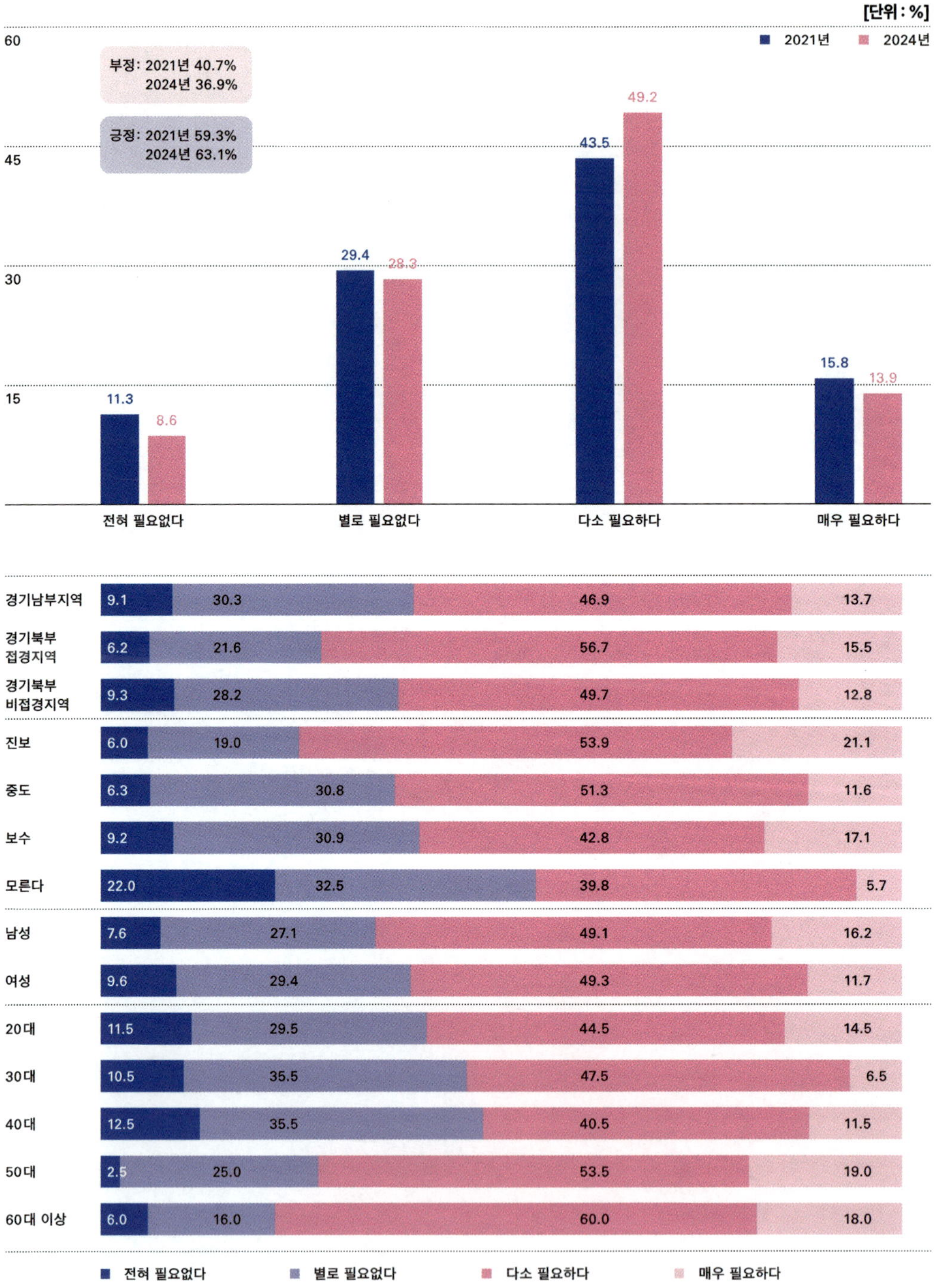

<표 IV-2> 경기도 차원 통일교육 제공의 필요성

[단위 : 명, %]

구분		명	%	전혀 필요없다	별로 필요없다	다소 필요하다	매우 필요하다
전체(2024년)		1,000	100	8.6	28.3	49.2	13.9
전체(2021년)		1,000	100	11.3	29.4	43.5	15.8
지역	경기남부지역	657	65.7	9.1	30.3	46.9	13.7
	경기북부 접경지역	194	19.4	6.2	21.6	56.7	15.5
	경기북부 비접경지역	149	14.9	9.3	28.2	49.7	12.8
이념 성향	진보	232	23.3	6.0	19.0	53.9	21.1
	중도	493	49.3	6.3	30.8	51.3	11.6
	보수	152	15.2	9.2	30.9	42.8	17.1
	모른다	123	12.3	22.0	32.5	39.8	5.7
성별	남성	487	48.7	7.6	27.1	49.1	16.2
	여성	513	51.3	9.6	29.4	49.3	11.7
연령	20대	200	20.0	11.5	29.5	44.5	14.5
	30대	200	20.0	10.5	35.5	47.5	6.5
	40대	200	20.0	12.5	35.5	40.5	11.5
	50대	200	20.0	2.5	25.0	53.5	19.0
	60대 이상	200	20.0	6.0	16.0	60.0	18.0
학력	중졸 이하	9	0.9	22.3	11.1	33.3	33.3
	고졸	188	18.8	10.1	22.9	52.1	14.9
	대재, 대졸	703	70.3	8.1	30.3	48.9	12.7
	대학원재, 대학원졸	100	10.0	8.0	26.0	47.0	19.0
직업	농축산업	5	0.5	20.0	20.0	30.0	0.0
	자영업	91	9.1	7.7	29.7	52.7	9.9
	블루칼라	72	7.2	2.8	23.6	63.9	9.7
	화이트칼라	389	38.9	6.5	30.3	48.8	14.4
	전업주부	135	13.5	9.6	23.7	54.8	11.9
	학생	55	5.5	10.9	29.1	40.0	20.0
	다른 직종 또는 무직	253	25.3	12.6	28.5	43.1	15.8
결혼 여부	미혼	367	36.7	11.5	30.2	44.1	14.2
	기혼/자녀 없음	70	7.0	11.4	32.9	45.7	10.0
	기혼/자녀 동거	423	42.3	7.0	27.9	50.4	14.7
	기혼/자녀 비동거	133	13.3	4.5	21.1	60.9	13.5
	기타(이혼 및 사망)	7	0.7	0.0	42.9	57.1	0.0
총소득	3000만원 미만	157	15.7	7.0	29.3	45.2	18.5
	5000만원 미만	234	23.4	10.7	23.9	50.9	14.5
	7000만원 미만	269	26.9	7.0	30.5	48.7	13.8
	1억원 미만	232	23.2	9.1	26.7	52.6	11.6
	1억원 이상	108	10.8	9.2	34.3	45.4	11.1

3 교육 참여율

조사 결과

● 2024년 평균(平均): '강의' 34.2%, '전시/부스행사' 24,5%, '경연대회' 20.5%, 시리즈' 10.6%, '토크/콘서트' 10.2% 순으로 나타남.

▶ 2021년 대비: '강의' 9.5%, '시리즈' 1.8% 하락 합계 11.3%가, '경연대회' 8.1%, '전시/부스행사' 1.7% 증가, '토크/콘서트' 1.5% 증가 합계 11.3%로 이동함.

※ 인구 사회학적 항목별 편차(偏差): 상당한 차이(10%-20%), 현저한 차이(20% 이상)

- 이념 성향별; '강의'에서 모른다(45.0%)와 진보(31.8%) 간에 13.2%로 상당한 차이를 드러냄. '전시/부스행사'는 진보(28.1%)와 모른다(11.6%) 간에 16.5%로 상당한 차이를 드러냄.
- 연령별 조사: '전시/부스행사'에서 60대 이상(30.8%)과 20대(18.7%) 간에 12.1%로 상당한 차이를 드러냄.

<그림 IV-7> 교육 참여율 조사 결과 [전체]

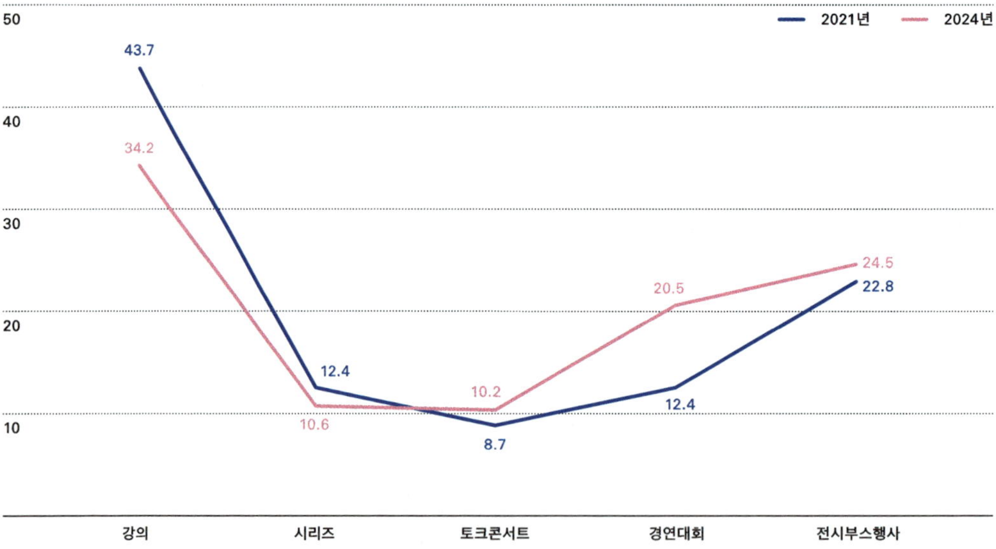

• '교육 참여율'에 대한 응답 결과, '강의' 34.2%, '전시/부스행사' 24,5%, '경연대회' 20.5%, 시리즈' 10.6%, '토크/콘서트' 10.2% 순으로 나타남.

• 2021년과 비교하면, '강의'는 43.7%에서 34.2%로 9.5% 하락, '전시/부스행사'가 22.8%에서 24,5%로 1.7% 증가, '경연대회'는 12.4%에서 20.5%로 8.1% 증가, '시리즈' 12.4에서 10.6%로 1.8% 하락, '토크/콘서트'는 8.7%에서 10.2%로 1.5% 증가함. '강의' 9.5%, '시리즈' 1.8% 하락 합계 11.3%가, '경연대회' 8.1%, '전시/부스행사' 1.7% 증가, '토크/콘서트' 1.5% 증가 합계 11.3%로 이동함.

• 지역별 조사에서는, '강의'가 경기북부 접경지역(35.3%), 경기남부지역(33.9%), 경기북부 비접경지역(33.9%) 순으로 나타남. '전시/부스행사'는 경기북부 접경지역(25.4%), 경기북부 비접경지역(25.2%), 경기남부지역(23.9%) 순으로 나타남. '경연대회'는 경기북부 접경지역(20.9%), 경기남부지역(20.6%), 경기북부 비접경지역(19.7%) 순으로 나타남. '시리즈'는 경기북부 비접경지역(11.8%), 경기남부지역(10.8%), 경기북부 접경지역(9.2%) 순으로 나타남. '토크/콘서트'가 경기남부지역(10.8%), 경기북부 비접경지역(9.4%), 경기북부 비접경지역(9.2%) 순으로 나타남.

• 이념 성향별 조사에서는, '강의'가 모른다(45.0%), 보수(35.9%), 중도(33.1%), 진보(31.8%) 순으로 나타나, 모른다(45.0%), 보수(35.9%)가 평균값 34.2%보다 높게 나타나고, 모른다(45.0%), 보수(35.9%), 중도(33.1%), 진보(31.8%) 간에 각각 9.1%, 11.9%, 13.2% 차이가 나타나, 상당한 차이를 드러냄. '전시/부스행사'는 진보(28.1%), 중도(25.3%), 보수(22.6%), 모른다(11.6%) 순으로 나타나, 진보(28.1%), 중도(25.1%)가 평균값 24.5%보다 높게 나타나고, 진보(28.1%) 대비 중도(25.3%), 보수(22.6%), 모른다(11.6%) 간에는 각각 2.8%, 5.5%, 16.5% 차이가 나타나, 상당한 차이를 드러냄. '경연대회'는 모른다(25.0%), 보수(22.8%), 진보(19.6%), 중도(19.3%) 순으로 나타나, 모른다(25.0%), 보수(22.8%)가 평균값 20.5%보다 높게 나타나고, 모른다(25.0%) 대비 보수(22.8%), 진보(19.6%), 중도(19.3%) 간에는 각각 2.2%, 5.4%, 5.7% 차이가 나타남. '시리즈'는 모른다(11.7%), 중도(11.0%), 진보(10.7%), 보수(9.0%) 순으로 나타남. '토크/콘서트'가 중도(11.3%), 진보(9.8%), 보수(9.7%), 모른다(6.7%) 순으로 나타남. '강의'와 '전시/부스행사'에서는 상당한 차이를 드러냄.

• 성별 조사에서는, '강의'가 남성(36.1%), 여성(32.1%) 순으로, '전시/부스행사'는 여성

(24.7%), 남성(24.2%) 순으로, 그리고 '경연대회'는 여성(23.2%), 남성(18.0%) 순으로 나타남. '시리즈'는 여성(11.3%), 남성(10.0%) 순으로, '토크/콘서트'가 남성(11.2%), 여성(9.2%) 순으로 나타남.

- 연령별 조사에서는, '강의'가 20대(37.9%), 30대(36.5%), 60대 이상(34.0%), 50대(28.9%), 40대(28.8%) 순으로 나타나, 20대(37.9%), 30대(36.5%)가 평균값 34.2%보다 높게 나타나고, 20대(37.9%) 대비 30대(36.5%), 60대 이상(34.0%), 50대(28.9%), 40대(28.8%) 간에 각각 1.4%, 3.9%, 9.0%, 9.1%로 차이가 나타남. '전시/부스행사'는 60대 이상(30.8%), 50대(29.9%), 40대(25.3%), 30대(22.0%), 20대(18.7%) 순으로 나타나, 60대 이상(30.8%), 50대(29.9%)가 평균값 24.5%보다 높게 나타나고, 60대 이상(30.8%) 대비 50대(29.9%), 40대(25.3%), 30대(22.0%), 20대(18.7%) 간에 각각 0.9%, 5.5%, 8.8% 12.1%로 차이가 나타나, 상당한 차이를 드러냄. '경연대회'는 40대(25.2%), 20대(23.8%), 30대(19.5%), 50대(19.3%), 60대 이상(14.2%), 순으로 나타나, 40대(25.2%), 20대(23.8%)가 평균값 20.5%보다 높게 나타나고, 40대(25.2%) 대비 20대(23.8%), 30대(19.5%), 50대(19.3%), 60대 이상(14.2%) 간에 각각 1.4%, 5.7%, 5.9%, 11.0%로 차이가 나타남. '시리즈'는 50대(12.3%), 40대(11.7%), 20대(10.2%), 30대(10.1%), 60대 이상(9.9%) 순으로 나타남. '토크/콘서트'가 30대(11.9%), 60대 이상(11.1%), 50대(9.6%), 20대(9.4%), 40대(9.0%) 순으로 나타남.

<그림 IV-8> 교육 참여율

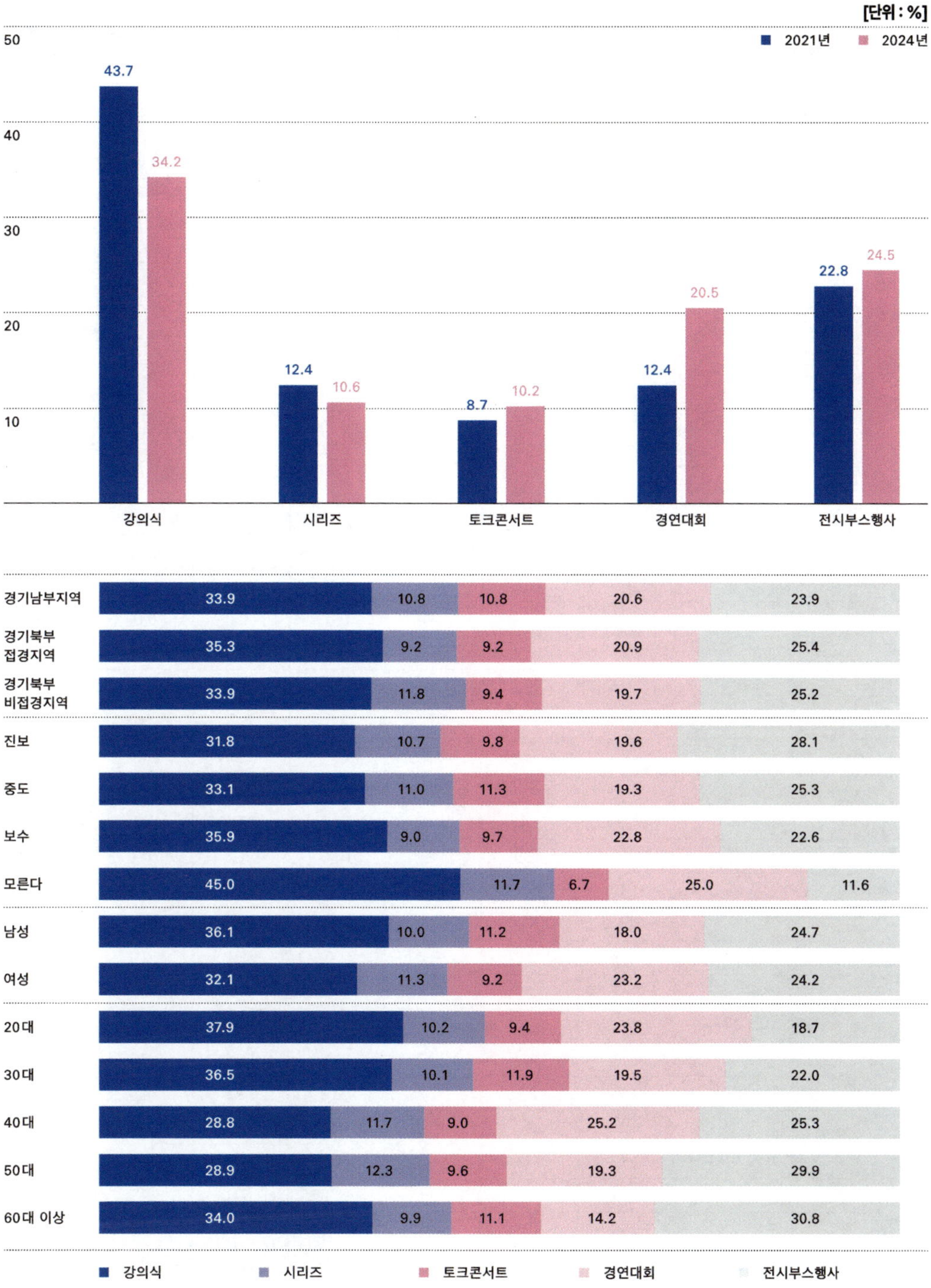

[단위 : %]
2021년
2024년
50
40
30
20
10
43.7
34.2
12.4
10.6
8.7
10.2
12.4
20.5
22.8
24.5
강의식
시리즈
토크콘서트
경연대회
전시부스행사
경기남부지역 33.9 10.8 10.8 20.6 23.9
경기북부 접경지역 35.3 9.2 9.2 20.9 25.4
경기북부 비접경지역 33.9 11.8 9.4 19.7 25.2
진보 31.8 10.7 9.8 19.6 28.1
중도 33.1 11.0 11.3 19.3 25.3
보수 35.9 9.0 9.7 22.8 22.6
모른다 45.0 11.7 6.7 25.0 11.6
남성 36.1 10.0 11.2 18.0 24.7
여성 32.1 11.3 9.2 23.2 24.2
20대 37.9 10.2 9.4 23.8 18.7
30대 36.5 10.1 11.9 19.5 22.0
40대 28.8 11.7 9.0 25.2 25.3
50대 28.9 12.3 9.6 19.3 29.9
60대 이상 34.0 9.9 11.1 14.2 30.8
강의식
시리즈
토크콘서트
경연대회
전시부스행사

<표 IV-3> 교육 참여율

[단위 : 명, %]

구분		사례수	참여율	강의	시리즈	콘서트	경연	전시부스
전체(2024년)		1,000	781	34.2	10.6	10.2	20.5	24.5
전체(2021년)		1,000	328	43.7	12.4	8.7	12.4	22.8
지역	경기남부지역	657	501	33.9	10.8	10.8	20.6	23.9
	경기북부 접경지역	194	153	35.3	9.2	9.2	20.9	25.4
	경기북부 비접경지역	149	127	33.9	11.8	9.4	19.7	25.2
이념 성향	진보	232	214	31.8	10.7	9.8	19.6	28.1
	중도	493	362	33.1	11.0	11.3	19.3	25.3
	보수	152	145	35.9	9.0	9.7	22.8	22.6
	모른다	123	60	45.0	11.7	6.7	25.0	11.6
성별	남성	487	410	36.1	10.0	11.2	18.0	24.7
	여성	513	371	32.1	11.3	9.2	23.2	24.2
연령	20대	200	235	37.9	10.2	9.4	23.8	18.7
	30대	200	168	36.5	10.1	11.9	19.5	22.0
	40대	200	123	28.8	11.7	9.0	25.2	25.3
	50대	200	126	28.9	12.3	9.6	19.3	29.9
	60대 이상	200	162	34.0	9.9	11.1	14.2	30.8
학력	중졸 이하	9	2	50.0	0.0	50.0	0.0	0.0
	고졸	188	108	29.6	13.0	13.0	19.4	25.0
	대재, 대졸	703	592	34.6	10.6	9.8	20.9	24.1
	대학원재, 대학원졸	100	79	36.7	7.6	8.9	19.0	27.8
직업	농축산업	5	2	0.0	0.0	0.0	50.0	50.0
	자영업	91	49	34.7	12.2	8.2	20.4	24.5
	블루칼라	72	64	29.7	17.2	15.6	12.5	25.0
	화이트칼라	389	339	34.2	10.6	11.5	20.4	23.3
	전업주부	135	73	23.3	13.7	12.3	17.8	32.9
	학생	55	82	39.0	9.8	7.3	25.6	18.3
	다른 직종 또는 무직	253	172	38.4	7.0	7.0	22.1	25.5
결혼 여부	미혼	367	357	38.7	9.5	9.5	22.7	19.6
	기혼/자녀 없음	70	36	36.1	8.3	8.3	25.0	22.3
	기혼/자녀 동거	423	302	29.1	12.3	11.3	19.2	28.1
	기혼/자녀 비동거	133	85	31.8	10.6	10.6	14.1	32.9
	기타(이혼 및 사망)	7	1	100.0	0.0	0.0	0.0	0.0
총소득	3000만원 미만	157	124	34.7	14.5	8.9	20.2	21.7
	5000만원 미만	234	185	33.5	10.8	8.6	22.7	24.4
	7000만원 미만	269	208	34.1	10.1	13.0	20.7	22.1
	1억원 미만	232	188	33.0	9.0	10.1	19.1	28.8
	1억원 이상	108	76	38.2	9.2	9.2	18.4	25.0

4 교육 만족도

<그림 IV-9> 교육 만족도

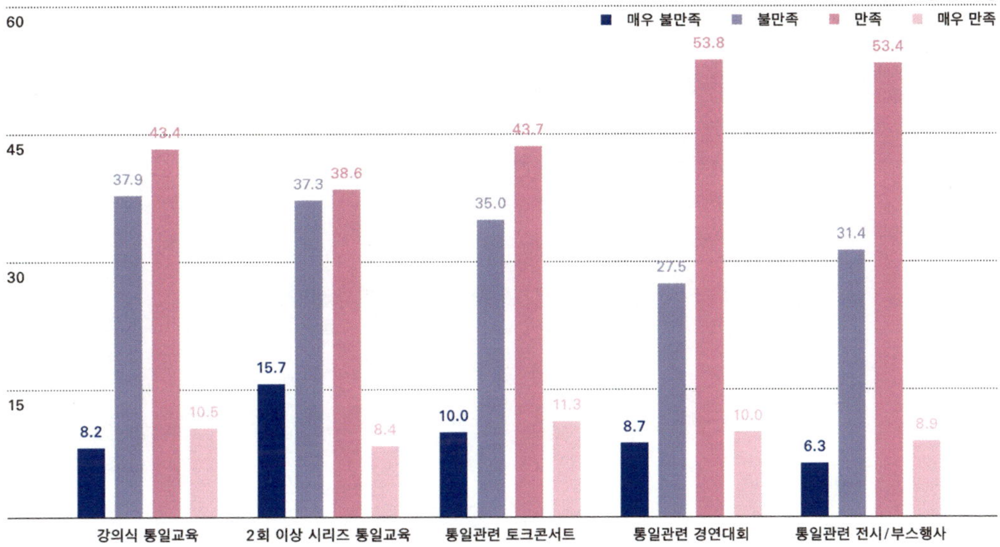

<표 IV-4> 교육 만족도

[단위 : 명, %]

구분	표본수	참여자 수	만족도(%)				종합	
			매우불만	불만족	만족	매우만족	불만족	만족
강의식 통일교육	1,000	267	8.2	37.9	43.4	10.5	46.1	53.9
2회 이상 시리즈 통일교육	1,000	83	15.7	37.3	38.6	8.4	53.0	47.0
통일관련 토크콘서트	1,000	80	10.0	35.0	43.7	11.3	45.0	55.0
통일관련 경연대회	1,000	160	8.7	27.5	53.8	10.0	36.2	63.8
통일관련 전시/부스행사	1,000	191	6.3	31.4	53.4	8.9	37.7	62.3

1) 강의식 통일교육 방법 만족도

조사 결과

● 2024년 평균(平均): '매우 만족' 10.5%, '만족' 43.4%로 53.9%가 긍정적으로 응답함. 반면에, '불만족' 37.9%, '매우 불만족' 8.2%로 46.1%가 부정적인 응답으로 나타남.

※ 인구 사회학적 항목별 편차(偏差): 상당한 차이(10%-20%), 현저한 차이(20% 이상)

- 연령별 조사: 긍정적인 반응에서 20대(60.6%)와 30대(44.8%) 간에 15.8%로 상당한 차이가 드러남.

<그림 IV-10> 강의식 통일교육 방법 만족도 조사 결과 [전체]

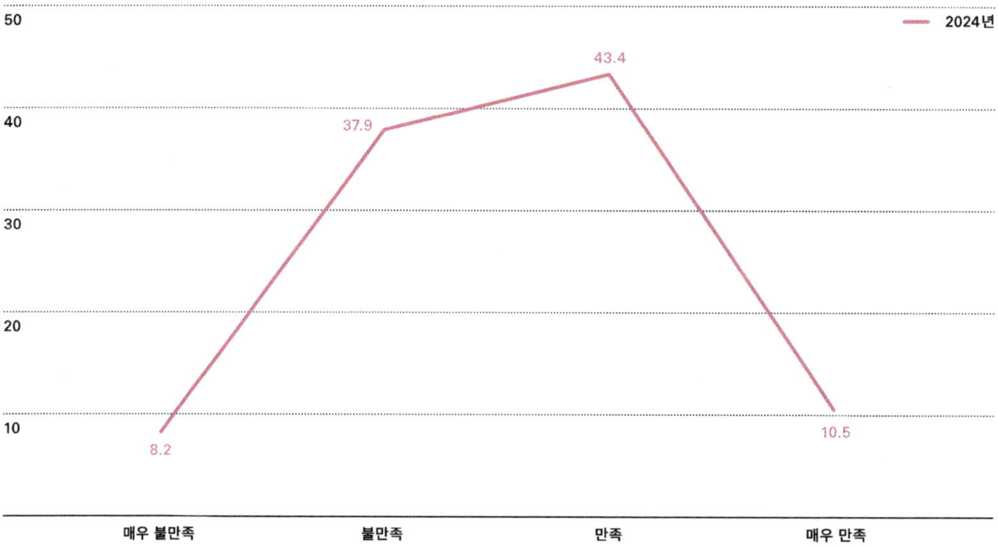

- 2024년 응답자 1,000명 중, 강의식 통일 교육에 참여한 경험이 있는 응답자 267명의 '강의식 통일 교육 방법 만족도'에 대한 응답 결과, '매우 만족' 10.5%, '만족' 43.4%로 53.9%가 긍정적으로 응답함. 반면에, '불만족' 37.9%, '매우 불만족' 8.2%로 46.1%가 부정적인 응답으로 나타남.
- 지역별 조사에서는, 긍정적인 반응이 경기북부 접경지역(55.6%), 경기남부지역(54.1%) 경기북부 비접경지역(51.2%) 순으로 나타나, 경기북부 접경지역(55.6%)이 평균값

53.9%보다 높게 나타남. 경기북부 접경지역(55.6%) 대비 경기남부지역(54.1%) 경기북부 비접경지역(51.2%)간에는 각각 1.5%, 4.4% 차이가 나타남.

- 이념 성향별 조사에서는, 긍정적인 반응에서 보수(55.7%), 모른다(55.6%), 중도(53.3%), 진보(52.9%) 순으로 나타나 보수(55.7%), 모른다(55.6%)가 평균값 53.9%보다 높게 나타나고, 보수(55.7%) 대비 모른다(55.6%), 중도(53.3%), 진보(52.9%) 간에는 각각 0.1%, 2.4%, 2.8% 차이가 나타남.
- 성별 조사에서는, 긍정적인 반응에서 남성(58.1%), 여성(48.7%) 간에 9.4% 차이가 나타남.
- 연령별 조사에서는, 긍정적인 반응에서 20대(60.6%), 50대(57.6%), 60대 이상(54.6%), 40대(46.9%), 30대(44.8%) 순으로 나타나, 20대(60.6%), 50대(57.6%), 60대 이상(54.6%)가 평균값 53.9%보다 높게 나타남. 20대(60.6%) 대비 50대(57.6%), 60대 이상(54.6%), 40대(46.9%), 30대(44.8%) 간에는 각각 3.0%, 6.0%, 13.7%, 15.8% 차이가 나타나, 상당한 차이가 드러남.

<그림 IV-11> 강의식 통일교육 방법 만족도

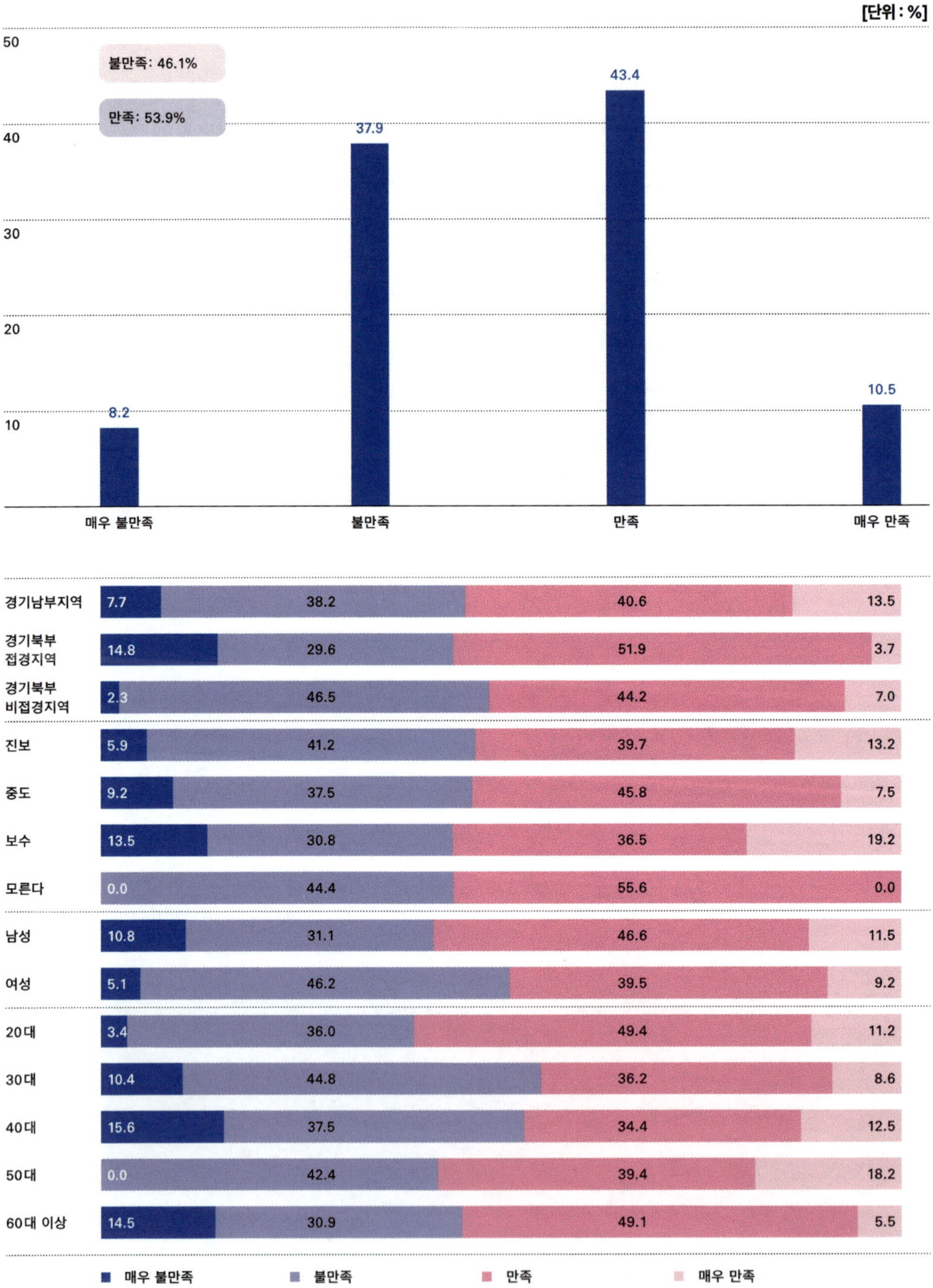

<표 IV-5> 강의식 통일교육 방법 만족도

[단위 : 명, %]

구분		사례수	참여자	비율	만족도(%)			
					매우불만	불만족	만족	매우만족
전체(2024년)		1,000	267	26.7	8.2	37.9	43.4	10.5
지역	경기남부지역	657	170	25.9	7.7	38.2	40.6	13.5
	경기북부 접경지역	194	54	27.8.	14.8	29.6	51.9	3.7
	경기북부 비접경지역	149	43	28.9	2.3	46.5	44.2	7.0
이념 성향	진보	232	68	29.3	5.9	41.2	39.7	13.2
	중도	493	120	24.3	9.2	37.5	45.8	7.5
	보수	152	52	34.2	13.5	30.8	36.5	19.2
	모른다	123	27	22.0	0.0	44.4	55.6	0.0
성별	남성	487	148	30.4	10.8	31.1	46.6	11.5
	여성	513	119	23.2	5.1	46.2	39.5	9.2
연령	20대	200	89	44.5	3.4	36.0	49.4	11.2
	30대	200	58	29.0	10.4	44.8	36.2	8.6
	40대	200	32	16.0	15.6	37.5	34.4	12.5
	50대	200	33	16.5	0.0	42.4	39.4	18.2
	60대 이상	200	55	27.5	14.5	30.9	49.1	5.5
학력	중졸 이하	9	1	11.1	0.0	100.0	0.0	0.0
	고졸	188	32	17.0	9.4	37.5	37.5	15.6
	대재, 대졸	703	205	29.2	8.3	36.1	45.9	9.8
	대학원재, 대학원졸	100	29	29.0	6.9	48.3	34.5	10.3
직업	농축산업	5	0	0.0	-	-	-	-
	자영업	91	17	18.7	5.9	52.9	29.4	11.8
	블루칼라	72	19	26.4	5.3	31.6	52.6	10.5
	화이트칼라	389	116	29.8	9.4	39.7	43.1	7.8
	전업주부	135	17	12.6	23.5	41.2	29.4	5.9
	학생	55	32	58.2	3.0	34.4	43.8	18.8
	다른 직종 또는 무직	253	66	26.1	6.1	33.3	48.5	12.1
결혼 여부	미혼	367	138	37.6	7.2	39.1	45.7	8.0
	기혼/자녀 없음	70	13	18.6	7.7	38.5	53.8	0.0
	기혼/자녀 동거	423	88	20.8	6.8	42.0	36.4	14.8
	기혼/자녀 비동거	133	27	20.3	18.5	18.5	51.9	11.1
	기타(이혼 및 사망)	7	1	14.3	0.0	0.0	0.0	100.0
총소득	3000만원 미만	157	43	27.4	9.3	32.6	48.8	9.3
	5000만원 미만	234	62	26.5	4.9	40.3	40.3	14.5
	7000만원 미만	269	71	26.4	9.8	33.8	47.9	8.5
	1억원 미만	232	62	26.7	6.5	43.5	37.1	12.9
	1억원 이상	108	29	26.9	13.9	37.9	44.8	3.4

2) 2회 이상 시리즈 통일교육 방법 만족도

조사 결과

● 2024년 평균(平均): '매우 만족' 8.4%, '만족' 38.6%로 47.0%가 긍정적으로 응답함. 반면에, '불만족' 37.3%, '매우 불만족' 15.7%로 53.0%가 부정적인 응답으로 나타남.

※ 인구 사회학적 항목별 편차(偏差): 상당한 차이(10%-20%), 현저한 차이(20% 이상)

◎ 현저한 차이: 이념 성향별에서 긍정적인 반응이 진보(52.2%)와 모른다(28.6%) 간에 23.6%로 현저한 차이를 드러냄. 연령별 조사에서도 긍정적인 반응에서 50대(57.1%)와 30대(31.3%) 간에 25.0%로 현저한 차이를 보여줌.

<그림 IV-12> 2회 이상 시리즈 통일교육 방법 만족도 조사 결과 [전체]

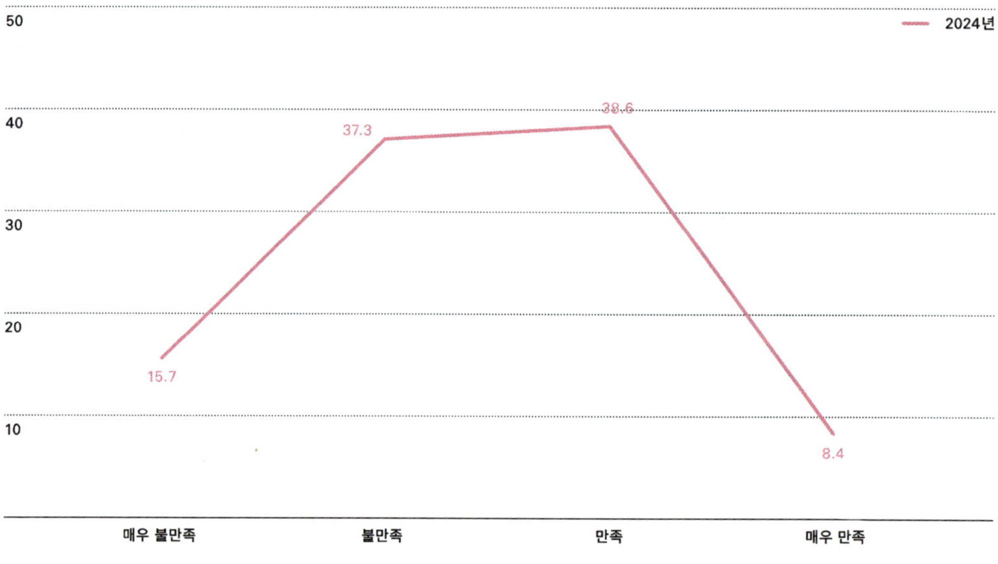

• 2024년 응답자 1,000명 중, 시리즈 통일교육에 참여한 경험이 있는 응답자 83명의 '시리즈 통일교육 방법 만족도'에 대한 응답 결과, '매우 만족' 8.4%, '만족' 38.6%로 47.0%가 긍정적으로 응답함. 반면에, '불만족' 37.3%, '매우 불만족' 15.7%로 53.0%가 부정적인 응답으로 나타남.

- 지역별 조사에서는, 긍정적인 반응이 경기북부 접경지역(50.0%), 경기남부지역(48.1%) 경기북부 비접경지역(40.0%) 순으로 나타나, 경기북부 접경지역(50.0%)이 평균값 47.0%보다 높게 나타남. 경기북부 접경지역(50.0%) 대비 경기남부지역(48.1%) 경기북부 비접경지역(40.0%) 간에는 각각 1.9%, 10.0% 차이가 나타남.
- 이념 성향별 조사에서는, 긍정적인 반응에서 진보(52.2%), 중도(50.0%), 보수(38.5%), 모른다(28.6%) 순으로 나타나 진보(52.2%), 중도(50.0%)가 평균값 47.0%보다 높게 나타나고, 진보(52.2%) 대비 중도(50.0%), 보수(38.5%), 모른다(28.6%) 간에는 각각 2.2%, 13.7%, 23.6% 차이가 나타나, 편차가 크면서 현저한 차이를 보여줌.
- 성별 조사에서는, 긍정적인 반응에서 남성(51.2%), 여성(42.9%) 간에 8.3% 차이가 나타남.
- 연령별 조사에서는, 긍정적인 반응에서 50대(57.1%), 60대 이상(50.0%), 20대(50.0%), 40대(46.2%), 30대(31.3%) 순으로 나타나, 50대(57.1%), 60대 이상(50.0%), 20대(50.0%)이 평균값 47.0%보다 높게 나타남. 50대(57.1%) 대비 60대 이상(50.0%), 20대(50.0%), 40대(46.2%), 30대(31.3%) 간에는 각각 7.1%, 7.1%, 10.9%, 25.8% 차이가 나타나, 편차가 크면서 현저한 차이를 보여줌.

<그림 IV-13> 2회 이상 시리즈 통일교육 방법 만족도 조사 결과 [항목별]

이념 성향별

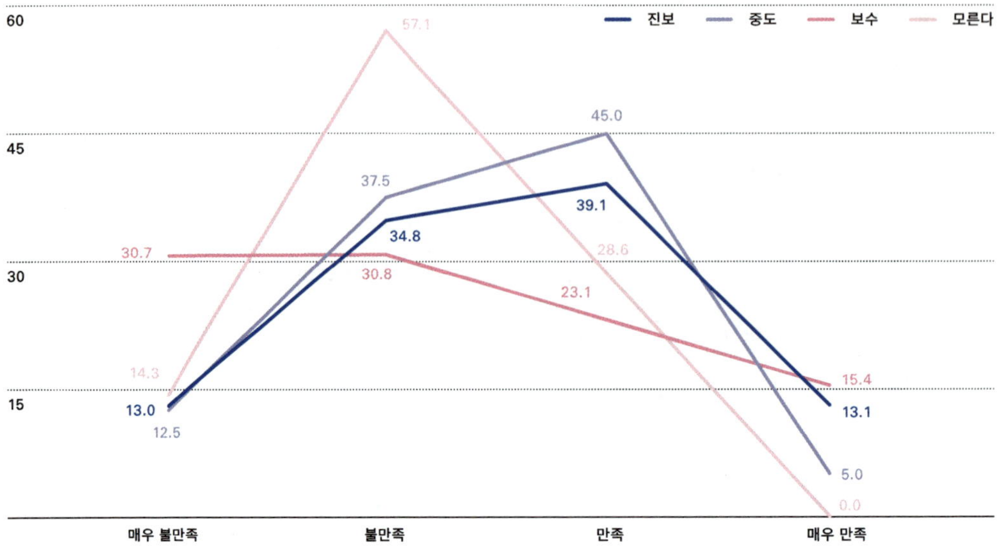

연령별

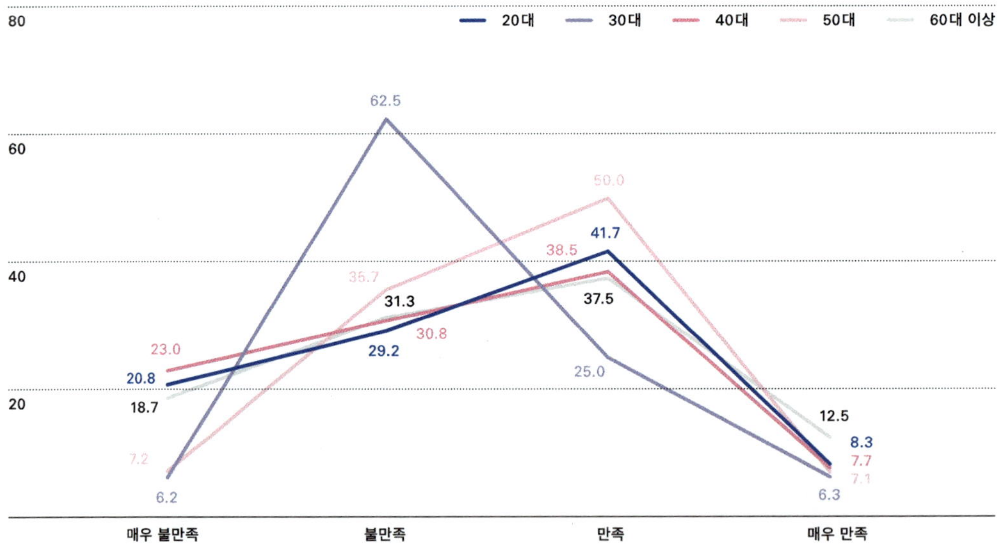

<그림 IV-14> 2회 이상 시리즈 통일교육 방법 만족도

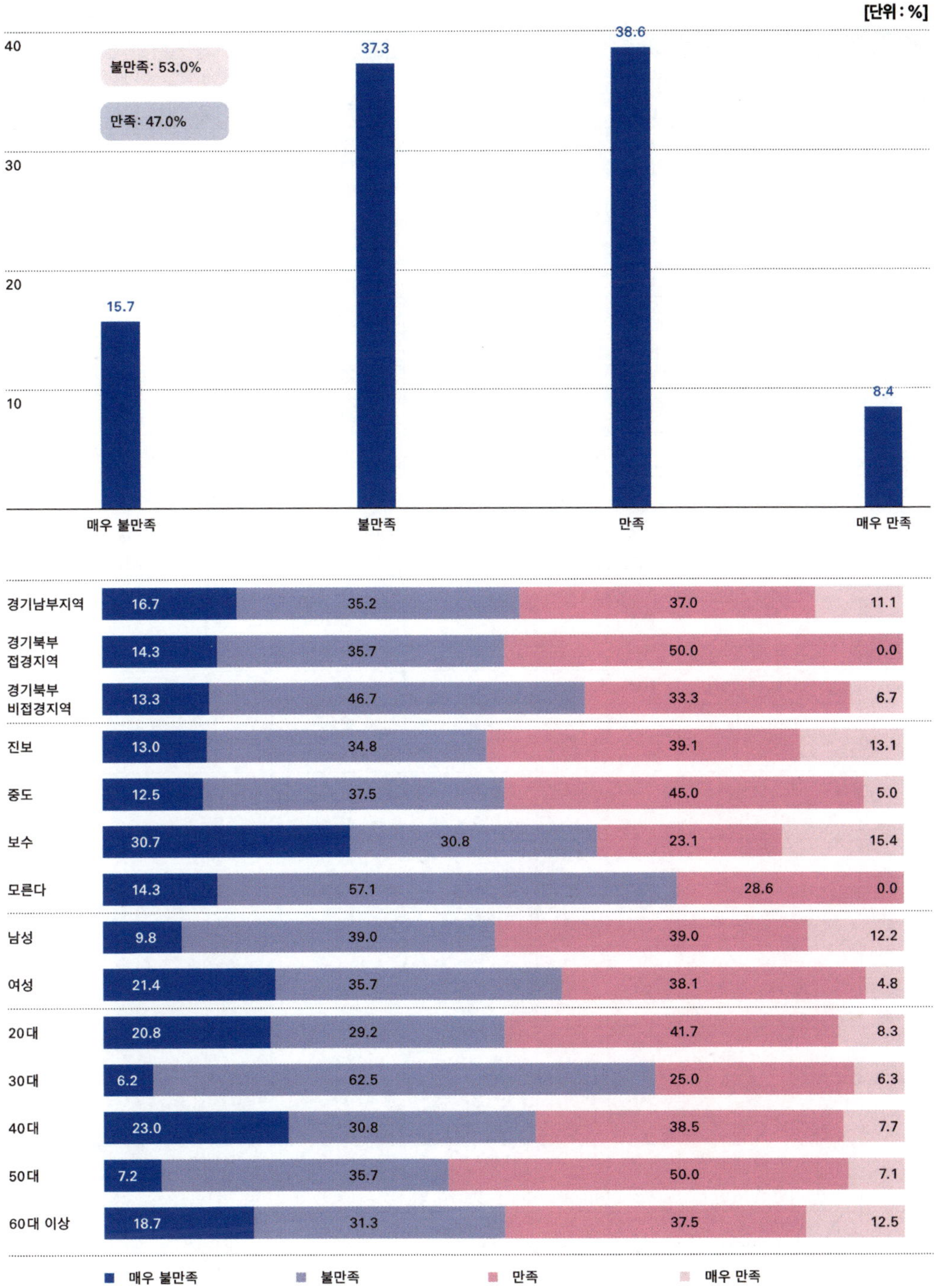

<표 IV-6> 2회 이상 시리즈 통일교육 방법 만족도

[단위 : 명, %]

구분		명	사례수	매우 불만족	불만족	만족	매우 만족
전체(2024년)		1,000	83	15.7	37.3	38.6	8.4
지역	경기남부지역	657	54	16.7	35.2	37.0	11.1
	경기북부 접경지역	194	14	14.3	35.7	50.0	0.0
	경기북부 비접경지역	149	15	13.3	46.7	33.3	6.7
이념 성향	진보	232	23	13.0	34.8	39.1	13.1
	중도	493	40	12.5	37.5	45.0	5.0
	보수	152	13	30.7	30.8	23.1	15.4
	모른다	123	7	14.3	57.1	28.6	0.0
성별	남성	487	41	9.8	39.0	39.0	12.2
	여성	513	42	21.4	35.7	38.1	4.8
연령	20대	200	24	20.8	29.2	41.7	8.3
	30대	200	16	6.2	62.5	25.0	6.3
	40대	200	13	23.0	30.8	38.5	7.7
	50대	200	14	7.2	35.7	50.0	7.1
	60대 이상	200	16	18.7	31.3	37.5	12.5
학력	중졸 이하	9	0	0.0	0.0	0.0	0.0
	고졸	188	14	21.4	28.6	42.9	7.1
	대재, 대졸	703	63	15.9	36.5	39.7	7.9
	대학원재, 대학원졸	100	6	0.0	66.7	16.7	16.6
직업	농축산업	5	0	0.0	0.0	0.0	0.0
	자영업	91	6	16.6	50.0	16.7	16.7
	블루칼라	72	11	18.2	54.5	27.3	0.0
	화이트칼라	389	36	8.4	33.3	47.2	11.1
	전업주부	135	10	40.0	30.0	30.0	0.0
	학생	55	8	12.5	12.5	62.5	12.5
	다른 직종 또는 무직	253	12	16.7	50.0	25.0	8.3
결혼 여부	미혼	367	34	14.7	41.2	38.2	5.9
	기혼/자녀 없음	70	3	0.0	33.3	66.7	0.0
	기혼/자녀 동거	423	37	13.6	37.8	37.8	10.8
	기혼/자녀 비동거	133	9	33.4	22.2	33.3	11.1
	기타(이혼 및 사망)	7	0	0.0	0.0	0.0	0.0
총소득	3000만원 미만	157	18	27.8	33.3	38.9	0.0
	5000만원 미만	234	20	5.0	55.0	20.0	20.0
	7000만원 미만	269	21	9.5	23.8	66.7	0.0
	1억원 미만	232	17	23.6	29.4	29.4	17.6
	1억원 이상	108	7	14.3	57.1	28.6	0.0

3) 통일 관련 토크/콘서트 통일교육 방법 만족도

조사 결과

● 2024년 평균(平均): '매우 만족' 11.3%, '만족' 43.7%로 55.0%가 긍정적으로 응답함. 반면에, '불만족' 35.0%, '매우 불만족' 10.0%로 45.0%가 부정적인 응답으로 나타남.

※ 인구 사회학적 항목별 편차(偏差): 상당한 차이(10%-20%), 현저한 차이(20% 이상)

- 지역별 조사: 긍정적인 반응이 경기북부 비접경지역(66.7%)과 경기북부 접경지역(50.0%) 간에 16.7%로 상당한 차이를 드러냄.
- 성별 조사: 긍정적인 반응에서 남성(63.0%), 여성(44.1%) 간에 18.9%로 상당한 차이를 드러냄.

◎ 현저한 차이: 연령별 조사에서 긍정적인 반응이 50대(72.7%)와 40대(40.0%) 간에 32.7%로 현저한 차이를 보여줌. 이념 성향별 조사에서도 긍정적인 반응이 중도(58.5%)와 모른다(25.0%) 간에 23.5%로 현저한 차이를 드러냄.

<그림 IV-15> 통일 관련 토크/콘서트 통일교육 방법 만족도 조사 결과 [전체]

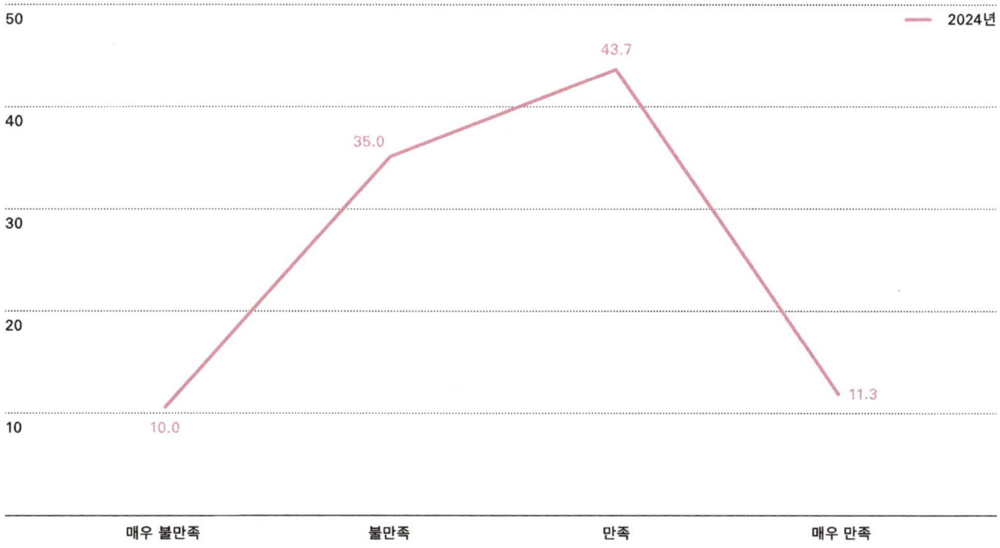

- 2024년 응답자 1,000명 중, 토크/콘서트 통일교육에 참여한 경험이 있는 응답자 80명의 '토크/콘서트 방법 만족도'에 대한 응답 결과, '매우 만족' 11.3%, '만족' 43.7%로 55.0%가 긍정적으로 응답함. 반면에, '불만족' 35.0%, '매우 불만족' 10.0%로 45.0%가 부정적인 응답으로 나타남.
- 지역별 조사에서는, 긍정적인 반응이 경기북부 비접경지역(66.7%), 경기남부지역(53.7%) 경기북부 접경지역(50.0%) 순으로 나타나, 경기북부 비접경지역(66.7%)이 평균값 55.0%보다 높게 나타남. 경기북부 비접경지역(66.7%) 대비 경기남부지역(53.7%) 경기북부 접경지역(50.0%) 간에는 각각 13.0%, 16.7% 차이가 나타나, 상당한 차이를 드러냄.
- 이념 성향별 조사에서는, 긍정적인 반응에서 중도(58.5%), 진보(57.1%), 보수(50.0%), 모른다(25.0%) 순으로 나타나 중도(58.5%), 진보(57.1%)가 평균값 55.0%보다 높게 나타나고, 중도(58.5%) 대비 진보(57.1%), 보수(50.0%), 모른다(25.0%) 간에는 각각 1.4%, 8.5%, 23.5% 차이가 나타나 현저한 차이를 드러냄.
- 성별 조사에서는, 긍정적인 반응에서 남성(63.0%), 여성(44.1%) 간에 18.9% 차이가 나타나, 상당한 차이를 드러냄.
- 연령별 조사에서는, 긍정적인 반응에서 50대(72.7%), 20대(59.1%), 30대(52.6%), 60대 이상(50.0%), 40대(40.0%) 순으로 나타나, 50대(72.7%), 20대(59.1%)가 평균값 55.0%보다 높게 나타남. 50대(72.7%) 대비 20대(59.1%), 30대(52.6%), 60대 이상(50.0%), 40대(40.0%) 간에는 각각 13.6%, 20.1%, 22.7%, 32.7% 차이가 나타나, 편차가 크면서 현저한 차이를 보여줌.

<그림 IV-16> 통일 관련 토크/콘서트 통일교육 방법 만족도 조사 결과 [항목별]

이념 성향별

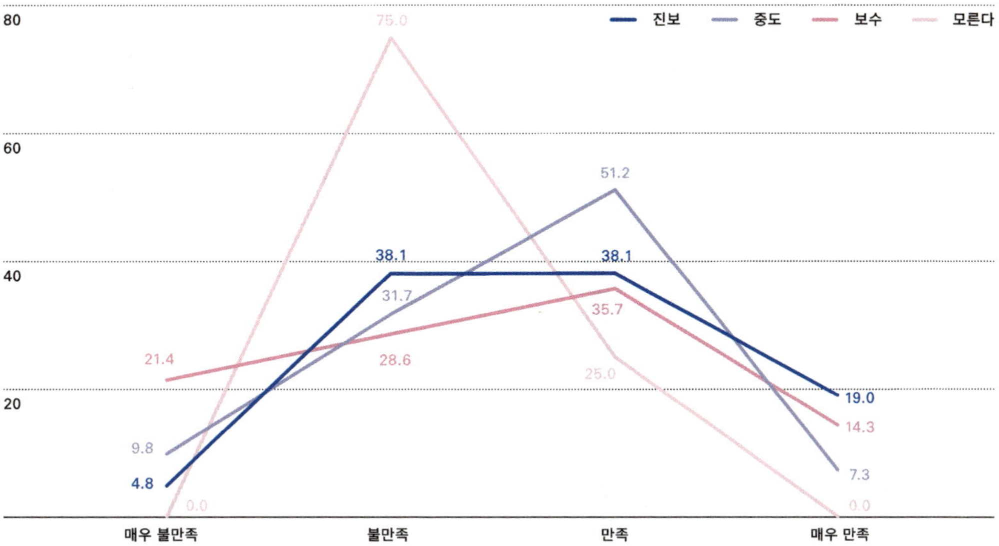

연령별

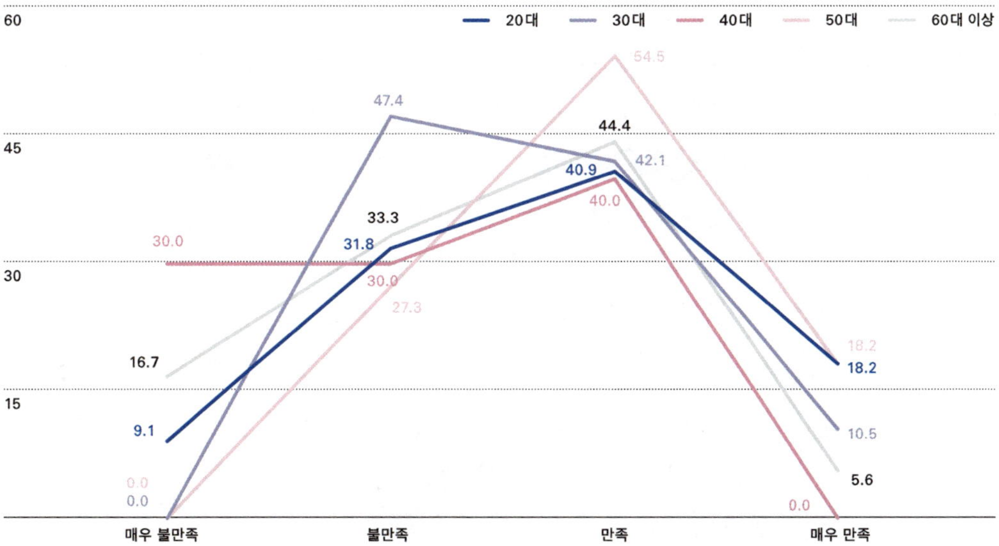

<그림 IV-17> 통일 관련 토크/콘서트 통일교육 방법 만족도

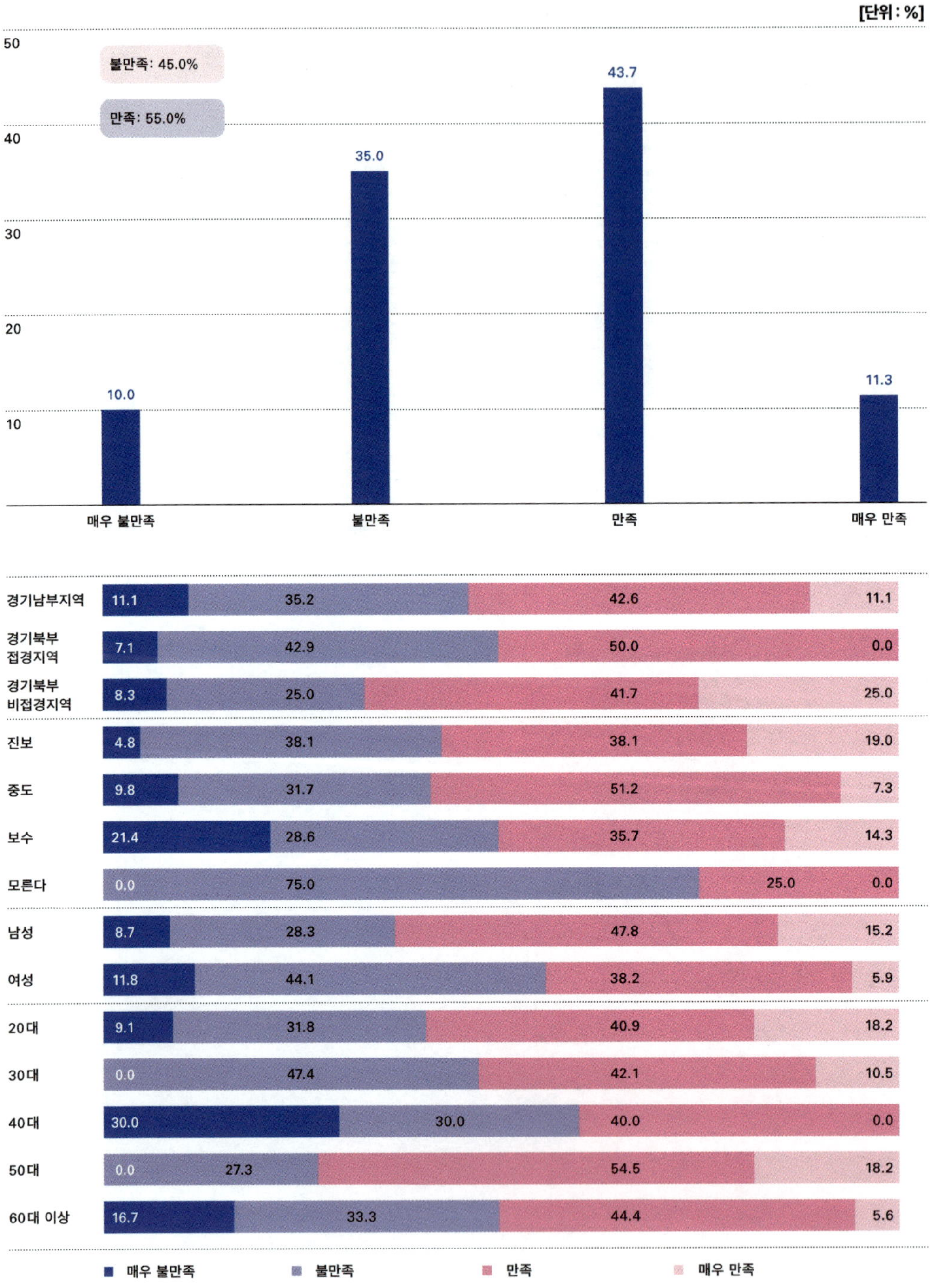

<표 IV-7> 통일 관련 토크/콘서트 통일교육 방법 만족도

[단위 : 명, %]

구분		명	사례수	매우 불만족	불만족	만족	매우 만족
전체		1,000	80	10.0	35.0	43.7	11.3
지역	경기남부지역	657	54	11.1	35.2	42.6	11.1
	경기북부 접경지역	194	14	7.1	42.9	50.0	0.0
	경기북부 비접경지역	149	12	8.3	25.0	41.7	25.0
이념 성향	진보	232	21	4.8	38.1	38.1	19.0
	중도	493	41	9.8	31.7	51.2	7.3
	보수	152	14	21.4	28.6	35.7	14.3
	모른다	123	4	0.0	75.0	25.0	0.0
성별	남성	487	46	8.7	28.3	47.8	15.2
	여성	513	34	11.8	44.1	38.2	5.9
연령	20대	200	22	9.1	31.8	40.9	18.2
	30대	200	19	0.0	47.4	42.1	10.5
	40대	200	10	30.0	30.0	40.0	0.0
	50대	200	11	0.0	27.3	54.5	18.2
	60대 이상	200	18	16.7	33.3	44.4	5.6
학력	중졸 이하	9	1	0.0	100.0	0.0	0.0
	고졸	188	14	7.1	42.9	42.9	7.1
	대재, 대졸	703	58	12.1	32.8	44.8	10.3
	대학원재, 대학원졸	100	7	0.0	28.5	42.9	28.6
직업	농축산업	5	0	0.0	0.0	0.0	0.0
	자영업	91	4	0.0	75.0	25.0	0.0
	블루칼라	72	10	10.0	30.0	50.0	10.0
	화이트칼라	389	39	7.7	30.8	48.7	12.8
	전업주부	135	9	33.4	33.3	33.3	0.0
	학생	55	6	0.0	50.0	0.0	50.0
	다른 직종 또는 무직	253	12	8.4	33.3	58.3	0.0
결혼 여부	미혼	367	34	8.9	38.2	35.3	17.6
	기혼/자녀 없음	70	3	0.0	0.0	100.0	0.0
	기혼/자녀 동거	423	34	5.8	41.2	47.1	5.9
	기혼/자녀 비동거	133	9	33.4	11.1	44.4	11.1
	기타(이혼 및 사망)	7	0	0.0	0.0	0.0	0.0
총소득	3000만원 미만	157	11	18.1	45.5	36.4	0.0
	5000만원 미만	234	16	18.7	37.5	31.3	12.5
	7000만원 미만	269	27	0.0	33.3	59.3	7.4
	1억원 미만	232	19	15.8	36.8	26.3	21.1
	1억원 이상	108	7	0.0	14.3	71.4	14.3

4) 통일 관련 경연대회 통일교육 방법 만족도

조사 결과

- 2024년 평균(平均): '매우 만족' 10.0%, '만족' 53.8%로 63.8%가 긍정적으로 응답함. 반면에, '불만족' 27.5%, '매우 불만족' 8.7%로 36.2%가 부정적인 응답으로 나타남.

※ 인구 사회학적 항목별 편차(偏差): 상당한 차이(10%-20%), 현저한 차이(20% 이상)

- 이념 성향별 조사: 긍정적인 반응에서 진보(69.0%)와 보수(57.6%) 간에 11.4%로 상당한 차이를 드러냄.
- 성별 조사: 긍정적인 반응에서 남성(70.3%), 여성(58.1%) 간에 12.2%로 상당한 차이를 드러냄.
- 연령별 조사: 긍정적인 반응에서 60대 이상(73.9%)와 50대(54.5%) 간에 19.4%로 상당한 차이를 드러냄.

<그림 IV-18> 통일 관련 경연대회 통일교육 방법 만족도 조사 결과 [전체]

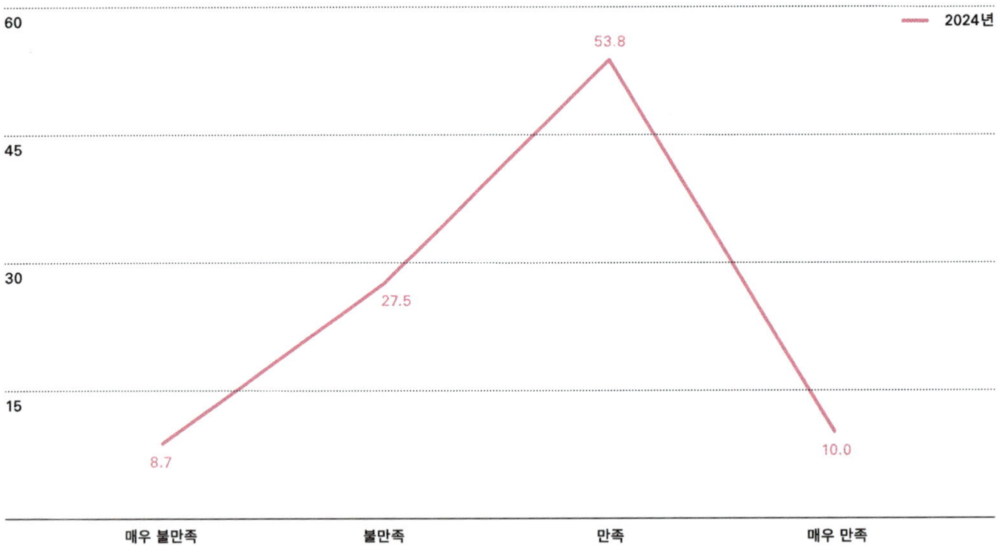

- 2024년 응답자 1,000명 중, 통일 관련 경연대회에 참여한 경험이 있는 응답자 160명의 '경연대회 만족도'에 대한 응답 결과, '매우 만족' 10.0%, '만족' 53.8%로 63.8%가 긍정적으로 응답함. 반면에, '불만족' 27.5%, '매우 불만족' 8.7%로 36.2%가 부정적인 응답으로 나타남.
- 지역별 조사에서는, 긍정적인 반응이 경기북부 접경지역(65.6%), 경기남부지역(65.0%) 경기북부 비접경지역(56.0%) 순으로 나타나, 경기북부 접경지역(65.6%), 경기남부지역(65.0%)이 평균값 63.8%보다 높게 나타남. 경기북부 접경지역(65.6%) 대비 경기남부지역(65.0%) 경기북부 비접경지역(56.0%) 각각 0.6%, 9.6% 차이가 나타남.
- 이념 성향별 조사에서는, 긍정적인 반응에서 진보(69.0%), 모른다(66.7%), 중도(62.8%), 보수(57.6%) 순으로 나타나 진보(69.0%), 모른다(66.7%)가 평균값 63.8%보다 높게 나타나고, 진보(69.0%) 대비 모른다(66.7%), 중도(62.8%), 보수(57.6%) 간에는 각각 2.3%, 6.2%, 11.4% 차이가 나타나, 상당한 차이를 드러냄.
- 성별 조사에서는, 긍정적인 반응에서 남성(70.3%), 여성(58.1%) 간에 12.2% 차이가 나타나, 상당한 차이를 드러냄.
- 연령별 조사에서는, 긍정적인 반응에서 60대 이상(73.9%), 20대(66.1%), 40대(64.3%), 30대(58.1%), 50대(54.5%) 순으로 나타나, 60대 이상(73.9%), 20대(66.1%), 40대(64.3%)가 평균값 63.8%보다 높게 나타남. 60대 이상(73.9%) 대비 20대(66.1%), 40대(64.3%), 30대(58.1%), 50대(54.5%) 간에는 각각 7.8%, 9.6%, 15.8%, 19.4% 차이가 나타나, 상당한 차이를 드러냄.

<그림 IV-19> 통일 관련 경연대회 통일교육 방법 만족도

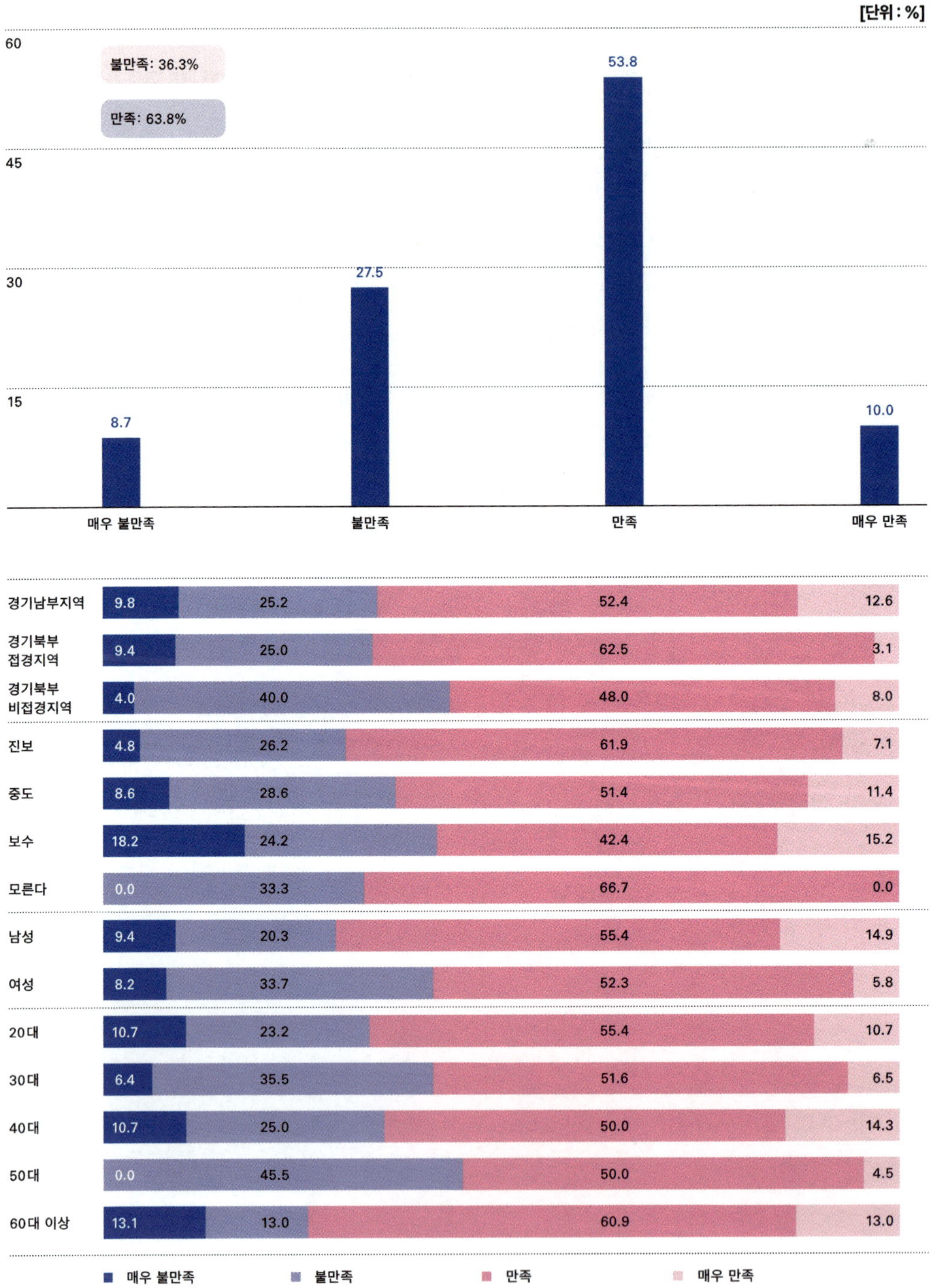

<표 IV-8> 통일 관련 경연대회 통일교육 방법 만족도

[단위 : 명, %]

구분		사례수	참여자	비율	만족도(%)			
					매우 불만족	불만족	만족	매우 만족
전체		1,000	160	16.0	8.7	27.5	53.8	10.0
지역	경기남부지역	657	103	15.7	9.8	25.2	52.4	12.6
	경기북부 접경지역	194	32	16.5	9.4	25.0	62.5	3.1
	경기북부 비접경지역	149	25	16.8	4.0	40.0	48.0	8.0
이념 성향	진보	232	42	18.1	4.8	26.2	61.9	7.1
	중도	493	70	14.2	8.6	28.6	51.4	11.4
	보수	152	33	21.7	18.2	24.2	42.4	15.2
	모른다	123	15	12.2	0.0	33.3	66.7	0.0
성별	남성	487	74	15.2	9.4	20.3	55.4	14.9
	여성	513	86	16.8	8.2	33.7	52.3	5.8
연령	20대	200	56	28.0	10.7	23.2	55.4	10.7
	30대	200	31	15.5	6.4	35.5	51.6	6.5
	40대	200	28	14.0	10.7	25.0	50.0	14.3
	50대	200	22	11.0	0.0	45.5	50.0	4.5
	60대 이상	200	23	11.5	13.1	13.0	60.9	13.0
학력	중졸 이하	9	0	0.0	0.0	0.0	0.0	0.0
	고졸	188	21	11.2	9.6	33.3	47.6	9.5
	대재, 대졸	703	124	17.6	9.7	26.6	53.2	10.5
	대학원재, 대학원졸	100	15	15.0	0.0	26.6	66.7	6.7
직업	농축산업	5	1	20.0	0.0	0.0	100.0	0.0
	자영업	91	10	11.0	0.0	30.0	60.0	10.0
	블루칼라	72	8	11.1	12.5	37.5	37.5	12.5
	화이트칼라	389	69	17.7	7.3	23.2	59.4	10.1
	전업주부	135	13	9.6	23.1	53.8	23.1	0.0
	학생	55	21	38.2	4.8	19.0	66.7	9.5
	다른 직종 또는 무직	253	38	15.0	10.5	28.9	47.4	13.2
결혼 여부	미혼	367	81	22.1	9.9	27.2	50.6	12.3
	기혼/자녀 없음	70	9	12.9	11.2	44.4	44.4	0.0
	기혼/자녀 동거	423	58	13.7	5.2	25.9	60.3	8.6
	기혼/자녀 비동거	133	12	9.0	16.7	25.0	50.0	8.3
	기타(이혼 및 사망)	7	0	0.0	0.0	0.0	0.0	0.0
총소득	3000만원 미만	157	25	15.9	12.0	28.0	48.0	12.0
	5000만원 미만	234	42	17.9	7.2	35.7	50.0	7.1
	7000만원 미만	269	43	16.0	9.4	20.9	58.1	11.6
	1억원 미만	232	36	15.5	8.3	27.8	55.6	8.3
	1억원 이상	108	14	13.0	7.2	21.4	57.1	14.3

5) 통일 관련 전시/부스 행사 통일교육 방법 만족도

조사 결과

● 2024년 평균(平均): '매우 만족' 8.9%, '만족' 53.4%로 62.3%가 긍정적으로 응답함. 반면에, '불만족' 31.4%, '매우 불만족' 6.3%로 37.7%가 부정적인 응답으로 나타남.

※ 인구 사회학적 항목별 편차(偏差): 상당한 차이(10%-20%), 현저한 차이(20% 이상)

- 성별 조사: 긍정적인 반응에서 남성(67.4%), 여성(56.6%) 간에 10.8%로 상당한 차이를 드러냄.
- 연령별 조사: 긍정적인 반응에서 50대(70.6%)와 40대(53.6%) 간에 17.0%로 상당한 차이를 드러냄.

◎ 현저한 차이: 이념 성향별 조사에서 긍정적인 반응이 진보(68.3%)와 모른다(42.9%) 간에 25.4%로 현저한 차이를 드러냄.

<그림 IV-20> 통일 관련 전시/부스 행사 통일교육 방법 만족도 조사 결과 [전체]

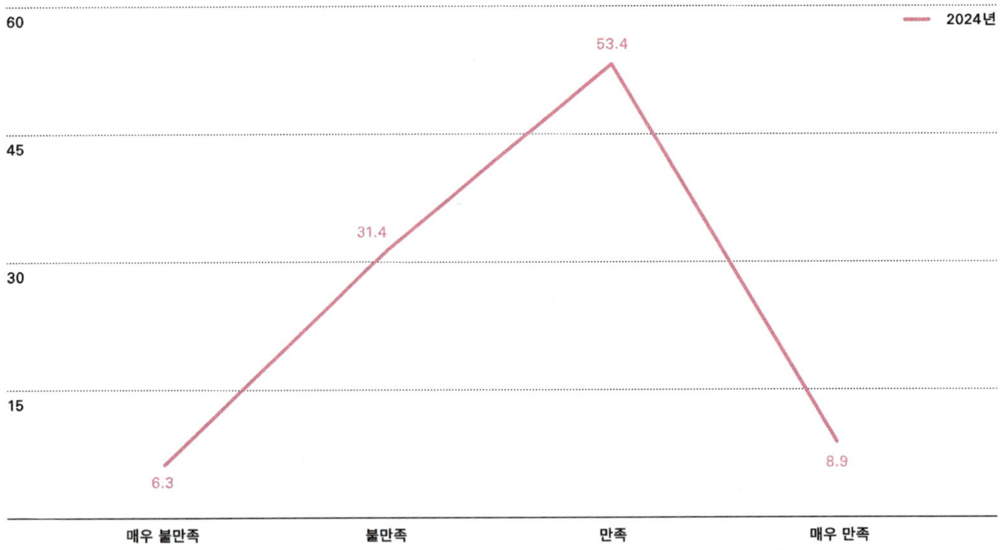

- 2024년 응답자 1,000명 중, 통일관련 전시/부스 행사에 참여한 경험자 191명의 '통일 관련 전시/부스행사 통일교육 방법 만족도'에 대한 응답 결과, '매우 만족' 8.9%, '만족' 53.4%로 62.3%가 긍정적으로 응답함. 반면에, '불만족' 31.4%, '매우 불만족' 6.3%로 37.7%가 부정적인 응답으로 나타남.

- 지역별 조사에서는, 긍정적인 반응이 경기북부 비접경지역(65.7%), 경기남부지역(62.5%), 경기북부 접경지역(58.9%) 순으로 나타나, 경기북부 비접경지역(65.7%), 경기남부지역(62.5%)이 평균값 63.8%보다 높게 나타남. 경기북부 비접경지역(65.7%) 대비 경기남부지역(62.5%), 경기북부 접경지역(59.0%) 간에 각각 3.2%, 9.9% 차이가 나타남.
- 이념 성향별 조사에서는, 긍정적인 반응에서 진보(68.3%), 중도(62.6%), 보수(54.6%), 모른다(42.9%) 순으로 나타나 진보(68.3%), 중도(62.6%)가 평균값 62.3%보다 높게 나타나고, 진보(68.3%) 대비 중도(62.6%), 보수(54.6%), 모른다(42.9%) 간에는 각각 5.7%, 13.7%, 25.4% 차이가 나타나, 상당한 편차를 보이는 현저한 차이를 드러냄.
- 성별 조사에서는, 긍정적인 반응에서 남성(67.4%), 여성(56.6%) 간에 10.8% 차이가 나타나, 상당한 차이를 드러냄.
- 연령별 조사에서는, 긍정적인 반응에서 50대(70.6%), 60대 이상(66.0%), 30대(62.9%), 20대(56.8%), 40대(53.6%) 순으로 나타나, 50대(70.6%), 60대 이상(66.0%), 30대(62.9%)가 평균값 62.3%보다 높게 나타남. 50대(70.6%) 대비 60대 이상(66.0%), 30대(62.9%), 20대(56.8%), 40대(53.6%) 간에는 각각 4.6%, 7.7%, 13.8%, 17.0% 차이가 나타나, 상당한 차이를 드러냄.

<그림 IV-21> 통일 관련 전시/부스 행사 통일교육 방법 만족도 조사 결과 [항목별] [이념 성향별]

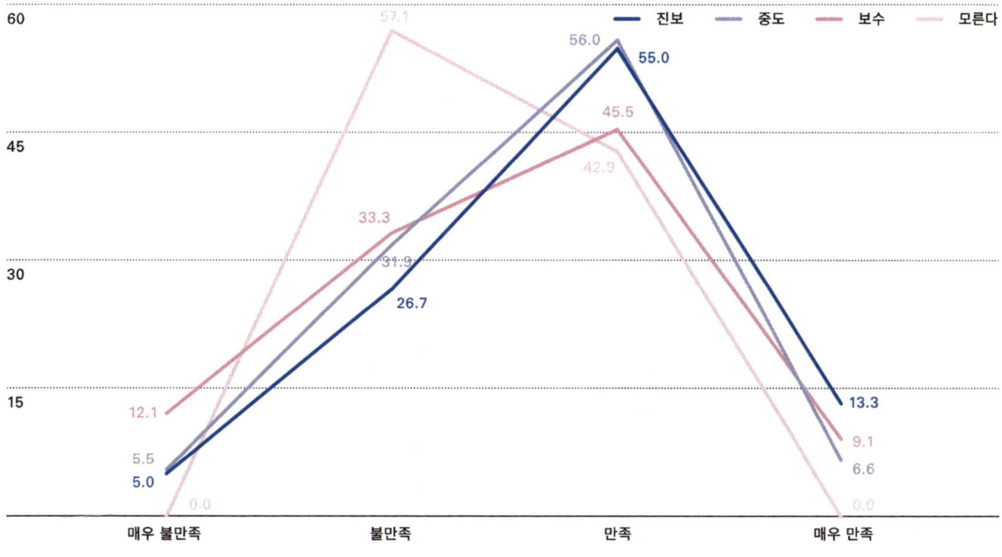

<그림 IV-22> 통일 관련 전시/부스 행사 통일교육 방법 만족도

[단위 : %]

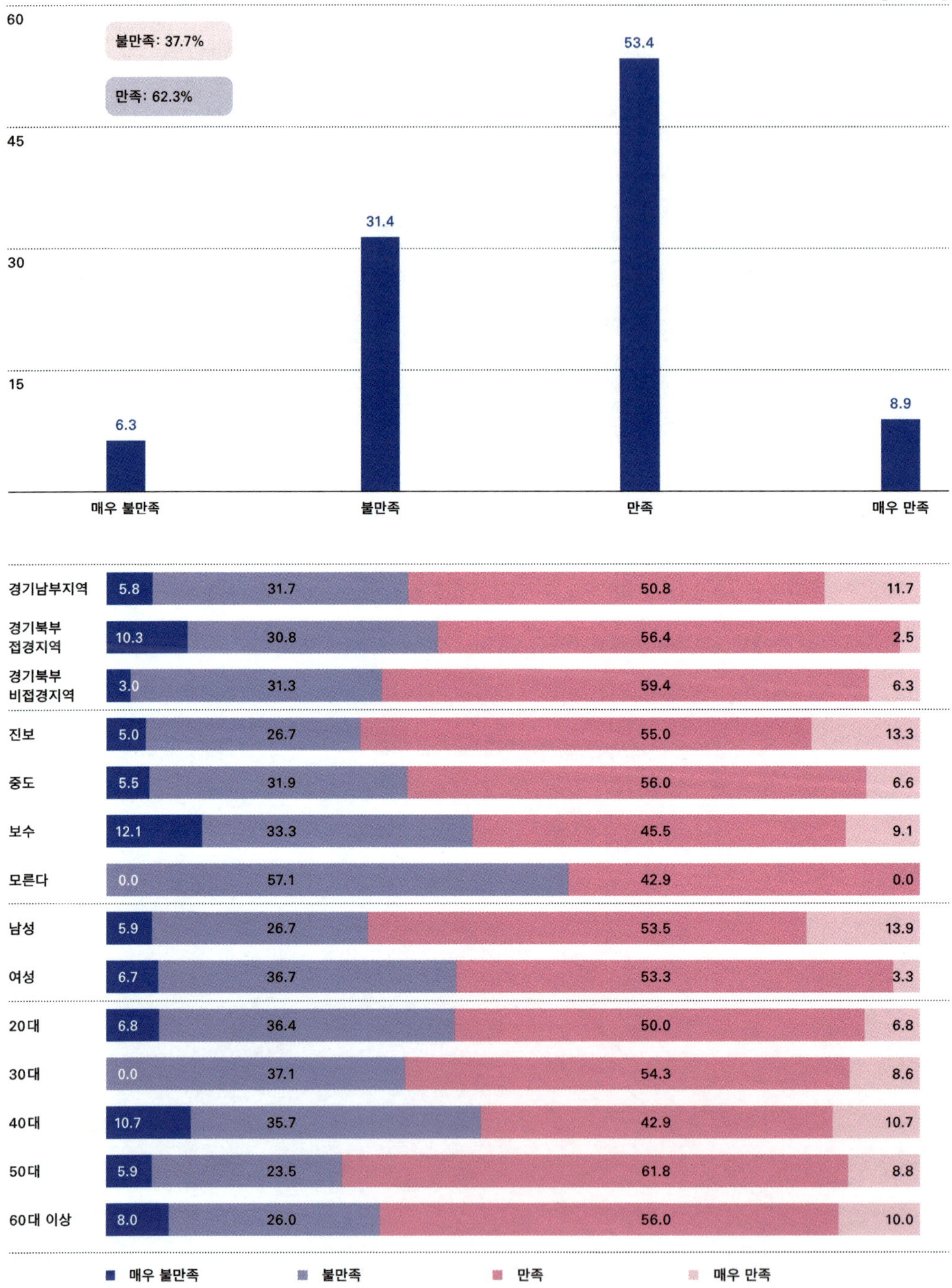

<표 IV-9> 통일 관련 전시/부스 행사 통일교육 방법 만족도

[단위 : 명, %]

구분		사례수	참여자	비율	만족도(%)			
					매우 불만족	불만족	만족	매우 만족
전체		1,000	191	19.1	6.3	31.4	53.4	8.9
지역	경기남부지역	657	120	18.3	5.8	31.7	50.8	11.7
	경기북부 접경지역	194	39	20/1	10.3	30.8	56.4	2.5
	경기북부 비접경지역	149	32	21.5	3.0	31.3	59.4	6.3
이념 성향	진보	232	60	25.9	5.0	26.7	55.0	13.3
	중도	493	91	18.5	5.5	31.9	56.0	6.6
	보수	152	33	21.7	12.1	33.3	45.5	9.1
	모른다	123	7	5.7	0.0	57.1	42.9	0.0
성별	남성	487	101	20.7	5.9	26.7	53.5	13.9
	여성	513	90	17.5	6.7	36.7	53.3	3.3
연령	20대	200	44	22.0	6.8	36.4	50.0	6.8
	30대	200	35	17.5	0.0	37.1	54.3	8.6
	40대	200	28	14.0	10.7	35.7	42.9	10.7
	50대	200	34	17.0	5.9	23.5	61.8	8.8
	60대 이상	200	50	25.0	8.0	26.0	56.0	10.0
학력	중졸 이하	9	0	0.0	0.0	0.0	0.0	0.0
	고졸	188	27	14.4	11.1	29.6	59.3	0.0
	대재, 대졸	703	142	20.2	6.1	34.5	48.6	10.6
	대학원재, 대학원졸	100	22	22.0	0.0	13.6	77.3	9.1
직업	농축산업	5	1	20.0	0.0	0.0	100.0	0.0
	자영업	91	12	13.2	0.0	41.7	50.0	8.3
	블루칼라	72	16	22.2	6.3	31.3	56.3	6.3
	화이트칼라	389	79	20.3	6.3	38.0	46.8	8.9
	전업주부	135	24	17.8	16.7	20.8	58.3	4.2
	학생	55	15	27.3	6.7	33.3	53.3	6.7
	다른 직종 또는 무직	253	44	17.4	2.3	22.7	61.4	13.6
결혼 여부	미혼	367	70	19.1	5.7	30.0	52.9	11.4
	기혼/자녀 없음	70	8	11.4	0.0	62.5	37.5	0.0
	기혼/자녀 동거	423	85	20.1	4.7	31.8	54.1	9.4
	기혼/자녀 비동거	133	28	21.1	14.3	25.0	57.1	3.6
	기타(이혼 및 사망)	7	0	0.0	0.0	0.0	0.0	0.0
총소득	3000만원 미만	157	27	17.2	11.1	29.6	55.6	3.7
	5000만원 미만	234	45	19.2	6.6	46.7	40.0	6.7
	7000만원 미만	269	46	17.1	2.1	19.6	69.6	8.7
	1억원 미만	232	54	23.3	9.2	25.9	51.9	13.0
	1억원 이상	108	19	17.6	0.0	42.1	47.4	10.5

5 통일교육을 통해 얻게 된 점

조사 결과

● 2024년 평균(平均): '통일 및 북한에 대한 관심 증가' 28.7%, '통일 및 북한에 대한 새로운 정보' 27.4%, '딱히 얻은 것이 없음' 22.4%, '통일 및 북한에 대한 인식 변화' 21.5% 순으로 나타남.

▶ 2021년 대비: '통일 및 북한에 대한 관심 증가'가 27.7%에서 28.7%로 1.0% 증가, '통일 및 북한에 대한 새로운 정보' 28.0%에서 27.4%로 0.6% 하락, '딱히 얻은 것이 없음'은 18.1%에서 22.4%로 4.3% 증가, '통일 및 북한에 대한 인식 변화'는 26.2%에서 21.5%로 4.7% 하락함.

※ 인구 사회학적 항목별 편차(偏差): 상당한 차이(10%-20%), 현저한 차이(20% 이상)

- 이념 성향별 조사: '통일 및 북한에 대한 관심 증가'는 진보(38.1%)와 보수(19.1%) 간에 19.0% 차이가 나타나, 상당한 차이를 드러냄. '통일 및 북한에 대한 새로운 정보'는 보수(38.2%)와 중도(21.8%) 간에 각각 16.4% 차이가 나타나, 상당한 차이를 드러냄. '딱히 얻은 것이 없음'에서는 모른다(34.4%)와 진보(15.5%) 간에 18.9% 차이가 나타나, 상당한 차이를 드러냄.
- 연령별 조사: '통일 및 북한에 대한 관심 증가'는 40대(38.2%)와 50대(23.6%) 간에 14.6%로 차이가 나타나, 상당한 차이를 드러냄. '통일 및 북한에 대한 새로운 정보'는 50대(34.5%)와 40대(16.4%) 간에 18.1%로 차이가 나타나, 상당한 차이를 드러냄. '딱히 얻은 것이 없음'에서는 40대(27.3%)와 50대(10.9%) 간에 16.4%로 차이가 나타나, 상당한 차이를 드러냄. '통일 및 북한에 대한 인식 변화'는 50대(30.9%)와 40대(18.2%) 간에 12.7%로 차이가 나타나, 상당한 차이를 드러냄.

- '통일 및 북한에 대한 관심 증가' 28.7%, '통일 및 북한에 대한 새로운 정보' 27.4%, '딱히 얻은 것이 없음' 22.4%, '통일 및 북한에 대한 인식 변화' 21.5% 순으로 나타남.
- 2021년 대비: '통일 및 북한에 대한 관심 증가'가 27.7%에서 28.7%로 1.0% 증가, '통일 및 북한에 대한 새로운 정보' 28.0%에서 27.4%로 0.6% 하락, '딱히 얻은 것이 없음'은 18.1%에서 22.4%로 4.3% 증가, '통일 및 북한에 대한 인식 변화'는 26.2%에서 21.5%로 4.7% 하락함.

<그림 IV-23> 통일교육을 통해 얻게 된 점 조사 결과 [전체]

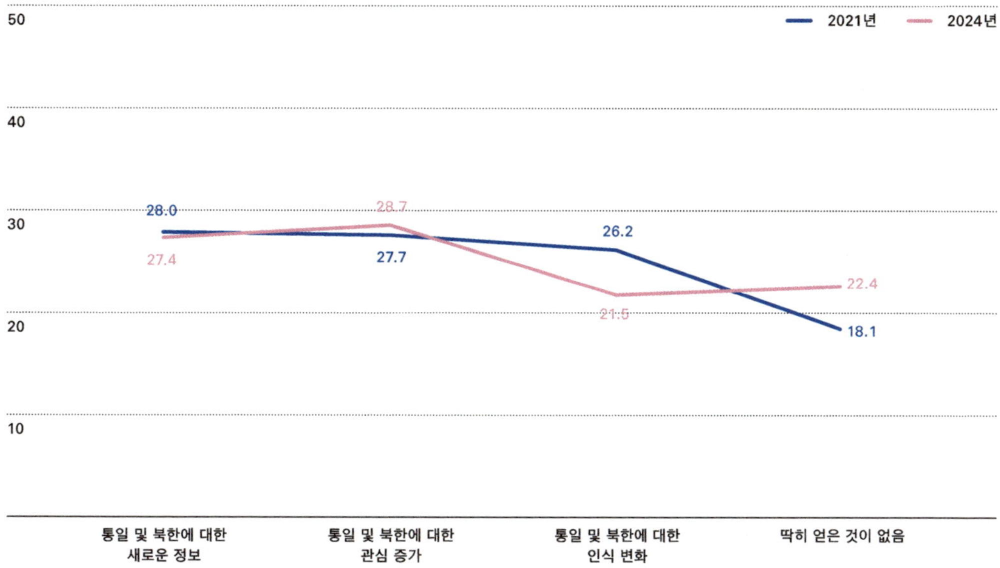

- 지역별 조사에서는, '통일 및 북한에 대한 관심 증가'는 경기북부 접경지역(36.4%), 경기남부지역(26.9%), 경기북부 비접경지역(26.2%) 순으로 나타나고, 경기북부 접경지역(36.4%) 대비 경기남부지역(26.9%), 경기북부 비접경지역(26.2%) 간에 각각 9.5%, 10.2% 차이가 나타남. '통일 및 북한에 대한 새로운 정보'는 경기북부 접경지역(28.6%), 경기북부 비접경지역(27.9%), 경기남부지역(26.9%) 순으로 나타남. '딱히 얻은 것이 없음'에서는 경기남부지역(23.9%), 경기북부 비접경지역(22.9%), 경기북부 접경지역(16.8%) 순으로 나타남. '통일 및 북한에 대한 인식 변화'는 경기북부 비접경지역(23.0%), 경기남부지역(22.3%), 경기북부 접경지역(18.2%) 순으로 나타남.
- 이념 성향별 조사에서는, '통일 및 북한에 대한 관심 증가'는 진보(38.1%), 중도(28.5%), 모른다(21.9%), 보수(19.1%) 순으로 나타나, 진보(38.1%)가 평균값 28.7%보다 높게 나타나고, 진보(38.1%) 대비 중도(28.5%), 모른다(21.9%), 보수(19.1%) 간에 각각 9.6%, 16.2%, 19.0% 차이가 나타나, 상당한 차이를 드러냄. '통일 및 북한에 대한 새로운 정보'는 보수(38.2%), 진보(29.9%), 모른다(28.1%), 중도(21.8%) 순으로 나타나, 보수(38.2%), 진보(29.9%)가 평균값 27.4%보다 높게 나타나고, 보수(38.2%) 대비 진보(29.9%), 모른다(28.1%), 중도(21.8%) 간에는 각각 8.3%, 10.1%, 16.4% 차이가 나타나, 상당한 차이

를 드러냄. '딱히 얻은 것이 없음'에서는 모른다(34.4%), 중도(24.0%), 보수(22.1%), 진보(15.5%) 순으로 나타나, 모른다(34.4%), 중도(24.0%)가 평균값 22.4%보다 높게 나타나고, 모른다(34.4%) 대비 중도(24.0%), 보수(22.1%), 진보(15.5%) 간에는 각각 10.4%, 12.3%, 18.9% 차이가 나타나, 상당한 차이를 드러냄. '통일 및 북한에 대한 인식 변화'는 중도(25.7%), 보수(20.6%), 진보(16.5%), 모른다(15.6%) 순으로 나타나, 중도(25.7%)가 평균값 21.5%보다 높게 나타나고, 중도(25.7%) 대비 보수(20.6%), 진보(16.5%), 모른다(15.6%) 간에는 각각 5.1%, 9.2%, 10.1% 차이가 나타남.

- 성별 조사에서는, '통일 및 북한에 대한 관심 증가'는 여성(29.9%), 남성(27.6%) 순으로, '통일 및 북한에 대한 새로운 정보'는 남성(30.2%), 여성(24.3%) 간에 5.9% 차이가 나타남. '딱히 얻은 것이 없음'에서는 여성(25.5%), 남성(19.6%) 간에 5.9% 차이가 나타남. '통일 및 북한에 대한 인식 변화'는 남성(22.6%), 여성(20.3%) 순으로 나타남.
- 연령별 조사에서는, '통일 및 북한에 대한 관심 증가'는 40대(38.2%), 20대(29.3%), 30대(27.0%), 60대 이상(26.3%), 50대(23.6%) 순으로 나타나, 40대(38.2%), 20대(29.3%)가 평균값 28.7%보다 높게 나타나고, 40대(38.2%) 대비 20대(29.3%), 30대(27.0%), 60대 이상(26.3%), 50대(23.6%) 간에 각각 8.9%, 11.2%, 11.9%, 14.6%로 차이가 나타나, 상당한 차이를 드러냄. '통일 및 북한에 대한 새로운 정보'는 50대(34.5%), 60대 이상(31.6%), 30대(27.0%), 20대(26.7%), 40대(16.4%) 순으로 나타나, 50대(34.5%), 60대 이상(31.6%)이 평균값 27.4%보다 높게 나타나고, 50대(34.5%) 대비 60대 이상(31.6%), 30대(27.0%), 20대(26.7%), 40대(16.4%) 간에 각각 2.9%, 7.5%, 7.8%, 18.1%로 차이가 나타나, 상당한 차이를 드러냄. '딱히 얻은 것이 없음'에서는 40대(27.2%), 30대(25.7%), 20대(25.0%), 60대 이상(19.7%), 50대(11.0%) 순으로 나타나, 40대(27.2%), 30대(25.7%), 20대(25.0%)가 평균값 22.4%보다 높게 나타나고, 40대(27.2%) 대비 30대(25.7%), 20대(25.0%), 60대 이상(19.7%), 50대(11.0%) 간에 각각 1.5%, 2.2%, 7.5%, 16.2%로 차이가 나타나, 상당한 차이를 드러냄. '통일 및 북한에 대한 인식 변화'는 50대(30.9%), 60대 이상(22.4%), 30대(20.3%), 20대(19.0%), 40대(18.2%) 순으로 나타나, 50대(30.9%), 60대 이상(22.4%),가 평균값 21.5%보다 높게 나타나고, 50대(30.9%)와 60대 이상(22.4%), 30대(20.3%), 20대(19.0%), 40대(18.2%) 간에 각각 8.5%, 10.6%, 11.9%, 12.7%로 차이가 나타나, 상당한 차이를 드러냄.

<그림 IV-24> 통일교육을 통해 얻게 된 점 조사 결과 [항목별]

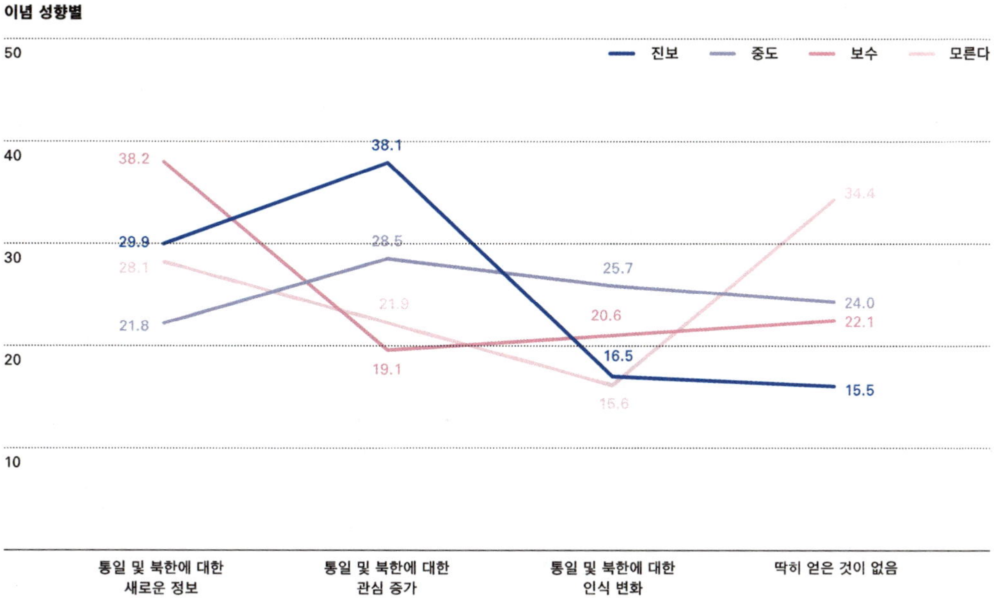

<그림 IV-25> 통일교육을 통해 얻게 된 점

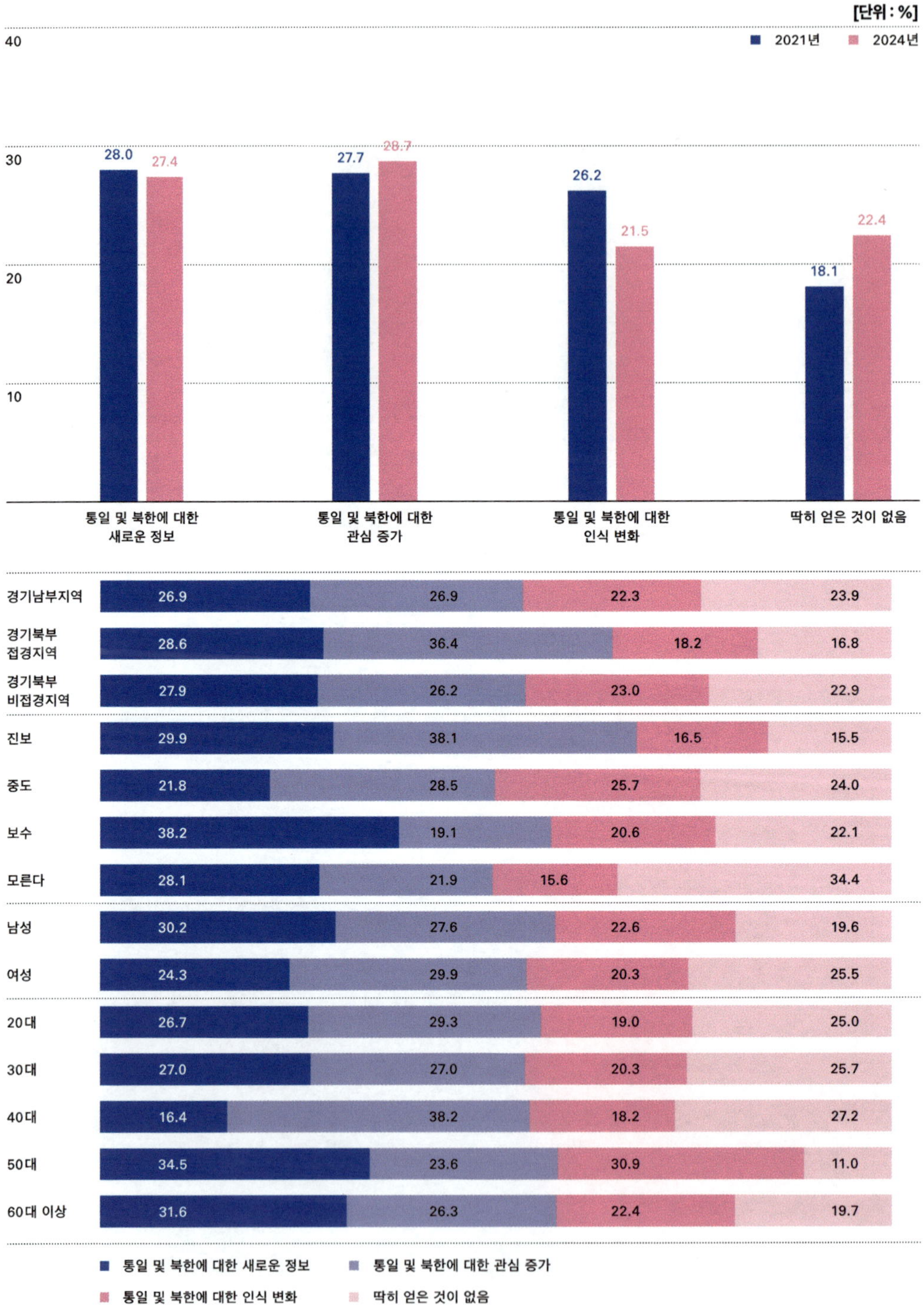

<표 IV-10> 통일교육을 통해 얻게 된 점

[단위 : 명, %]

구분		사례수	참여자	비율	통일 및 북한에 대한 새로운 정보	통일 및 북한에 대한 관심 증가	통일 및 북한에 대한 인식 변화	딱히 얻은 것이 없음
전체(2024년)		1,000	376	37.6	27.4	28.7	21.5	22.4
전체(2021년)		1,000	328	32.8	28.0	27.7	26.2	18.1
지역	경기남부지역	657	238	36.2	26.9	26.9	22.3	23.9
	경기북부 접경지역	194	77	39.7	28.6	36.4	18.2	16.8
	경기북부 비접경지역	149	61	40.9	27.9	26.2	23.0	22.9
이념 성향	진보	232	97	41.8	29.9	38.1	16.5	15.5
	중도	493	179	36.3	21.8	28.5	25.7	24.0
	보수	152	68	44.7	38.2	19.1	20.6	22.1
	모른다	123	32	26.0	28.1	21.9	15.6	34.4
성별	남성	487	199	40.9	30.2	27.6	22.6	19.6
	여성	513	177	34.5	24.3	29.9	20.3	25.5
연령	20대	200	116	58.0	26.7	29.3	19.0	25.0
	30대	200	74	37.0	27.0	27.0	20.3	25.7
	40대	200	55	27.5	16.4	38.2	18.2	27.2
	50대	200	55	27.5	34.5	23.6	30.9	11.0
	60대 이상	200	76	38.0	31.6	26.3	22.4	19.7
학력	중졸 이하	9	2	22.2	0.0	0.0	50.0	50.0
	고졸	188	52	27.7	17.3	38.5	25.0	19.2
	대재, 대졸	703	281	40.0	26.7	28.1	21.0	24.2
	대학원재, 대학원졸	100	41	41.0	46.3	22.0	19.5	12.2
직업	농축산업	5	1	20.0	0.0	0.0	0.0	100.0
	자영업	91	26	28.6	34.6	30.8	15.4	19.2
	블루칼라	72	29	40.3	20.7	31.0	27.6	20.7
	화이트칼라	389	155	39.8	31.0	24.5	22.6	21.9
	전업주부	135	33	24.4	21.2	24.2	27.3	27.3
	학생	55	41	74.5	29.3	29.3	22.0	19.5
	다른 직종 또는 무직	253	91	36.0	23.1	36.3	17.6	23.1
결혼 여부	미혼	367	174	47.4	26.4	31.0	16.7	25.9
	기혼/자녀 없음	70	19	27.1	15.8	36.8	15.8	31.6
	기혼/자녀 동거	423	137	32.4	27.7	26.3	28.5	17.5
	기혼/자녀 비동거	133	45	33.8	35.6	24.4	20.0	20.0
	기타(이혼 및 사망)	7	1	14.3	0.0	0.0	100.0	0.0
총소득	3000만원 미만	157	61	38.9	29.5	24.6	23.0	23.0
	5000만원 미만	234	87	37.2	20.7	36.8	23.0	19.5
	7000만원 미만	269	99	36.8	25.3	25.3	28.3	21.2
	1억원 미만	232	90	38.8	32.2	27.8	14.4	25.6
	1억원 이상	108	39	36.1	33.3	28.2	15.4	23.1

6 통일교육 효과증진을 위해 효과적이라 생각하는 내용

조사 결과

● 2024년 평균(平均): '평화와 공존을 위한 교육' 30.5%, '한반도 주변 정세에 대한 교육' 24.9%, '통일 시 비용과 이익에 대한 교육' 20.4%, '북한의 실상에 대한 교육' 14.8%, '민족 정체성에 대한 교육' 9.2%, '기타' 0.2% 순으로 나타남.

▶ 2021년 대비: '평화와 공존을 위한 교육'은 28.1%에서 30.5%로 2.4% 증가, '한반도 주변 정세에 대한 교육'은 22.7%에서 24.9%로 2.2% 증가, '통일 시 비용과 이익에 대한 교육'은 19.6%에서 20.4%로 0.8% 증가, '북한의 실상에 대한 교육'이 18.4%에서 14.8%로 3.6% 하락, '민족 정체성에 대한 교육'이 10.3%에서 9.2%로 1.1% 하락, '기타'는 0.9%에서 0.2%로 0.7% 하락함.

※ 인구 사회학적 항목별 편차(偏差): 상당한 차이(10%~20%), 현저한 차이(20% 이상)

- 이념 성향별 조사: '평화와 공존을 위한 교육'은 진보(36.2%)와 보수(22.4%) 간에13.8%로 상당한 차이를 드러냄. '통일 시 비용과 이익에 대한 교육'은 모른다(26.9%)와 진보(16.4%) 간에 10.5%로 상당한 차이를 드러냄. '북한의 실상에 대한 교육'은 보수(22.4%)와 진보(9.5%) 간에 12.9%로 상당한 차이를 드러냄.
- 연령별 조사: '평화와 공존을 위한 교육'에서 50대(38.5%)와 20대(22.0%) 간에 16.5%로 상당한 차이를 드러냄. '통일 시 비용과 이익에 대한 교육'은 20대(26.0%)와 50대(15.5%) 간에 10.5%로 상당한 차이를 드러냄.

- '통일교육 효과증진을 위해 효과적이라 생각하는 내용'에 대한 응답 결과, '평화와 공존을 위한 교육' 30.5%, '한반도 주변 정세에 대한 교육' 24.9%, '통일 시 비용과 이익에 대한 교육' 20.4%, '북한의 실상에 대한 교육' 14.8%, '민족 정체성에 대한 교육' 9.2%, '기타' 0.2% 순으로 나타남.
- 2021년과 비교하면, '평화와 공존을 위한 교육'은 28.1%에서 30.5%로 2.4% 증가, '한반도 주변 정세에 대한 교육'은 22.7%에서 24.9%로 2.2% 증가, '통일 시 비용과 이익에 대한 교육'은 19.6%에서 20.4%로 0.8% 증가, '북한의 실상에 대한 교육'이 18.4%에서 14.8%로 3.6% 하락, '민족 정체성에 대한 교육'이 10.3%에서 9.2%로 1.1% 하락, '기타'는 0.9%에서 0.2%로 0.7% 하락함.

<그림 IV-26> 통일교육 효과증진을 위해 효과적이라 생각하는 내용 조사 결과 [전체]

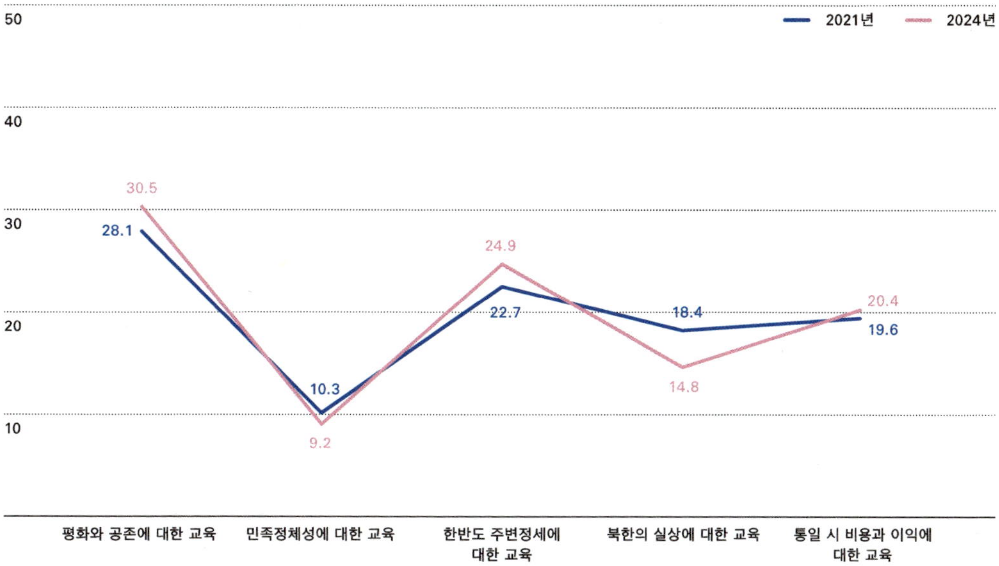

- 지역별 조사에서는, '평화와 공존을 위한 교육'이 경기북부 비접경지역(32.2%), 경기남부지역(30.6%), 경기북부 접경지역(28.9%) 순으로 나타남. '한반도 주변 정세에 대한 교육'은 경기북부 접경지역(27.8%), 경기북부 비접경지역(25.5%), 경기남부지역(23.9%) 순으로 나타남. '통일 시 비용과 이익에 대한 교육'에서는 경기남부지역(21.7%), 경기북부 비접경지역(20.2%), 경기북부 접경지역(16.0%) 순으로 나타남. '북한의 실상에 대한 교육'은 경기남부지역(15.4%), 경기북부 접경지역(13.9%), 경기북부 비접경지역(13.4%) 순으로 나타남. '민족 정체성에 대한 교육'은 경기북부 접경지역(12.4%), 경기북부 비접경지역(8.7%), 경기남부지역(8.4%) 순으로 나타남.
- 이념 성향별 조사에서는, '평화와 공존을 위한 교육'은 진보(36.2%), 중도(31.2%), 모른다(26.8%), 보수(22.4%) 순으로 나타나, 진보(36.2%), 중도(31.2%)가 평균값 30.5%보다 높게 나타나고, 진보(36.2%) 대비 중도(31.2%), 모른다(26.8%), 보수(22.4%) 간에는 각각 5.0%, 9.4%, 13.8% 차이가 나타나, 상당한 차이를 드러냄. '한반도 주변 정세에 대한 교육'은 중도(25.6%), 진보(24.6%), 모른다(24.4%), 보수(23.7%) 순으로 나타나, 중도(25.6%)가 평균값 24.9%보다 높게 나타남. '통일 시 비용과 이익에 대한 교육'은 모

른다(26.9%), 중도(20.7%), 보수(20.3%), 진보(16.4%) 순으로 나타나, 모른다(26.9%), 중도(20.7%)가 평균값 20.4%보다 높게 나타나고, 모른다(26.9%) 대비 중도(20.7%), 보수(20.3%), 진보(16.4%) 간에는 각각 6.2%, 6.6%, 10.5% 차이가 나타나 상당한 차이를 드러냄. '북한의 실상에 대한 교육'은 보수(22.4%), 중도(15.4%), 모른다(13.0%), 진보(9.5%) 순으로 나타나, 보수(22.4%), 중도(15.4%)가 평균값 14.8%보다 높게 나타나고, 보수(22.4%) 대비 중도(15.4%), 모른다(13.0%), 진보(9.5%) 간에는 각각 7.0%, 9.4%, 12.9% 차이가 나타나, 상당한 차이를 드러냄. '민족 정체성에 대한 교육'은 진보(12.9%), 보수(11.2%), 모른다(8.9%), 중도(6.9%) 순으로 나타나, 진보(12.9%), 보수(11.2%)가 평균값 9.2%보다 높게 나타남.

- 성별 조사에서는, '평화와 공존을 위한 교육'이 남성(30.6%), 여성(30.4%) 순으로, '한반도 주변 정세에 대한 교육'은 여성(25.3%), 남성(24.4%) 순으로, 그리고 '통일 시 비용과 이익에 대한 교육'은 남성(20.7%), 여성(20.2%) 순으로 나타남. '북한의 실상에 대한 교육'은 남성(15.8%), 여성(13.8%) 순으로 나타남. '민족 정체성에 대한 교육'은 여성(10.3%), 남성(8.0%) 순으로 나타남.
- 연령별 조사에서는, '평화와 공존을 위한 교육'이 50대(38.5%), 40대(36.0%), 60대 이상(32.0%), 30대(24.0%), 20대(22.0%) 순으로 나타나, 50대(38.5%), 40대(36.0%), 60대 이상(32.0%)이 평균값 30.5%보다 높게 나타나고, 50대(38.5%) 대비 40대(36.0%), 60대 이상(32.0%), 30대(24.0%), 20대(22.0%) 간에 각각 2.5%, 6.5%, 14.5%, 16.5%로 차이가 나타나, 상당한 차이를 드러냄. '한반도 주변 정세에 대한 교육'은 60대 이상(29.0%), 50대(27.0%), 30대(24.0%), 20대(23.0%), 40대(21.5%) 순으로 나타나, 60대 이상(29.0%), 50대(27.0%)가 평균값 24.9%보다 높게 나타나고, 60대 이상(29.0%) 대비 50대(27.0%), 30대(24.0%), 20대(23.0%), 40대(21.5%) 간에 각각 2.0%, 5.0%, 6.0%, 7.5%로 차이가 나타남. '통일 시 비용과 이익에 대한 교육'은 20대(26.0%), 30대(23.5%), 40대(20.5%), 60대 이상(16.5%), 50대(15.5%) 순으로 나타나, 20대(26.0%), 30대(23.5%), 40대(20.5%)이 평균값 20.4%보다 높게 나타나고, 20대(26.0%) 대비 30대(23.5%), 40대(20.5%), 60대 이상(16.5%), 50대(15.5%) 간에 각각 2.5%, 5.5%, 9.5%, 10.5%로 차이가 나타나, 상당한 차

이를 드러냄. '북한의 실상에 대한 교육'은 30대(17.5%), 20대(16.0%), 60대 이상(16.0%), 40대(14.5%), 50대(10.0%) 순으로 나타나, 30대(17.5%), 20대(16.0%), 60대 이상(16.0%)이 평균값 14.8%보다 높게 나타나고, 30대(17.5%) 대비 20대(16.0%), 60대 이상(16.0%), 40대(14.5%), 50대(10.0%) 간에 각각 1.5%, 1.5%, 3.0%, 7.5%로 차이가 나타남. '민족정체성에 대한 교육'은 20대(13.0%), 30대(11.0%), 50대(8.5%), 40대(7.5%), 60대 이상(6.0%) 순으로 나타나, 20대(13.0%), 30대(11.0%)가 평균값 9.2%보다 높게 나타나고, 20대(13.0%) 대비 30대(11.0%), 50대(8.5%), 40대(7.5%), 60대 이상(6.0%) 간에 각각 2.0%, 4.5%, 5.5%, 7.0%로 차이가 나타남.

<그림 IV-27> 통일교육 효과증진을 위해 효과적이라 생각하는 내용 조사 결과 [항목별]

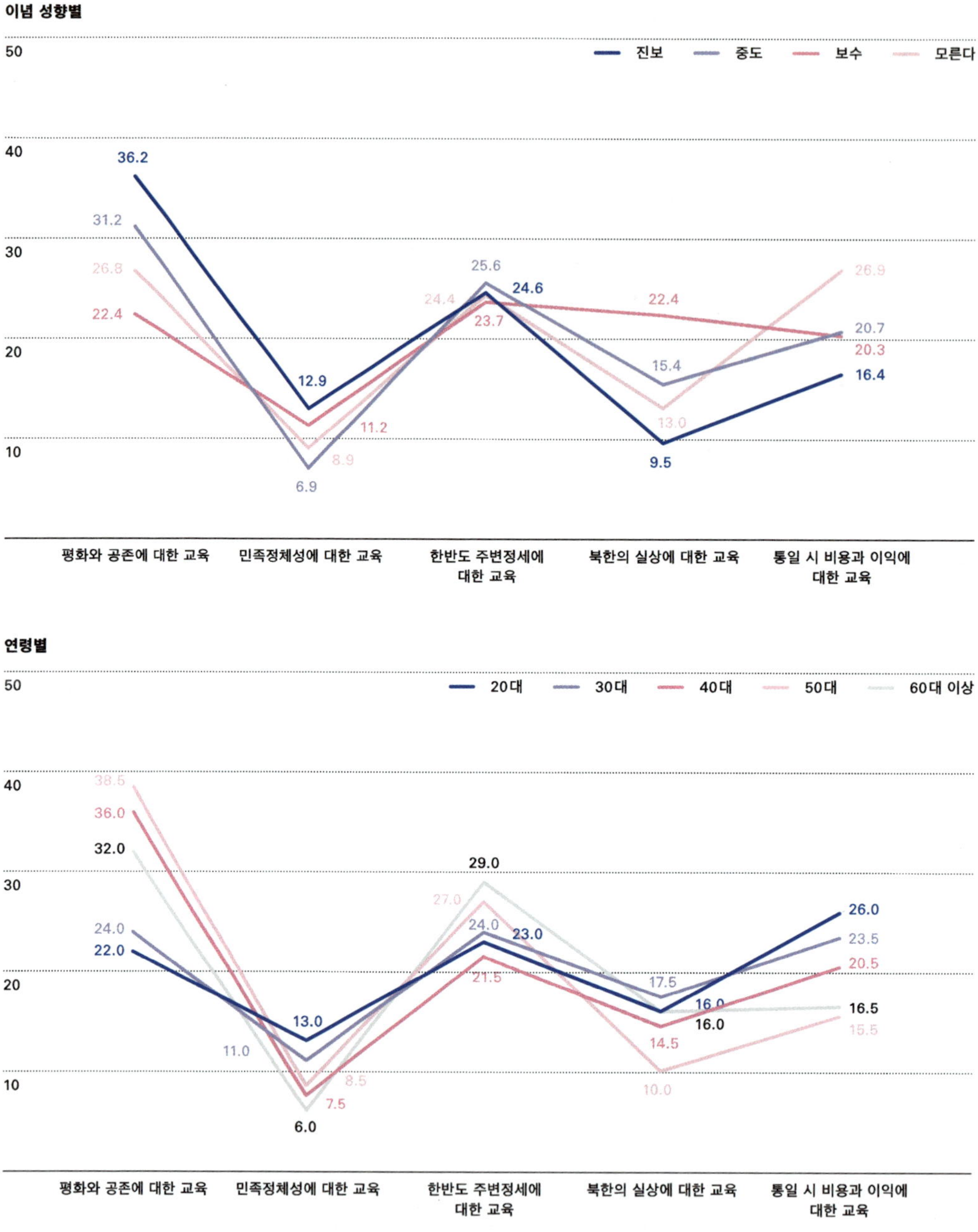

<그림 IV-28> 통일교육 효과증진을 위해 효과적이라 생각하는 내용

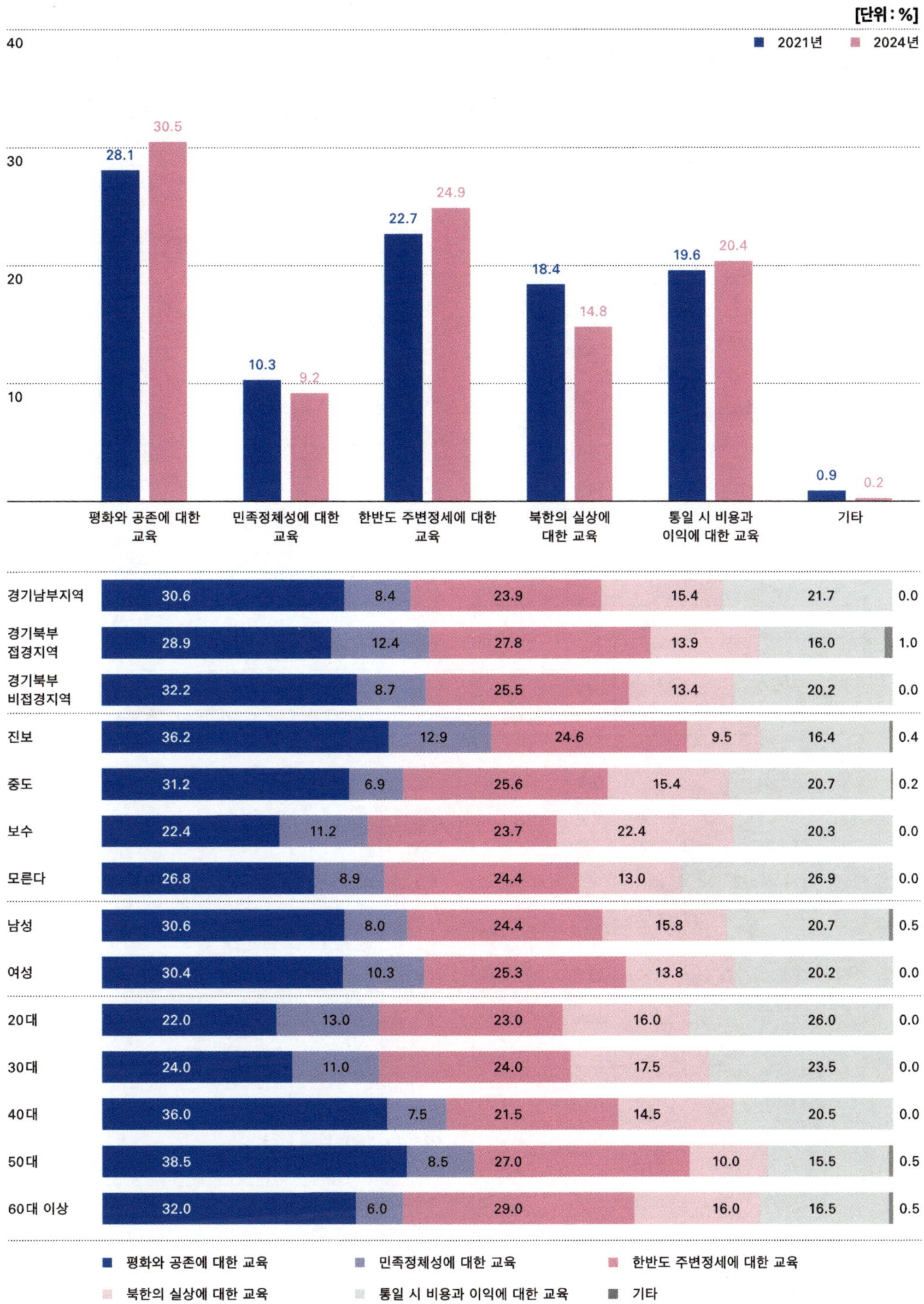

<표 IV-11> 통일교육 효과증진을 위해 효과적이라고 생각하는 내용

[단위 : 명, %]

구분		사례수	%	평화와 공존에 대한 교육	민족 정체성에 대한 교육	한반도 주변정세에 대한 교육	북한의 실상에 대한 교육	통일 시 비용과 이익에 대한 교육	기타
전체(2024년)		1,000	100	30.5	9.2	24.9	14.8	20.4	0.2
전체(2021년)		1,000	100	28.1	10.3	22.7	18.4	19.6	0.9
지역	경기남부지역	657	65.7	30.6	8.4	23.9	15.4	21.7	0.0
	경기북부 접경지역	194	19.4	28.9	12.4	27.8	13.9	16.0	1.0
	경기북부 비접경지역	149	14.9	32.2	8.7	25.5	13.4	20.2	0.0
이념 성향	진보	232	23.3	36.2	12.9	24.6	9.5	16.4	0.4
	중도	493	49.3	31.2	6.9	25.6	15.4	20.7	0.2
	보수	152	15.2	22.4	11.2	23.7	22.4	20.3	0.0
	모른다	123	12.3	26.8	8.9	24.4	13.0	26.9	0.0
성별	남성	487	48.7	30.6	8.0	24.4	15.8	20.7	0.5
	여성	513	51.3	30.4	10.3	25.3	13.8	20.2	0.0
연령	20대	200	20.0	22.0	13.0	23.0	16.0	26.0	0.0
	30대	200	20.0	24.0	11.0	24.0	17.5	23.5	0.0
	40대	200	20.0	36.0	7.5	21.5	14.5	20.5	0.0
	50대	200	20.0	38.5	8.5	27.0	10.0	15.5	0.5
	60대 이상	200	20.0	32.0	6.0	29.0	16.0	16.5	0.5
학력	중졸 이하	9	0.9	22.2	0.0	55.6	11.1	11.1	0.0
	고졸	188	18.8	22.3	11.2	31.9	18.1	16.5	0.0
	대재, 대졸	703	70.3	31.9	9.2	23.0	13.9	21.6	0.4
	대학원재, 대학원졸	100	10.0	37.0	6.0	22.0	15.0	20.0	0.0
직업	농축산업	5	0.5	40.0	20.0	20.0	-	20.0	0.0
	자영업	91	9.1	31.9	7.7	26.4	18.7	14.3	1.0
	블루칼라	72	7.2	23.6	13.9	34.7	12.5	15.3	0.0
	화이트칼라	389	38.9	33.7	9.0	23.7	12.1	21.3	0.2
	전업주부	135	13.5	37.0	6.7	28.1	11.1	17.1	0.0
	학생	55	5.5	18.2	9.1	32.7	20.0	20.0	0.0
	다른 직종 또는 무직	253	25.3	26.1	9.9	20.2	19.4	24.4	0.0
결혼 여부	미혼	367	36.7	27.8	9.8	21.8	16.1	24.3	0.2
	기혼/자녀 없음	70	7.0	30.0	12.9	15.7	12.9	28.5	0.0
	기혼/자녀 동거	423	42.3	31.0	8.7	28.6	13.2	18.2	0.3
	기혼/자녀 비동거	133	13.3	35.3	6.0	27.1	18.0	13.6	0.0
	기타(이혼 및 사망)	7	0.7	57.1	28.6	14.3	0.0	0.0	0.0
총소득	3000만원 미만	157	15.7	24.2	10.2	30.6	21.0	13.4	0.6
	5000만원 미만	234	23.4	32.5	9.8	23.1	12.0	22.6	0.0
	7000만원 미만	269	26.9	27.9	8.9	27.5	14.1	21.6	0.0
	1억원 미만	232	23.2	36.6	7.8	21.6	15.5	18.5	0.0
	1억원 이상	108	10.8	28.7	10.2	21.3	12.0	26.9	0.9

7 향후 통일교육 수강 시 받고 싶은 교육

조사 결과

● 2024년 평균(平均): '통일한국의 미래 변화상 전망' 45.7%, '최근 북한의 변화' 19.5%, '우리나라 통일정책' 14.6%, '분단 및 통일에 대한 해외 사례' 11.1%, '북한 주민의 실생활' 9.0%, '기타' 0.1% 순으로 나타남.

▶ 2021년 대비: '통일한국의 미래 변화상 전망'이 40.4%에서 45.7%로 5.3% 증가하고, '최근 북한의 변화'는 25,.4%에서 19.5%로 5.9% 하락했으며, '우리나라 통일정책'도 15.6%에서 14.6%로 1.0% 하락함. '분단 및 통일에 대한 해외 사례'는 7.5%에서 11.1%로 3.6% 증가하고, '북한 주민의 실생활'이 10%에서 9.0%로 1.0% 하락함.

※ 인구 사회학적 항목별 편차(偏差): 상당한 차이(10%-20%), 현저한 차이(20% 이상)

- 이념 성향별 조사: '최근 북한의 변화'는 진보(25.9%)와 모른다(14.6%) 간에11.3%로 상당한 차이를 드러냄.

◎ 현저한 차이: 연령별 조사에서 '통일한국의 미래 변화상 전망'이 60대 이상(60.0%)과 20대(31.0%) 간에 29.0%로 현저한 차이를 드러냄.

<그림 Ⅳ-29> 향후 통일교육 수강 시 받고 싶은 교육 조사 결과 [전체]

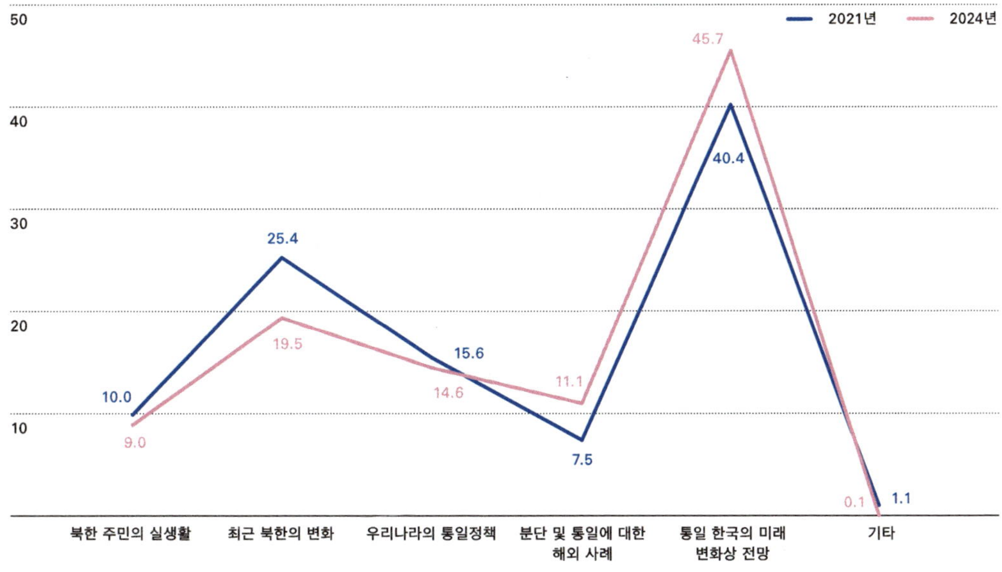

- '향후 통일교육 수강 시 받고 싶은 교육'에 대한 조사 결과, '통일한국의 미래 변화상 전망' 45.7%, '최근 북한의 변화' 19.5%, '우리나라 통일정책' 14.6%, '분단 및 통일에 대한 해외 사례' 11.1%, '북한 주민의 실생활' 9.0%, '기타' 0.1% 순으로 나타남.
- 2021년과 비교하면, '통일한국의 미래 변화상 전망'이 40.4%에서 45.7%로 5.3% 증가하고, '최근 북한의 변화'는 25.4%에서 19.5%로 5.9% 하락했으며, '우리나라 통일정책'도 15.6%에서 14.6%로 1.0% 하락함. '분단 및 통일에 대한 해외 사례'는 7.5%에서 11.1%로 3.6% 증가하고, '북한 주민의 실생활'이 10%에서 9.0%로 1.0% 하락함. '우리나라 통일정책'은 15.6%에서 14.6%로 1.0% 하락함. '기타'도 1.1%에서 0.1로 1.0% 하락함. '최근 북한의 변화'가 5.9%, '북한 주민의 실생활'이 1.0%, '우리나라 통일정책' 1.0%, '기타' 1.0% 하락한 합계 8.9%가 '통일한국의 미래 변화상 전망' 5.3%, '분단 및 통일에 대한 해외 사례' 3.6% 합계 8.9% 증가로 이동함.
- 지역별 조사에서는, '통일한국의 미래 변화상 전망'이 경기북부 접경지역(49.0%), 경기남부지역(45.0%), 경기북부 비접경지역(44.2%) 순으로 나타남. '최근 북한의 변화'는 경기남부지역(20.9%), 경기북부 비접경지역(19.5%), 경기북부 접경지역(14.9%) 순으로 나타남. '우리나라 통일정책'에서는 경기남부지역(15.2%), 경기북부 접경지역(14.9%), 경기북부 비접경지역(11.4%) 순으로 나타남. '분단 및 통일에 대한 해외 사례'는 경기북부 비접경지역(12.1%), 경기북부 접경지역(11.9%), 경기남부지역(10.7%) 순으로 나타남. '북한 주민의 실생활'은 경기북부 비접경지역(12.8%), 경기북부 접경지역(8.8%), 경기남부지역(8.2%) 순으로 나타남.
- 이념 성향별 조사에서는, '통일한국의 미래 변화상 전망'은 보수(50.6%), 모른다(46.4%), 중도(45.4%), 진보(42.5%) 순으로 나타나, 보수(50.6%), 모른다(46.4%)가 평균값 45.7%보다 높게 나타나고, 보수(50.6%) 대비 모른다(46.4%), 중도(45.4%), 진보(42.5%) 간에는 각각 4.2%, 5.4%, 8.1% 차이가 나타남. '최근 북한의 변화'는 진보(25.9%), 중도(18.9%), 보수(15.8%), 모른다(14.6%) 순으로 나타나, 진보(25.9%)가 평균값 19.5%보다 높게 나타나고, 진보(25.9%) 대비 중도(18.9%), 보수(15.8%), 모른다(14.6%) 간에는 각각 6.0%, 10.1%, 11.3% 차이가 나타나, 상당한 차이를 드러냄. '우리나라 통일정책'은 중도

(15.4%), 진보(14.7%), 보수(13.2%), 모른다(13.0%) 순으로 나타남. '분단 및 통일에 대한 해외 사례'는 모른다(15.4%), 중도(11.2%), 보수(10.5%), 진보(9.1%) 순으로 나타남. '북한 주민의 실생활'은 모른다(10.6%), 보수(9.9%), 중도(8.9%), 진보(7.8%) 순으로 나타남. '최근 북한의 변화'에서 상당한 차이를 드러냄.

- 성별 조사에서는, '통일한국의 미래 변화상 전망'은 여성(46.3%), 남성(45.0%), '최근 북한의 변화'는 남성(19.7%), 여성(19.3%), '우리나라 통일정책'에서는 남성(16.0%), 여성(13.3%), '분단 및 통일에 대한 해외 사례'는 여성(11.9%), 남성(10.3%), '북한 주민의 실생활'에서는 여성(9.2%), 남성(8.8%).
- 연령별 조사에서는, '통일한국의 미래 변화상 전망'은 60대 이상(60.0%), 50대(51.0%), 40대(46.5%), 30대(40.0%), 20대(31.0%) 순으로 나타나, 60대 이상(60.0%), 50대(51.0%), 40대(46.5%)이 평균값 45.7%보다 높게 나타나고, 60대 이상(60.0%) 대비 50대(51.0%), 40대(46.5%), 30대(40.0%), 20대(31.0%) 간에 각각 9.0%, 13.5%, 20.0%, 29.0%로 차이가 나타나, 높은 편차와 현저한 차이를 드러냄. '최근 북한의 변화'는 20대(26.0%), 30대(20.5%), 60대 이상(18.5%), 40대(17.0%), 50대(15.5%) 순으로 나타나, 20대(26.0%), 30대(20.5%)이 평균값 19.5%보다 높게 나타나고, 20대(26.0%) 대비 30대(20.5%), 60대 이상(18.5%), 40대(17.0%), 50대(15.5%) 간에 각각 5.5%, 7.5%, 9.0%, 10.5%로 차이가 나타남. '우리나라 통일정책'에서는 20대(18.5%), 30대(17.0%), 50대(14.0%), 40대(13.5%), 60대 이상(10.0%) 순으로 나타나, 20대(18.5%), 30대(17.0%)가 평균값 14.6%보다 높게 나타나고, 20대(18.5%) 대비 30대(17.0%), 50대(14.0%), 40대(13.5%), 60대 이상(10.0%) 간에 각각 1.5%, 4.5%, 5.0%, 8.5%로 차이가 나타남. '분단 및 통일에 대한 해외 사례'는 40대(14.5%), 20대(13.5%), 30대(11.0%), 50대(10.5%), 60대 이상(6.0%) 순으로 나타나, 40대(14.5%), 20대(13.5%), 30대(11.0%)가 평균값 11.1%보다 높게 나타나고, 40대(14.5%) 대비 20대(13.5%), 30대(11.0%), 50대(10.5%), 60대 이상(6.0%) 간에 각각 1.0%, 3.5%, 4.0%, 8.5%로 차이가 나타남. '북한 주민의 실생활'에서는 20대(11.0%), 30대(11.0%), 50대(9.0%), 40대(8.5%), 60대 이상(5.5%) 순으로 나타나, 20대(11.0%), 30대(11.0%), 50대(9.0%)가 평균값 9.0%보다 높게 나타남. '통일한국의 미래 변화상 전망'이 현저한 차이를 드러냄.

<그림 Ⅳ-30> 향후 통일교육 수강 시 받고 싶은 교육 조사 결과 [항목별]

이념 성향별

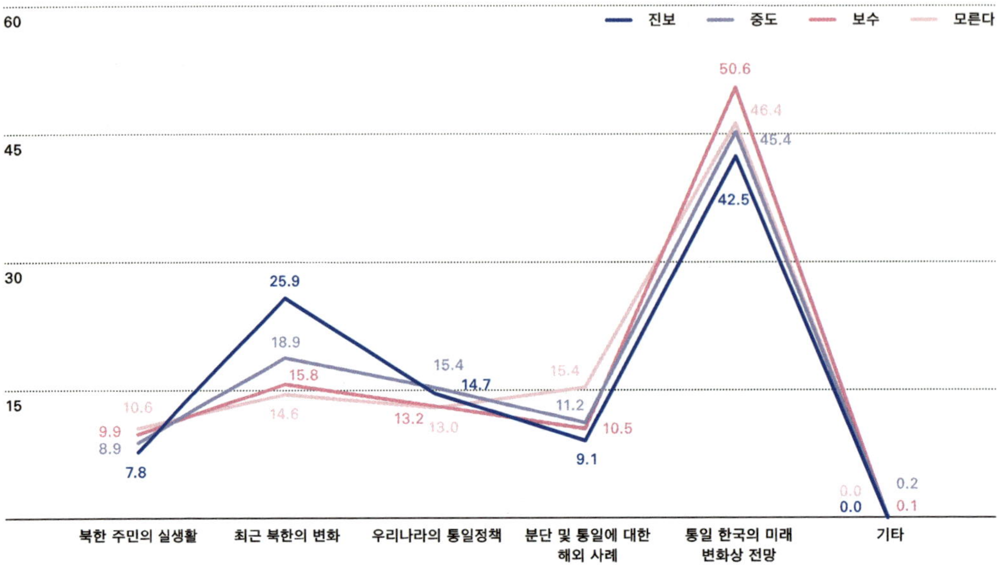

연령별

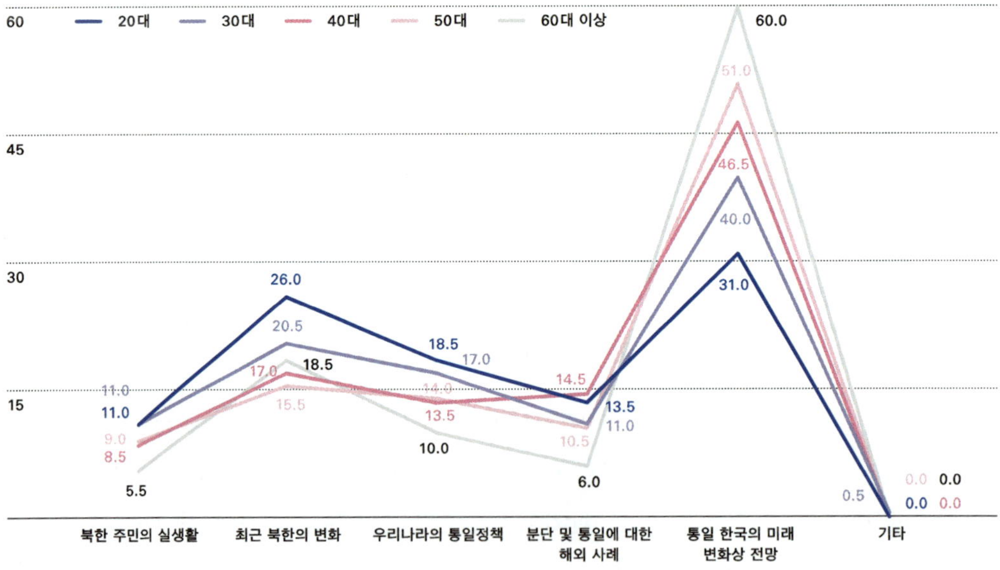

<그림 IV-31> 향후 통일교육 수강 시 받고 싶은 교육

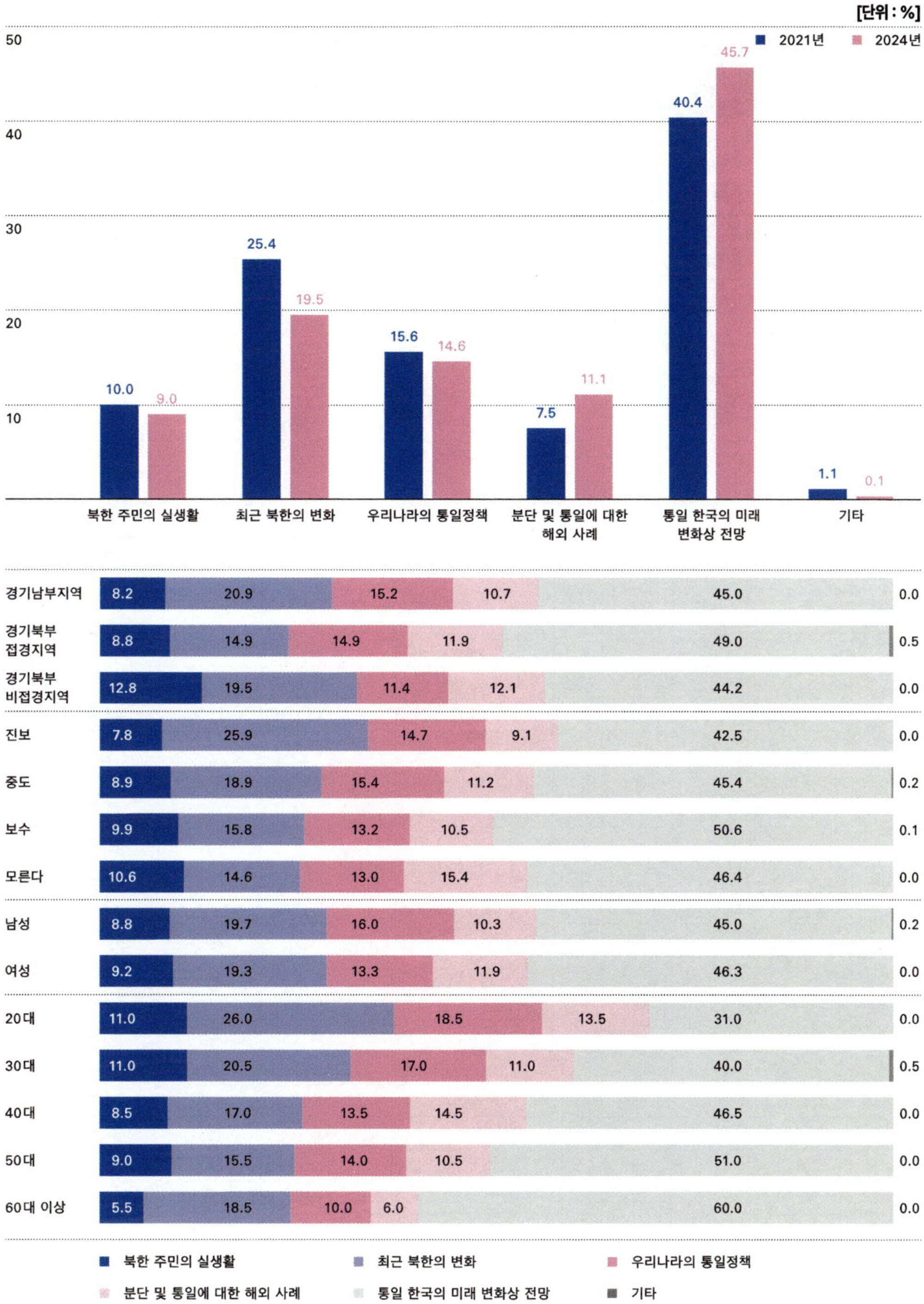

<표 IV-12> 향후 통일교육 수강 시 받고 싶은 교육

[단위 : 명, %]

구분		사례수	%	북한 주민의 실생활	최근 북한의 변화	우리나라의 통일정책	분단 및 통일에 대한 해외 사례	통일 한국의 미래 변화상 전망	기타
전체(2024년)		1,000	100	9.0	19.5	14.6	11.1	45.7	0.1
전체(2021년)		1,000	100	10.0	25.4	15.6	7.5	40.4	1.1
지역	경기남부지역	657	65.7	8.2	20.9	15.2	10.7	45.0	0.0
	경기북부 접경지역	194	19.4	8.8	14.9	14.9	11.9	49.0	0.5
	경기북부 비접경지역	149	14.9	12.8	19.5	11.4	12.1	44.2	0.0
이념 성향	진보	232	23.3	7.8	25.9	14.7	9.1	42.5	0.0
	중도	493	49.3	8.9	18.9	15.4	11.2	45.4	0.2
	보수	152	15.2	9.9	15.8	13.2	10.5	50.6	0.1
	모른다	123	12.3	10.6	14.6	13.0	15.4	46.4	0.0
성별	남성	487	48.7	8.8	19.7	16.0	10.3	45.0	0.2
	여성	513	51.3	9.2	19.3	13.3	11.9	46.3	0.0
연령	20대	200	20.0	11.0	26.0	18.5	13.5	31.0	0.0
	30대	200	20.0	11.0	20.5	17.0	11.0	40.0	0.5
	40대	200	20.0	8.5	17.0	13.5	14.5	46.5	0.0
	50대	200	20.0	9.0	15.5	14.0	10.5	51.0	0.0
	60대 이상	200	20.0	5.5	18.5	10.0	6.0	60.0	0.0
학력	중졸 이하	9	0.9	22.2	44.4	11.1	0.0	22.3	0.0
	고졸	188	18.8	12.8	17.6	13.8	11.7	44.1	0.0
	대재, 대졸	703	70.3	7.7	19.3	15.1	11.7	46.1	0.1
	대학원재, 대학원졸	100	10.0	10.0	22.0	13.0	7.0	48.0	0.0
직업	농축산업	5	0.5	20.0	0.0	40.0	0.0	40.0	0.0
	자영업	91	9.1	8.8	14.3	13.2	18.7	45.0	0.0
	블루칼라	72	7.2	8.3	29.2	15.3	11.1	36.1	0.0
	화이트칼라	389	38.9	6.9	19.3	14.4	10.3	49.1	0.0
	전업주부	135	13.5	8.1	20.0	11.1	7.4	53.4	0.0
	학생	55	5.5	10.9	21.8	30.9	20.0	16.4	0.0
	다른 직종 또는 무직	253	25.3	12.3	18.6	13.0	9.9	45.8	0.4
결혼 여부	미혼	367	36.7	10.9	23.4	16.6	11.2	37.6	0.3
	기혼/자녀 없음	70	7.0	7.1	21.4	17.1	4.3	50.1	0.0
	기혼/자녀 동거	423	42.3	7.8	14.9	13.5	13.0	50.8	0.0
	기혼/자녀 비동거	133	13.3	9.0	22.6	9.8	8.3	50.3	0.0
	기타(이혼 및 사망)	7	0.7	0.0	14.3	42.9	14.3	28.5	0.0
총소득	3000만원 미만	157	15.7	9.6	21.7	18.5	14.6	35.6	0.0
	5000만원 미만	234	23.4	10.7	16.7	12.8	9.0	50.8	0.0
	7000만원 미만	269	26.9	9.7	20.1	14.9	13.0	42.0	0.3
	1억원 미만	232	23.2	6.9	19.8	13.8	10.3	49.2	0.0
	1억원 이상	108	10.8	7.4	20.4	13.9	7.4	50.9	0.0

8 향후 통일교육 참여 시 선호하는 방식

조사 결과

● 2024년 평균(平均): '동영상 시청 및 사이버 교육' 43.8%, '현장 학습 등 체험 위주 교육' 19.9%, '토론회/간담회' 16.9%, '면대면 강의 및 설명식 교육' 11.4%, '퀴즈, 글쓰기, 영상제작 등 강연' 4.2%, '게임, 모자이크 등 놀이 중심 교육' 3.4%, '기타' 0.4% 순으로 나타남.

▶ 2021년 대비: '동영상 시청 및 사이버 교육'은 33.5%에서 43.8%로 10.3% 증가, '현장 학습 등 체험 위주 교육'이 18.9%에서 19.9%로 1.0% 증가, '토론회/간담회'는 13.4에서 16.9%로 3.5% 증가, '면대면 강의 및 설명식 교육' 26.6%에서 11.4%로 15.2% 하락, '퀴즈, 글쓰기, 영상제작 등 강연'은 3.0%에서 4.2%로 1.2% 증가, '게임, 모자이크 등 놀이 중심 교육'이 3.6%에서 3.4%로 0.2% 하락, '기타'가 1.0%에서 0.4%로 0.6% 하락함.

※ 인구 사회학적 항목별 편차(偏差): 상당한 차이(10%-20%), 현저한 차이(20% 이상)

- 연령별 조사: 동영상 시청 및 사이버 교육'은 60대 이상(49.5%)과 20대(35.5%) 간에 14.0%로 상당한 차이를 드러냄.

<그림 IV-32> 향후 통일 및 북한 관련 교육 참여 시 선호하는 방식 조사 결과 [전체]

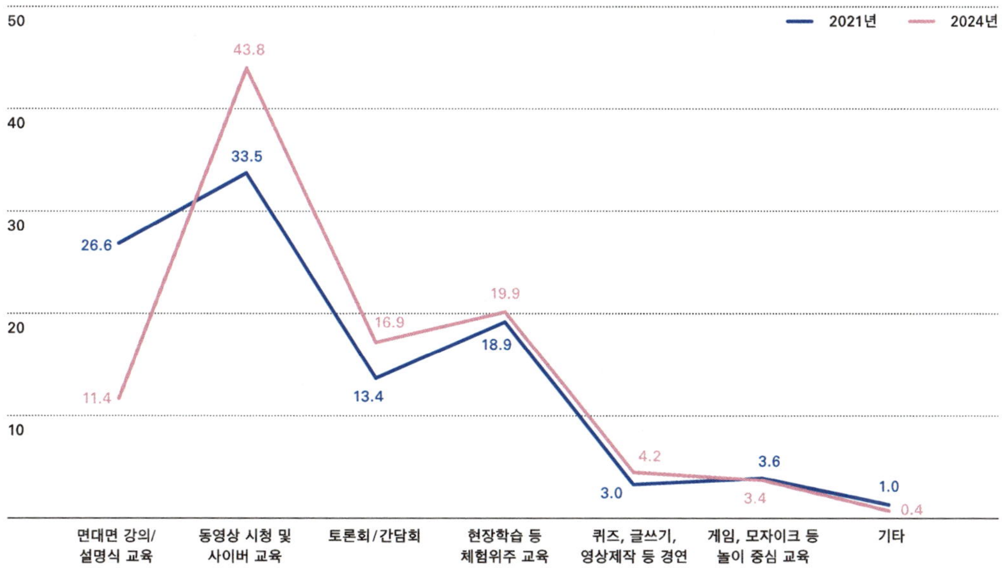

- ‘향후 통일 및 북한 관련 교육 참여 시 선호하는 방식’에 대한 조사 결과, ‘동영상 시청 및 사이버 교육’ 43.8%, ‘현장 학습 등 체험 위주 교육’ 19.9%, ‘토론회/간담회’ 16.9%, ‘면대면 강의 및 설명식 교육’ 11.4%, ‘퀴즈, 글쓰기, 영상제작 등 강연’ 4.2%, ‘게임, 모자이크 등 놀이 중심 교육’ 3.4%, ‘기타’ 0.4% 순으로 나타남.
- 2021년과 비교하면, ‘동영상 시청 및 사이버 교육’은 33.5%에서 43.8%로 10.3% 증가, ‘현장 학습 등 체험 위주 교육’이 18.9%에서 19.9%로 1.0% 증가, ‘토론회/간담회’는 13.4에서 16.9%로 3.5% 증가, ‘면대면 강의 및 설명식 교육’은 26.6%에서 11.4%로 15.2% 하락, ‘퀴즈, 글쓰기, 영상제작 등 강연’은 3.0%에서 4.2%로 1.2% 증가, ‘게임, 모자이크 등 놀이 중심 교육’이 3.6%에서 3.4%로 0.2% 하락, ‘기타’가 1.0%에서 0.4%로 0.6% 하락함. ‘면대면 강의 및 설명식 교육’이 15.2%, ‘게임, 모자이크 등 놀이 중심 교육’이 0.2%, ‘기타’가 0.6%로 하락 합계 16%로 나타남. 이는 ‘동영상 시청 및 사이버 교육’이 10.3%, ‘토론회/간담회’가 3.5%, ‘퀴즈, 글쓰기, 영상제작 등 강연’이 1.2%, ‘현장 학습 등 체험 위주 교육’이 1.0% 증가한 것임.
- 지역별 조사에서는, ‘동영상 시청 및 사이버 교육’이 경기남부지역(45.4%), 경기북부 접경지역(42.3%), 경기북부 비접경지역(38.9%) 순으로 나타나, 경기남부지역(45.4%) 대비 경기북부 접경지역(42.3%), 경기북부 비접경지역(38.9%) 간에 각각 3.1%, 6.5%로 차이가 나타남. ‘현장 학습 등 체험 위주 교육’은 경기부 비접경지역(21.5%), 경기북부 접경지역(20.6%), 경기남부지역(19.3%) 순으로 나타남. ‘토론회/간담회’에서는 경기북부 비접경지역(22.1%), 경기북부 접경지역(16.5%), 경기남부지역(15.8%) 순으로 나타나, 경기북부 비접경지역(22.1%) 대비 경기북부 접경지역(16.5%), 경기남부지역(15.8%) 간에 각각 5.6%, 6.3% 차이가 나타남. ‘면대면 강의 및 설명식 교육’은 경기북부 접경지역(13.9%), 경기남부지역(11.3%), 경기북부 비접경지역(8.7%) 순으로 나타남.
- 이념 성향별 조사에서는, ‘동영상 시청 및 사이버 교육’은 보수(52.6%), 모른다(43.1%), 중도(42.2%), 진보(41.8%) 순으로 나타나, 보수(52.6%) 대비 모른다(43.1%), 중도(42.2%), 진보(41.8%) 간에는 각각 9.5%, 10.4%, 10.8% 차이가 나타남. ‘현장 학습 등 체험 위주 교육’은 모른다(21.1%), 중도(20.5%), 진보(19.0%), 보수(18.4%) 순으로 나타남. ‘토론

<그림 IV-33> 향후 통일 및 북한 관련 교육 참여 시 선호하는 방식 조사 결과[연령별]

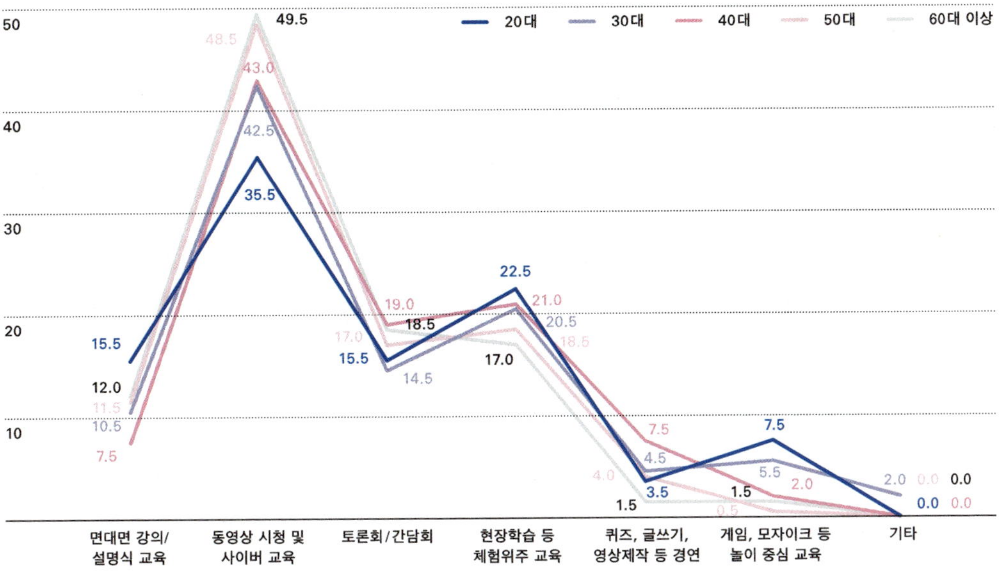

회/간담회'는 중도(18.7%), 진보(18.5%), 보수(15.1%), 모른다(8.9%) 순으로 나타나, 중도(18.7%) 대비 진보(18.5%), 보수(15.1%), 모른다(8.9%) 간에 각각 0.2%, 3.6%, 9.8%로 차이가 나타남. '면대면 강의 및 설명식 교육'은 모른다(14.6%), 진보(13.4%), 중도(10.5%), 보수(8.6%) 순으로 나타남.

- 성별 조사에서는, '동영상 시청 및 사이버 교육'은 남성(46.4%), 여성(41.3%) 순으로 나타남. '현장 학습 등 체험 위주 교육'은 여성(23.6%), 남성(16.0%) 순으로 차이가 7.6%로 나타남. '토론회/간담회'는 남성(17.2%), 여성(16.6%) 순으로 나타남. '면대면 강의 및 설명식 교육'은 남성(13.1%), 여성(9.7%) 순으로 나타남.
- 연령별 조사에서는, '동영상 시청 및 사이버 교육'은 60대 이상(49.5%), 50대(48.5%), 40대(43.0%), 30대(42.5%), 20대(35.5%) 순으로 나타나, 60대 이상(49.5%), 50대(48.5%)이 평균값 43.8%보다 높게 나타나고, 60대 이상(49.5%) 대비 50대(48.5%), 40대(43.0%), 30대(42.5%), 20대(35.5%) 간에 각각 1.0%, 6.5%, 7.0%, 14.0%로 차이가 나타나, 상당한 차이를 드러냄. '현장 학습 등 체험 위주 교육'은 20대(22.5%), 40대(21.0%), 30대(20.5%), 50대(18.5%), 60대 이상(17.0%) 순으로 나타나, 20대(22.5%), 40대(21.0%), 30대(20.5%)

가 평균값 19.9%보다 높게 나타나고, 20대(22.5%) 대비 40대(21.0%), 30대(20.5%), 50대(18.5%), 60대 이상(17.0%) 간에 각각 1.5%, 2.0%, 4.0%, 5.5%로 차이가 나타남. '토론회/간담회'는 40대(19.0%), 60대 이상(18.5%), 50대(17.0%), 20대(15.5%), 30대(14.5%) 순으로 나타남. '면대면 강의 및 설명식 교육'은 20대(15.5%), 60대 이상(12.0%), 50대(11.5%), 30대(10.5%), 40대(7.5%) 순으로 나타나, 20대(15.5%), 60대 이상(12.0%), 50대(11.5%)가 평균값 11.4다 높게 나타나고, 20대(15.5%) 대비 60대 이상(12.0%), 50대(11.5%), 30대(10.5%), 40대(7.5%) 간에 각각 3.5%, 4.0%, 5.0%, 8.0%로 차이가 나타나 '동영상 시청 및 사이버 교육'에서 상당한 차이를 드러냄.

<그림 IV-34> 향후 통일 및 북한 관련 교육 참여 시 선호하는 방식

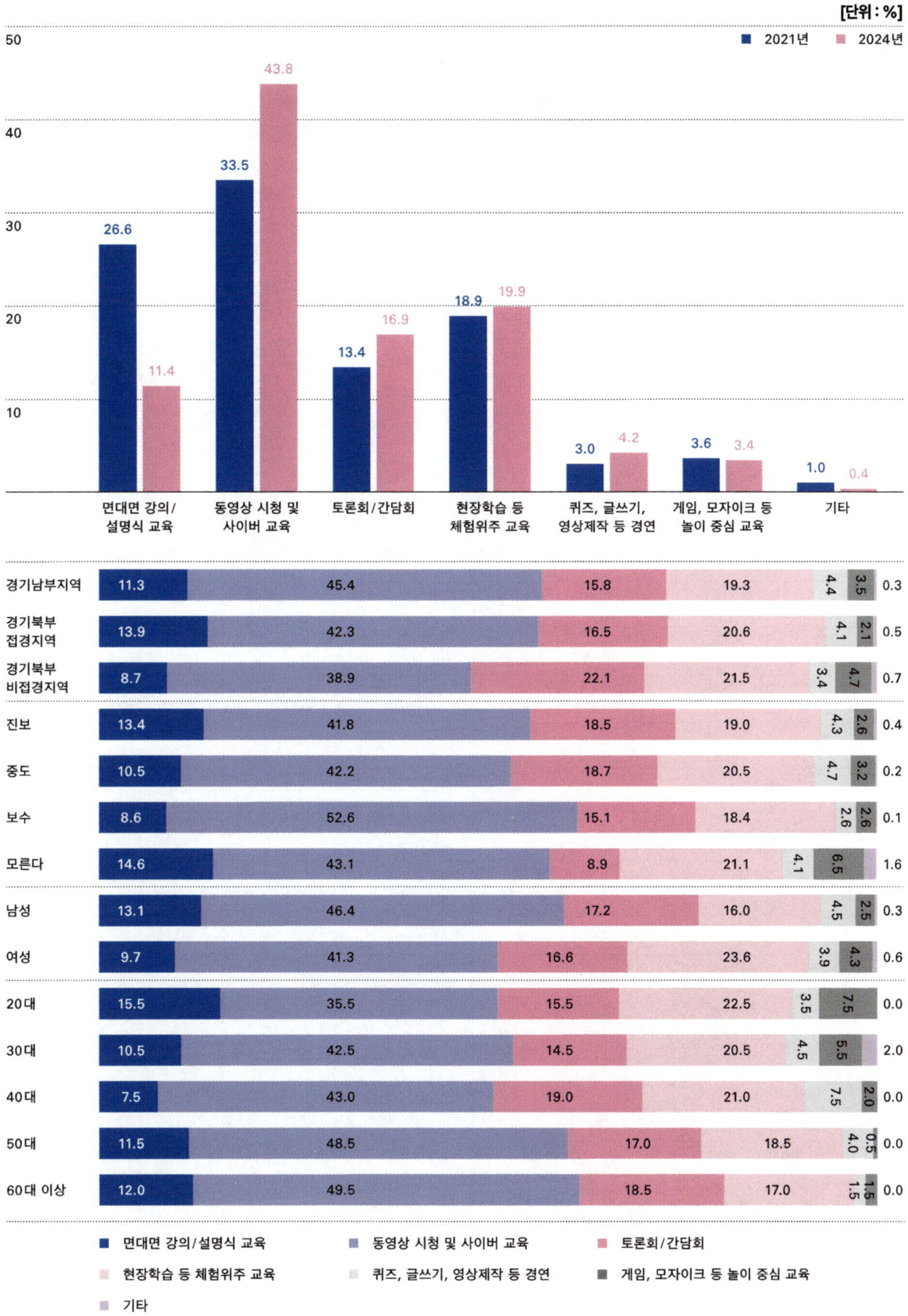

<표 IV-13> 향후 통일 및 북한 관련 교육 참여 시 선호하는 방식

[단위 : 명, %]

구분		사례수	%	면대면 강의 / 설명식 교육	동영상 시청 및 사이버 교육	토론회/간담회	현장학습 등 체험위주 교육	퀴즈, 글쓰기, 영상제작 등 경연	게임, 모자이크 등 놀이 중심 교육	기타
전체(2024년)		1,000	100	11.4	43.8	16.9	19.9	4.2	3.4	0.4
전체(2021년)		1,000	100	26.6	33.5	13.4	18.9	3.0	3.6	1.0
지역	경기남부지역	657	65.7	11.3	45.4	15.8	19.3	4.4	3.5	0.3
	경기북부 접경지역	194	19.4	13.9	42.3	16.5	20.6	4.1	2.1	0.5
	경기북부 비접경지역	149	14.9	8.7	38.9	22.1	21.5	3.4	4.7	0.7
이념성향	진보	232	23.3	13.4	41.8	18.5	19.0	4.3	2.6	0.4
	중도	493	49.3	10.5	42.2	18.7	20.5	4.7	3.2	0.2
	보수	152	15.2	8.6	52.6	15.1	18.4	2.6	2.6	0.1
	모른다	123	12.3	14.6	43.1	8.9	21.1	4.1	6.5	1.6
성별	남성	487	48.7	13.1	46.4	17.2	16.0	4.5	2.5	0.3
	여성	513	51.3	9.7	41.3	16.6	23.6	3.9	4.3	0.6
연령	20대	200	20.0	15.5	35.5	15.5	22.5	3.5	7.5	0.0
	30대	200	20.0	10.5	42.5	14.5	20.5	4.5	5.5	2.0
	40대	200	20.0	7.5	43.0	19.0	21.0	7.5	2.0	0.0
	50대	200	20.0	11.5	48.5	17.0	18.5	4.0	0.5	0.0
	60대 이상	200	20.0	12.0	49.5	18.5	17.0	1.5	1.5	0.0
학력	중졸 이하	9	0.9	22.2	11.1	11.1	55.6	0.0	0.0	0.0
	고졸	188	18.8	9.0	50.0	18.6	14.9	2.7	4.8	0.0
	대재, 대졸	703	70.3	12.2	42.0	17.1	21.1	4.4	2.8	0.4
	대학원재, 대학원졸	100	10.0	9.0	48.0	13.0	18.0	6.0	5.0	1.0
직업	농축산업	5	0.5	20.0	80.0	0.0	0.0	0.0	0.0	0.0
	자영업	91	9.1	6.6	45.1	19.8	18.7	7.7	2.2	0.0
	블루칼라	72	7.2	13.9	56.9	16.7	9.7	2.8	0.0	0.0
	화이트칼라	389	38.9	14.4	42.7	16.2	20.1	3.6	3.0	0.0
	전업주부	135	13.5	8.9	41.5	21.5	20.0	4.4	2.2	1.5
	학생	55	5.5	20.0	29.1	16.4	27.3	1.8	5.4	0.0
	다른 직종 또는 무직	253	25.3	7.1	45.1	15.0	21.7	4.7	5.5	0.9
결혼여부	미혼	367	36.7	12.0	40.6	16.6	19.1	4.9	6.3	0.5
	기혼/자녀 없음	70	7.0	12.9	44.3	14.3	15.7	8.6	2.9	1.3
	기혼/자녀 동거	423	42.3	9.5	45.2	18.4	21.7	3.3	1.7	0.2
	기혼/자녀 비동거	133	13.3	15.8	46.6	14.3	18.8	3.0	1.5	0.0
	기타(이혼 및 사망)	7	0.7	0.0	71.4	14.3	14.3	0.0	0.0	0.0
총소득	3000만원 미만	157	15.7	8.9	43.9	12.7	26.8	2.5	5.1	0.1
	5000만원 미만	234	23.4	12.0	40.2	17.9	16.7	6.0	6.4	0.8
	7000만원 미만	269	26.9	11.2	40.9	20.8	21.2	3.7	1.5	0.7
	1억원 미만	232	23.2	15.1	47.4	14.2	16.4	4.7	2.2	0.0
	1억원 이상	108	10.8	6.5	50.9	16.7	21.3	2.8	1.8	0.0

경기도민 통일인식 실태 분석과 통일교육의 과제

2021년과 2024년, 3년간의 변화

초판인쇄 2025년 8월 31일
초판발행 2025년 8월 31일

지 은 이 한기호 · 이성희
수 행 이조영 · 최인숙
감 수 손인배
기 획 아주대학교 아주통일연구소
펴 낸 이 채종준
펴 낸 곳 한국학술정보(주)
주 소 경기도 파주시 회동길 230(문발동)
전 화 031-908-3181(대표)
팩 스 031-908-3189
투고문의 ksibook1@kstudy.com
등 록 제일산-115호(2000. 6. 19)

ISBN 979-11-7457-155-7 93300

책에 대한 더 나은 생각, 끊임없는 고민, 독자를 생각하는 마음으로 보다 좋은 책을 만들어갑니다.